Peter Pilhofer

Die frühen Christen und ihre Welt

Greifswalder Aufsätze
1996–2001

Mit Beiträgen von Jens Börstinghaus
und Eva Ebel

Mohr Siebeck

PETER PILHOFER, geboren 1955 in Bayreuth; 1975–80 Studium in Erlangen; 1981 Erstes Theologisches Examen; 1981–83 Vikar der Evang.-Lutherischen Kirche in Bayern in Stockdorf bei München; 1983 Ordination; anschließend wiss. Hilfskraft und Wiss. Mitarbeiter in Münster; 1989 Promotion; 1989–94 Wiss. Assistent in Münster; 1994 Habilitation; 1994–96 Vertretung der Professur für Bibelwissenschaft, Schwerpunkt Neues Testament an der Rheinisch-Westfälischen Technischen Hochschule Aachen; 1996–2002 Professor für Neues Testament an der Theologischen Fakultät der Ernst-Moritz-Arndt-Universität Greifswald; seit 2002 Ordinarius für Neues Testament an der Theologischen Fakultät der Friedrich-Alexander-Universität Erlangen.

BR
165
.P54
2002

Die Deutsche Bibliothek – CIP-Einheitsaufnahme

Pilhofer, Peter:
Die frühen Christen und ihre Welt : Greifswalder Aufsätze 1996–2001 /
Peter Pilhofer. Mit Beitr. von Jens Börstinghaus und Eva Ebel. –
Tübingen : Mohr Siebeck, 2002
   (Wissenschaftliche Untersuchungen zum Neuen Testament ; Bd. 145)
   ISBN 3-16-147776-6

© 2002 J. C. B. Mohr (Paul Siebeck) Tübingen.

Das Werk einschließlich aller seiner Teile ist urheberrechtlich geschützt. Jede Verwertung außerhalb der engen Grenzen des Urheberrechtsgesetzes ist ohne Zustimmung des Verlags unzulässig und strafbar. Das gilt insbesondere für Vervielfältigungen, Übersetzungen, Mikroverfilmungen und die Einspeicherung und Verarbeitung in elektronischen Systemen.

Das Buch wurde von Gulde-Druck in Tübingen auf alterungsbeständiges Werkdruckpapier gedruckt und von der Großbuchbinderei Heinr. Koch in Tübingen gebunden.

ISSN 0512-1604

Meinen Kindern
Susanne, Sabine und
Philipp Alexander

Vorwort

Dieses Buch ist meinen Kindern gewidmet, die nicht nur die Schreibtisch-
arbeit ihres Vaters mit Fassung getragen, sondern auch die damit zusam-
menhängenden Reisen in den östlichen Mittelmeerraum weit über die hier
in Rede stehenden Jahre 1996–2001 hinaus begleitet haben. Mag ein am
Schreibtisch sitzender Vater noch vermittelbar sein – ein bei 40° C sich
durch die Landschaft arbeitender Epigraphiker ist es schwerlich. Immerhin
besitzen manche neutestamentlich relevanten archäologischen Stätten den
Vorzug, in der Nähe des Meeres zu liegen, was auch diejenigen Kinder be-
geistert, die nicht unbedingt selbst EpigraphikerInnen werden wollen.

Das Stichwort Meer führt mich vom Mittelmeer zur Ostsee, die ich nach
sechs Jahren nicht leichten Herzens verlasse. Das homerische

> Fernab wohnen wir hier, umringt vom rauschenden Meere,
> ganz am Ende, und keiner der anderen Menschen besucht uns[1]

eignet sich nicht nur vorzüglich dazu, in der Vorlesung den Terminus Eschatologie zu erklären, sondern kennzeichnet auch die Lage Greifswalds in
unnachahmlicher Weise. Wer sechs Jahre lang von seinem Arbeitszimmer
aus das „rauschende Meer" vor Augen hatte, wechselt nicht ohne weiters
nach – Erlangen. Erlangen hat immerhin den Dechsendorfer Weiher, dessen
Wasser freilich „abgelassen" ist; der Presse ist allerdings zu entnehmen, daß
der Weiher „nach erfolgter Entschlammung vermutlich im Oktober mit Wasser befüllt [werde], so dass er für die Badesaison 2003 wieder zur Verfügung
steht."[2] An Schlamm mangelt es auch dem Greifswalder Bodden mitnichten; im Unterschied zum Dechsendorfer Weiher aber ist er glücklicherweise
unablaßbar.

Die Greifswalder Ernte wird hier eingebracht; zwölf Aufsätze, die mit
Greifswald untrennbar verbunden sind, angefangen bei der Probevorlesung

---

[1] Homer: Odyssee VI 204–205 in der Übersetzung von Roland Hampe. Das Original
lautet:
οἰκέομεν δ᾽ ἀπάνευθε πολυκλύστῳ ἐνὶ πόντῳ,
ἔσχατοι, οὐδέ τις ἄμμι βροτῶν ἐπιμίσγεται ἄλλος.

[2] Erlanger Nachrichten, Samstag/Sonntag, 16./17. Februar 2003, Lokalteil Erlangen,
S. 3.

zum Hebräerbrief über die Antrittsvorlesung zur überflüssigen Auferstehungsdebatte bis hin zur ökonomischen Attraktivität früher christlicher Gemeinden, vorgetragen in kongenialer Atmosphäre am 3. Dezember 2001 bei Mezedes und Retsina.

Herr Professor Dr. Dr. h. c. mult. Martin Hengel hat mich ermutigt, diese Sammlung herauszubringen. Dafür möchte ich ihm auch an dieser Stelle danken. Die Mitarbeiterinnen und Mitarbeiter des Verlags J.C.B. Mohr sind in zuvorkommendster Weise auf meine Wünsche eingegangen. Susanne Pilhofer hat die beiden englischen Vorträge aus Yalvaç ins Deutsche übersetzt. Das Manuskript haben aus z.T. steinzeitlichen Textverarbeitungsprogrammen wie T^3 in ein professionelles System überführt Frau Kindermann und Jens Börstinghaus; Karen Küstermann hat akribisch Korrektur gelesen und die Register entworfen. Ihnen allen gilt mein herzlicher Dank.

Insel Riems, 19. Februar 2002   Peter Pilhofer

Inhaltsverzeichnis

Abkürzungen

Die Abkürzungen sind soweit wie möglich dem Abkürzungsverzeichnis der TRE von Siegfried Schwertner[1] entnommen. Über Schwertner hinaus werden die folgenden Abkürzungen verwendet:

Antilegomena	Erwin Preuschen [Hg.]: Antilegomena. Die Reste der außerkanonischen Evangelien und urchristlichen Überlieferungen, Gießen ²1905.
AvH	Carl Humann/Conrad Cichorius/Walther Judeich/Franz Winter [Hg.]: Altertümer von Hierapolis, JdI.E 4, Berlin 1898.
AvP	Altertümer von Pergamon, hg. v. Deutschen Archäologischen Institut.
AvP XV.1	Meinrad N. Filgis/Wolgang Radt: Die Stadtgrabung. Teil 1: Das Heroon, m. Beiträgen v. Hilde Hiller/Gerhild Hübner u. Michael Wörrle, AvP XV.1, Berlin 1986.
EA	Epigraphica Anatolica.
IDid	Theodor Wiegand/Albert Rehm: Didyma. Zweiter Teil: Die Inschriften, hg. v. Richard Harder, Berlin 1958.
IvP I	Max Fränkel [Hg.]: Die Inschriften von Pergamon. 1. Bis zum Ende der Königszeit, unter Mitwirkung v. Ernst Fabricius und Carl Schuchardt, AvP VIII.1, Berlin 1890.
IvP II	Max Fränkel [Hg.]: Die Inschriften von Pergamon. 2. Römische Zeit. – Inschriften auf Thon, unter Mitwirkung v. Ernst Fabricius und Carl Schuchardt, AvP VIII.2, Berlin 1895.

---

[1] Theologische Realenzyklopädie. Abkürzungsverzeichnis, zusammengestellt von Siegfried Schwertner, Berlin/New York 1976, ²1994.

IvP III	Christian Habicht [Hg.]: Die Inschriften des Asklepieions, m. e. Beitrag v. Michael Wörrle, AvP VIII.3, Berlin 1969.
Kaibel, EG	Georg Kaibel [Hg.]: Epigrammata Graeca ex lapidibus conlecta, Berlin 1878.
LSJ	H.G. Liddell/R. Scott/H.S. Jones: A Greek-English Lexicon. With a revised supplement, Oxford 1996.
LvO	Adolf Deissmann: Licht vom Osten. Das Neue Testament und die neuentdeckten Texte der hellenistisch-römischen Welt, Tübingen 1908, 4. Aufl. 1923.
MAMA V	C.W.M. Cox/A. Cameron [Hg.]: Monuments from Dorylaeum and Nacolea, MAMA V, Manchester 1937.
Nilsson: Mysteries	Martin P. Nilsson: The Dionysiac Mysteries of the Hellenistic and Roman Age, Lund 1957.
Noy	David Noy: Jewish Inscriptions of Western Europe. Vol. I: Italy (excluding the City of Rome), Spain and Gaul, Cambridge 1993.
PHI	Packard Humanities Institute (CD-ROMs #5.3, #6 und #7).[2]
Philippi I	Peter Pilhofer: Philippi. Band I: Die erste christliche Gemeinde Europas, WUNT 87, Tübingen 1995.
Philippi II	Peter Pilhofer: Philippi. Band II: Katalog der Inschriften von Philippi, WUNT 119, Tübingen 2000.
PRESBYTERON KREITTON	Peter Pilhofer: PRESBYTERON KREITTON. Der Altersbeweis der jüdischen und christlichen Apologeten und seine Vorgeschichte, WUNT 2/39, Tübingen 1990.
SEG	Supplementum Epigraphicum Graecum.

---

[2] Die CD-ROM #5.3 enthält »(1) Latin Texts« und »(2) Bible Versions«. Sie ist 1991 erschienen. Das Copyright liegt bei The Packard Humanities Institute. Die CD-ROM #6 enthält »(1) Inscriptions (Cornell, Ohio, IAS)«, »(2) Papyri (Duke, Michigan)« und »(3) Coptic Texts«, sie ist ebenfalls 1991 erschienen, und das Copyright liegt bei The Packard Humanities Institute. Die PHI-CD-ROM #7 enthält »(1) Inscriptions (Cornell, Ohio State, *et al.*)« und »(2) Papyri (Duke, U. of Michigan)« – Copyright für Compilation 1991–1996 bei The Packard Humanities Institute.

SIG³ III	Wilhelm Dittenberger [Hg.]: Sylloge inscriptionum graecarum. Vol. III, Leipzig ³1920.
TAM II 1	Ernst Kalinka [Hg.]: Tituli Lyciae linguis Graeca at Latina conscripti. Fasc. I: Pars Lyciae occidentalis cum Xantho oppido, TAM II 1, Wien 1920.
Zuntz: Persephone	Günther Zuntz: Persephone. Three Essays on Religion and Thought in Magna Graecia, Oxford 1971.

Abbildungsverzeichnis

Abb.   Seite   Titel

Zur lokalgeschichtlichen Methode[1]

I. Ein biographischer Rückblick

Seit jeher ist Hellas das Land meiner Träume[2]. Lange bevor ich das erste Lied von Mikis Theodorakis hörte, den ersten Retsina trank (vom Tsipouro zu schweigen ...), die ersten Bamies verspeiste – wollte ich nach Griechenland. Mit fünfzehn Jahren hatte ich die Lektüre Platons (in der Schleiermacherschen Übersetzung) begonnen und mich entschlossen, griechisch zu lernen. 1974 begann ich 19jährig mit dem Studium der griechischen Sprache. Das Lehrbuch – ΛΕΞΙΣ. Einführung in die griechische Sprache[3] – verstärkte den Wunsch, Griechenland zu sehen, in immensem Ausmaß. Die Zypernkrise durchkreuzte eine bereits gebuchte Reise. So dauerte es bis 1979; in diesem Jahr wurde der lang gehegte Wunsch endlich in die Tat umgesetzt.

Mittlerweile hatte ich das Studium der Theologie aufgenommen, das Graecum mit Glanz und Gloria bestanden und mich im Neuen Testament eingelesen. So lag es nahe, im Rahmen der Vorbereitung der Griechenlandreise der Frage „Griechenland im Neuen Testament" nachzugehen. Anhand der Schmollerschen Konkordanz[4] sichtete ich das einschlägige Material:

Ἀδρίας Apg 27_{27}

Ἀθῆναι Apg $17_{15f.}$ 18_1 1Th 3_1 (Apg $17_{21f.}$)

Ἀμφίπολις Apg 17_1

Ἀπολλωνία Apg 17_1

Βέροια Apg $17_{10.13}$ 20_{14}

---

[1] Eine frühere Fassung der nachfolgenden Gedanken wurde 1998 in dem Sammelband Exegese und Methodendiskussion, TANZ 23, in Tübingen unter dem Titel „Archäologie und Neues Testament: Von der Palästinawissenschaft zur lokalgeschichtlichen Methode" veröffentlicht (S. 237–255; gemeinsam mit Thomas Witulski).

[2] Vgl. Janosch: Oh, wie schön ist Panama. Die Geschichte, wie der kleine Tiger und der kleine Bär nach Panama reisen, Weinheim & Basel 1978, *passim*.

[3] Hg. v. Willibald Heilmann, Kurt Roeske und Rolf Walther, Frankfurt am Main/ Berlin/München 1972 (^{2}1973).

[4] Alfred Schmoller: Handkonkordanz zum Griechischen Neuen Testament, Stuttgart ^{15}1973.

usw. – der Zettel mit den einschlägigen Notizen liegt noch immer in meinem Exemplar der Schmollerschen Konkordanz.

Die Route der Reise war damit festgelegt: Sie hatte in Makedonien zu beginnen und sollte über Philippi, Amphipolis, Apollonia und Thessaloniki nach Beroia führen. In Philippi, daran erinnere ich mich trotz der mittlerweile vergangenen 22 Jahre sehr deutlich, führte uns der Weg zu den Inschriften der Silvanus-Anhänger[5]. Die Lektüre erwies sich als schwierig, doch tröstete ich mich bei dem Gedanken, daß man den Text, nach Hause zurückgekehrt, in Ruhe würde nachlesen können. Wie lange mich der Text dieser und anderer Inschriften aus Philippi beschäftigen würde, konnte ich im Jahr 1979 freilich noch nicht ahnen.

Abb. 1: Album der Silvanus-Anhänger (Philippi II Nr. 163/L002)

Meine damalige Erfahrung war: Die Literatur läßt einen im Stich. Freilich kannte ich 1979 weder W.M. Ramsay noch Adolf Deissmann – sie waren mir während meines Studiums nicht begegnet. Aber selbst wenn ich die Werke dieser Autoren damals gekannt hätte, wären sie in der Lage gewesen, den herrschenden Trend der neutestamentlichen Forschung in Frage zu stellen? Käsemanns Römerbrief[6] und verschiedene kleinere Arbeiten aus den Ex-

---

[5] Vgl. die Nummern 163/L002; 164/L001; 165/L003; 166/L004 in Philippi II 170–183.

[6] Ernst Käsemann: An die Römer, HNT 8a, Tübingen ³1974 – von mir erstanden im Mai 1977 als begleitende Lektüre zu Otto Merks Römerbrief-Vorlesung im Sommersemester 1977 in Erlangen.

egetischen Versuchen und Besinnungen[7] prägten meine neutestamentliche Lektüre in jenen Semestern; einen gangbaren Weg nach Rom oder Philippi allerdings eröffneten diese Studien nicht.

In den achtziger Jahren des vergangenen Jahrhunderts trat allmählich eine Wandlung ein. Maßgeblichen Anteil daran hatte in Deutschland – mindestens was Griechenland angeht – das Buch von Winfried Elliger, das meine Reiseroute gleichsam aufarbeitete und die Städte des Paulus für Neutestamentler erstmals aufbereitete.[8] Dieser Versuch wurde in neutestamentlichen Kommentaren, insbesondere in Kommentaren zur Apostelgeschichte breit rezipiert, so daß LeserInnen neuerer Kommentare wenigstens einen Ansatzpunkt für weitere Arbeit finden.

Ein weiterer Faktor kam hinzu: In den achtziger Jahren des vergangenen Jahrhunderts gelangte ein Band nach dem anderen der Serie *New Documents Concerning Early Christianity* aus Australien nach Deutschland, und das bedeutete in jenen Jahren, die von kontinuierlichen Mittelkürzungen für wissenschaftliche Bibliotheken noch nichts wußten: auf meinen Schreibtisch. Diese von Greg Horsley verfaßten Bände schlugen eine Brücke von den neuen epigraphischen Texten, die mir Jahr für Jahr auf meinen Reisen und in der (außerneutestamentlichen ...) Literatur begegneten, zum Neuen Testament selbst. Meine eigenen Arbeiten zu Philippi in den neunziger Jahren bewegen sich mithin schon in einem ganz anderen Umfeld.[9]

II. Ein historischer Rückblick

„Beim Alten Testament hat das Gewicht, das seiner Welt und Umwelt zukommt, schon lange zur Ausbildung der Sparte »Biblische Archäologie«

---

[7] Ernst Käsemann: Exegetische Versuche und Besinnungen. Erster und zweiter Band, Göttingen 1970 – von mir erworben im Juni 1977.

[8] Winfried Elliger: Paulus in Griechenland. Philippi, Thessaloniki, Athen, Korinth, SBS 92/93, Stuttgart 1978 – mir leider bei meiner ersten Griechenlandreise 1979 noch unbekannt. Vgl. meine ausführliche Würdigung Philippi I 36–38, die in bezug auf Philippi zu dem Schluß kommt: „Zusammenfassend kann man daher ohne Übertreibung sagen, daß Elliger in bezug auf Philippi Pionierarbeit geleistet hat. Er ist der erste, der die neuen archäologischen und historischen Ergebnisse mit den neutestamentlichen Texten konfrontiert; meine Einzelkritik soll nicht davon ablenken, daß jeder, der auf diesem Gebiet arbeitet, seinen Weg gern durch die Schneise beginnt, die Elliger geschlagen hat" (a.a.O., S. 38).

[9] Zur Lage Anfang der neunziger Jahre vgl. Philippi I 1–5. Meine Arbeit an dem Philippiprojekt begann im Sommer 1989. Die Monographie (Philippi I) erschien 1995, die Sammlung der Inschriften (Philippi II) folgte 2000. Im Sommersemester 2002 beginnt die Digitalisierung meiner Inschriftendias, die dann in absehbarer Zeit allen BenutzerInnen von Philippi II das Studium der Photographien im Internet erlauben wird.

Kleinere Arbeiten finden sich in diesem Band als fünfter (Lukas als ἀνὴρ Μακεδών) und neunter Beitrag (Antiochien und Philippi: Zwei römische Kolonien auf dem Weg des Paulus nach Spanien).

Der Band Philippi III, der die literarischen Zeugnisse bringt, ist in Vorbereitung.

geführt. In der neutestamentlichen Wissenschaft hingegen hat die innerbib-
lische Debatte bis in die letzten Jahrzehnte das Feld so beherrscht, daß die
Sparte »Biblische Archäologie« erst heutzutags die rein apologetische Phase
überwindet und jenes Eigengewicht bekommt, das sie verdient ... ."[10]

1. Trotz einer Reihe einschlägiger Arbeiten, die mittlerweile auch im
deutschsprachigen Raum erschienen sind[11], kann man bis heute nicht sagen, daß dieser Forschungszweig im Rahmen der neutestamentlichen Wissenschaft etabliert wäre. Man kann das (fast) an jeder beliebigen deutschsprachigen theologischen Fakultät illustrieren. Besonders instruktiv ist vielleicht
das Greifswalder Beispiel, gibt es doch hier seit 1920 ein Gustaf-Dalman-
Institut, dessen Gründer Gustaf Dalman gerade die Bedeutung der Palästinawissenschaft auch für das Neue Testament betont hat.[12] Man hat sogar
davon gesprochen, daß Dalman bei all seinem Forschen „immer nur ein Ziel"
im Auge gehabt habe, nämlich „die Gestalt Jesu von Nazareth, in dem er
den göttlichen Heiland verehrte, in seine Umwelt hineinzustellen und von
daher seine Verkündigung Juden und Christen näherzubringen."[13]

---

[10] Othmar Keel und Max Küchler: Orte und Landschaften der Bibel. Ein Handbuch
und Studienreiseführer zum Heiligen Land, Band 2: Der Süden, Zürich, Einsiedeln, Köln
und Göttingen 1982, S. XIV. Die Autoren verweisen in diesem Zusammenhang auf ZNW
72 (1981), S. 195–215 (Walter Klaiber: Archäologie und Neues Testament). Klaiber stellt
einleitend fest: „Wer sich ... im deutschsprachigen Raum wissenschaftlich über die Bedeutung der Archäologie für die Erforschung des Neuen Testaments orientieren möchte, wird
wenig Hilfe finden" (a.a.O., S. 195). Daraus folgert Klaiber: „Angesichts dieser Situation
erscheint es mir angebracht, die methodische Frage nach der Bedeutung der archäologischen Forschung für die Auslegung des Neuen Testaments neu zu stellen und den Versuch
zu unternehmen, die Gestalt der Beziehungen zwischen beiden Gebieten in Umrissen zu
skizzieren." (S. 197).
Daß die apologetische Phase keineswegs überwunden ist, mag man sich an Büchern wie
Bargil Pixner: Wege des Messias und Stätten der Urkirche. Jesus und das Judenchristen-
tum im Lichte neuer archäologischer Erkenntnisse, hg. v. Rainer Riesner, Gießen ²1994,
klarmachen.

[11] Vgl. die angeführte Literatur unter III. Zum gegenwärtigen Stand.

[12] Zum Gustaf-Dalman-Institut vgl. Palästinawissenschaft in Deutschland. Das Gustaf-
Dalman-Institut Greifswald 1920–1995. Mit 56 zum größten Teil unveröffentlichten Foto-
grafien, hg. v. Christof Hardmeier und Thomas Neumann, Berlin/New York 1995. Zu Gustaf Dalman ist grundlegend Julia Männchen: Gustaf Dalmans Leben und Wirken in der
Brüdergemeinde, für die Judenmission und an der Universität Leipzig 1855–1902, ADPV
[9,I], Wiesbaden 1987 sowie dies.: Gustaf Dalman als Palästinawissenschaftler in Jerusalem und Greifswald 1902–1941, ADPV 9,II, Wiesbaden 1993; zur neutestamentlichen
Seite in Dalmans Werk hier S. 131–176 sowie dies.: Palästinawissenschaft als theologische
Disziplin, in: Palästinawissenschaft in Deutschland, S. 13–27 *passim*. Ich danke Frau Kollegin Männchen für darüber hinausführende Literaturhinweise zu Dalman und dem Institut
auch an dieser Stelle.

[13] Alfred Jepsen: Das Gustaf Dalman-Institut für biblische Landes- und Altertums-
kunde und sein Begründer, in: Festschrift zur 500-Jahrfeier der Universität Greifswald,
17.10.1956, Band II, Greifswald 1956, S. 70–75; Zitat S. 73. Jepsen fährt fort: „So mühte
er sich um die Sprache oder die Sprachen, die Er gesprochen, die Orte und Wege, die
Er besucht und begangen hat, das Leben, die Arbeit und die Sitten, die Ihn umgaben.
Das alles wollte er nach allen Seiten hin erforschen und darstellen. Alles, was diesem Ziel

Trotz dieses Dalmanschen Schwerpunkts im neutestamentlichen Bereich waren alle Leiter des Gustaf-Dalman-Instituts nach dem Ausscheiden Dalmans in Greifswald Alttestamentler. Von kurzzeitigen Ausnahmen (etwa Joachim Jeremias[14]) abgesehen, blieb das Neue Testament in Greifswald von der Palästinawissenschaft unberührt. Wo etwa hätte Ernst Lohmeyer[15] in seinen Synoptikerkommentaren landeskundliche Aspekte fruchtbar gemacht?

In dieser Hinsicht ist die Theologische Fakultät Greifswald typisch: die neutestamentliche Wissenschaft treibt ihre Forschung *etsi Dalman non daretur.*

2. Dies erscheint im Rückblick um so verwunderlicher, als auch die andere in der Theologie der neutestamentlichen Wissenschaft benachbarte Disziplin, die Alte Kirchengeschichte, mit der Archäologie eng zusammenarbeitet – gibt es an einigen Theologischen Fakultäten doch sogar Lehrstühle für Christliche Archäologie. Auch in dieser Hinsicht drängt sich das Beispiel Greifswald auf, da diese Fakultät das Victor-Schultze-Institut für Christliche Archäologie und kirchliche Kunst beherbergt, benannt nach dem Pionier Victor Schultze (1851–1937), der einst in Greifswald wirkte.[16]

Somit ergibt sich der seltsame Befund, daß *beide* Nachbardisziplinen der neutestamentlichen Wissenschaft, sowohl das Alte Testament als auch die Kirchengeschichte, seit längerer Zeit mit der Archäologie mehr oder weniger eng zusammenarbeiten, während die neutestamentliche Wissenschaft sie lieber außen vor läßt. Selbst wo Neues Testament und Christliche Archäologie von ein und derselben Person vertreten werden – man denke etwa an Erich Dinkler – kann von einer gegenseitigen Befruchtung beider Gebiete so gut wie keine Rede sein. Bezeichnend ist Dinklers eigene Formulierung im Vorwort zu seinen gesammelten Aufsätzen: „Die Aufsätze ... gehören verschiedenen Arbeitskreisen an: dem Neuen Testament, der Christlichen Archäologie ... "[17] Wer Dinklers Arbeiten unter diesem Aspekt liest, wird

---

irgendwie dienen konnte, hat er in den Bereich seiner Forschungen einbezogen" (ebd.).

[14] Jeremias wirkte von 1929 bis 1935 an der Theologischen Fakultät in Greifswald, vgl. dazu Hans-Günter Leder: Evangelische Theologie im Wandel der Geschichte. Stationen der 450jährigen Geschichte der evangelisch-theologischen Fakultät in Greifswald, Baltische Studien NF 76 (1990), S. 21–47; zu Jeremias S. 45 mit Anm. 106: „J. Jeremias trat 1929 offenbar die Nachfolge von Schniewind in Greifswald an und wirkte hier, wie sich aus dem Protokollbuch der Theol. Fakultät ... erschließen läßt, anscheinend bis 1935. Jeremias wurde dann nach Göttingen berufen."

[15] Lohmeyer war als Nachfolger von Jeremias 1936 bis zu seiner Ermordung 1946 in Greifswald, vgl. Leder, a.a.O., S. 45 mit Anm. 109.

[16] „In der Kirchengeschichte lehrte seit 1883 Victor Schultze, der sich als christlicher Archäologe wie als Kirchenhistoriker bald eines überragenden Rufes in der wissenschaftlichen Welt erfreute" (Hans-Günter Leder, a.[Anm. 14] a.O., S. 43). In der 3. Auflage der RGG sucht man vergeblich nach einem Artikel über Victor Schultze (Band V [1961], Sp. 1580).

[17] Erich Dinkler: Signum Crucis. Aufsätze zum Neuen Testament und zur Christlichen

gelegentlich auf eine Ausnahme stoßen – ich nenne besonders „Das Bema zu Korinth"[18] – aber in der Regel sind die beiden Arbeitsbereiche genauso deutlich voneinander abgegrenzt, wie es im Vorwort formuliert wird. Daß die Interpretation des Neuen Testaments der Archäologie bedarf, kommt vielleicht einmal en passant in den Blick, mehr aber gewiß nicht.

Verglichen mit den benachbarten Disziplinen Altes Testament und Kirchengeschichte erscheint das Neue Testament mithin geradezu als archäologiefreie Zone, was um so grotesker wirkt, wenn man sich die schmalen 100 Jahre vor Augen stellt, mit denen es der Neutestamentler im engeren Sinn zu tun hat: mehr als 2.000 Jahre Archäologie und Altes Testament, beinahe 2.000 Jahre Archäologie und Kirchengeschichte – dazwischen 100 Jahre archäologiefreie Zone, das Neue Testament ...

3. Dabei hat es selbst in Deutschland schon zu Dalmans Zeiten Ansätze in der neutestamentlichen Wissenschaft gegeben, die über Dalmans auf den syrisch-palästinischen Raum beschränktes Programm weit hinausführten. Diese sind mit dem Namen Adolf Deissmann und seiner Losung »Licht vom Osten« auf das engste verbunden.[19] Hier wird von Anfang an der Rahmen Palästinas auch programmatisch überschritten. Im Vorwort zu seinem Paulus-Buch berichtet Deissmann: „Auf zwei Orientreisen durfte ich 1906 und 1909 den lange gehegten Plan ausführen, die Schauplätze des Urevangeliums *und der Lebensarbeit des Apostels Paulus* mit eigenen Augen zu schauen. Wenn ich von ganz geringen Ausnahmen absehen darf, so habe ich sämtliche in der Urgeschichte des Christentums bedeutsamen Orte besucht und glaube sagen zu dürfen, daß ich insbesondere von der Struktur der paulinischen Welt einen Gesamteindruck erhalten habe, dessen Wirkung und Wert sich mir persönlich von Jahr zu Jahr gesteigert hat."[20] Gegenüber

---

Archäologie, Tübingen 1967, S. V. Schon im Untertitel der Sammlung begegnet dieses bezeichnende „und"!

[18] Das Bema zu Korinth – Archäologische, lexikographische, rechtsgeschichtliche und ikonographische Bemerkungen zu Apostelgeschichte 18,12–17, a.a.O., S. 118–133.

Auch wer die umfassende „Bibliographie Erich Dinkler 1932–1979" durchmustert, kommt zu keinem andern Ergebnis (Jens-W. Taeger: Bibliographie Erich Dinkler 1932–1979, in: Theologia Crucis – Signum Crucis [FS Erich Dinkler], Tübingen 1979, S. 551–563).

[19] Zu Deissmann vgl. Eckhard Plümacher: Art. Deißmann, Adolf (1866–1937), TRE 8 (1981), S. 406–408. Das wichtige Werk »Licht vom Osten« erschien zu Lebzeiten Deissmanns zuletzt in 4. Auflage (Licht vom Osten. Das Neue Testament und die neuentdeckten Texte der hellenistisch-römischen Welt. Vierte, völlig neubearbeitete Auflage, Tübingen 1923). Rudolf Bultmann hatte die 1. Auflage von 1908 „überaus" positiv besprochen, die 4. Auflage dagegen „äußerst kritisch" (Martin Evang: Rudolf Bultmann in seiner Frühzeit, BHTh 74, Tübingen 1988, S. 45f.).

[20] Adolf Deissmann: Paulus. Eine kultur- und religionsgeschichtliche Skizze, Tübingen 1911 (2. Aufl. 1925), S. Vf. (die Hervorhebung ist von mir). Im Vorwort zur 2. Auflage von Licht vom Osten heißt es analog: „Möchte recht vielen Fachgenossen die gleiche Gelegenheit gegeben werden, die Schauplätze *des Evangeliums und des Urchristentums* persönlich zu sehen" (4. Aufl., S. IX; meine Hervorhebung).

dem Dalmanschen Programm einer Palästinawissenschaft ist der geographische Rahmen bei Deissmann deutlich erweitert: Es geht nicht nur um den syrisch-palästinischen Raum, sondern um die östliche Mittelmeerhälfte als ganze, also den Bereich von Rom bis nach Mesopotamien, von Ägypten bis zur Donau.

Deissmann hat Quellen herangezogen, die zu seiner Zeit kaum irgendeiner sonst – geschweige denn ein Neutestamentler – berücksichtigt hat. Man lese das Preisendanzsche Vorwort zu *Papyri Graecae Magicae*, um sich in die damalige Situation und ihre Probleme hineinzuversetzen: Albrecht Dieterich wagte es im Sommersemester 1905 nicht, im Heidelberger Vorlesungsverzeichnis „Griechische Zauberpapyri" anzukündigen, sondern tarnte seine Lehrveranstaltung unter der Überschrift „Ausgewählte Stücke aus griechischen Papyri".[21] Deissmann kannte solche Empfindlichkeiten nicht: „Die theologische Seite vertrat als vorurteilsfreier Erforscher der Dokumente des Aberglaubens ADOLF DEISSMANN. Er legte seinen sprachgeschichtlich bahnbrechenden »Bibelstudien« ... eine Fluchbleitafel aus Hadrumet zugrunde und behandelte in seinem weitverbreiteten »Licht vom Osten« ... die Zaubertexte der Papyri unbedenklich gleichwertig mit allen andern von ihm besprochenen spätantiken Dokumenten."[22]

Viele der Deissmannschen Ergebnisse sind heute Gemeingut der Forschung; auch Gelehrte, die den Deissmannschen Ansatz als solchen in gar keiner Weise goutieren, greifen darauf gerne zurück. Ein Beispiel ist die Hypothese von der ephesinischen Gefangenschaft des Paulus, die bis heute von vielen Seiten dankbar benutzt wird. Ist es ein Zufall, daß Adolf Deissmann diese Hypothese unter dem Titel „Zur ephesinischen Gefangenschaft des Apostels Paulus" ausgerechnet in der Festschrift für W.M. Ramsay zur Wahrscheinlichkeit erhoben hat?[23]

Nachfolger hat Deissmann allerdings auf dem Kontinent kaum gefunden; umso mehr aber im angelsächsischen Bereich: „Deissmann's work was picked

---

[21] Karl Preisendanz: Papyri Graecae Magicae. Die griechischen Zauberpapyri I, Stuttgart 2. Auflage 1973, S. V.

[22] Karl Preisendanz, a.a.O., S. Vf.

[23] Adolf Deissmann: Zur ephesinischen Gefangenschaft des Apostels Paulus, in: Anatolian Studies Presented to Sir William Mitchell Ramsay, hg. v. W.H. Buckler & W.M. Calder, Manchester 1923, S. 121–127. Zur Vorgeschichte der Hypothese von der ephesinischen Gefangenschaft vgl. S. 122 mit Anm. 3 und 4. Adolf Deissmann hat diese Hypothese seit 1897 vertreten (S. 122). Nach wie vor gilt: „Es ist nicht schwer, am Schreibtisch im Kiepertschen Atlas Antiquus mit dem Finger vom Herzen Kleinasiens nach Rom zu fahren und zu sagen: der entlaufene Sklave Onesimos eilte »von Kolossae nach Rom,« und es ist ebenso leicht, den Mann dann auch wieder auf der Karte von Rom nach Kolossae zurückzuschicken. Aber im Raum sehen diese Wege und ihre Möglichkeiten doch erheblich anders aus" (S. 123f.). Als Beispiel für heutige Verwendung der Deissmannschen Hypothese sei Willi Marxsen: Einleitung in das Neue Testament. Eine Einführung in ihre Probleme, Gütersloh [4]1978, S. 80f. genannt.

up and built on in England by James Hope Moulton (1863–1917), a Metho-
dist clergyman and the first non-Conformist to be awarded a Fellowship
at Cambridge."[24] Zusammen mit George Milligan brachte er seit 1914 das
Vocabulary of the Greek Testament Illustrated from the Papyri and other
Non-Literary Sources heraus, das 1930 komplett vorlag.[25] Dieses Werk führt
das Deissmannsche Erbe zwar auf dem papyrologischen, nicht jedoch auf
dem epigraphischen Gebiet fort.[26]

Dies ist der Grund dafür, daß die Papyri auch in der Nach-Deissmann-
Phase nie so stiefmütterlich behandelt worden sind wie die Inschriften.[27]
Das kann man etwa an der letzten Auflage des Bauerschen Wörterbuchs
schön studieren.

Der Ausbau des Dalmanschen Programms im Deissmannschen Sinne ist
heute unabweisbar. Die Beschränkung des archäologischen Aspekts auf das
sogenannte Heilige Land erscheint unausrottbar bis in die letzten Publikationen hinein.[28] Aus neutestamentlicher Sicht ist diese Beschränkung jedoch
durch nichts zu rechtfertigen.

4. Nun ist die „Umwelt des Urchristentums" ja nicht etwas, was man erst
erfinden müßte.[29] In der Form von „Umwelt" fristet sie seit jeher (oft mehr

---

[24] G.H.R. Horsley: The Inscriptions of Ephesos and the New Testament, NT 34 (1992),
S. 105–168; Zitat S. 113.

[25] Einzelheiten bei Horsley, a.a.O., S. 113f.

[26] Horsley, a.a.O., S. 114.

[27] Vgl. das Urteil Horsleys: „Just as important for NT research are the papyri, which
receive considerably more notice in NT circles than inscriptions do. Moulton and Milligan's
great work, *The Vocabulary of the Greek Testament*, has tacitly had the effect, I submit,
of persuading its users that the papyri have far more to offer than epigraphical material"
(a.a.O., S. 163).

[28] Vgl. etwa James H. Charlesworth: Archaeological Research and Biblical Theology,
in: Geschichte – Tradition – Reflexion (FS Martin Hengel), Band I: Judentum, Tübingen
1996; S. 3–33. Ausgehend von der sehr weit gespannten Frage: „For decades historians,
biblical scholars, and theologians have pondered how – if at all – archaeology may be
important for their work" (S. 3) landet Charlesworth doch sogleich beim »Heiligen Land«,
auf welches er sich im folgenden auch beschränkt: „Are archaeological discoveries in the
»Holy Land« irrelevant for seminary and university professors and students and also for
graduates of such institutions of higher learning, or are they necessary to »shore up« the
Bible – as some journalists claim?" (Ebd.)
    Genauso verhält es sich mit dem Sammelband Archaeology and Biblical Interpretation,
hg. v. John R. Bartlett, London 1997, der zwar auch neutestamentliche Beiträge aufweist,
aber geographisch auf Palästina beschränkt ist, vgl. die Rezension von Thomas Bolin,
BMCR [elektronische Fassung] 97.12.6 [vom 7. Dezember 1997]).

[29] Vgl. das dreibändige Werk unter dem gleichnamigen Titel: Umwelt des Urchristen-
tums. I. Darstellung des neutestamentlichen Zeitalters, II. Texte zum neutestamentlichen
Zeitalter, III. Bilder zum neutestamentlichen Zeitalter, hg. v. Johannes Leipoldt und Walter Grundmann, Berlin [8]1990 (I), [8]1991 (II), [6]1987 (III).
    Die konkrete Umwelt einzelner christlicher Gemeinden nimmt Jack Finegan in den Blick
(The Archeology of the New Testament. The Mediterranean World of the Early Christian
Apostles, Boulder/Colorado und London 1981). Nimmt man den Abschnitt über Philippi (S. 101–106) als Beispiel, so kann man sagen, daß Finegan solide archäologische und

schlecht als recht) ein Dasein am Rande. Und einschlägige Handbücher lassen es sich keinesfalls nehmen, sie als solche auch zu würdigen: „Die Kenntnis der Lebens- und Denkformen der Zeit, in der Jesus und das Urchristentum lebten, ist unentbehrlich für die historische Analyse und theologische Interpretation des NT; sie ist zugleich auch die Voraussetzung dafür, daß man das Urchristentum als geschichtliche Erscheinung der Antike und nicht als abstrakte Größe – etwa als Idealkirche – begreift", heißt es etwa in dem weitverbreiteten Buch von Conzelmann und Lindemann.[30] Vom Ersten Teil, – der Methodenlehre – ist diese Aussage fein säuberlich getrennt, leitet sie doch den Zweiten Teil „Neutestamentliche Zeitgeschichte – Die Umwelt des Urchristentums" ein. So ist die Umwelt zwar anscheinend ein durchaus ernstzunehmender Faktor – und dieses Handbuch räumt ihr auch relativ viel Platz ein –, aber eben methodisch ohne Belang. Erst wird man mit der Methodenlehre vertraut gemacht, und dann kann man sich – gegebenenfalls – auch noch mit der Umwelt des Neuen Testaments beschäftigen.

Im Unterschied dazu geht es mir darum, die jeweils *konkrete* „Umwelt" bei der Exegese durchweg zu berücksichtigen. Alle exegetischen Schritte, angefangen bei der Textkritik, können potentiell durch die „Umwelt" gefördert werden. Als Beispiel mag Apg 16,12 dienen – ein Fall, der ohne lokale Kenntnisse noch nicht einmal richtig zu beurteilen, geschweige denn zu lösen ist.[31] Man kann an diesem Beispiel sehen: Worauf es ankommt, ist nicht die „Umwelt" – sie ist ein viel zu weites Feld; es geht vielmehr um lokalgeschichtliche Kenntnisse, die für fast alle traditionellen exegetischen Methodenschritte von Nutzen sein können.

Ich schlage daher vor, probeweise einmal den Begriff *lokalgeschichtliche Methode* einzuführen. Dies ist nicht so zu verstehen, als könnte diese lokalgeschichtliche Methode die traditionellen exegetischen Methoden ersetzen; aber auch nicht so, als könne man sie als den *n+1.* Methodenschritt an die bisherigen *n* methodischen Schritte anhängen. Die lokalgeschichtliche Methode versucht vielmehr, *vor* der Exegese einschlägiger neutestamentlicher Passagen ein möglichst umfassendes Bild des Umfelds einer konkreten Gemeinde, ihrer Stadt und/oder ihrer Landschaft zu erarbeiten, das dann bei der Auslegung fruchtbar gemacht werden kann.

---

historische Informationen mit teilweise abwegigen Spekulationen zu neutestamentlichen Schauplätzen (z.B. der Taufstelle von Apg 16,13 oder dem Gefängnis aus Apg 16,23, s. S. 104 und S. 105) verbindet.

[30] Hans Conzelmann/Andreas Lindemann: Arbeitsbuch zum Neuen Testament, UTB 52, Tübingen [10]1991, S. 141.

[31] Vgl. meine Diskussion des Problems in Philippi I 159–165. Einen Rückschritt stellt m.E. die Studie von Richard S. Ascough dar (Civic Pride at Philippi. The Text-Critical Problem of Acts 16.12, NTS 44 [1998], S. 93–103).

III. Zum gegenwärtigen Stand

Durchmustern wir die »Cities of St. Paul«, wie W.M. Ramsay einst formulierte[32], so liegen mittlerweile etliche verheißungsvolle Ansätze vor. Beginnen
wir in Rom – eine Stadt des Paulus auch sie, wenngleich die dortige Gemeinde nicht auf seine Gründung zurückgeht –, so haben wir die grundlegende
Studie aus der Feder von Peter Lampe.[33] Dieses Buch ist für den deutschsprachigen Raum von bahnbrechender Bedeutung gewesen. Im Unterschied
zu seinen Nachfolgern hat Lampe allerdings mit einer Fülle insbesondere
von literarischen Quellen zu kämpfen, was bei keiner der anderen Cities of
St. Paul auch nur annäherungsweise der Fall ist.

Anders steht es im Fall Korinth. Ist hier die Literatur an sich reich sortiert,
so fehlt es doch an einer Studie, die die reichlich vorhandenen archäologischen Ergebnisse mit den neutestamentlichen Texten in Beziehung setzt. Die
an sich günstigen Voraussetzungen[34] haben noch nicht die erwarteten neutestamentlichen Früchte hervorgebracht.[35] Hier ist die Ausgangslage insofern
anders als in Rom, als seitens des Neuen Testaments nicht nur die Bemerkungen des Lukas in der Apostelgeschichte, sondern auch zwei umfangreiche
Briefe des Paulus zur Verfügung stehen. Wie viel in Korinth erreichbar ist,
zeigen die einschlägigen Aufsätze von Gerd Theißen, die mittlerweile Klas-
siker geworden sind.[36]

---

[32] W.M. Ramsay: The Cities of St. Paul. Their Influence on His Life and Thought,
London 1907.

[33] Peter Lampe: Die stadtrömischen Christen in den ersten beiden Jahrhunderten,
WUNT 2/18, Tübingen 1987, [2]1989.

[34] Vgl. meine Beurteilung der Situation Anfang der 90er Jahre: „Vergleicht man Phil-
ippi etwa mit Korinth, so kann man die Lage in bezug auf Philippi nur als desolat bezeich-
nen." (Philippi I 1). „Die Literatur zu Korinth findet man jetzt verzeichnet bei Donald
W. Engels: Roman Corinth. An Alternative Model for the Classical City, Chicago und
London 1990. Seit dem Erscheinen dieser Monographie ist allein von neutestamentlicher
Seite schon wieder eine ganze Reihe von Studien erschienen" (a.a.O., Anm. 1).

[35] Die Arbeit von Clarke ist unzulänglich (Andrew D. Clarke: Secular and Christian
Leadership in Corinth. A Socio-Historical and Exegetical Study of 1 Corinthians 1–6,
AGJU 18, Leiden/New York/Köln 1993). Dieser Arbeit fehlt die erforderliche Solidität:
Wer vor der Drucklegung auf Konfusionen wie die von korinthischen und römischen *tribus*
hingewiesen wird und sein *opus* trotzdem unverändert drucken läßt, dem ist nicht zu
helfen.

Alle einschlägigen griechischen Städte behandelt Winfried Elliger, a.(Anm. 8)a.O.
(Nachdr. außerhalb der Reihe 1987); zur Würdigung unter lokalgeschichtlichen Aspekten
vgl. Philippi I 36–38.

Das vormalige Flaggschiff, die Zeitschrift für die Neutestamentliche Wissenschaft, hat
elf Jahre nach Klaibers Aufsatz (vgl. o. Anm. 10) erneut eine einschlägige Studie gedruckt
(Richard E. Oster, Jr.: Use, Misuse and Neglect of Archaeological Evidence in Some Modern Works on 1Corinthians [1Cor 7,1–5; 8,10; 11,2–16; 12,14–26], ZNW 83 [1992], S.
52–73). Dieser Aufsatz ist überaus anregend, und so darf sich der Leser der ZNW schon
heute auf den einschlägigen Beitrag im Jahrgang 94 (2003) freuen ...

[36] Gerd Theißen: Studien zur Soziologie des Urchristentums, WUNT 19, Tübingen

Von neutestamentlicher Seite recht vernachlässigt ist auch Athen, obgleich hier ein Mangel an Quellen auf keinen Fall zu beklagen ist, gibt es doch Inschriften in Hülle und Fülle, und auch an literarischen Zeugnissen besteht kein Mangel. Wie lohnend die Beschäftigung mit Athen ist, soll beispielhaft der folgende Beitrag von Eva Ebel zeigen.

Der Stein und die Steine
Methodische Erwägungen zur Benutzung von epigraphischen Quellen am Beispiel IG II^2 1368

von Eva Ebel[1]

Bei der Erforschung des Umfeldes der frühen christlichen Gemeinden kommt den paganen Vereinen eine große Bedeutung zu, bilden sie doch auf Grund eines ähnlichen Angebots (regelmäßige Zusammenkünfte, gemeinsame Mahlzeiten, kultische Elemente) eine in der Gesellschaft fest etablierte Konkurrenz zu den neu entstehenden Gemeinschaften der Christen.

Die wichtigste Quelle für das antike Vereinswesen sind Inschriften: Viele berichten von Stiftungen an einen Verein, einige enthalten eine Mitgliederliste *(album)*, wenige tradieren die Satzung *(lex)* eines Vereins. Insbesondere die letztgenannte Gruppe von epigraphischen Zeugnissen wird in neutestamentlichen Untersuchungen immer wieder zitiert, leider zumeist in Paraphrase oder in auszugsweisen Übersetzungen ohne Wiedergabe des Urtextes. Dieses Verfahren entbehrt nicht einer gewissen Fragwürdigkeit, zumal wohl kaum jeder Leser die entsprechenden Inschriftencorpora griffbereit hat. Erst Thomas Schmeller hat seiner Studie[2] im Anhang den Text und als „Arbeitsinstrument"[3] eine Übersetzung der vier wichtigsten Inschriften, die ein Vereinsstatut enthalten, beigefügt. Wie ertragreich eine sorgfältige Analyse dieser Texte für die Interpretation der Struktur der frühen christlichen Gemeinden im Verhältnis und nicht zuletzt in Abgrenzung zu den Gemeinschaften ihrer Umwelt sein kann, zeigt seine Arbeit beispielhaft im Blick auf hierarchische und egalitäre Elemente innerhalb der untersuchten Gruppen.

Diesen Ansatz ausbauend, gilt es einerseits, bei der Untersuchung weiterer Elemente des Gemeinschaftslebens der Vereinsgenossen und der Christen

---

1979, [3]1989; siehe die Nr. 9, 10 und 11 in diesem Theißenschen Band. Weiter wäre hier zu nennen Dietrich-Alex Koch: „Alles, was ἐν μακέλλῳ verkauft wird, eßt ...". Die macella von Pompeji, Gerasa und Korinth und ihre Bedeutung für die Auslegung von 1Kor 10,25, ZNW 90 (1999), S. 194–219.

[1] Überarbeitete Fassung von: Biblisches Forum. Jahrbuch 1999, Münster 2000, S. 56–68.

[2] Thomas Schmeller: Hierarchie und Egalität. Eine sozialgeschichtliche Untersuchung paulinischer Gemeinden und griechisch-römischer Vereine, SBS 162, Stuttgart 1995.

[3] Schmeller, a.a.O., S. 96.

aussagekräftige Inschriften vertiefend in bezug auf Textkritik und Übersetzung zu bearbeiten. Andererseits möchte ich im folgenden zeigen, daß es nicht ausreicht, eine Inschrift allein als Text zu interpretieren. Erst durch eine sorgfältige Berücksichtigung der Fundumstände kann ein lebendiges und umfassendes Bild des Vereins entstehen. Beispielsweise gewinnen inschriftliche Anweisungen zur Einhaltung der Sitzordnung erst dann Plastizität, wenn die tatsächliche Gestalt des Versammlungsraumes und die Anordnung der Klinen bekannt sind. Der Befund des einen Steins muß also durch den weiterer Steine, wie etwa der Überreste des Vereinshauses, ergänzt werden.

Die Erforschung der Vereinshäuser beschränkt sich geographisch bisher hauptsächlich auf Italien: Gustav Hermansen hat sich den Vereinshäusern von Ostia gewidmet[4], Beispiele aus Italien, Nordafrika, Gallien sowie der iberischen Halbinsel hat José Ramón Carillo Diaz-Pinés analysiert.[5] Jüngst hat Beate Bollmann eine Untersuchung zu den römischen Vereinshäusern in Italien vorgelegt.[6] Ihr vordringliches Anliegen ist es, Kriterien für die Identifizierung von Vereinshäusern zu erarbeiten und eine Typisierung der Bauten vorzunehmen; außerdem bietet sie einen Katalog der gesicherten und wahrscheinlichen Vereinshäuser. Sie hat damit auf archäologischer Seite für den von ihr untersuchten geographischen Bereich eine hervorragende Grundlage für eine Verknüpfung der Ergebnisse von Archäologie und Epigraphik geschaffen.

Der Verein der Iobakchen in Athen

Unter den privaten Vereinen der Antike nehmen die Iobakchen in Athen und die *cultores Dianae et Antinoi* in Lanuvium die prominentesten Stellen ein. Beide haben im 2. Jahrhundert n. Chr. Inschriften errichten lassen, die uns einen detaillierten Einblick in ihr Vereinsleben ermöglichen und die Grundlage der meisten Untersuchungen über griechisch-römische Vereine bilden. Während jedoch der lanuvische Verein über seine im öffentlichen Bad – also nicht in einem Vereinshaus – gefundene Inschrift[7] hinaus archäologisch kaum greifbar ist[8], liegen im Fall des Athener Vereins der Bakchosverehrer

---

[4] Gustav Hermansen: Ostia. Aspects of Roman City Life, Edmonton 1981, S. 55–89 (mit Grundrissen der gesicherten und vermuteten Vereinshäuser).

[5] José Ramón Carillo Diaz-Pinés: Las sedes de corporaciones en el mundo romano: Un problema de identificación arqueológica, Anales de arqueología Cordobesa 6 (1995), S. 29–77.

[6] Beate Bollmann: Römische Vereinshäuser. Untersuchungen zu den Scholae der römischen Berufs-, Kult- und Augustalen-Kollegien in Italien, Mainz 1998.

[7] CIL XIV 2112 = ILS 7212. Ausführlich diskutiert die Inschrift bereits Theodor Mommsen: De collegiis et sodaliciis Romanorum, Kiel 1843. Wichtige textkritische Anmerkungen macht Frank M. Ausbüttel: Untersuchungen zu den Vereinen im Westen des römischen Reiches, Frankfurter Althistorische Studien 11, Kallmünz 1982, S. 23–29.

[8] Umstritten ist, ob sich das *collegium* in einem öffentlichen oder vereinseigenen Tem-

hochinteressante archäologische Ergebnisse vor. Diese hat in ihrer Gesamtheit nicht nur die neutestamentliche Forschung mit Ausnahme von Dennis Edwin Smith[9] bisher nicht beachtet, auch die Archäologen nehmen mit
der Entdeckung der Funde umgehend eine Trennung zwischen der Untersuchung des Fundgebiets, des Vereinshauses, der Inschrift und der weiteren
Fundstücke vor, die nicht wieder aufgehoben wird. Zwar beschäftigen sich
auf diese Weise Spezialisten mit dem jeweiligen Forschungsgegenstand, die
Chance einer gegenseitigen Bereicherung der Teilgebiete aber wird vertan.
Deshalb soll an dieser Stelle versucht werden, alle faßbaren Informationen zu
verknüpfen, wobei der nun kompliziertere Befund am Ende oft mehr Fragen
als Antworten hervorbringt.

1. Das Grabungsgebiet

Das Vereinshaus der Iobakchen, das Bakcheion, wurde 1894 während der
Ausgrabungen des Deutschen Archäologischen Instituts am Westabhang der
Akropolis zwischen Areopag und Pnyx, die vor allem die Entdeckung der
Enneakrunos zum Ziel hatten[10], gefunden. Die unter diesem Gebäude aus
römischer Zeit entdeckten älteren Anlagen wurden von Wilhelm Dörpfeld als
Dionysosheiligtum, nämlich das Dionysion ἐν λίμναις, identifiziert.[11] Erst einige Jahre nach den Ausgrabungen entwickelte sich vornehmlich zwischen
Dörpfeld und seinem Schüler August Frickenhaus eine Debatte darüber, ob
es sich tatsächlich um einen heiligen Bezirk des Dionysos oder um ein Heroon
des Herakles, nämlich das Herakleion von Melite, handelt.[12] Hauptstreit-
punkt ist neben der Interpretation der Kelter die Deutung einiger Stein-
platten mit runden Einsenkungen, die Dörpfeld zu einem für Dionysos besonders typischen Altar in Tischform ergänzen will[13], Frickenhaus hingegen

---

pel versammelte, vgl. A.E. Gordon: The Cults of Lanuvium, UCP.CA 2/2 (1938), S. 21–58;
hier S. 45f. und Bollmann, a.a.O., S. 354f.

[9] Dennis Edwin Smith: Social Obligation in the Context of Communal Meals. A Study
of the Christian Meal in 1 Corinthians in Comparison with Graeco-Roman Communal
Meals, Cambridge 1980 (Microfiche).

[10] Wilhelm Dörpfeld: Die Ausgrabungen an der Enneakrunos, MDAI.A 17 (1892), S.
439–445 und ders.: Die Ausgrabungen an der Enneakrunos. II., MDAI.A 19 (1894), S.
143–151.

[11] Wilhelm Dörpfeld: Die Ausgrabungen am Westabhange der Akropolis. I., MDAI.A
19 (1894), S. 496–509; hier S. 507 und ders.: Die Ausgrabungen am Westabhange der
Akropolis. II. Das Lenaion oder Dionysion in den Limnai, MDAI.A 20 (1895), S. 161–206;
hier S. 161–176.

[12] August Frickenhaus: Das Herakleion von Melite, MDAI.A 36 (1911), S. 113–144 und
als Antwort darauf Wilhelm Dörpfeld: Das Dionysion in den Limnai und das Lenaion,
MDAI.A 46 (1921), S. 81–104. An der von Frickenhaus vorgenommenen Lokalisierung des
Demos Melite zweifelt z.B. R.E. Wycherley: Two Athenian Shrines, AJA 63 (1959), S.
67–72; hier S. 67f. Dörpfelds Argumente werden gesammelt und widerlegt von Efpraxia
Tagalidou: Weihreliefs an Herakles aus klassischer Zeit, Jönsered 1993, S. 23–27.

[13] Dörpfeld, MDAI.A 20 (1895), S. 166–168 mit Fig. 4.

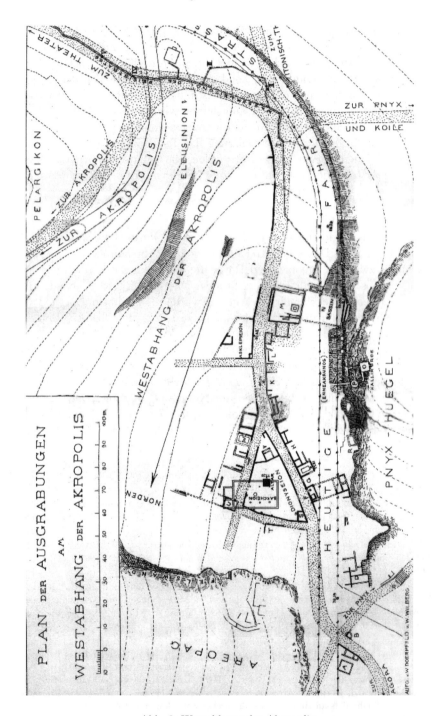

Abb. 2: Westabhang der Akropolis

zu einem Viersäulenbau, der in Athen ausschließlich im Herakleskult zur Anwendung kommt, sich aber nur durch Abbildungen auf Vasen und Weihreliefs belegen läßt[14]. Ein Hinweis auf Herakles ist der Fund eines Heraklestorso[15]; andere Skulpturfunde, die eventuell einen Hinweis auf Dionysos oder Herakles geben würden, liegen aus den älteren Schichten nicht vor, einzig zahlreiche Scherben sind dort zutage getreten[16].

Im Blick auf unsere Iobakchen würde die von Dörpfeld vertretene Position ihrer Verehrung des Dionysos eine besondere Qualität verleihen, da eine bis mindestens ins 6. Jahrhundert v. Chr. zurückreichende Kultkontinuität[17] vorläge. Im Anschluß an Frickenhaus, dessen Einschätzung heute weitgehend Konsens ist[18], aber dahin korrigiert worden ist, daß der Viersäulenbau der Abhaltung von Kultmählern des Herakles diente[19], erhebt sich die Frage, wie es in späterer Zeit zur Einrichtung des Dionysoskultes in diesem Gebiet gekommen ist. Frickenhaus vertritt die Auffassung, daß, nachdem der Kult des Herakles an Bedeutung verloren hatte, „die Gemeinde das Heiligtum zuschütten liess und das Terrain an eine beliebige Privatgesellschaft verkaufte"[20]. Die Verehrer des Dionysos interessierte möglicherweise besonders die auf diesem Gebiet existierende Weinkelter.[21]

2. Das Vereinshaus

Etwa 2 m über dem Niveau der älteren Anlagen liegt das Vereinshaus der Iobakchen[22]; d.h. die vieldiskutierten Einrichtungen, seien sie nun zur Ver-

---

[14] Frickenhaus, a.a.O., S. 117–120 (Kritik an Dörpfeld) und S. 132–134 (Rekonstruktion des Heroon) mit Abb. 1 und 3. Vgl. neben der Kritik bei Dörpfeld, MDAI.A 46 (1921), S. 82f.88–94 auch Otto Walter: Der Säulenbau des Herakles, MDAI.A 62 (1937), S. 41–51. Die Debatte über den Viersäulenbau des Herakles faßt Tagalidou, a.a.O., S. 19–32 zusammen.

[15] Frickenhaus, a.a.O., S. 138. Ausführlich analysiert die Skulptur Carl Watzinger: Herakles ΜΗΝΥΤΗΣ, MDAI.A 29 (1904), S. 237–243 (mit Abb.).

[16] Dörpfeld, MDAI.A 20 (1895), S. 175; Hans Schrader: Die Ausgrabungen am Westabhange der Akropolis. III. Funde im Gebiet des Dionysion, MDAI.A 21 (1896), S. 265–286; hier S. 265; Frickenhaus, a.a.O., S. 138.

[17] Dörpfeld, MDAI.A 20 (1895), S. 176.

[18] Walther Judeich: Topographie von Athen, HAW 3,2,2, München [2]1931, S. 291–296 folgt noch Dörpfeld; John Travlos: Bildlexikon zur Topographie des antiken Athen, Tübingen 1971, S. 274 nimmt die Deutung von Frickenhaus auf.

[19] Walter, a.a.O., S. 46f.; vgl. Tagalidou, a.a.O., S. 30f.

[20] Frickenhaus, a.a.O., S. 143, vgl. S. 141.

[21] Tagalidou, a.a.O., S. 24.

[22] Nach Dörpfeld, MDAI.A 20 (1895), S. 163 liegt der alte Bezirk 77,25 m über Meereshöhe, das Bakcheion 79,60 m. Ein Plan des Bezirks mit Höhenangaben und einem Grundriß der Gebäude, farblich abgestuft nach ihrer Entstehungszeit, findet sich in MDAI.A 20 (1895) auf Tafel IV („Plan der Ausgrabungen am Westabhang der Akropolis"); dieser Plan ist hier abgedruckt als Abb. 2. Zur Lage des Vereinshauses an den Straßen Athens vgl. in MDAI.A 19 (1894) die Tafel XIV („Ausgrabungen am Westabhange der Akropolis: Das Lenaion"), hier abgedruckt als Abb. 3. Trotz der teilweise veralteten Be-

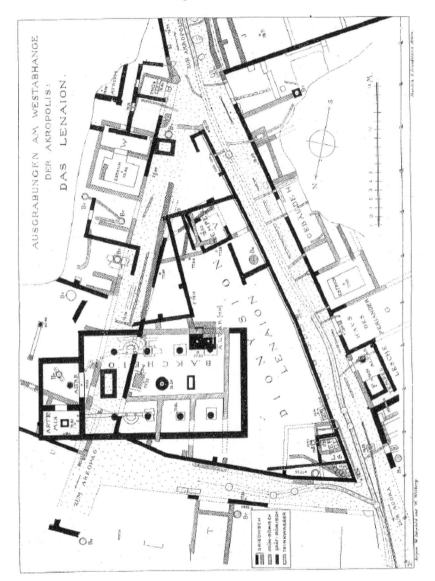

Abb. 3: Das Vereinshaus der Iobakchen

ehrung des Herakles oder des Dionysos errichtet worden, waren in römischer Zeit nicht mehr sichtbar.

---

nennungen ist dieser Plan für heutige Besucherinnen und Besucher noch immer das beste Hilfsmittel, um das Vereinshaus der Iobakchen zu finden.

Der Festsaal weist die beeindruckenden Maße von 18,80 m in der Länge und 11,25 m in der Breite auf.[23] Er ist durch zwei Reihen von je vier Säulen in ein breites Mittelschiff und zwei schmalere Seitenschiffe gegliedert. In der Mitte der östlichen Schmalseite befindet sich eine viereckige Apsis. Vermutlich liegt direkt gegenüber der archäologisch nicht nachweisbare Haupteingang[24], der Saalbau ist also nach dem Prinzip der Axialität gestaltet. Der Blick des Eintretenden fällt aber zunächst auf drei Anlagen in der Mittelachse: Vorn ein viereckiger Bau von 1,75 x 0,80 m, dann ein runder Bau mit einem 1,50 m tiefen Loch von 38 cm Durchmesser und schließlich ein wiederum viereckiger Bau von 3,40 x 1,90 m.[25] Die rechteckigen Konstruktionen sind vermutlich als Fundamentreste zweier „Schenk- oder Serviertische"[26] zu interpretieren. Abgetrennt von dem Festsaal und nur von der Apsis her erreichbar ist ein Nebenraum an der Nordostecke des Gebäudes.

Ein solches großzügig angelegtes Vereinsgebäude, dessen Festsaal eine Fläche von mehr als 200 m^2 umfaßt, setzt voraus, daß der Verein über eine wohlgefüllte Vereinskasse verfügt und/oder von mindestens einem sehr spendenfreudigen Patron finanziell unterstützt wird. Nur mit Vorsicht lassen sich Rückschlüsse von der Größe eines Vereinshauses auf die Mitgliederzahl ziehen[27], 50-100 Mitglieder sind aber bei den Vollversammlungen bequem unterzubringen.

3. Die Inschrift

Der wichtigste Fund im Bakcheion ist zweifellos die Inschrift, die zur eindeutigen Identifizierung des Gebäudes berechtigt.[28] Sie steht – in zwei Kolumnen geteilt und oben mit einem Giebelrelief abgeschlossen, so daß sich ein stelenartiges Aussehen ergibt[29] – auf einer Säulentrommel, die den übrigen

---

[23] Dörpfeld, MDAI.A 20 (1895), S. 178.

[24] Dörpfeld, MDAI.A 20 (1895), S. 179.

[25] Dörpfeld, MDAI.A 20 (1895), S. 178f.

[26] August Frickenhaus: Griechische Banketthäuser, JdI 32 (1971), S. 114–133; hier S. 115 erklärte so große rechteckige Basen im Bankettsaal des Asklepieions in Troizen aus dem 3. oder 2. Jahrhundert v. Chr., wobei er noch davon ausging, daß es sich um ein Banketthaus handelte und nicht um einen Raum innerhalb eines Gebäudekomplexes. Gabriel Welter: Troizen und Kalaureia, Berlin 1941, S. 32 mit Taf. 15c und 19a interpretiert sie als Feuerstellen. Smith, a.a.O., S. 234 plädiert in bezug auf Troizen ebenfalls für „a fire pit of cooking", deutet aber die Basen im Vereinshaus der Iobakchen als Altäre (S. 243). Mit Matthias Klinghardt: Gemeinschaftsmahl und Mahlgemeinschaft. Soziologie und Liturgie frühchristlicher Mahlfeiern, TANZ 13, Tübingen/Basel 1996, S. 71 mit Anm. 34 sind Kochstellen sowohl im Asklepieion in Troizen als auch im Athener Bakcheion in Nebenräumen bzw. den Nebengebäuden, die ebenfalls zum Vereinshaus gehören (vgl. Dörpfeld, MDAI.A 20 [1895], S. 180), zu vermuten.

[27] Vgl. Bollmann, a.a.O., S. 50–52.

[28] Bollmann, a.a.O., S. 52 nennt als Kriterien für die Identifizierung eines Vereinshauses – in dieser Reihenfolge – Inschriftenfunde, Mosaiken mit Berufsdarstellungen, Statuenausstattung, Kulteinrichtungen und typologische Ähnlichkeiten zu anderen Vereinshäusern.

[29] Photographien der Inschrift bieten Otto Kern: Inscriptiones Graecae, Tabulae in

gefundenen Säulen gleicht, und war deshalb wohl im großen Festsaal den Vereinsgenossen beständig vor Augen.[30] Heute wird die Inschrift im Epigraphischen Museum in Athen verwahrt und hat die Inventarisierungsnummer EM 8187.

Text und Übersetzung der Inschrift sind diesem Aufsatz als Beilage angefügt. Der erste Abschnitt (Z. 2–31) gibt in einem lebhaften Bericht Auskunft über den Anlaß der Einrichtung der Stele: Nach einer Amtszeit von 23 Jahren als Priester des Vereins tritt Aurelios Nikomachos zugunsten des Herodes Atticus[31] zurück, nachdem er zuvor schon 17 Jahre lang Anthiereus gewesen ist[32], und übernimmt selbst wieder das zweithöchste Amt im Verein. Nach diesem Akt beschließen die begeisterten Vereinsgenossen die Statuten (δόγματα) des Vereins; diese sollen, eingeleitet durch das Protokoll der Sitzung, schriftlich festgehalten werden. Die Addition der Amtsjahre des Nikomachos belegt, daß der Verein mindestens schon vierzig Jahre lang besteht; wenn nun Statuten beschlossen werden, signalisiert dieses die Einleitung einer neuen Phase der Vereinsgeschichte.

Die Nennung des Herodes Atticus ist nicht nur für die Datierung der Inschrift wertvoll[33], sondern bindet die Geschehnisse in unserem Verein in den Ablauf der Athener Geschichte ein: Nachdem sich Herodes Atticus durch seinen Einspruch gegen das Testament seines Vaters, das für jeden Athener die jährliche Zahlung einer Mine vorsah, unbeliebt gemacht hat, sucht er die Gunst des einfachen Volkes wiederzugewinnen; in diesem Bestreben engagiert er sich bei den Iobakchen.[34] Die Übernahme eines regulären Vereins-

---

usum scholarum 7, Bonn 1913, tab. 48; Anton Elter: Die Statuten des Vereins der Jobacchen in Athen, in: Ostergruss der Rheinischen Friedrich-Wilhelms-Universität zu Bonn an ihre Angehörigen im Felde 1916, Bonn 1916, S. 87–94, hier S. 88; Paul Graindor: Album d'inscriptions attiques d'époque impériale avec notes, corrections et inédits. B Planches, Paris 1924, Planche LVII, N° 73; Johannes Kirchner: Imagines inscriptionum Atticarum. Ein Bildatlas epigraphischer Denkmäler Attikas, Berlin 1935, Tafel 50, Nr. 137 und 138.

[30]   Sam Wide: Die Inschrift der Iobakchen, MDAI.A 19 (1894), S. 248–282; hier S. 248; Dörpfeld, MDAI.A 20 (1895), S. 177f.

[31]   Die Identifizierung des κράτιστος Κλα. Ἡρώδης (Z. 9) bzw. κράτιστος ἱερεύς Ἡρώδης (Z. 25) mit Herodes Atticus wurde erstmals vorgenommen und für die Interpretation der Inschrift genutzt von Ernst Maass: Orpheus. Untersuchungen zur griechischen, römischen, altchristlichen Jenseitsdichtung und Religion, München 1895, S. 32–41. Wide, a.a.O., S. 267 sprach sich noch für den in CIA III 1169 genannten, aber ansonsten unbekannten Epheben Klaudios Herodes aus. Das Epitheton κράτιστος kann als Entsprechung zu *clarissimus* als Titel für eine Persönlichkeit vom Range eines Senators, wie es Herodes Atticus ist, verwendet werden (vgl. LSJ, s.v. κράτιστος 2b, S. 992).

[32]   Elias Kapetanopoulos: Athenian Archons of A.D. 170/1–179/80, RFIC 112 (1984), S. 177–191; hier S. 19 interpretiert dagegen die 23 Jahre als Summe der vor und nach Herodes Atticus amtierten Jahre.

[33]   Herodes Atticus stirbt 179 n. Chr., in Kombination mit dem Archon Arrios Epaphrodeitos (Z. 2) bietet sich nach Walter Ameling: Herodes Atticus. Band I: Biographie. Band II: Inschriftenkatalog, SubEpi 11, Hildesheim/Zürich/New York 1983, das Jahr 163/4 n. Chr. an (Bd. II, S. 114f.).

[34]   Ameling, Bd. I, S. 137–139. Nur beiläufig erwähnt die Übernahme des Priesteramts

amtes kann ebenso wie die Übernahme eines Vereinspatronats von Motiven wie Prestigegewinn und Einflußerweiterung geleitet sein, besonders wenn eine erhebliche Statusdifferenz zwischen dem Funktionär und den übrigen Vereinsmitgliedern vorliegt. Als Gegenleistung für die Verdienste ehrt der Verein seine Wohltäter mit Festmählern an deren Geburtstagen, mit der Verleihung von Ehrentiteln oder besonders öffentlichkeitswirksam durch die Aufstellung von Inschriften. Im Gegenzug profitiert auch der Verein nicht nur finanziell von dem Engagement einer hochgestellten Persönlichkeit: Die Iobakchen drücken die Hoffnung aus, nun zum ersten der Bakchosvereine aufzusteigen (Z. 26f.).

Die Statuten (Z. 32–163) enthalten – jeweils verknüpft mit einem umfangreichen Strafenkatalog – das Aufnahmeverfahren mit einer differenzierten Regelung in bezug auf die Aufnahmegebühr, organisatorische und inhaltliche Anweisungen für die Zusammenkünfte, die Wahl und Aufgaben des Schatzmeisters und eine Regelung für den Fall des Todes eines der Iobakchen.[35] Unverkennbar dient die Festlegung der Statuten der Vermeidung von Konflikten, heikle Aspekte des Vereinslebens wie die Höhe und regelmäßige Zahlung des Eintritts- und Monatsbeitrags und die Einhaltung der Disziplin nehmen den größten Raum ein.

Bei den Versammlungen kann zwischen einer Geschäftssitzung (ἀγορά), bei der über die Würdigkeit eines Bewerbers um die Mitgliedschaft oder über die Strafe bei Schlägereien unter den Iobakchen abgestimmt wird, und einer Festversammlung differenziert werden. Bei Zusammenkünften aus religiösen und geselligen Motiven legen die Iobakchen besonderen Wert auf die Einbindung aller in das Geschehen, zu den Aufgaben des Priesters gehören neben der Oberaufsicht des vom εὔκοσμος und den ἵπποι ausgeübten Ordnungsdienstes Trankopfer für Dionysos sowie λιτουργία und θεολογία. Aber nicht nur der Festkalender des Vereins bedingt kultische Handlungen, positive Ereignisse im Privat- und Berufsleben jedes Mitgliedes sind verpflichtend Anlaß zur Stiftung eines Trankopfers für die Gemeinschaft, die Iobakchen teilen auf diese Weise ihr Leben miteinander.

4. Weitere Funde

Die weiteren Funde im Bereich des Dionysions über die Inschrift hinaus wurden 1896 von Hans Schrader publiziert.[36] Die zutagegetretenen Altäre und Statuen fügen sich keineswegs nahtlos in das durch die Inschrift entstehen-

---

Jennifer Tobin: Herodes Attikos and the City of Athen. Patronage and Conflict under the Antonines, ΑΡΧΑΙΑ ΕΛΛΑΣ 4, Amsterdam 1997, S. 35.

[35] Die wechselnde Zusammenstellung von ἱερεύς und ἀρχίβαχχος bzw. von ἱερεύς und ἀνθιερεύς sowie die Unordnung der inhaltlich zusammengehörigen Abschnitte veranlassen Engelbert Drerup: Ein antikes Vereinsstatut, NJKA 3 (1899), S. 356–370, zu der Annahme, daß in der Inschrift Bestimmungen aus verschiedenen Phasen vermischt sind; vgl. Smith, a.a.O., S. 151f.

[36] Schrader, a.a.O., S. 265–286.

de Bild des Vereins der Iobakchen ein, sondern werfen neue, nicht leicht zu lösende Fragen auf. Liegt hierin der Grund die für Mißachtung dieser Funde im Rahmen der Erforschung unseres Vereins?

Im Raum neben der Apsis an der Ostseite wurden zwei Artemisstatuen und ein Altar mit der Aufschrift

> Ἀρτέμι-
> δος
> Ἐρείθου

aus der Zeit Hadrians gefunden, die als eindeutige Belege für ein Artemision gelten.[37] Der Beiname Ἔρειθος ist wohl ein Hinweis auf die Obhut über die Feldarbeit.[38] Die Vereinsinschrift enthält keinen Hinweis auf einen Kult der Artemis, auch unter den Gottheiten, die im Rahmen der dramatischen Darstellungen von jeweils für diese Aufgabe ausgelosten Vereinsmitgliedern verkörpert werden (Z. 121–127), findet sich diese Göttin nicht, dennoch scheint eine Verehrung der Artemis nicht der Ausrichtung des Vereins auf Dionysos als dessen Schutzgottheit zu widersprechen. Im Gegenteil, es ist bei der Errichtung des Vereinshauses mit baulichem Aufwand in das kultische Vereinsleben eine möglicherweise alte Kulttradition integriert worden, ist doch die Verehrung in einem feuchten Gebiet typisch für Artemis[39]. Hier liegt die Basis für die überwiegend auf Attika und die Peloponnes beschränkte Verbindung der Artemis mit Dionysos, beide sind ursprünglich Naturgottheiten, deren Verehrung häufig in Sumpfgebieten erfolgt.[40]

Daß eine Ausweitung des Kultes nicht nur auf Artemis, sondern zumindest zeitweise sogar auf „jeden Gott" möglich gewesen ist, belegt ein kleiner Räucheraltar (35 x 16 x 11 cm), auf dem zwei Pane[41] abgebildet sind und der die folgende Inschrift aus hadrianischer Zeit trägt[42]:

---

[37] Dörpfeld, MDAI.A 19 (1894), S. 147f.; ders., MDAI.A 20 (1895), S. 180f.; Schrader, a.a.O., S. 270–274; Judeich, a.a.O., S. 292. Eine Photographie des Altars findet sich bei Kern, a.a.O., tab. 49. Datierung nach IG II² 5005.

[38] Konrad Wernicke: Art. Artemis 2, PRE II,1 (1895), Sp. 1336–1440; hier Sp. 1343: „den Schnittern hold"; aufgenommen von Schrader, a.a.O., S. 271.

[39] Wernicke, a.a.O., Sp. 1339.1343.

[40] Wernicke, a.a.O., Sp. 1364f.

[41] Bei den Ausgrabungen wurde neben den Resten von Dionysos- und Artemis-Statuen auch eine Panfigur gefunden (Schrader, a.a.O., S. 270). Zur Rolle Pans im Dionysos-Mythos vgl. Reinhold Merkelbach: Die Hirten des Dionysos. Die Dionysos-Mysterien der römischen Kaiserzeit und der bukolische Roman des Longus, Stuttgart 1988, S. 32–36.

[42] Zeichnung und Maße des Altars und *editio princeps* der Inschrift bei Schrader, a.a.O., S. 275. IG II² 4773 gibt die Datierung „aetate Hadriani".

Εἰσιὰς⁴³ Διοδώ-   Eisias, (die Tochter) des Diodo-
                     ρου   ros,
ἐκ Λαμπτρέων   aus (dem Demos) Lamptrai
Μητρὶ θεῶν   (weiht) der Mutter der Götter
κατ᾽ ἐπιταγήν. πάντα   auf Befehl. Jeden
5 θεὸν σεμνύνομεν.   Gott preisen wir.

Der auf die Weihung an die „Mutter der Götter" folgende Schlußsatz „Wir preisen jeden Gott" beweist, daß der Verein ein weitaus breiteres kultisches Spektrum tolerierte, wenn nicht sogar förderte, als es die uns überlieferte Satzung vermuten läßt. Ein kleiner Räucheraltar mit einer Weihinschrift für Hadrian Olympius, der als σωτήρ und κτίστης bezeichnet wird⁴⁴, zeigt, daß auch der Kaiserkult in dieser Zeit im Verein der Iobakchen seinen Platz hatte.

Wie also muß man sich das kultische Leben der Iobakchen vorstellen? Im Mittelpunkt steht natürlich Dionysos als Schutzgottheit dieses Vereins, aber der archäologische Befund zeigt klar auf, daß parallel dazu zumindest einzelne Vereinsmitglieder auch andere Gottheiten im Vereinshaus verehrten. Ein antiker paganer Mensch konnte also nicht nur gleichzeitig Mitglied in mehreren Vereinen mit verschiedenen Schutzgottheiten sein, sondern auch die alleinige Mitgliedschaft im Dionysos-Verein ist keineswegs gleichbedeutend mit exklusiver Dionysos-Verehrung. Inwieweit dieser Kult von der ganzen Gemeinschaft ausgeübt wurde, ist nicht zu erschließen. Offen muß daher bleiben, ob der Artemis oder sogar dem Kaiser im Rahmen gemeinsamer Zusammenkünfte ein Opfer dargebracht wurde. Die Nichtberücksichtigung dieser Kulte in der Inschrift kann einerseits als Indiz für den jeweils nur individuell praktizierten Kult gewertet werden, der jedoch in dem Haus der Gemeinschaft erfolgte. Der Umstand, daß sowohl der Altar für Artemis als auch die Weihinschrift für den Kaiser aus hadrianischer Zeit stammen, in der Inschrift, die in den 160er Jahren verfaßt wurde, aber keine Hinweise auf diese Kulte zu finden sind, könnte aber andererseits auch so interpretiert werden, daß im Laufe des 2. Jahrhunderts n. Chr. eine (erneute?) Zentrierung des Kults auf Dionysos erfolgte. Vielleicht ist auch erst mit der Ernennung des

---

⁴³ Die Akzentuierung folgt Schrader, a.a.O., S. 175. Er erklärt: „Der Name des Stifters ist wol Εἰσιάς zu lesen und weiblich zu nehmen, da der Männername Εἰσίας ganz selten, der Frauenname Εἰσιάς sehr häufig ist" (a.a.O., S. 176). Falls es sich aber bei diesem Altar um die Stiftung eines Iobakchen und nicht einer außenstehenden Person handelt, muß man hier für einen männlichen Stifter plädieren, da die Vereinssatzung keinen Hinweis auf weibliche Vereinsmitglieder enthält. Zu übersetzen wäre dementsprechend mit „Eisias, (der Sohn) des Diodoros ...".

⁴⁴ Schrader, a.a.O., S. 274f.

* * *

Herodes Atticus zum Priester und der Errichtung der Inschrift eine solche Korrektur der Kultpraxis vorgenommen worden.

Methodische Konsequenzen

Die Untersuchung der Fundumstände der Inschrift der Athener Iobakchen hat gezeigt, daß eine Beschränkung auf den Inschriftentext die Entdeckung interessanter Fragestellungen verhindert und sogar zu Fehleinschätzungen verleiten kann.

Insbesondere die Kultpraxis weist mehr Facetten auf, als die Vereinsinschrift ahnen läßt. Die Funktion der schriftlichen Fixierung einiger Grundregeln des Vereinslebens dient vor allem der Verhinderung von Konflikten. Rechte und Pflichten des einzelnen Vereinsgenossen und der Gemeinschaft werden klar definiert, zu den strittigen Aspekten gehören aber eher finanzielle Aspekte und die Wahrung der Disziplin als der Kult. Folglich wird dieser nicht in allen seinen Ausprägungen in den Statuten definiert, umso gründlicher also müssen, soweit vorhanden, archäologische Quellen herangezogen werden.

Aus neutestamentlicher Perspektive resultiert aus diesen Überlegungen die nicht immer leicht zu erfüllende und zu eindeutigen Ergebnissen führende Forderung, daß erst dann, wenn alle verfügbaren archäologischen und epigraphischen Quellen über einen antiken Verein ausgeschöpft worden sind, ein fundierter Vergleich mit den Gemeinschaften der frühen Christen erfolgen kann.

* * *

Das unlängst erschienene Inschriftencorpus von Beroia bietet überreiches Material für einschlägige Studien, ist aber, soweit ich sehe, von theologischer Seite noch nicht beachtet worden.[37]

Ein sehr fruchtbares Betätigungsfeld stellt auch Thessaloniki dar, das vor kurzem in monographischer Form von Christoph vom Brocke untersucht worden ist.[38]

Philippi ist bereits in zwei Arbeiten untersucht, aber damit natürlich noch lange nicht erschöpft.[39]

---

[37] Λουκρητία Γουναροπούλου/M.B. Χατζόπουλος: Επιγραφές Βεροίας, Επιγραφές Κάτω Μακεδονίας (μεταξύ του Βερμίου όρους και του Αξιού ποταμού), Bd. I, Athen 1998.

[38] Christoph vom Brocke: Thessaloniki – Stadt des Kassander und Gemeinde des Paulus. Ein frühe Gemeinde in ihrer heidnischen Umwelt, WUNT 2/125, Tübingen 2001.

[39] Lukas Bormann: Philippi. Stadt und Christengemeinde zur Zeit des Paulus, NT.S 78, Leiden/New York/Köln 1995 sowie meine eigene Arbeit (Philippi I und Philippi II). Zum Fortgang meines Projekts – insbesondere zur Digitalisierung der Inschriftendias – vgl. o. S. 3, Anm. 9.

Schwierigkeiten besonderer Art bietet Ephesos, gewiß auch eine paulinische Stadt, wenngleich vielleicht – darin Rom vergleichbar – mit einer schon *vor* Paulus gegründeten Gemeinde. Die schiere Masse der annähernd 5.000 Inschriften allein ist schon eine Herausforderung, wie man sie sonst kaum findet. Aber auch die literarischen *testimonia* und die archäologischen Befunde fließen in Ephesos so reichlich wie sonst allenfalls in Rom oder in Athen.[40]

Im Jahr 1992 erschienen zwei erhellende Skizzen, die vor allem das epigraphische Material der Stadt für Neutestamentler aufbereiten wollten: Peter Lampes Aufsatz: „Acta 19 im Spiegel der ephesischen Inschriften"[41], der insbesondere die Parallelen zwischen dem lukanischen Sprachgebrauch und den Dokumenten der Stadt nachwies, sowie die noch wesentlich umfassender angelegte Studie aus der Feder von G.H.R. Horsley: „The Inscriptions of Ephesos and the New Testament"[42]. Horsleys Ziel ist es „to capitalise on the already-published archaeological and epigraphical *realia* from Ephesos and other places which are constantly informing our understanding of Judaism and Christianity within their Graeco-Roman milieu."[43] Horsley selbst hat dafür in der von ihm ganz wesentlich geprägten Reihe *New Documents Concerning Early Christianity* den Grund gelegt.

Weniger ergiebig als die genannten Aufsätze sind die Monographien zu Ephesos.[44]

Was Pergamon angeht, mag der folgende Beitrag von Jens Börstinghaus zeigen, daß auch schon lange publizierte Texte ein erneutes Studium lohnen. So unternimmt Börstinghaus hier die Neuuntersuchung eines Problems aus Athen mit Hilfe einer schon mehrfach besprochenen Inschrift aus Pergamon, wobei ihm eine weiterführende religionsgeschichtliche Einordnung gelingt.

Unbekannte Götter

von Jens Börstinghaus

Die Areopagrede im Rahmen der Athenszene der Apostelgeschichte (Apg 17,16–33) gehört zu den meistbehandelten und -problematisierten Passagen

---

[40] G.H.R. Horsley – der 1992 3.750 Inschriften nennt – kennzeichnet diese Zahl als „the largest number of published Greek inscriptions from any city in antiquity apart from Athens and Rome (and possibly Delphi)" (The Inscriptions of Ephesos and the New Testament, NT 34 [1992], S. 105–168; Zitat S. 121).

[41] Peter Lampe: Acta 19 im Spiegel der ephesischen Inschriften, BZ 36 (1992), S. 59–76.

[42] Vgl. o. S. 8, Anm. 24.

[43] A.a.O., S. 145. Horsley kritisiert einen Autor als „not alone in failing to capitalise" etc. Aber seine eigene Absicht wird auf diese Weise trotzdem genau bestimmt.

[44] Rick Strelan: Paul, Artemis, and the Jews in Ephesus, BZNW 80, Berlin/New York 1996 und im Jahr zuvor: Werner Thiessen: Christen in Ephesos: Die historische und theologische Situation in vorpaulinischer und paulinischer Zeit und zur Zeit der Apostelgeschichte und der Pastoralbriefe, TANZ 12, Tübingen 1995.

des Neuen Testaments, und das nicht ohne Grund, denn man kann – mit Martin Dibelius – durchaus behaupten: Sie „bezeichnet und will bezeichnen einen Höhepunkt" der Apostelgeschichte.[1] Der lukanische Paulus eröffnet seine Rede an die Athener, indem er an eine Altarinschrift anknüpft, die er in Athen gesehen habe:

ἄνδρες Ἀθηναῖοι, κατὰ πάντα ὡς δεισιδαιμονεστέρους ὑμᾶς θεωρῶ. διερχόμενος γὰρ καὶ ἀναθεωρῶν τὰ σεβάσματα ὑμῶν εὗρον καὶ βωμὸν ἐν ᾧ ἐπεγέγραπτο·
Ἀγνώστῳ θεῷ.   (Apg 17,22b–23a)[2]

Diese Stelle, d.h. insbesondere das Problem des Altars eines ἄγνωστος θεός, ist nun wieder innerhalb der vielbehandelten Athenszene sowohl für die neu-

Abb. 4: Die Weihung des Kapiton

testamentliche Exegese, wie auch für die gesamte Altertumswissenschaft zu einer Herausforderung geworden, die große Bemühungen an Gelehrsamkeit gefördert hat.[3] Grundlegend für die Bearbeitung unseres Problems der Al-

---

[1] Martin Dibelius, Paulus auf dem Areopag (1939); in: ders., Aufsätze zur Apostelgeschichte, hg. v. Heinrich Greeven, Berlin 1951 (Ausg. f. d. DDR), S. 29–70; hier S. 29.

[2] „Athener, ich sehe, daß ihr in jeder Hinsicht äußerst gottesfürchtig seid. Als ich nämlich spazierenging und mir eure Heiligtümer ansah, da fand ich auch einen Altar mit folgender Inschrift: Dem Unbekannten Gotte (ist der Altar geweiht)" [Übers. J.B.].

[3] Hildebrecht Hommel (Neue Forschungen zur Areopagrede Acta 17, ZNW 46, 1955, S. 145–178; hier S. 159f.) hebt dementsprechend unser Problem zwar stark hervor, erachtet es dann aber doch nur für nötig, zu „der so viel umstrittenen Frage des ἄγνωστος θεός" auf die knappen Ausführungen bei Dibelius, a.(Anm. 1)a.O., S. 39–41 hinzuweisen.

tarinschrift von Apg 17,23 und ihrer religions- bzw. kulturgeschichtlichen Beurteilung ist der große und gelehrte Beitrag von Pieter Willem van der Horst.[4]

Die anscheinend engste Parallele zu dieser von Lukas angeführten Altarinschrift ist 1909 im pergamenischen Demeter-Heiligtum gefunden worden (Abb. 4):[5]

ΘΕΟΙΣΑΓ[...]⁶
2 ΚΑΠΙΤ[...]⁷
ΔΑΔΟΥΧΟ̣[...]⁸

Leider handelt es sich bei dieser Inschrift um ein Fragment, und überdies ist besonders bedauerlich, daß die Zerstörung gerade in der uns interessierenden Z. 1 so stark ist, daß sich mehrere Ergänzungsmöglichkeiten ergeben. Die Hoffnung, der Hugo Hepding im Rahmen seiner Erstveröffentlichung des Steins Ausdruck verliehen hat: „Vielleicht will es das Glück, dass bei den Ausgrabungen noch das fehlende Stück zu Tage kommt und uns Gewissheit gibt"[9], hat sich leider nicht erfüllt. Der Ansatz der Bruchstelle an dem verbliebenen senkrechten Strich läßt sowohl die Lesung als I, als Γ, als auch

---

[4] Pieter Willem van der Horst, The Altar of the 'Unknown God' in Athens (Acts 17:23) and the Cult of 'Unknown Gods' in the Hellenistic and Roman Periods, ANRW II 18.2, 1989, S. 1426–1456. Dieser ANRW-Artikel ist die leicht überarbeitete und geringfügig erweiterte Fassung folgenden Beitrags: ders., The Unknown God (Acts 17:23); in: R. van den Broek/T. Baarda/J. Mansfeld (Hgg.), Knowledge of God in the Graeco-Roman World, EPRO 112, Leiden/New York u.a. 1988, S. 19–42 [Zitate gebe ich im folgenden nach der ANRW-Fassung unter Beigabe der Seitenzahlen des Erstabdrucks von 1988 in Klammern]. Wieder abgedruckt wurde die Studie als: ders., The Altar of the 'Unknown God' in Athens (Acts 17:23) and the Cult of 'Unknown Gods' in the Graeco-Roman World; in: ders., Hellenism – Judaism – Christianity. Essays on Their Interaction, Contributions to Biblical Exegesis and Theology 8, Kampen 1994, S. 165–202. Vgl. auch die Zusammenfassung der Studie bei: SEG 38 (1988) [1991] Nr. 2019 (S. 586), sowie den entsprechenden Artikel in der 4. Aufl. der RGG aus der Feder van der Horsts: Art. Agnostos Theos, RGG⁴ 1, 1998, Sp. 188, der sich aber doch wieder eher mit Standardauskünften begnügt.

[5] Hugo Hepding, Die Arbeiten zu Pergamon 1908–1909. II. Die Inschriften, MDAI.A 35, 1910, S. 401–493; hier Nr. 39 (S. 454–457).

[6] Auf das Γ folgt noch ein senkrechter Strich, die Bruchstelle verläuft dann vom oberen Ende des Strichs ausgehend schräg nach rechts unten.

[7] Kurz vor der Bruchstelle findet sich auf der Zeilenbasis ein deutlicher waagerechter Anstrich, der nur zu einem Ω zu ergänzen ist; damit ergibt sich Καπίτω[ν] für den Namen des Weihenden.

[8] Diese Zeile kann unproblematisch zur bekannten Bezeichnung des Funktionsträgers im eleusinischen Kult ergänzt werden: δαδοῦχο[ς], Fackelträger, o.ä. Vgl. Otto Kern, Art. Daduchos (δαδοῦχος), PRE IV 2, 1901, Sp. 1979f. In den *Neuen Pauly* wurde kein eigener Art. *Daduchos* aufgenommen; in DNP 3, 1997, Sp. 258 wird der Leser stattdessen verwiesen auf den Art. Mysteria, welcher im Jahre 2000 in Bd. 8 erschien: Fritz Graf, Art. Mysteria, DNP 8, 2000, Sp. 611–615; zum δαδοῦχος s. Sp. 613. Ein [Κα]πίτων | δαδοῦχος ist auch von einer anderen pergamenischen Inschrift bekannt (A. Ippel, Die Arbeiten zu Pergamon 1910–1911. II. Die Inschriften, MDAI.A 37, 1912, S. 277–303; hier Nr. 15 [S. 287]).

[9] Hepding, a.(Anm. 5)a.O., S. 456f.

als N zu – vom Schrägstrich des N kann nämlich nichts mehr zu sehen sein, auch wenn er einmal vorhanden war (s. Abb. 5); darüber hinaus läßt sich möglicherweise sogar eine Lesung als P vornehmen.[10] So ergeben sich also

Abb. 5: Die Bruchstelle

folgende Ergänzungsmöglichkeiten, die auch alle in der bisherigen Literatur vorgeschlagen wurden: ἁγί[οις bzw. -αις], ἀγγ[οῖς bzw. -αῖς], ἀγρ[ίοις bzw. -αις], ἀγγ[έλοις], ἀγγ[ώστοις], ἀγρ[οτέροις bzw. -αις], ἀγγ[οτάτοις bzw. -αις] und ἁγι[ωτάτοις bzw. -αις].[11] Davon scheiden die positiven Ableitungen von ἅγιος, ἁγνός und ἄγριος gleich aus; angesichts der Tatsache nämlich, daß in

---

[10]   Einschränkend ist hier allerdings anzumerken, daß man bei einem P erwarten könn-te, den Mittelansatz des Bogens noch zu erkennen; das ist hier jedoch nicht der Fall. Die Schreibweise des Buchstabens P ist im 2. und frühen 3. Jh. aber nicht einheitlich: Man vgl. beispielsweise aus dem Asklepieion in Pergamon die Ehreninschrift für Sextus Claudius Silianus Aesimus, in deren Z. 7 der Bogen des P (im Wort Σωτῆρος) gar nicht zum Mit-telansatz herangeführt wird (IvP III 39 [S. 85f. m. Abb. auf Taf. 14]), sowie ihr „genaues Gegenstück" (Habicht, IvP III, S. 87) IvP III 40 (S. 87 m. Abb. auf Taf. 14), wo in Z. 6 das P des gleichen Worts eine andere Form aufweist. Bei IvP III 132 (S. 138f. m. Abb. auf Taf. 38), einer Weihung für den Heros Taras, zeigt sich der Stein just an der fraglichen Stelle der Bogenansatzes in Z. 1 beschädigt: Τάραι; nichtsdestoweniger ist das P eindeutig zu erkennen. Die Erwartung, den mittleren Bogenansatz noch erkennen zu können, ist somit nicht zwingend.

[11]   Vgl. zu diesen Möglichkeiten: Otto Weinreich, Rez. Norden, Agnostos Theos, DLZ 34, 1913, Sp. 2949–2964; hier Sp. 2958, und ders., De dis ignotis quaestiones selectae, ARW 18, 1915, S. 1–52; hier S. 30–33, sowie Adolf Deissmann, Paulus. Eine kultur- und religionsgeschichtliche Skizze, Tübingen ²1925, S. 228, und schließlich P.W. v.d. Horst, a.(Anm. 4)a.O., S. 1433 (S. 26).

den anderen Zeilen doch einigermaßen auf die Zentrierung geachtet wurde,
ist hier mit so kurzen Ergänzungen nicht zu rechnen. Das gilt auch für die
Ergänzung ἀγγέλοις.[12] Die beiden Superlative dagegen, sowie ἀγρ[οτέροις
bzw. -αις][13] – bei denen man aber vielleicht schon etwas gedrängt hätte
schreiben müssen[14] – und schließlich ἀγγ[ώστοις] kommen (von der Länge
her) in Betracht:

Die Ergänzung ἀγροτέροις scheidet m.E. aufgrund der in unserem Zusammenhang unwahrscheinlichen Bedeutung (wild, jägerisch) aus: „The reading
ἀγροτέροις is extremely unlikely. Meaning 'wild' or 'fond of hunting', it is
not a suitable epithet of gods, except of Artemis, the only deity to whom it
is sometimes applied".[15]

Der Superlativ von ἁγνός hat in der Fachwelt wenig Resonanz gefunden,
und zwar zu Recht: Mit ἁγνότατος, -η, -ον werden nämlich zumeist nicht
Götter prädiziert, sondern v.a. Menschen und Institutionen.[16] Die Lesung

---

[12] P.W. v.d. Horst, ebd., der auf die „clearly symmetrical construction of the inscription" verweist; aufgrund dieser Überlegung wurde speziell ἀγγέλοις schon von Deissmann
(a.a.O., S. 228) ausgeschlossen; Weinreich (De dis ignotis, S. 30) gibt ihm recht.

[13] Man beachte aber die o. Anm. 10 angedeutete mögliche Einschränkung.

[14] Alle diese Ergänzungen sind etwas länger als ἀγνώστοις und scheinen zunächst nicht
so gut zu passen, wenn man die Symmetrie der Inschrift voraussetzt. Dennoch stellt P.W.
v.d. Horst für ἁγιωτάτοις fest: „it nicely fits the available space" (a.[Anm. 4]a.O., S. 1433
[S. 26]). Horst ist aber keineswegs der Auffassung, daß beide Wörter den gleichen Platz
benötigen, denn im Fall der weiter unten noch anzuführenden Inschrift MAMA V 107
trennt er aufgrund der Länge die Lösungsmöglichkeiten ἁγιωτάτοις sowie ἁγνοτάτοις einerseits und ἀγνώστοις andererseits voneinander (a.a.O., S. 1436 [S. 29]); hier liegt der
Fall eben etwas anders, da es ja um eine Ergänzung zu Beginn der Zeile geht und nicht
zu ihrem Ende hin, so daß sich der zu füllende Platz mehr oder weniger exakt bestimmen
läßt. Was also unsere Inschrift betrifft, so läßt sich aufgrund einer möglicherweise leicht
verletzten Symmetrie hier kein Urteil fällen.

[15] P.W. v.d. Horst, a.(Anm. 4)a.O., S. 1433 (S. 26).

[16] Auf der PHI-CD-ROM #7 gibt es unter den 30 Belegen für *αγνοτατ- nur vier
Ausnahmen und darunter keinen Beleg, der ins Umfeld des Demeter-Kults gehört: Als
Beispiele seien nur eine Inschrift aus Sidyma angeführt, in der Artemis als ἁγνοτάτη bezeichnet wird (TAM II 1, Nr. 174 [S. 63–64, Frg. D a, Z. 15f.]), nämlich an einer Stelle,
in der es um die der Neokorie der allerheiligsten Artemis würdigen Jungfrauen (Z. 13–16)
geht, sowie ein Stück aus Delphi, in dem für einen Πυλάδης das delphische Bürgerrecht
festgehalten wird: hier erhält Παλλάς (Athena) das Epitheton ἁγνοτάτη (FD III 2, Nr. 106,
Z. 2 [M.G. Colin (Hg.), Inscriptions du trésor des Athéniens, FD III 2, Paris 1909–1913,
S. 114f.]). FD III 2, Nr. 106 wird bei Weinreich (De dis ignotis [s. Anm. 11], S. 30f.) nicht
aufgeführt, er bringt lediglich TAM II 1, Nr. 174 (s.o.) und einen weiteren Beleg mit einer
problematischen Ergänzung: CIG IV 6857, Z. 10 (August Boeckh/Johannes Franz/Ernst
Curtius/Adolph Kirchhoff [Hgg.], Corpus inscriptionum Graecarum. Volumen IV, Berlin
1877, S. 21) (= Kaibel, EG, Nr. 1089 [S. 491–493]), hier heißt es nach Kaibel ... Μου[σῶν
δῶρ]ον ἀφ' [ἁγνοτ]άτ[ω]ν, der aber diese auf Franz zurückgehende Lesung nicht für besser
hält als: ... ἀ[π' ἀθαν]άτ[ω]ν (Kaibel, EG, S. 492). Zu Weinreichs Belegen vgl. P.W. v.d.
Horst, a.(Anm. 4)a.O., S. 1433, Anm. 30 (S. 26).
Zu einem Beispiel der sonst üblichen Verwendung für ἁγνός s.u. die Inschrift des Sosander aus Hierapolis, dort allerdings das negative Derivat ἄναγνος (Georg Petzl [Hg.], Die
Beichtinschriften Westkleinasiens, EA 22, Bonn 1994, Nr. 120, Z. 3 [S. 139]).

ἀγνοτάτοις bzw. -αις ist dementsprechend als unwahrscheinlich auszuschließen.[16a] Für ἀγιώτατος, -η, -ον gibt es dagegen einige Belege,[17] und darunter
auch solche, die sich auf Demeter und/oder Kore beziehen; auf einer Inschrift
aus Lakonien heißt es z.B.: τοῖν ἀγιωτάτοιν θεοῖν ... Δήμητρι καὶ Κ[ό]ρῃ (IG
V 1, Nr. 594).[18]

Schon allein unsere vier hier zitierten Belege zeigen eins deutlich: Die
gewöhnliche Stellung von ἀγιώτατος weicht von der in unserer Inschrift ver-
langten ab; ἀγιώτατος scheint nämlich regelmäßig *vor* θεός zu stehen. In
Otto Weinrichs gelehrter Abhandlung *De dis ignotis quaestiones selectae*
finden sich sechs weitere Belege ausführlich zitiert,[19] aufgrund derer der
Autor zu dem Schluß kommt, daß immer ἀγιώτατος voran stehe und der
Name der Gottheit folge, daher würden wir hier bei der Ergänzung zu θεοῖς

[16a] Die Angabe von P.W. v.d. Horst, „we know of only one other instance" (Horst,
a.[Anm. 4]a.O., S. 1433 [S. 26] m. Anm. 30) – wobei er TAM II 1, Nr. 174 im Blick hat –,
ist aber ersichtlich unzutreffend, vgl. Anm. 16.

[17] Ausgewählte Beispiele: (1) Aus Thessaloniki: IG X 2,1 199, Z. 15–17 (Charles Edson,
Inscriptiones Macedoniae. Fasc. I: Inscriptiones Thessalonicae et viciniae, IG X 2,1, Berlin
1972, Nr. 199 [S. 83f.]); in dieser Inschrift ist der Geehrte Sohn eines (u.a.) νεωκόρ[ου το]ῦ
ἀ-|γιωτάτου πατρί[ου] | θεοῦ Καβείρ[ου], also eines Tempelpflegers des heiligsten Gottes
Kabiros; wir haben hier einen der interessanten Belege für die Verehrung *eines einzel-
nen* Kabiren – das ist eine Besonderheit und ein Spezifikum Thessalonikis, vgl. hierzu:
Christoph vom Brocke, Thessaloniki – Stadt des Kassander und Gemeinde des Paulus.
Eine frühe christliche Gemeinde in ihrer heidnischen Umwelt, WUNT 2/125, Tübingen
2001, S. 117ff., und zur Interpretation unserer Inschrift: S. 119ff. (v.a. auch zu unserem
Stichwort ἀγιώτατος). Ob sich von dieser Prädizierung des Kabiros her Verbindungen zur
besonders im 1. Thess massiv auftretenden Rede des Paulus über Heiligung (ἁγιασμός, 1.
Thess 4,3.4.7) und Heiligkeit (ἁγιωσύνη, 1. Thess 3,13) ziehen lassen, wie vom Brocke es
erwägt, kann hier nicht verfolgt werden. Vgl. auch Peter Oakes, Rez. v. Brocke, Thessaloniki, JThS 53, 2002, S. 244–247; hier S. 246.
(2) Aus dem Artemision zu Ephesos: D. Knibbe/H. Engelmann/B. İplikçioğlu, Neue
Inschriften aus Ephesos XII, JÖAI 62, 1993, S. 113–150; hier Nr. 33, Z. 8f. (S. 134f.); hier
handelt es sich um eine Liste von Neopoiai (d.h. Mitgliedern eines Tempelbaukomitees
für das Artemision), die sich glücklich schätzen konnten, ungehindert an den Mysterien
der allerheiligsten Göttin zur Gänze teilzuhaben: μετασχεῖν πάντων τῶν μυστηρίων [τῆς
ἁγιω-|τάτης θε]οῦ – leider ist das uns interessierende Wort hier nur ergänzt.

[18] Walther Kolbe, Inscriptiones Laconiae, Messeniae, Arcadiae. Fasciculus prior: Inscriptiones Laconiae et Messeniae, IG V 1, Berlin 1913, Nr. 594, S. 132 (= CIG I 1449
[August Boeckh, Corpus Inscriptionum Graecorum. Volumen I, CIG I, Berlin 1828, Nr.
1449, S. 685f.] mit leicht abweichender Lesung); die Stadt ehrt hier eine Aurelia Epaphro,
die als junges Mädchen der Demeter und der Kore geweiht wurde, als πῶλος (wörtl. Fohlen)
dieser heiligsten Göttinnen. – Ein anderer sehr wichtiger Beleg findet sich in der unten
noch näher zu besprechenden – und in vielfacher Hinsicht äußerst interessanten – Inschrift
aus Didyma: IDid 504, Z. 5–7 (S. 301) (= Theoder Wiegand, Siebenter vorläufiger Bericht
über die von den königlichen Museen in Milet und Didyma unternommenen Ausgrabungen,
APAW.PH [Anhang], Berlin 1911, B VII 1, Z. 6–8 [S. 63f.] – mit anderer Zeilenaufteilung);
hier ist von einem Altar τῆς ἁγιωτάτης [... | θεᾶς Σωτίρας Κόρης die Rede.

[19] Bei Weinreich, De dis ignotis, S. 32f. finden sich insgesamt acht Belege, d.h. zwei
meiner Belege gehen über ihn hinaus.

ἁγιωτάτοις/-αις einen Soloikismus produzieren.[20] Daß *immer* der Name der Gottheit dabeistehe, kann man wohl angesichts des ephesischen Belegs nicht mehr behaupten,[21] aber ansonsten ist der Deutung von Weinreich zuzustimmen.

Ein weiteres Argument ist hinzuzufügen: Die beiden verbliebenen Lesungen unterscheiden sich dadurch, daß sie den senkrechten Strich in Z. 1 entweder als I oder als Teil eines N interpretieren. Handelte es sich um ein I, so müßte nach der Lesung ἁγιωτάταις darauf ein Ω folgen. Im Zuge einer Autopsie der Bruchstelle in Z. 1 – die bei einem Besuch im Demeter-Heiligtum am 15. September 2001 erfolgte – habe ich mich davon überzeugen können, daß die Lesung ἁγιωτάταις mit an Sicherheit grenzender Wahrscheinlichkeit ausgeschlossen werden muß, weil der horizontale Anstrich des Ω unten auf der Zeile noch zu sehen sein müßte, zumal doch die Z. 2 uns ein Beispiel liefert, wie dicht dieser Anstrich an das T von Καπίτων heranreicht.[22] Demnach ist also die Lesung ἀγγ[ώστοις] die aufgrund sprachlich-epigraphischer Überlegungen allerwahrscheinlichste.

Abb. 6: Spätere Umweihung des Altars

---

[20] „Ubique igitur praecedit adiectivum, nusquam voci nudae adpositum occurrit, semper dei nomen postponitur. Quae cum ita sint, θεοῖς ἁγιωτάτοις si scribimus, soloecismum facimus. Quod equidem noluerim" (Weinreich, a.a.O., S. 33). Zustimmend äußert sich P.W. v.d. Horst, a.(Anm. 4)a.O., S. 1433 (S. 26).

[21] Siehe Anm. 17 Bsp. (2).

[22] Hepding ist also in seiner vorsichtig geäußerten Annahme ganz und gar recht zu geben (Hepding, a.[Anm. 5]a.O., S. 456). Diese Argumentation wurde im Anschluß an Hepding regelmäßig wiederholt: Weinreich, De dis ignotis (s. Anm. 11), S. 32; P.W. v.d. Horst, a.(Anm. 4)a.O., S. 1434 (S. 26).

Diese Deutung läßt sich mit einer weiteren Überlegung untermauern: Schon Hepding hatte geargwöhnt, daß ein den beiden Hauptgottheiten des Tempels geweihter Altar doch nicht nach einiger Zeit einfach umgeweiht werde;[23] auf der linken Seite findet sich nämlich die spätere und deutlich schlechter gearbeitete Inschrift (Abb. 6):

     [Τοῖς]
2 [Ἀ]νέμοις
     Κασίγνητος
4 ἐπιβώμιος.[24]

Das Argument von Hepding hat eine gewisse Plausibilität, ist aber für sich genommen freilich nicht beweiskräftig.

Im Demeter-Heiligtum[25] sind nun noch zahlreiche andere Altäre gefunden worden, die den verschiedensten Gottheiten geweiht sind, von denen sich aber einige nur schwer mit dem Demeter-Kult verbinden lassen;[26] darüber hinaus sind zahlreiche Weihungen an abstrakte Personifikationen zu erwähnen. Betritt der Besucher das pergamenische Demeter-Heiligtum, wird er gleich mit einer Reihe solcher Weihungen konfrontiert: Die erste in dieser Reihe findet sich rechts am Eingang des Heiligtums; der Altar mit Inschrift bietet sich gleichsam als Schreibpult an, auf dem der Besucher seine ersten Eindrücke notieren kann. Es handelt sich um die Weihung der Iulia Pia an die Ἀρετή und die Σωφροσύνη:

---

[23] Ebd.

[24] A.a.O., S. 457.

[25] Zur Baugeschichte des pergamenischen Demeter-Heiligtums sind in erster Linie folgende Publikationen heranzuziehen: Erwin Ohlemutz, Die Kulte und Heiligtümer der Götter in Pergamon, Darmstadt ²1968 (= Würzburg 1940), S. 203–216; Carl Helmut Bohtz, Das Demeter-Heiligtum, AvP XII, Berlin 1981, S. 56–60; Wolfgang Radt, Pergamon. Geschichte und Bauten einer antiken Metropole, Darmstadt 1999, S. 180–184 (dieses Werk ist die erweiterte und überarbeitete Neuausgabe von: ders., Pergamon. Geschichte und Bauten, Funde und Erforschung einer antiken Metropole, Köln 1988).

[26] Man vgl. den Überblick bei Ohlemutz, a.(Anm. 25)a.O., S. 218f.; sowie Christine M. Thomas, The Sanctuary of Demeter at Pergamon: Cultic Space for Women and Its Eclipse; in: Helmut Koester (Hg.), Pergamon – Citadel of the Gods. Archaeological Record, Literary Description, and Religious Development, HThS 46, Harrisburg 1998, S. 277–298; hier S. 293. Martin Persson Nilsson ist allerdings der Auffassung, daß man doch ohne weiteres die allermeisten Weihungen in eine enge Beziehung zu den Mysterien setzen kann (Zu den Inschriften in dem Demeterheiligtum in Pergamon, HBVK 41, 1950, S. 7–13; hier S. 9–13 [wieder abgedruckt in: ders., Opuscula selecta linguis Anglica, Francogallica, Germanica conscripta. Vol. III, Lund 1960, S. 181–188; hier S. 184–188]). Aber Nilsson muß gerade für die meisten der hier von uns betrachteten Weihungen Sondererklärungen (beispielsweise aus dem religiösen Zeitgeist) anbringen.

Ἀρετῇ καὶ   4 ὑπὲρ Κλαυδίου
2 Σωφροσύνη   Σιλιανοῦ
  Ἰουλία Πία   6 τοῦ ἀνδρός.[27]

Sobald man sich innen befindet und zurückschaut, erblickt man die Zwillingsweihung des Mysten Lucius Castricius Paulus aufgrund eines Traumgesichtes an Arete und Sophrosyne links, sowie an Pistis und Homonoia rechts.[28]

Es lassen sich unschwer weitere Beispiele solcher Weihungen für Personifikationen anführen.[29] Noch bedeutender scheint mir aber der Befund zweier anderer Inschriften zu sein, die möglicherweise im Zusammenhang mit unserem Altar aufgestellt waren, und derzufolge der Myste (ἐπὶ βωμῶν) Martialius gemeinsam mit seiner Tochter Tullia, einer Hymnen-Sängerin, einen Altar „allen Göttern und Göttinnen" geweiht hat:

  Θεοῖς πᾶσι καὶ πάσαις
2 Μαρτιάλιος μύστης ἐπὶ βωμῶν καὶ Τυλλία ὑμνηστρία
4 ἡ θυγάτηρ.[30]

---

[27] IvP II 310 (S. 232). Fränkel hielt dieses Stück irrtümlich für einen Grabaltar (IvP II, S. 232) – er kannte die anderen Weihungen noch nicht.

[28] Hepding, a.(Anm. 5)a.O., Nr. 41f. (S. 459–461):

Ἀρετῆι καὶ   Πίστει καὶ
3 Σωφροσύνη   2 Ὁμονοία
  Λ(ούκιος) Καστρίκιος   Λ(ούκιος) Καστρίκιος
4 Παῦλος μύστης   4 Παῦλος μύστης
  κατ' ὄναρ.   κατ' ὄναρ.

Interessant ist, daß allein bei Ἀρετῆι das Iota adskribiert ist; Hepding meint irrtümlich, daß sich dies bei der oben gebotenen Inschrift IvP II 310 genau so verhalte: davon konnten aber weder ich noch Fränkel etwas erkennen (IvP II, S. 232 m. Abb.).

Zu κατ' ὄναρ sei in neutestamentlicher Hinsicht auf die Stellen Mt 1,20 und 2,12.13.19.22 sowie 27,19 verwiesen. Neben κατ' ὄναρ findet sich auf vergleichbaren Weihungen ebenfalls κατ' ὄνειρον, oder zuweilen auch eine geradezu literarische Formulierung wie κατὰ ἐνυπνίου ὄψιν, so in der oben schon erwähnten Weihung des Senators Gaius Iulius Navus an den Heros Taras (IvP III 132, Z. 2f. [S. 138f.]); vgl. dazu etwa eine Stelle aus den Persern des Aischylos (A. Pers. 518), wo von einer νυκτὸς ὄψις ἐμφανὴς ἐνυπνίων die Rede ist.

[29] Z.B. die besonders aparte Zusammenstellung von Νύξ, Τελετή und Αὐτόματον in der Weihung der ὑμνήτρια Claudia Telesphoriania (Hepding, a.a.O., Nr. 40 [S. 457–459]). Zu Personifikationen, besonders was ihre älteren Formen anbelangt, vgl. Martin Persson Nilsson, *Kultische Personifikationen. Ein Nachtrag zu meiner Geschichte der griechischen Religion*, Eranos 50, 1952, S. 31–40 (wieder abgedruckt in: ders., Opuscula III [s. Anm. 26], S. 233–242).

[30] A. Ippel, a.(Anm. 8)a.O., Nr. 16 (S. 287). Vgl. zur ὑμνηστρία/ὑμνήτρια auch Hepding, a.(Anm. 5)a.O., S. 457–459 (zu Nr. 40), bes. S. 459.

Solche Weihungen an „alle Götter" waren nicht selten, insbesondere auch in Pergamon.[31] Weihungen wie Anrufungen dieser Art, also an *alle Götter und Göttinnen*, finden in sich recht oft in Schwurtexten, Eidesformeln und Gebetswünschen und stellen daher für sich genommen nichts besonderes dar.[32] In unserem Kontext fügen sie sich aber recht gut in ein doch nicht ganz gewöhnliches Bild ein; man betrachte folgende Inschrift:

> Τῶι Πανθείωι
> τὸν βωμὸν *folium*
> Μ(άρκος) Αὐρ(ήλιος) Μηνογένης
> ὁ ἱεροφάντης
> 5 καὶ πρύτανις.[33]

Die Weihung an „das Pantheon" geht deutlich über die gewohnte Formulierung aus der Eidesformel hinaus und gibt dem Vorkommen der πάντες θεοί in unserem Zusammenhang einen anderen Sinn: „Was uns bisher überall

---

[31] So hat sich beispielsweise auf der Hera-Terrasse, also dem Demeter-Bezirk unmittelbar benachbart, das Fragment einer Schale mit folgender Aufschrift gefunden: [Θεοῖς] πᾶσι καὶ πά[σαις] (Ippel, a.a.O., Nr. 9 [S. 284]). Auch aus älterer Zeit finden sich solche Weihungen, etwa aus einem beim Trajaneum gefundenen Rundaltar mit folgender Inschrift: Β̣[ασιλεὺς] Εὐμένης | θεοῖς πᾶσι καὶ πάσαις (IvP I 131 [S. 68]).

[32] Man erinnere sich beispielsweise an den berühmten Anfang der sog. Kranzrede des Demosthenes (D. [*De corona*] XVIII 1): Πρῶτον μέν, ὦ ἄνδρες Ἀθηναῖοι, τοῖς θεοῖς εὔχομαι πᾶσι καὶ πάσαις, ὅσην εὔνοιαν ἔχων ἐγὼ διατελῶ τῇ τε πόλει καὶ πᾶσιν ὑμῖν, τοσαύτην ὑπάρξαι μοι παρ' ὑμῶν εἰς τουτονὶ τὸν ἀγῶνα ... (Hervorhebung von mir – J.B.).

[33] Hepding, a.a.O., Nr. 38 (S. 454). Die Belege für πάντες θεοί und πάνθειον hat Friedrich Jacobi in seiner von Wilamowitz als „vortrefflich" (Ulrich von Wilamowitz-Moellendorff, Der Glaube der Hellenen. II. Band, Darmstadt [2]1955, S. 340) bezeichneten Hallenser Dissertation gesammelt: Friedrich Jacobi, Πάντες θεοί, Diss. Halle 1930. Für Pergamon führt er über die hier bisher erwähnten hinaus noch zwei weitere Inschriften mit der Formulierung θεοῖς πᾶσι καὶ πάσαις an (Jacobi, a.a.O., S. 48 [Belege *b* und *c*]). Da ist zunächst eine Weihung für Zeus Megistos und alle Götter: Διὶ | Μεγίστωι | καὶ θεοῖς πᾶσι καὶ πάσαις (A. Conze, Die Arbeiten zu Pergamon 1886–1898. Skulpturen und Inschriften der Stadt Pergamon, MDAI.A 24, 1899, S. 158–200; hier Nr. 5 [S. 167f.]); sowie ein kleiner an der Burgstraße gefundener Altar mit der Weihung θεοῖς | πᾶσι καὶ | πάσαις (Z. 2–4), den interessanterweise eine Frau mit dem *cognomen* Πάνθεια (Z. 6) aufgestellt hat (H. v. Prott/W. Kolbe, Die Arbeiten zu Pergamon 1900–1901: Die Inschriften, MDAI.A 27, 1902, S. 44–151; hier Nr. 81 [S. 93]). Übersehen hat Jacobi offenbar die in diesem Bericht gleich folgende kurze Weihung des Hermias θεοῖς πᾶσι[ν] (Z. 1), die aus „dem vor kurzem eingestürzten Mauerstücke am westlichen Aussenende der sog. Demeter-Terrasse" stammt (v. Prott/Kolbe, a.a.O., Nr. 82 [S. 93]). Dieses kleine Stück übersieht auch Pfister, der in seiner Rezension Sp. 382f. einige Ergänzungen zu Jacobi bietet (Friedrich Pfister, Rez. Jacobi, Πάντες θεοί, Philologische Wochenschrift 53/Nr. 14 [8. April], 1933, Sp. 378–383), Ziegler jedoch in seinem RE-Artikel führt es auf (Konrat Ziegler, Art. Pantheion [Πάνθειον, Πάνθεον und Πάντες θεοί oder andere Formen], PRE XVIII 2,2, 1949, Sp. 697–747; hier Sp. 709). – Neuere Belege sind über das Register des Supplementum Epigraphicum Graecum zu finden, z.B. eine recht alte, schon ins 3. Jh. v. Chr. zu datierende Weihung Θεοῖς πᾶσι | καὶ πάσαις aus Thessalien, die 1999 als Fund von 1994 zuerst publiziert wurde, sie findet sich auch in: SEG 47 (1997) [2000] Nr. 676 (S. 200).

entgegentrat, zeigte, daß der Glaube an die persönlichen Götter im Schwinden war" – so drückte Wilamowitz es aus.[34] Im Zuge des Niedergangs der alten Götter und im Zuge dessen, daß man sich anscheinend immer stärker der Gegensätze der alten Göttergestalten bewußt wurde, kam u.a. auch das Bedürfnis auf, alle Gegensätze zu überbrücken und alle Gottheiten gemeinsam wie *ein* Göttliches zu verehren, eben ein Πάνθειον. Die Inschriften aus unserem Demeter-Heiligtum könnten eine derartige Entwicklung bezeugen. Neben dem Demeter-Heiligtum scheint in Pergamon das Asklepieion ein Ort gewesen zu sein, an dem eine derartige religiöse Vorstellung Raum hatte, sich zu entfalten. Folgende Inschrift – die Friedrich Jacobi zur Abfassungszeit seiner Dissertation Πάντες θεοί noch nicht kennen konnte – sei nur ein Beispiel dafür:

Θεοῖς
2 τοῖς πανταχο[ῦ]
ὁ ἱερεὺς
4 Ἀσκληπιάδη[ς].[35]

Besonders bemerkenswert an dieser Inschrift ist ihr frühes Datum – zumindest nach der Datierung von Habicht: Habicht datiert sie aufgrund dessen, daß keine römischen Namen auftauchen, ins 1. Jh., spätestens in die flavische Zeit, weil die Asklepiaden unter den Flaviern das römische Bürgerrecht erhalten haben.[36] Damit hätten wir – falls diese Datierung sich als zutreffend erweisen sollte – ein recht frühes und schon in das uns besonders interessierende 1. Jh. fallende Zeugnis für die hier betrachtete religiöse Vorstellung.

Im Asklepieion kommt noch ein weiteres uns interessierendes Monument hinzu, nämlich der große Rundtempel für Zeus Asklepios Soter, der sich in seiner ganzen Anlage doch deutlich an das nur kurze Zeit zuvor (in Anknüpfung an den agrippinischen Vorgängerbau) neu errichtete Pantheon in Rom anlehnt.[37]

Auch Epidauros muß mit seinem berühmtesten Asklepieion hier in den Blick kommen: Die dort zu findenden Zeugnisse zum Kult der πάντες θεοί

---

[34] Wilamowitz, a.a.O., S. 318.

[35] IvP III 133 (S. 139). Ich habe die Inschrift hier nach meiner eigenen Lesung gegeben – ich nahm sie am 15. September 2001 bei einem Besuch im Asklepicion unter den parallel zur Nordhalle aufgestellten Inschriften selbst in Augenschein. Konnte Wiegand sie damals noch ganz lesen (Theoder Wiegand, Zweiter Bericht über die Ausgrabungen in Pergamon 1928–32: Das Asklepieion, APAW.PH 5, Berlin 1932, Nr. B 23 [S. 38f.])?

[36] Vgl. aber gegen dieses Argument die Inschrift IvP II 315, in der ein römischer Bürger durchaus seine römischen Namen fortläßt, was Fränkel im gegebenen Zusammenhang als völlig normal ansieht (vgl. den Kommentar von Fränkel [IvP II, S. 233f.]).

[37] Vgl. zu den Bezügen zwischen dem Tempel für Zeus Asklepios Soter und dem römischen Pantheon: Ohlemutz, a.(Anm. 25)a.O., S. 137–140; Habicht, IvP III, S. 11–14; Radt, a.(Anm. 25)a.O., S. 231, sowie Simon Price, Religions of the Ancient Greeks, Cambridge 1999, S. 109–112..

können unser Bild wesentlich verdichten; die diesbezüglichen Monumente übertreffen den Befund im Asklepieion von Pergamon bei weitem. So stellte schon Otto Kern fest: „Im pergamenischen Asklepieion sah es anders aus als im Hieron von Epidauros, in dem in späterer Zeit ein wahres Pantheon auf den Steinen erscheint."[38] Da ist zunächst IG IV 995 mit der Weihung Πᾶσι καὶ Πάσαις;[39] darauf findet sich auch ein Kreis mit zwölf Punkten, der anscheinend – wie bei einem Signatursystem – die pantheistischen Weihungen kennzeichnet.[40] Von diesem Kreiszeichen her kann bei IG IV 1302 die Gottheit erschlossen werden, der die Weihung gilt (Z. 1): [Θεοῖς πᾶσι *sive* Πανθείωι].[41] Die hier mit angegebene Alternative Πανθείωι findet sich auch auf zwei anderen Weihungen, die gleichermaßen mit dem Kreissymbol Nr. 43 gekennzeichnet sind.[42] Dazu kommen noch zwei Weihungen für Zeus, Helios und die πάντες ἀειγενεεῖς,[43] sowie ein Hymnus θεοῖς πᾶσι (IG IV 1², Nr. 129).[44]

Ein enger Zusammenhang unserer im Demeter-Heiligtum beobachteten religiösen Tendenz mit dem sich insbesondere seit hadrianischer Zeit ausbreitenden kaiserzeitlichen Pantheismus ist also angesichts der hier vorgestellten Zeugnisse sehr naheliegend. Der damit verwendete Pantheismus-Begriff ist freilich verschieden gegenüber dem sonst in der allgemeinen Religionsgeschichte verwendeten; es geht hier selbstverständlich nicht um eine Allgottheit, die mit der Natur als dem Inbegriff des Alls zu identifizieren ist, sondern um eine allgöttliche Vorstellung, die aus Gruppierungen und Zu-

---

[38] Otto Kern, Die Religion der Griechen. Dritter Band: Von Platon bis Kaiser Julian, Berlin 1938, S. 159.

[39] IG IV 995, Z. 1 (Max Fränkel [Hg.], Inscriptiones Graecae Aeginae, Pityonesi, Cecryphaliae, Argolidis, IG IV, Berlin 1902, S. 239). Fränkel kommentiert: „Ad versum primum intellegendum est θεοῖς, scriptum non erat."

[40] Der Kreis in der hier vorkommenden Gestalt hat in IG IV die Nr. 43 und wird von Fränkel auf S. 190 beschrieben: „Quod symbolum constat e punctis duodecim, manifesto respicit deorum duodecim conventum."

[41] IG IV 1302, Z. 1 (S. 287).

[42] IG IV 1037, Z. 1f. (S. 246): Παν-|θείωι. IG IV 1038, Z. 4 (S. 246): Πανθείῳ. Aufgrund des in beiden Inschriften fehlenden Artikels (insbesondere aber in der prosaischen Nr. 1038) kann man meinen, es handle sich hier um den Gott *Pantheus* und nicht um τὸ πάνθειον, so auch Fränkel (vgl. die Liste der Belege beim Kreiszeichen Nr. 43, S. 190, sowie den Kommentar zu Nr. 1038 [S. 246]). Siehe auch Jacobi, a.(Anm. 33)a.O., S. 51, dagegen aber Ziegler, a.(Anm. 33)a.O., Sp. 703.719, der – m.E. richtig – alles Gewicht auf das pantheistische Symbol legt.

[43] IG IV 1001 und 1002, Z. 2f. (S. 240). Bei Nr. 1001 lauten die Z. 1–6: [Ζ]ηνὶ καὶ Ἡελίῳ | [κ]αὶ πᾶσιν ἀειγε-|νέεσσιν | [ὁ]λβοδόταις καὶ | ἐλευθερίοις καὶ | λυσιπόνοισιν, bei Nr. 1002 muß mehr ergänzt werden, und die Zeilenaufteilung ist geringfügig anders.

[44] IG IV 1², Nr. 129, Z. 1 (Friedrich Hiller von Gärtringen [Hg.], Inscriptiones Argolidis. Fasc. primus: Inscriptiones Epidauri, IG IV 1², Berlin 1929, S. 83f.). Z. 1 mit dem Adressaten des Hymnus war zu ergänzen, was aber leicht aus Z. 10 geschehen konnte, wo es heißt: Χαίρετε ἀθάνατοι πάντες θεοὶ αἰὲν ἐόντες. Nr. 129 gehört mit den Nr. 130f. zu ein und demselben Monument, der Hymnus an Pan (Nr. 130) steht mit unserem in Kol. I, Nr. 131 folgt daneben in Kol. II und ist an die *Mater deorum* gerichtet.

sammenfassungen traditioneller Gottheiten hervorgegangen ist.[45] Bei der
Beurteilung eines solchen Phänomens, bei dem eine gleichsam allgöttliche
Vorstellung aus einem polytheistischen System hervorgeht, sollten wir uns
hüten, allzu schnell einen Entwicklungsgang hin zum Monotheismus in den
Mittelpunkt zu stellen,[46] zumal ja gerade in unserem Fall das Bild einer
immer weiter um sich greifenden und schließlich alles verdrängenden Vorstellung schlichtweg falsch ist: Das hier ins Auge gefaßte Phänomen ist eins
unter vielen in der äußerst bunten religiösen Welt der Kaiserzeit. Nichtsdestoweniger müssen wir versuchen, uns bestimmte Phänomene von ihrer
Entwicklung her durchsichtig zu machen. Für den kaiserzeitlichen Pantheismus kann dies natürlich unmöglich in diesem kurzen Beitrag geschehen,
daher müssen einige Hinweise genügen: Wir haben es m.E. keineswegs mit
einem evolutionären Wendepunkt vom Polytheismus zum Monotheismus zu
tun, vielmehr scheint die Bildung einer integrierten Allgottvorstellung durchaus eine unter vielen Optionen des polytheistischen Systems gewesen zu
sein.[47] Die Möglichkeit einer Allgottvorstellung hängt aber aufs Engste zusammen mit anderen polytheistischen Optionen, und zwar mit Optionen
die allesamt in religiösen Krisensituationen in verschiedenster Weise regula-
tiv wirken können. Krisensituationen hat es in der Geschichte der antiken
Religion immer wieder gegeben: eine solche Krisensituation liegt auch hier
vor, beispielsweise eben im Verblassen der traditionellen Einzelgötter.[48] Zu
den faszinierendsten Optionen zählt dabei wohl die Theokrasie, also verschiedene Gottheiten zu verschmelzen, oder eine bestimmte Gottheit mit
Eigenschaften, Machtbereichen o.ä. zu versehen, die ursprünglich nicht ihr,
sondern einer anderen Gottheit zukamen. Eine besondere Dynamik wird
auf diesem Gebiet natürlich bei der Übernahme von Fremdgottheiten ent-
faltet: Da kommt es zu Identifikationen und geradezu zu Überprädizierun-
gen, wofür die Göttin Isis ein großartiges Beispiel ist, kam es doch in ihrem

---

[45] Man denke etwa an verschiedene Zusammenfassungen zu Zwölfergruppen (zu einem Δωδεκάθεον) oder zu regelrechten Panthea; vgl. hierzu den Beitrag von Ernest Will,
Dodékathéon et Panthéon, BCH 75, 1951, S. 233–246.

[46] Davor warnen zu Recht: Louise Bruit Zaidman/Pauline Schmitt Pantel, Die Religion
der Griechen. Kult und Mythos, übers. v. Andreas Wittenburg, München 1994, S. 9–13.227
(= La religion grecque, Paris ²1991).

[47] So stellt Andreas Bendlin einer „*ex eventu* formulierte[n] evolutionistische[n] Perspektive" den unvoreingenommenen „Blick auf die Systemeigenschaften des ant.[iken]
Polytheismus" gegenüber, „zu dessen integralen Bestandteilen gerade auch situativ und
kontextbezogen formulierte henotheistische Optionen und sogar »insuläre Monotheismen«
... gehören, der monotheistische Universalisierungen in der Regel aber aufzufangen vermag" (Art. Pantheos, Pantheios [Πάνθεος, Πάνθειος, lat. *Pantheus*], DNP 9, 2000, Sp.
270–272; hier Sp. 271).

[48] Vgl. die oben zitierte Diagnose von Wilamowitz, a.(Anm. 33)a.O, S. 318.340f. Christine Harrauer diagnostiziert eine „sich ständig verstärkende Ungewißheit über Wirkungs-
bereiche, Machtausmaß und Erscheinungsformen einer Gottheit" bei den Menschen, „die sich
dem Göttl.[ichen] gegenüber immer hilfloser zu fühlen begannen" (Art. Agnostos Theos
[ἄγνωστος θεός, »unbekannter Gott«], DNP 1, 1996, Sp. 264–265; hier Sp. 264).

Fall zur deutlichen Ausprägung heno- und zuweilen auch monotheistischer Tendenzen.[49] Die Theokrasie hat so sicher auch zusammen mit der oben angeführten Neigung zur Gruppierung von Gottheiten die Bildung von Allgottvorstellungen maßgeblich gefördert oder gar erst ermöglicht.[50] Ohne dabei aus christlich-monotheistischer Sicht einem erzwungenen Entwicklungsgedanken anzuhängen, ist nun aber auch unumwunden festzustellen, daß heno- und sogar partiell monotheistische Tendenzen vorhanden sind, wenn Allgottvorstellungen sowohl als Gesamtheit der Einzelgötter existieren, als auch (als deren Abstraktion) τὸ θεῖον schlechthin zum Gegenstand haben[51] – möglicherweise auch unter dem Einfluß philosophisch-religiöser Konzepte, wie etwa des orphisch-pythagoreischen Denkens.

Doch wenden wir unseren Blick von diesen allgemeinen religionsgeschichtlichen Betrachtungen zurück zum Befund im pergamenischen Demeter-Heiligtum. Die Altäre und Weihungen für zahlreiche andere Götter, die Weihungen an Personifikationen abstrakter Begriffe und v.a. die Weihungen an „alle Götter" und das Pantheon legen m.E. eines nahe: Im Demeter-Heiligtum zu Pergamon bestand ein pantheistischer Altarkreis, ein sog. πάνθεος περιβωμισμός.[52] Ein πάνθεος περιβωμισμός ist eine mehr oder weniger große Zahl von Altären, die in einem Heiligtum um den Hauptaltar oder an einem speziell dafür hergerichteten Ort aufgestellt und verschiedensten Gottheiten geweiht sind, um diese Gottheiten nicht völlig aus dem Kultbetrieb um die Hauptgottheit auszuschließen. Solche πάνθεοι περιβωμισμοί sind auch andernorts belegt: so z.B. im berühmten Olympia, wo Pausanias mehrere Altäre aufzählt, die um den großen Zeus-Altar aufgestellt gewesen seien;

---

[49] Vgl. beispielsweise die grandiose Ansammlung von Epitheta und Prädizierungen der Isis in Ox. Pap. XI 1380 (Bernard P. Grenfell/Arthur S. Hunt [Hgg.], The Oxyrhynchus Papyri. Part XI. Edited with Translations and Notes, London 1915, S. 190–220). Hier wird Isis u.a. als παντοκράτειρα (Z. 20), als μεγίστη (Z. 21.92), oder gar als πάντων δεσπότις ἰσαεί (Z. 231) bezeichnet.

[50] Vgl. O. Kern, a.(Anm. 38)a.O., S. 145f.

[51] Vgl. die diesbezüglichen Ausführungen bei: Otto Kern, Das Demeterheiligtum von Pergamon und die orphischen Hymnen, Hermes 46, 1911, S. 429–436; Paul Wendland, Die hellenistisch-römische Kultur in ihren Beziehungen zu Judentum und Christentum. Die urchristlichen Literaturformen, HNT I 2–3, Tübingen ²/³1912, S. 128–131; K. Ziegler, a.(Anm. 33)a.O., Sp. 727–729; Kurt Latte, Römische Religionsgeschichte, HAW V 4, München 1960, S. 301.357; Martin Persson Nilsson, Geschichte der griechischen Religion. II. Bd.: Die hellenistische und römische Zeit, HAW V 2,2, München ²1961, S. 357.574; ders., Zu den Inschriften (s. Anm. 26), S. 12 (S. 187f.), sowie Heinrich Dörrie, Art. Gottesvorstellung, RAC 12, 1983, Sp. 81–154; hier Sp. 135.

[52] Der Begriff ist belegt in der unten zu besprechenden Inschrift aus dem Didymeion IDid 504, Z. 4 (S. 301) (= Wiegand, 7. Bericht [s. Anm. 18], B VII 1, Z. 4 [S. 63f.]). Die Vielzahl der Weihungen im Demeter-Heiligtum hält auch Jacobi im Rahmen seiner Untersuchung der Verehrung der πάντες θεοί für bemerkenswert: „Praeter has duas aras [*sc.* die beiden auch hier (S. 31 m. Anm. 30; S. 32 m. Anm. 33) angeführten Altäre] in Cereris delubro arae permultorum ac diversissimorum numinum exstant" (Jacobi, a.[Anm. 33]a.O., S. 49).

darunter fanden sich θεῶν πάντων βωμοί und erstaunlicherweise auch ein „Altar der unbekannten Götter" (ἀγνώστων θεῶν βωμός, Paus. V 14,8).[53] Ebenso berichtet uns Pausanias im Fall der arkadischen Stadt Lykosura von einer mehr oder weniger großen Gruppe von Altären für verschiedene Gottheiten und von einem Altar mit einer Inschrift für *alle Götter gemeinsam*.[54]

Als entscheidender – wenn auch sehr später – Beleg ist aber der pantheistische Altarkreis des Apollon-Heiligtums von Didyma, des sog. Didymeions, anzuführen, der uns durch eine Inschrift von der Südostecke des Tempels in Didyma bezeugt ist (IDid 504).[55] In dieser Inschrift bittet der Prophet Damianos[56] den Apoll um die Erlaubnis, in dessen Heiligtum und πάνθεος περιβωμισμός zusätzlich einen Altar der Kore/Persephone neben den ihrer Mutter, der Karpophoros Demeter, aufzustellen, weil dieser bisher fehle (Z. 2–13); daraufhin wird ihm das gestattet mit der Anweisung, der Soteira Kore die τιμὴ περιβωμίς zuteil werden zu lassen (Z. 15f.). Besonders interessant für unseren Zusammenhang ist dabei, daß als „Begründung" für diese Bitte vorgebracht wird, Damianos habe einen Kore-Altar in dem Altarkreis eben nicht gesehen[57] – d.h. die Anlage eines pantheistischen Altarkreises

---

[53] Τὰ δὲ ἐς τὸν μέγαν βωμὸν ὀλίγῳ μέν τι ἡμῖν πρότερόν ἐστιν εἰρημένα, καλεῖται δὲ Ὀλυμπίου Διός· πρὸς αὐτῷ δέ ἐστιν ἀγνώστων θεῶν βωμὸς καὶ μετὰ τοῦτον Καθαρσίου Διὸς καὶ Νίκης καὶ αὖθις Διὸς ἐπωνυμίαν Χθονίου. εἰσὶ δὲ καὶ θεῶν πάντων βωμοί καὶ Ἥρας ἐπίκλησιν Ὀλυμπίας, πεποιημένος τέφρας καὶ οὗτος· Κλυμένου δέ φασιν αὐτὸν ἀνάθημα εἶναι. μετὰ δὲ τοῦτον Ἀπόλλωνος καὶ Ἑρμοῦ βωμός ἐστιν ἐν κοινῷ, διότι Ἑρμῆν λύρας, Ἀπόλλωνα δὲ εὑρέτην εἶναι κιθάρας Ἑλλήνων ἐστὶν ἐς αὐτοὺς λόγος (Paus. V 14,8). Darüber hinaus führt Pausanias für Olympia ein Gebäude außerhalb des heiligen Hains des Zeus (Ἄλτις) an, das *Werkstatt des Pheidias* genannt worden sei und in dem sich ein Altar für *alle Götter* gemeinsam befunden habe: ἔστι δὲ οἴκημα ἐκτὸς τῆς Ἄλτεως, καλεῖται δὲ ἐργαστήριον Φειδίου, καὶ ὁ Φειδίας καθ᾽ ἕκαστον τοῦ ἀγάλματος ἐνταῦθα εἰργάζετο· ἔστιν οὖν βωμὸς ἐν τῷ οἰκήματι θεοῖς πᾶσιν ἐν κοινῷ (Paus. V 15,1).

[54] Ὑπὲρ δὲ τὸ ἄλσος καὶ Ἱππίου Ποσειδῶνος, ἅτε πατρὸς τῆς Δεσποίνης, καὶ θεῶν ἄλλων εἰσὶ βωμοί· τῷ τελευταίῳ δὲ ἐπίγραμμά ἐστι θεοῖς αὐτὸν τοῖς πᾶσιν εἶναι κοινόν (Paus. VIII 37,10).

[55] Die Inschrift wurde 1909 gefunden und zuerst veröffentlicht bei: Wiegand, 7. Bericht (s. Anm. 18), B VII 1 (S. 63f.), sie ist danach mit anderer Zeilenaufteilung in den Inschriften von Didyma erschienen: IDid 504 (S. 301). Der Stein ist so gut wie makellos, lediglich „die linke obere Ecke ist abgestoßen" (Wiegand, a.a.O., S. 63). Der Bearbeiter des Stücks in den Inschriften von Didyma datiert auf das Ende des 3. Jh.: „Diokletianische Zeit (2. Jh. scheint mir ausgeschlossen)" (IDid, S. 301).

[56] Der *Prophet* stand seit hellenistischer Zeit an der Spitze des Kultpersonals am Didymeion: „Höchster Kultbeamter in Didyma war der Prophet, der sein Amt in der Regel einige, meist etwa zehn Jahre nach dem Stephanephorat versah. Da die Würde des Amts mannigfache Repräsentationsverpflichtungen auferlegte, stammte er aus den angesehensten Familien; anhand der prosopographischen Auswertung der Urkunden läßt sich beobachten, daß über längere Zeiträume hinweg einige wenige Familien Eponymen und Propheten stellten" (Wolfgang Günter, Das Orakel von Didyma in hellenistischer Zeit. Eine Interpretation von Stein-Urkunden, IM.B 4, Tübingen 1971, S. 118).

[57] Ich gebe hier nur den diesbezüglichen Abschnitt der Inschrift (Z. 3–7):
... ἐν τῷ ἱερῷ σου καὶ πανθέῳ
περιβωμισμῷ οὐδέπω ὁρᾷ ἱδρύ-

ist offensichtlich (zumindest hier in Didyma) mit einem gewissen Anspruch auf Vollständigkeit verbunden.[58] Otto Weinreich ist der Auffassung, daß ein anderer Begriff für einen πάνθεος περιβωμισμός das Wort σύνβωμον sei; er bezieht sich dabei auf eine Inschrift aus dem Apollon-Heiligtum zu Dionysopolis im Mäandertal.[59] In dieser Inschrift warnt ein Sosander aus Hierapolis den Vorübergehenden davor, den Apollon-Lairbenos geringzuschätzen, er selbst habe nämlich eidbrüchig und kultisch unrein (so hier für ἄναγνος) das σύνβωμον betreten und sei bestraft worden.[60] Hierin kann ich gegen Weinreich aber keinen Beleg sehen, vielmehr erscheint mir die Annahme Ramsays als wahrscheinlicher, daß sich der Begriff σύνβωμον auf den Altarbezirk der hier gemeinsam verehrten Götter Leto (manchmal erstaunlicherweise als Artemis) und ihres Sohns Apollon-Lairbenos bezieht.[61]

---

    5   μενον βωμὸν τῆς ἁγιωτάτης
        σοῦ ἀδελφῆς, τῆς πατρίου αὐτοῦ
        θεᾶς Σωτίρας Κόρης, ...

[58] Jacobi gibt zu unserer Inschrift und unserem Begriff folgenden Kommentar: „Περιβωμισμός haud dubie intellegendus est totus fani locus, qui Apollonis arae circumiacet; πάνθεος π.[εριβωμισμός] igitur hic dicit Apollinem in suo fano θεοῖς πᾶσι dedisse ›τιμὴν περιβωμίδα,‹ honorem θεῶν ἐντεμενίων i.e. concessisse, ut arae quotcumque deorum circa suam ipsius ponerentur. Inter quas aras etiam sive unam sive plures πάντων θεῶν aras communes fuisse ad exemplum aliorum templorum ... summa cum probabilitate opinari licet" (Jacobi, a.[Anm. 33]a.O., S. 49).
Vgl. zur Bewertung dieses Zeugnisses auch Otto Weinreich, Rez. Norden (s. Anm. 11), Sp. 2958f., und ders., Stiftung und Kultsatzungen eines Privatheiligtums in Philadelphia in Lydien, SHAW.PH X.16, Heidelberg 1919, S. 43 (der hier aber irrtümlich von einer milesischen Inschrift redet).

[59] Weinreich, Stiftung (a.a.O.), S. 43.

[60] Die Inschrift wurde zuerst veröffentlicht von Ramsay, der sie im Juni 1888 in Bahadınlar (Çal/Bahadýrlar) aufgenommen hatte: William M. Ramsay, Artemis-Leto and Apollo-Lairbenos, JHS 10, 1889, S. 216–230; hier Nr. 1 (S. 217f.). Die Inschrift findet sich darüber hinaus bei: William M. Ramsay, The Cities and Bishoprics of Phrygia. Being an Essay of the Local History of Phrygia from the Earliest Times to the Turkish Conquest. Vol. I: The Lycos Valley and South-Western Phrygia, Oxford 1895, App. I, Nr. 41 (S. 149); Franz Steinleitner, Die Beicht im Zusammenhange mit der sakralen Rechtspflege in der Antike. Ein Beitrag zur näheren Kenntnis kleinasiatisch-orientalischer Kulte der Kaiserzeit, Leipzig 1913, Nr. 29 (S. 58). Zuletzt bei Georg Petzl, a.(Anm. 16)a.O., Nr. 120 (S. 139f.):

     Σώσανδρος Ἱεραπολέ-   θην· παραγγέλλω μη-
    2 της ἐπιορκήσας καὶ   6 δένα καταφρονεῖν
      ἄναγνος ἰσῆλθα ἰς τὸ   τῷ Λαιρμηνῷ, ἐπεὶ ἕξει
    4 σύνβωμον· ἐκολάσ-   8 τὴν ἐμὴν στήλλην ἔξενπλον.

Die Orthographie dieser und vergleichbarer Inschriften aus derselben Gegend ist bemerkenswert; der Ausdruck in Z. 7f. kann als formelhaft gelten, so heißt es in einer anderen Beichtinschrift aus Bahadınlar (Z. 4f.): [... ἕξ]ει τὴν στή⟨λη⟩ν | [*vacat* ?]ἐξενπλάριον (Ramsay, Artemis-Leto, Nr. 3 [S. 219]; Petzl, a.a.O., Nr. 121 [S. 140]). Vgl. allgemein zum Problem der ἁγνότης beim Betreten *heiliger* Orte: Robert Parker, Miasma. Pollution and Purification in Early Greek Religion, Oxford 1983.

[61] Vgl. Ramsay, Artemis-Leto (a.a.O.), S. 217f.; ders., The Cities (a.a.O.), S. 149.

In einen solchen pantheistischen Altarkreis paßt m.E. hervorragend eine Weihung an „Unbekannte Götter", wie Pausanias das ja auch für Olympia anführt; eine solche Weihung führt den Sinn eines derartigen Altarkreises geradezu erst zur Vollendung. Wie sich Weihungen an die ἄγνωστοι θεοί gut in einen pantheistischen Altarkreis einfügen, so fügen sie sich auch gut in den kaiserzeitlichen Pantheismus ein – so begrenzt die Quellenlage auch ist. Womöglich gehörten Weihungen ἀγνώστοις θεοῖς nicht zum Standardrepertoire und waren dementsprechend seltener als andere pantheistische Weihungen, aber sie konnten doch im Rahmen solcher Altarkreise das zuweilen aufkommende „Bedürfnis, selbst die globale Nennung (πᾶσι θεοῖς ...) noch zu steigern", befriedigen.[62] So paßt die Weihung ἀγνώστοις θεοῖς auch bestens in das unmittelbare Umfeld im Demeter-Heiligtum, eine Weihung an die Hauptgottheiten unseres Tempels, Demeter und Kore, wäre demgegenüber reichlich sinnlos. Insgesamt laufen die Erwägungen auf ein klares Ergebnis hinaus: Die richtige Lesung unseres pergamenischen Agnostos-Steins ist die von Hepding schon zuerst angenommene:

Θεοῖς ἀγν[ώστοις]	Den unbekannten Göttern
Καπίτω[ν]	(weiht) Kapiton,
δᾳδοῦχο[ς].[63]	der Daduchos, (den Altar).

Die von uns bisher betrachteten Zeugnisse stammen aller Wahrscheinlichkeit nach zumeist frühestens aus dem 2. Jh. n. Chr., bis auf eine Ausnahme: die Weihung an die θεοὶ οἱ πανταχοῦ aus dem Asklepieion – allerdings nur nach der m.E. unsicheren Datierung von Habicht (s.o.).[63a] Hinzuzunehmen ist hier noch ein Zeugnis aus der Nähe von Dorylaion, aus Emirci Oğlu:[64]

---

[62] Harrauer, a.(Anm. 48)a.O., Sp. 264. Vgl. auch Otto Jessen, Art. Ἄγνωστοι θεοί, PRE.S I, 1903, Sp. 28–30; hier Sp. 29. Der Annahme P.W. v.d. Horsts, „dedications ... to 'all the gods'" seien „still safer" als solche ἀγνώστοις θεοῖς, scheint mir eine falsche Gewichtung und Reihenfolge der beiden Weihungsarten zugrundezuliegen (vgl. v.d. Horst, a.[Anm. 4]a.O., S. 1435 [S. 28]).

[63] Hepding, a.(Anm. 5)a.O., Nr. 39 (S. 454–457). In Anbetracht des hier erzielten Ergebnisses halte ich Hepdings „neuerliche" Bedenken (S. 456) für unbegründet, genauso wie Nordens Skepsis gegenüber diesem Beleg (Eduard Norden, Agnostos Theos. Untersuchungen zur Formengeschichte religiöser Rede, Darmstadt 1956 [Nachdr. d. 4. Aufl.], S. 56, Anm. 1), wie auch Otto Kerns Präferenz für die Ergänzung zu ἁγιωτάτοις (Otto Kern, Das Demeterheiligtum [s. Anm. 51], S. 434).

[63a] Älter sind freilich auch die oben (Anm. 31.33) nur am Rande erwähnten Weihungen πᾶσι θεοῖς o.ä.; die Beispiele auch für ältere Weihungen dieser Art ließen sich unschwer vermehren, vgl. die o. zitierten Arbeiten von Jacobi und Ziegler (s. Anm. 33) sowie das Register des SEG. Entscheidend für unseren Zusammenhang hier ist die auffällige Häufung solcher „pantheistischen" Bemühungen, möglicherweise gerade im Rahmen eines Altarkreises.

[64] MAMA V, Nr. 107 (S. 56 m. 2 Abb. auf Pl. 34).

Φ[...]
ὑπὲρ ἑαυ[τ]ῶν
[καὶ τῶν] ἰδίων θε-
[οῖς ...]οις εὐ-
5 [χήν].

Die Datierung dieser Inschrift ist nur vermutungsweise auf die Kaiserzeit festzulegen;[65] interessant ist hier für uns die problematische Z. 4: Wie ist hier zu ergänzen? Cox/Cameron geben ausreichend Raum für 5–6 Buchstaben an.[66] Darüber hinaus geben sie an, daß sich vor dem wieder lesbaren O ein „part of an upper horizontal bar" befinde, möglicherweise also der Rest eines T, Γ, Σ oder E. Aufgrunddessen hat P.W. van der Horst die Ergänzung zu ἀγνώστοις vorgeschlagen,[67] was hier durchaus möglich, aber freilich nicht sicher ist.[68] *Möglicherweise* steht damit also ein weiterer Beleg für die uns interessierende Weihformel vor uns.

Trotz der nun fürs 1. Jh. nicht sonderlich aussagekräftigen Quellenlage halte ich es für möglich, daß im Rahmen solcher pantheistischer Altarkreise, wie ich sie oben kurz angeführt habe, auch schon früher Weihungen an unbekannte Götter erfolgt sein können.

Hierfür aber die Passage aus der Apollonius-Vita des Philostrat anzuführen, in der Apollonios auf Altäre unbekannter Gottheiten (ἀγνώστων δαιμόνων βωμοί) in Athen verweist (Philostr. VA VI 3 [107]), halte ich für unzulässig, da sowohl Quellenlage als auch literarischer Gestaltungswille des Philostrat im Einzelfall fraglich sind.[69] Immerhin mag die Stelle aber – und dieser Wert soll ihr zuerkannt bleiben – auf eine nicht weiter bestimmbare

---

[65] So auch P.W. v.d. Horst, a.(Anm. 4)a.O., S. 1436 (S. 28); die Herausgeber des fünften Bandes der *Monumenta Asiae minoris antiqua* Cox und Cameron datieren die Inschrift gar nicht.

[66] MAMA V, S. 56.

[67] P.W. v.d. Horst, a.a.O., S. 1436 (S. 29): „Firstly, it fits exactly the available space, 'αγνωστ' being six letters. Second, it fits excellently from a paleographical point of view since the T has the required upper horizontal bar. And third, it fits perfectly the rest of the inscription since no names of deities are mentioned."

[68] Als andere Ergänzungsmöglichkeit wurde μεγίστοις vorgeschlagen; vgl. hierzu die Angaben bei P.W. v.d. Horst, a.a.O., S. 1437, Anm. 42 (S. 29). Zunächst wäre dazu das Material folgender Untersuchung heranzuziehen: B. Müller, ΜΕΓΑΣ ΘΕΟΣ, Diss. Halle 1913. Im folgenden wäre dann das unmittelbare kultgeschichtliche Umfeld der Inschrift zu untersuchen – soweit das möglich ist.

[69] Die Rekonstruktion der athenischen διάλεξις des Apollonios im Zusammenhang mit der für uns (bis auf ein Fragment) verlorenen Schrift Περὶ θυσιῶν und der sog. Damis-Quelle des Philostrat, wie Norden sie vorgenommen hat, ist mehr als unsicher (Norden, a.a.O., S. 42–55). Vgl. insbesondere die Zweifel anmeldenden Rezensionen von: Theodor Plüss, Rez. Norden, Agnostos Theos: Ἀγνώστῳ θεῷ, Wochenschrift für klassische Philologie 30/Nr. 20 (19. Mai), 1913, Sp. 553–558; hier Sp. 555f.; F.C. Burkitt, Rez. Norden, Agnostos Theos, JThS 15, 1913/14, S. 455–464; hier S. 458–460, sowie darüber hinaus: Theodor Plüss, Apollonios von Tyana auf dem Nil und der unbekannte Gott zu Athen; in: Festgabe Hugo Blümner überreicht zum 9. August 1914 von Freunden und Schülern, Zürich 1914, S.

Tradition zurückgehen, die auch für Athen ein den von mir oben angeführten Erscheinungen vergleichbares Phänomen kennt, möglicherweise eben auch schon für das 1. Jh., in dem der Wanderprediger Apollonios lebte. Für das 2. Jh. bezeugt uns nun ja Pausanias Altäre *sogenannter unbekannter Götter* für den alten athenischen Hafen Phaleron.[70]

Einen tatsächlichen Hinweis auf die frühzeitige Entwicklung von (tendenziell) pantheistischen Altarkreisen sehe ich in einer vorrömischen Inschrift aus Philadelphia (SIG³ III 985),[70a] die eben die Anlage (wenn auch vielleicht nur einer Vorform) eines πάνθεος περιβωμισμός in einem Privatheiligtum, in einem Vereinshaus oder gar im Rahmen eines Hauskultes bezeugt, u.a. auch mit der Verehrung von Personifikationen, wie wir sie im Demeter-Heiligtum kennengelernt haben.[71] Für unseren Zusammenhang entscheidend ist die frühe Datierung dieses Zeugnisses, derentsprechend Weinreich es ausdrücklich ablehnt, solche Erscheinungen nur auf römischen Einfluß zurück-

---

36–48. Vgl. zu den grundlegenden Problemen der Apollonios-Biographie: Eduard Meyer, Apollonios von Tyana und die Biographie des Philostratos, Hermes 52, 1917, S. 371–424.

[70] Ἐνταῦθα καὶ Σκιράδος Ἀθηνᾶς ναός ἐστι καὶ Διὸς ἀπωτέρω, βωμοὶ δὲ θεῶν τε ὀνομαζομένων ἀγνώστων καὶ ἡρώων καὶ παίδων τῶν Θησέως καὶ Φαληροῦ· τοῦτον γὰρ τὸν Φαληρὸν Ἀθηναῖοι πλεῦσαι μετὰ Ἰάσονός φασιν ἐς Κόλχους (Paus. I 1,4).

[70a] SIG³ III 985, Z. 6–11 (S. 114–116):

6 ... Διὸς [γὰρ ἐν τούτωι]
τοῦ Εὐμενοῦς καὶ Ἑστίας τ[ῆς παρεδροῦ αὐ-]
8 τοῦ καὶ τῶν ἄλλων θεῶν Σωτ[ήρων καὶ Εὐδαι-]
μονίας καὶ Πλούτου καὶ Ἀρετῆς [καὶ Ὑγιείας]
10 καὶ Τύχης ἀγαθῆς καὶ Ἀγαθοῦ [δαίμονος καὶ Μνή-]
μης καὶ Χαρίτων καὶ Νίκης εἰσὶν ἰδ[ρυμένοι βωμοί].

Der Text der Inschrift findet sich mit ausführlichem Kommentar bei Weinreich, Stiftung (s. Anm. 58), sowie Text und Kommentar in Dittenbergers *Sylloge*: SIG³ III 985 (S. 113–119). Den Text mit einer „lediglich als Arbeitsinstrument" (S. 96) zu verstehenden deutschen Übersetzung bietet: Thomas Schmeller, Hierarchie und Egalität. Eine sozialgeschichtliche Untersuchung paulinischer Gemeinden und griechisch-römischer Vereine, SBS 162, Stuttgart 1995, Nr. 1 (S. 96–99).

[71] Vgl. weiterhin zu diesem religionsgeschichtlich hochinteressanten Text: S.C. Barton/G.H.R. Horsley, A Hellenistic Cult Group and the New Testament Churches, JAC 24, 1981, S. 7–41 (auch m. Text, Apparat, englischer Übersetzung und Beschreibung auf S. 8–11); Barton und Horsley sind – im Gegensatz zur Weinreichschen Deutung als Privatheiligtum – der Auffassung, hier handle es sich um den Kultort eines Vereins; dem schließt sich Schmeller in seinem kurzen Kommentar an (a.[Anm. 70a]a.O., S. 26). Neuerdings wird für den Kult in Philadelphia die These eines Haus-Kultes („oikos religion") vertreten: Stanley K. Stowers, A Cult from Philadelphia: Oikos Religion or Cultic Association?; in: Abraham J. Malherbe/Frederick W. Norris/James W. Thompson (Hgg.), The Early Church in Its Context. Essays in Honor of Everett Ferguson, NT.S 90, Leiden/Boston/Köln 1998, S. 287–301. Stowers meldet auch heftige Zweifel an der Weinreichschen Deutung in Richtung eines πάνθεος περιβωμισμός bzw. als an der Zwölfzahl orientiertes Altararrangement (Dodekatheon) an (S. 290f.; 292f.). Dabei unterstützt er die abweichende Ergänzung von Z. 11 bei Barton/Horsley (S. 12, Anm. 19): εἰσὶν ἰδ[ρυμένα τὰ ἱερά] (vgl. die Formulierung in Z. 39) – nichtsdestoweniger bleiben aber Barton/Horsley beim o. zitierten Text (S. 8).

zuführen: „wir sehen ja in Philadelphia, daß das alles viel älter sein kann".[72]

Was bedeutet das für unseren Text aus der Apostelgeschichte und die dortige Anknüpfung an den Altar des *Unbekannten Gottes*? Zunächst eine Fehlanzeige: Eine Weihung an *einen* „unbekannten Gott" wird es wohl nicht gegeben haben, denn sie paßt ganz und gar nicht zu der religiösen Vorstellung, die einem pantheistischen Altarkreis und somit auch unserer pergamenischen Inschrift für die ἄγνωστοι θεοί zugrunde liegt; geht es hier doch – vergröbert ausgedrückt – um die Verehrung *des Göttlichen* an sich und nicht um die eines bestimmten oder überhaupt irgendeines einzelnen, momentan aber noch unbekannten Gottes – das oben zum kaiserzeitlichen Pantheismus Ausgeführte mag das verdeutlichen.[73] Aber: Lukas mag Weihungen für *unbekannte Götter* (im Plural) gekannt haben. Es kann gut sein, daß er von daher den seines Erachtens idealen Anknüpfungspunkt für die paradigmatische Heidenpredigt seines Paulus entwickelt hat; er hat den Plural in einen Singular umgesetzt, damit die Predigt ohne weitere Umwege unmittelbar zur Verkündigung des *einen Gottes* übergehen konnte.[74] Den religiösen Nerv der

---

[72] Weinreich, a.a.O., S. 51. Weiterhin als „kaum erklärbare Besonderheit römischen Sakralwesens" bezeichnet Dörrie die göttliche Verehrung von Personifikationen (a.[Anm. 51]a.O., Sp. 114).

[73] Den Versuch von Wikenhauser, eine solche Weihung an einen einzelnen *unbekannten Gott* wahrscheinlich zu machen, halte ich für nicht überzeugend (Alfred Wikenhauser, „Ignoto Deo", ORPB 14, 1912, S. 193–200; hier S. 195–197). Wikenhauser behauptet lediglich: „Wenn also auch ein direktes, sicheres Zeugnis für eine Widmung an »einen« unbekannten Gott bis jetzt nicht nachzuweisen ist, so liegt es nach unseren Ausführungen doch sehr nahe, daß es solche gegeben hat" (S. 197). Dies als ‚naheliegend' zu betrachten, ermächtigen uns aber weder Wikenhausers Überlegung zur römischen *Genius-loci*-Vorstellung (S. 196), noch die von Isidor von Pelusium und anderen vorgenommene Erklärung der singularischen Inschrift durch die sog. Pan-Legende aus der Zeit der Perserkriege (Isid. Pel. epp. IV 69 [PG 78, Sp. 1128A–C]), noch die in unserem Zusammenhang viel traktierte Schilderung bei Diogenes Laertios über die Reinigung Athens durch Epimenides (D.L. I 110), der angeordnet habe, jeweils τῷ προσήκοντι θεῷ zu opfern, weshalb sich auch „heute" in Athen noch βωμοὶ ἀνώνυμοι befänden – diese Stelle ist ersichtlich wenig aufschlußreich. Wikenhauser sieht seinerseits, daß diese Hinweise allesamt nicht beweiskräftig sind (S. 196f.), was ihn aber nicht an der zitierten Behauptung hindert. Deutlichere Skepsis gegenüber dem Wert dieser Hinweise zeigt er später: Alfred Wikenhauser, Die Apostelgeschichte und ihr Geschichtswert, NTA VIII/3–5, Münster 1921, S. 382f.

[74] Das scheint im übrigen auch die Auffassung des Hieronymus zu sein (Hier. comm. in Tit. 1,12 [PL 26, Sp. 572B–573A]); die von ihm rekonstruierte „tatsächliche" Altarinschrift können wir für unseren Zusammenhang aber getrost vergessen.

Weitere relevante christliche Zeugnisse zu unserem Problem finden sich bei: Kirsopp Lake, Note XIX. The Unknown God; in: F.J. Foakes Jackson/Kirsopp Lake (Hgg.), The Beginnings of Christianity. Part I: The Acts of the Apostles. Vol. V: Additional Notes to the Commentary, hg. v. Kirsopp Lake/Henry J. Cadbury, London 1933, S. 240–246; hier S. 242–245. Ausführlicher noch ist die Zusammenstellung bei: Alfred Wikenhauser, Die Apostelgeschichte (s. Anm. 73), S. 371–380. Auf die Vielzahl der christlichen Zeugnisse und die mit ihnen verbundenen Probleme kann hier nicht eingegangen werden; es ist nur darauf hinzuweisen, daß die von Theodor Zahn vorgetragene Argumentation, Hieronymus habe – durch Äußerungen seines Lehrers Didymos beeinflußt – eine wahrscheinlich auf

von uns näher beleuchteten Vorstellungswelt hat der Acta-Autor wohl verfehlt, ganz falsch aber lag Lukas mit seiner Entscheidung m.E. nun auch wieder nicht, da sich in all den pantheistischen Bemühungen (der Kaiserzeit wie davor) auch die Suche nach *dem* Göttlichen, ja nach dem *einen* und *wahren* Göttlichen ausdrückt.[75] Daran – an diesen tiefer liegenden Grund solcher religiösen Vorstellungen – ließ Lukas seinen Paulus anknüpfen, dafür hat er eine Anknüpfung an die *realen* Gegebenheiten möglicherweise geopfert, um eben seine *ideale* Heidenpredigt zu inszenieren.

$$* \quad * \quad *$$

Eine Renaissance hat Phrygien im Zusammenhang des wieder erwachten Interesses an den Montanisten erfahren. Hervorzuheben ist zunächst die Studie von August Strobel zum heiligen Land der Montanisten.[45] Das Corpus der montanistischen Inschriften von William Tabbernee stellt die folgenden Studien auf eine völlig neue Grundlage. Wir haben hier ein Musterbeispiel für den allgemein zu beobachtenden Sachverhalt, wie unentbehrlich eine Inschriftensammlung für alle weitere Arbeit ist.[46]

Auch Galatien ist neuerdings wieder Gegenstand des Interesses. Die Stu-

---

Origenes zurückgehende Information über eine singularische Inschrift falsch übernommen und so „wahrscheinlich in der Absicht, das Problem noch interessanter zu gestalten, einen formalen Widerspruch zwischen dem Redner P[au]l[us] und der Wirklichkeit der Dinge behauptet", in keiner Weise stichhaltig ist (Theodor Zahn, Die Apostelgeschichte des Lucas. Zweite Hälfte: Kap. 13–28, KNT V 2, Leipzig [3/4]1927, S. 875, vgl. auch ders., Einleitung in das Neue Testament. Bd. II, Leipzig [3]1907, S. 444). Vgl. gegen Zahn: P.W. v.d. Horst, a.(Anm. 4),a.O., S. 1437–1440 (S. 30–32).

[75] Interessant ist in diesem Zusammenhang, daß es in Apg 17,23b in den besseren Handschriften (zumindest *prima manu*) nicht heißt: ὃν οὖν ἀγνοοῦντες εὐσεβεῖτε, τοῦτον ἐγὼ καταγγέλλω ὑμῖν, sondern ὃ ... τοῦτο – gute Beobachtung von Wikenhauser, Ignoto Deo (s. Anm. 73), S. 199, Anm. 1.

$$* \quad * \quad *$$

[45] August Strobel: Das heilige Land der Montanisten. Eine religionsgeographische Untersuchung, RVV 37, Berlin/New York 1980. Der Titel des Buches greift eine Formulierung Victor Schultzes auf, wie Strobel S. 1 in seiner Einleitung sagt: „V. Schultze, dem Greifswalder Kirchenhistoriker und Archäologen, verdanken wir aus den 20er Jahren eine kurze Beschreibung des »heiligen Landes der Montanisten« in deutscher Sprache." Strobel war mit Schultze im Gepäck in Phrygien unterwegs: „Der Verfasser der vorliegenden Arbeit streifte auf der Rückfahrt von einem Jordanienprojekt im April 1973 erstmals das von V. Schultze als »heiliges Land der Montanisten« ins Auge gefaßte Gebiet. Ich hatte den Bd. II, 1 der »Altchristlichen Städte und Landschaften« [Victor Schultzes] bei mir ..." (ebd.). Zu Victor Schultze vgl. o. S. 5 mit Anm. 16.

[46] William Tabbernee: Montanist Inscriptions and Testimonia: Epigraphic Sources Illustrating the History of Montanism, PMS 16, Macon 1997. Vgl. dazu die Rezension aus der Feder von August Strobel, JAC 42 (1999), S. 199–204, in welcher er insbesondere auch den Markschiesschen Spaziergang kritisiert (Christoph Markschies: Nochmals: Wo lag Pepuza? Wo lag Tymion? Nebst einigen Bemerkungen zur Frühgeschichte des Montanismus, JAC 37 [1994], S. 7–28).

die von Breytenbach[47] ist 1996 erschienen, die Dissertation von Thomas Witulski vier Jahre später.[48] Einen großen Aufschwung bedeuteten zwei Kongresse in Yalvaç (dem pisidischen Antiochien) 1997 und 2000, deren Akten leider bis heute noch nicht veröffentlicht worden sind.[49]

Im palästinisch-syrischen Raum liegt *Caesarea maritima* völlig brach, was neutestamentliche Beiträge angeht. Dabei sind hier in den letzten Jahren staunenswerte archäologische Ergebnisse zu verzeichnen.[50] Das jüngst erschienene Corpus der Inschriften wird „für zahlreiche weiterführende Studien Ausgangspunkt und Anregung sein."[51]

Wie viel im »Heiligen Land« noch getan werden kann, zeigen die Arbeiten von Gerd Theißen.[52]

IV. Folgerungen

Die lokalgeschichtliche Methode versucht, die Texte des Neuen Testaments durch archäologische Ergebnisse zu erhellen. Dabei geht es insbesondere um epigraphische und numismatische, aber auch um topographische Daten. Es kommt darauf an, das lokale Umfeld einzelner urchristlicher Gemeinden in den Blick zu nehmen, je konkreter, desto besser. W. Kendrick Pritchett hat

---

[47] Cilliers Breytenbach: Paulus und Barnabas in der Provinz Galatien. Studien zu Apostelgeschichte 13f.; 16,6; 18,23 und den Adressaten des Galaterbriefes, AGJU 38, Leiden/New York/Köln 1996.

[48] Thomas Witulski: Die Adressaten des Galaterbriefes. Untersuchungen zur Gemeinde von Antiochia ad Pisidiam, FRLANT 193, Göttingen 2000. Die äußere Form der Druckfassung dieser Greifswalder Dissertation spiegelt ihren Wert nur ungenügend wider: Die beigegebene Kalenderinschrift von Priene etwa (S. 232–235) ist im griechischen Text (S. 234) ein Opfer der Computertechnik geworden; die Qualität der Übersetzung (S. 235) allerdings vermag kein Computer zu rechtfertigen . . .

[49] Die Beiträge des ersten Kongresses sollten 1999 in İzmit erscheinen; die Korrekturen waren längst gelesen, und dem Erscheinen des Bandes schien nichts mehr im Weg zu stehen, als plötzlich das furchtbare Erdbeben im Sommer 1999, das İzmit besonders schwer traf, diesen Plänen ein Ende bereitete. So erscheint die deutsche Übersetzung meines Beitrags hier in diesem Band *vor* ihrer englischen Ursprungsfassung. Auch mein Beitrag zum Kongreß des Jahres 2000 erscheint hier in deutscher Übersetzung (Antiochien und Philippi).

[50] Vgl. zuletzt: Caesarea Maritima. A Retrospective after Two Millennia, hg. v. Avner Raban und Kenneth G. Holum, DMOA 21, Leiden/New York/Köln 1996 (dazu meine Rezension in ThLZ 123 [1998], Sp. 1195–1198).

[51] Clayton Miles Lehmann und Kenneth G. Holum [Hg.]: The Greek and Latin Inscriptions of Caesarea Maritima, Boston 2000; vgl. meine Rezension in ThLZ 127 (2002), Sp. 24–27; Zitat Sp. 26.

[52] Gerd Theißen: Das »schwankende Rohr« in Mt. 11,7 und die Gründungsmünzen von Tiberias. Ein Beitrag zur Lokalkoloritforschung in den synoptischen Evangelien, ZDPV 101 (1985), S. 43–55, zusammen mit anderen Aufsätzen nachgedruckt in ders.: Lokalkolorit und Zeitgeschichte in den Evangelien. Ein Beitrag zur Geschichte der synoptischen Tradition, NTOA 8, Freiburg 1989 ([2]1992).

die »chimney-corner«-Topographie eindrucksvoll an den Pranger gestellt.[53] Diese Warnung eines Veteranen der »lokalgeschichtlichen Methode« sollten sich die neutestamentlichen Arbeiter auf diesem Feld ebenso zu Herzen nehmen wie das Resümee von N.G.L. Hammond: „... in the long run autopsy counts for most."[54]

Daraus ergeben sich Folgerungen für Forschung und Lehre, die hier abschließend noch skizziert werden sollen. Adolf Deissmann hatte einst das Vorwort zur zweiten und dritten Auflage von „Licht vom Osten" mit der Bemerkung geschlossen: „Möchte recht vielen Fachgenossen die gleiche Gelegenheit gegeben werden, die Schauplätze des Evangeliums und des Urchristentums persönlich zu sehen. Das Neue Testament ist das bedeutsamste Denkmal des Ostens, das wir besitzen; seine Erforscher haben daher ein Anrecht auf den Osten."[55] Ein knappes Jahrhundert später ist dieser Wunsch von den „Fachgenossen" auf die Studierenden des Faches auszuweiten. Für die Lehrenden bedeutet dies, daß Exkursionen fester Bestandteil des Curriculums werden müssen. Für Palästina ist diese Forderung seitens der Alttestamentler an manchen Fakultäten schon erfüllt. Aber wie steht es mit Italien, Griechenland, der Türkei, Syrien? Welcher angehende Pfarrer, welche angehende Lehrerin hat eines dieser Länder unter kundiger Anleitung besucht und dadurch das Verständnis der frühen christlichen Texte auf eine neue Basis gestellt?

Was oben im Blick auf die Archäologie im Alten und Neuen Testament hinsichtlich der Forschungslage konstatiert wurde, gilt *mutatis mutandis* auch für wissenschaftliche Exkursionen. Wenn überhaupt, fährt man nach Jerusalem oder an den See Genezareth. Welche Fakultät bietet Exkursionen in die Länder des Neuen Testaments an? In dem im Untertitel dieses Bandes genannten Zeitraum von 1996 bis 2001 haben wir Exkursionen nicht nur nach Palästina (1997) und Griechenland (1999), sondern auch in die Türkei (2001) durchgeführt. Die nächste Exkursion ist für 2003 nach Syrien geplant. Damit ist dann auch das Zwischenglied eingefügt, das uns für das paulinische Programm aus Röm 15,19 noch fehlte: ὥστε με ἀπὸ Ἰερουσαλὴμ καὶ κύκλῳ μέχρι τοῦ Ἰλλυρικοῦ πεπληρωκέναι τὸ εὐαγγέλιον τοῦ Χριστοῦ, d.h. doch neben Palästina, Syrien, Kilikien, Galatien, Phrygien, Asia, Makedonien und Achaia bis hin zum Ἰλλυρικόν.

---

[53] W. Kendrick Pritchett: Studies in Ancient Greek Topography, Band 3: Roads, University of California Publications: Classical Studies 22, Berkeley/Los Angeles/London 1980, S. 347ff.

[54] N.G.L. Hammond: A history of Macedonia, Band I: Historical geography and prehistory, Oxford 1972 (Nachdr. New York 1981), S. vii.

[55] LvO, S. IX.

Beilage: Die Inschrift der Athener Iobakchen[1]

ἀγαθῇ τύχῃ.
ἐπὶ ἄρχοντος Ἀρ(ρίου) Ἐπαφροδείτου, μηνὸς
Ἐλαφηβολιῶνος η΄ ἑσταμένου, ἀγορὰν
συνήγαγεν πρώτως ὁ ἀποδειχθεὶς
5 ἱερεὺς ὑπὸ Αὐρ(ηλίου) Νεικομάχου τοῦ ἀνθι-
ερασαμένου ἔτη ιζ΄ καὶ ἱερασαμένου
ἔτη κγ΄ καὶ παραχωρήσαντος ζῶντος
εἰς κόσμον καὶ δόξαν τοῦ Βακχείου
τῷ κρατίστῳ Κλα(υδίῳ) Ἡρώδῃ, ὑφ᾽ οὗ ἀνθιερεὺς
10 ἀποδειχθεὶς [ἀν]έγνω δόγματα τῶν
ἱερασαμένων Χρυσίππου καὶ Διονυσίου,
καὶ ἐπαινέσαντος τοῦ ἱερέως καὶ τοῦ ἀρχιβάκχου[2] καὶ τοῦ προστάτου ἐξ(εβόησαν)· τούτοις
ἀεὶ χρώμεθα, καλῶς ὁ ἱερεύς, ἀνάκτησαι
15 [τ]ὰ δόγματα· σοὶ πρέπει, εὐστάθειαν τῷ
Βακχείῳ καὶ εὐκοσμίαν, ἐν στήλῃ τὰ δόγματα[3], ἐπερώτα. ὁ ἱερεὺς εἶπεν· ἐπεὶ καὶ[4]
ἐμοὶ καὶ τοῖς συνιερεῦσί μο[υ] καὶ[5] ὑ-
μεῖν πᾶσιν ἀρέσκει, ὡς ἀξιοῦτε[6] ἐπε-
20 ρωτήσομεν. καὶ ἐπερώτησεν ὁ πρό-

---

[1] Ich erhielt die Genehmigung, die Inschrift der Iobakchen selbst zu studieren (Ὑπουρ-
γείο Πολιτισμού – Επιγραφικό μουσείο, Aktenzeichen 450, Schreiben vom 28. Juli 1999). Ich
danke Herrn Σταμάτης Αποστολούμης für seine Unterstützung bei der Lesung der Inschrift
am 10. September 1999.
  Die *editio princeps* von Sam Wide: Die Inschrift der Iobakchen, MDAI.A 19 (1894),
S. 248–282 bietet sowohl die Abschrift (S. 249–256) als auch die Umschrift (S. 257–261)
des Inschriftentextes. Zugänglich ist er in folgenden Inschriftensammlungen: SIG II² 737;
LSG II 1, Nr. 46; IG II² 1368; SIG III³ 1109. Einen vollständigen Text bieten darüber
hinaus: Ernst Maass: Orpheus. Untersuchungen zur griechischen, römischen, altchristlichen
Jenseitsdichtung und Religion, München 1895, S. 18–32; E.S. Roberts/E.A. Gardner: An
Introduction to Greek Epigraphy. Part II: The Inscriptions of Attica, Cambridge 1905,
S. 236–240 (Nr. 91); Franciszek Sokolowski: Lois sacrées des cités grecques, Travaux et
memoires 18, Paris 1969, S. 96–99 (Nr. 51). Thomas Schmeller: Hierarchie und Egalität.
Eine sozialgeschichtliche Untersuchung paulinischer Gemeinden und griechisch-römischer
Vereine, SBS 162, Stuttgart 1995, S. 110–115 druckt den Text nach SIG³ III 1109 ab.
[2] Auf dem Stein steht irrtümlich: AP|XIBAXXOY.
[3] Von dem Δ findet sich auf dem Stein nur der rechte Schrägstrich: \ .
[4] Von dem Κ ist auf dem Stein nur der senkrechte Strich: | .
[5] Das Ende der Z. 18 weist starke Beschädigungen auf, heute ist nicht nur das Υ von
μου nicht mehr, sondern auch das Κ von καί kaum noch zu erkennen.
[6] Auf dem Stein findet sich nach Wide, dem Herausgeber der *editio princeps*, die Lesart
ΑΞΙΟΥΓΕ (a.a.O., S. 249), die in ἀξίου γε aufzulösen sei (a.a.O., S. 257). Maass, der mit
einer von Dörpfeld zur Verfügung gestellten Photographie arbeitete (vgl. a.a.O., S. 16,
Anm. 19), mutmaßte, daß hier der Schreibfehler Γ statt Τ vorliege; eigentlich sei also
ἀξιοῦτε anstelle von ἀξιοῦγε zu lesen (a.a.O., S. 20, Anm. 3). Alle folgenden Herausgeber

Übersetzung[7]

Glück auf! Während der Amtszeit des Archonten Arrios Epaphrodeitos am achten (Tag) des Monats Elaphebolion rief zum ersten Mal der [5] von Aurelios Neikomachos, der 17 Jahre lang Anthiereus und 23 Jahre lang Priester gewesen und zu seinen Lebzeiten zum Ruhm und zur Ehre des Bakcheion zugunsten des höchst ehrenwerten Klaudios Herodes zurückgetreten war, ernannte Priester eine Versammlung ein. Nachdem er (sc. Aurelios Neikomachos) von diesem (sc. Klaudios Herodes) zum Anthiereus [10] ernannt worden war, verlas er die Bestimmungen der ehemaligen Priester Chrysippos und Dionysios und, nachdem diese der Priester und der Archibakchos und der Prostates gebilligt hatten, riefen sie (sc. die Iobakchen): „Diese wollen wir immer in Gebrauch haben!" „Hoch lebe der Priester!" „Setze [15] die Beschlüsse wieder in Kraft! Das ist deine Aufgabe!" „Beständigkeit und Ordnung dem Bakcheion!" „Die Beschlüsse auf eine Stele!" „Bringe sie zur Abstimmung!" Der Priester sagte: „Weil es sowohl mir als auch meinen Mitpriestern und euch allen gefällt, werden wir, wie ihr es für angemessen haltet, sie zur Abstimmung bringen."

übernehmen diese Lesart und kennzeichnen das T als unsicher: ἀξιοῦτε. Die Begutachtung des Steins läßt eine andere Erklärung der von Maass vorgeschlagenen Lesart zu: Direkt vor dem Γ weist der Stein eine starke Unebenheit auf; da in der Zeile darüber Buchstaben ausgefallen sind, ist eher an einen Schaden, dem die linke Hälfte des Aufstrichs zum Opfer gefallen ist, als an eine Einmeißelung eines Υ zu denken, zumal der größere Abstand zwischen dem Υ und dem senkrechten Strich des folgenden Buchstabens eher für ein ursprüngliches T spricht. Andererseits ist aber nicht einmal der Ansatz einer linken Hälfte des Aufstrichs zu erkennen.

[7] Eingesehen wurde die vollständige kommentierte deutsche Übersetzung von Maass, a.a.O., S. 18–32; die vollständige kommentierte englische Übersetzung von Frederick W. Danker: Benefactor. Epigraphic Study of a Graeco-Roman and New Testament Semantic Field, St. Louis 1982, S. 157–161 (Nr. 22); die vollständige englische Übersetzung von Moshe Weinfeld: The Organizational Pattern and the Penal Code of the Qumran Sect. A Comparison with Guilds and Religious Associations of the Hellenistic-Roman Period, NTOA 2, Göttingen 1986, S. 51–54 (Appendix A); die vollständige deutsche Übersetzung von Schmeller, a.a.O., S. 110–115 sowie die auszugsweisen deutschen Übersetzungen von Marcus Niebuhr Tod: Streiflichter auf die griechische Geschichte. Drei Vorlesungen über die aus griechischen Inschriften zu gewinnenden Aufschlüsse über Leben und Denken der Alten Welt. Aus dem Englischen übersetzt von Gerhard Raabe, unter wissenschaftlicher Mitarbeit von Gerhard Pfohl. Vom Verfasser überprüfte und ergänzte Auflage, Libelli 159, Darmstadt 1964, S. 57–62; von Günter Haufe in: Johannes Leipoldt/Walter Grundmann [Hg.]: Umwelt des Urchristentums. Band II: Texte zum neutestamentlichen Zeitalter, Berlin 1967, S. 86–88 (Nr. 113) und von Robert L. Wilken: Die frühen Christen. Wie die Römer sie sahen, Graz/Wien/Köln 1986, S. 55–58.

εδρος Ῥοῦφος Ἀφροδεισίου· ὅτῳ δοκεῖ[8]
κύρια εἶναι τὰ ἀνεγνωσμένα δόγματα καὶ ἐν στήλῃ ἀναγραφῆναι, ἀράτω
τὴν χεῖρα. πάντες ἐπῆραν. ἐξ(εβόησαν)· πολλοῖς
25 ἔτεσι τὸν κράτιστον ἱερέα Ἡρώδην
νῦν εὐτυχεῖς, νῦν πάντων πρῶτοι
τῶν Βακχείων, καλῶς ὁ ἀνθιερεύς, ἡ στήλη γενέστω. ὁ ἀνθιερεὺς εἶπε· ἔσται ἡ
στήλη ἐπὶ τοῦ κείονος, καὶ ἀναγραφή-
30 σονται· εὐτονήσουσι γὰρ οἱ προεστῶ-
τες τοῦ μηδὲν αὐτῶν λυθῆναι.
    vacat spatium unius versus
μηδενὶ ἐξέστω ἰόβακχον εἶναι, ἐὰν μὴ
πρῶτον ἀπογράψηται παρὰ τῷ ἱερεῖ
τὴν νενομισμένην ἀπογραφὴν καὶ
35 δοκιμασθῇ ὑπὸ τῶν ἰοβάκχων ψήφῳ, εἰ[9] ἄξιος φαίνοιτο καὶ ἐπιτήδειος
τῷ Βακχείῳ[10]· ἔστω δὲ τὸ ἰσηλύσιον
τῷ μὴ ἀπὸ πατρὸς ✕ νʹ καὶ σπονδή.
ὁμοίως καὶ οἱ ἀπὸ πατρὸς ἀπογραφέ-
40 σθωσαν ἐπὶ ✕ κεʹ διδόντες ἡμιφόριον
μέχρις ὅτου πρὸς γυναῖκας ὦσιν.
συνίτωσαν δὲ οἱ ἰόβακχοι τάς τε ἐνάτας καὶ τὰς ἀμφιετηρίδας καὶ Βακχεῖ-
α καὶ εἴ τις πρόσκαιρος ἑορτὴ τοῦ θεοῦ,
45 ἕκαστος ἢ λέγων ἢ ποιῶν ἢ φιλοτει-
μούμενος, καταβάλλων μηνιαίαν
τὴν ὁρισθεῖσαν εἰς τὸν οἶνον φοράν·
ἐὰν δὲ μὴ πληροῖ, εἰργέσθω τῆς στιβάδος, καὶ εὐτονείτωσαν οἱ τῷ ψηφίσμα-
50 τι ἐγγεγραμμένοι, χωρὶς ἢ ἀποδημίας
ἢ πένθους ἢ νόσου ἢ ⟨εἰ⟩ σφόδρα ἀνανκαῖός
τις ἦν ὁ προσδεχθησόμενος ἰς τὴν στιβάδα, κρεινάντων τῶν ἱερέων. ἐὰν δὲ ἰοβάκ-
χου ἀδελφὸς ἰσέρχηται ψήφῳ δοκιμασθείς,
55 διδότω ✕ νʹ· ἐὰν δὲ ἱερὸς παῖς ἐξωτικὸς καθεσ-
θεὶς ἀναλώσῃ τὰ πρὸς τοὺς θεοὺς καὶ τὸ Βακχεῖον,[11]
ἔστω μετὰ τοῦ πατρὸς ἰόβακχος ἐπὶ μιᾷ

---

[8] Auf dem Stein ist nur der obere Bogen des O zu erkennen.
[9] Das I ist heute auf dem Stein nicht mehr sichtbar.
[10] Von dem B ist heute nur noch der rechte untere Bogen auf dem Stein erhalten.
[11] Die beiden letzten Buchstaben sind über den Rand der Kolumne hinaus geschrieben worden, stehen also auf der Mittelleiste.

Und der [20] Prohedros Rufos, (der Sohn) des Aphrodeisios, brachte zur Abstimmung: „Jeder, dem es gut erscheint, daß die vorgelesenen Beschlüsse bindend sein und auf einer Säule aufgeschrieben werden sollen, soll die Hand erheben." Alle erhoben sie. Sie riefen aus: „Viele [25] Jahre (lebe/amtiere) der höchstehrenwerte Priester Herodes!" „Nun bist du glücklich, sind wir das erste aller Bakcheien!" „Hoch lebe der Anthiereus!" „Die Stele soll aufgestellt werden!" Der Anthiereus sagte: „Die Stele wird auf einer Säule sein und (die Beschlüsse) werden darauf geschrieben werden. [30] Die Prohestotes werden nämlich dafür Sorge tragen, daß niemand sie übertritt."

Niemandem soll es erlaubt sein, ein Iobakche zu sein, wenn er nicht zuerst beim Priester die übliche schriftliche Eingabe gemacht hat und [35] von den Iobakchen in einer Abstimmung geprüft worden ist, ob er würdig und für das Bakcheion geeignet erscheint. Es soll aber das Eintrittsgeld für den, der nicht über den Vater (Mitglied wird), 50 Denare und ein Trankopfer betragen. In ähnlicher Weise sollen auch die, die über ihren Vater (Mitglied werden), [40] sich mit 25 Denaren in die Mitgliedsliste eintragen und den halben Mitgliedsbeitrag zahlen, bis sie geschlechtsreif sind.

Die Iobakchen aber sollen sich am neunten Tag (eines Monats) und am Jahresfest und am Bakchosfest und wenn ein außerordentlicher Festtag des Gottes (ist), versammeln, [45] wobei ein jeder entweder einen Beitrag in Wort oder Tat erbringen oder ehrliebend sein und den festgesetzten monatlichen Beitrag für den Wein bezahlen soll.

Wenn er aber nicht bezahlt, soll er ausgeschlossen werden von der Versammlung, und die, die im Beschluß [50] niedergeschrieben sind, sollen darauf achten, außer im Falle einer Reise oder eines Trauerfalles oder einer Krankheit oder wenn eine dringende Notlage besteht für jemanden, der zur Versammlung zugelassen werden soll, nach dem Urteil der Priester.

Wenn aber ein Bruder eines Iobakchen eintreten will, soll er, nachdem er in einer Abstimmung geprüft worden ist, [55] 50 Denare zahlen. Wenn aber ein „auswärtiges" heiliges Kind das den Göttern und dem Bakcheion Zukommende aufgewendet hat, soll es mit dem Vater gemeinsam Iobakche sein

σπονδῇ τοῦ πατρός. *vac.* τῷ δὲ ἀπογραψαμένῳ
καὶ ψηφοφορηθέντι διδότω ὁ ἱερεὺς ἐπισ-
60 τολὴν ὅτι ἐστὶν ἰόβακχος, ἐὰν πρῶτον
δοῖ τῷ ἱερεῖ τὸ ἰσηλύσιον, ἐνγραφομένου
τῇ ἐπιστολῇ τὰ χωρήσαντα εἰς τόδε τι.
οὐδενὶ δὲ ἐξέσται ἐν τῇ στιβάδι οὔτε ᾆσαι
οὔτε θορυβῆσαι οὔτε κροτῆσαι, μετὰ δὲ
65 πάσης εὐκοσμίας καὶ ἡσυχίας τοὺς μερισ-
μοὺς λέγειν καὶ ποιεῖν, προστάσσοντος
τοῦ ἱερέως ἢ τοῦ ἀρχιβάκχου. *vac.* μηδενὶ
ἐξέστω τῶν ἰοβάκχων τῶν μὴ συντελε-
σάντων εἴς τε τὰς ἐνάτας καὶ ἀμφιετηρί-
70 δας εἰσέρχεσθαι ἰς τὴν στιβάδα μέχρις ἂν
ἐπικριθῇ αὐτῷ ὑπὸ τῶν ἱερέων ἢ ἀπο-
δοῦναι αὐτὸν ἢ ἰσέρχεσθαι. *vac.* μάχης δὲ
ἐάν τις ἄρξηται ἢ εὑρεθῇ τις ἀκοσμῶν ἢ
ἐπ' ἀλλοτρίαν κλισίαν ἐρχόμενος ἢ ὑβρί-[12]
75 ζων ἢ λοιδορῶν τινα, ὁ μὲν λοιδορη-
θεὶς ἢ ὑβρισθεὶς παραστανέτω δύο ἐκ
τῶν ἰοβάκχων ἐνόρκους, ὅτι ἤκου-
σαν ὑβριζόμενον ἢ λοιδορούμενον,
καὶ ὁ ὑβρίσας ἢ λοιδορήσας ἀποτιν[νύ-]
80 τω τῷ κοινῷ λεπτοῦ δρ(αχμὰς) κεʹ, ἢ ὁ αἴτιος
γενόμενος τῆς μάχης ἀποτιννύτω
τὰς αὐτὰς δρ(αχμὰς) κεʹ, ἢ μὴ συνίτωσαν ἰς τοὺς
ἰοβάκχους μέχρις ἂν ἀποδῶσιν.
ἐὰν[13] δέ τις ἄχρι πληγῶν ἔλθῃ, ἀπογραφέστω
85 ὁ πληγεὶς πρὸς τὸν ἱερέα ἢ τὸν ἀνθιερέα,
ὁ δὲ ἐπάνανκες ἀγορὰν ἀγέτω, καὶ ψήφῳ οἱ ἰόβακχοι κρεινέτωσαν προηγου-
μένου τοῦ ἱερέως, καὶ προστειμάσθω
πρὸς χρόνον μὴ εἰσελθεῖν ὅσον ἂν δό-
90 ξῃ καὶ ἀργυρίου μέχρι ✳ κεʹ. *vac.* ἔστω δὲ
τὰ αὐτὰ ἐπιτείμια καὶ τῷ δαρέντι καὶ
μὴ ἐπεξελθόντι παρὰ τῷ ἱερεῖ ἢ τῷ
ἀρχιβάκχῳ, ἀλλὰ δημοσίᾳ ἐνκαλέσαν-
τι. *vac.* ἐπιτείμια δὲ ἔστω τὰ αὐτὰ τῷ εὐκόσ-
95 μῳ μὴ ἐκβαλόντι τοὺς μαχομένους.
εἰ δέ[14] τις τῶν ἰοβάκχων εἰδὼς ἐπὶ τοῦ-

---

[12] Heute sind PI auf dem Stein nicht mehr zu erkennen.

[13] Hier beginnt die zweite Kolumne des Textes.

[14] Das I von εἰ und das Δ von δέ sind auf dem Stein hochgestellt und gemeinsam mit dem E von εἰ mit einem Überstrich versehen.

auf Grund eines einzigen Trankopfers des Vaters. Dem, der eine schriftliche Eingabe gemacht hat und über den abgestimmt worden ist, soll der Priester eine Bescheinigung geben, [60] daß er ein Iobakche ist, wenn er zuvor dem Priester das Eintrittsgeld bezahlt hat, nachdem (er) in die Bescheinigung das jeweils Bezahlte eingetragen hat.

Niemandem aber wird es gestattet sein, bei der Versammlung zu singen oder Unruhe zu stiften oder zu klatschen, sondern in [65] aller Ordnung und Ruhe sollen sie ihre Rollen sprechen und spielen unter der Leitung des Priesters oder des Archibakchos.

Niemandem der Iobakchen, die nicht bezahlt haben für den neunten (Tag des Monats) und das Jahresfest, [70] soll es gestattet sein, zur Versammlung zu kommen, bis ihm von den Priestern beschieden wird, daß er zahlen muß oder (ohne gezahlt zu haben) kommen darf.

Wenn aber jemand Streit anfängt oder offenkundig die Ordnung stört oder einen fremden Platz einnimmt oder jemanden verhöhnt [75] oder beschimpft, soll der Beschimpfte oder Verhöhnte zwei der Iobakchen, die schwören, daß sie die Verhöhnung oder die Beleidigung gehört haben, herbeibringen, und der Verhöhner oder Beschimpfer soll [80] der Gemeinschaft 25 kleine Drachmen zahlen, oder der Urheber des Streits soll die gleichen 25 Drachmen zahlen, oder sie dürfen mit den Iobakchen nicht zusammenkommen, bis sie bezahlen.

Wenn aber jemand bis hin zu Schlägen geht, soll [85] der Geschlagene es schriftlich dem Priester oder dem Anthiereus melden; dieser aber soll verpflichtend eine Versammlung einberufen, und durch Abstimmung sollen die Iobakchen ein Urteil fällen unter der Leitung des Priesters, und er soll zur Strafe so lange Zeit, wie jeweils beschlossen wird, [90] nicht teilnehmen und bis zu 25 Silberdenare zahlen. Dieselbe Strafe soll auch für den gelten, der geschlagen worden ist und nicht beim Priester oder Archibakchos dagegen vorgeht, sondern an einem öffentlichen Gericht Anklage erhebt. Dieselbe Strafe soll auch für den Eukosmos gelten, [95] wenn er die Streitenden nicht hinauswirft. Wenn aber einer der Iobakchen, obwohl er weiß, daß

το ἀγορὰν ὀφείλουσαν ἀχθῆναι μὴ ἀ-
παντήσῃ, ἀποτεισάτω τῷ κοινῷ λεπτοῦ δρ(αχμὰς) ν΄. ἐὰν δὲ ἀπειθῇ πρασσόμε-
100 νος, ἐξέστω τῷ ταμίᾳ κωλῦσαι αὐτὸν
τῆς εἰσόδου τῆς εἰς τὸ Βακχεῖον μέχρις ἂν ἀποδοῖ. *vac.* ἐὰν δέ τις τῶν
εἰσερχομένων τὸ ἰσηλύσιον μὴ
διδοῖ τῷ ἱερεῖ ἢ τῷ ἀνθιερεῖ, εἰργέσ-
105 θω τῆς ἑστιάσεως μέχρις ἂν ἀποδοῖ, καὶ πρασσέσθω ὅτῳ ἂν τρόπῳ
ὁ ἱερεὺς[15] κελεύσῃ. *vac.* μηδεὶς δ᾽ ἔπος
φωνείτω[16] μὴ ἐπιτρέψαντος τοῦ ἱερέως ἢ τοῦ ἀνθιερέως ἢ ὑπεύθυνος
110 ἔστω τῷ κοινῷ λεπτοῦ δρ(αχμῶν) λ΄[17].
ὁ ἱερεὺς[18] δὲ ἐπιτελείτω τὰς ἐθίμους
λιτουργίας στιβάδος καὶ ἀμφιετη-
ρίδος εὐπρεπῶς καὶ τιθέτω τὴν
τῶν καταγωγίων σπονδὴν στι-
115 βάδι μίαν καὶ θεολογίαν, ἣν ἤρ-
ξατο ἐκ φιλοτειμίας ποιεῖν ὁ ἱε-
ρασάμενος Νεικόμαχος. *vac.* ὁ δὲ ἀρχίβακχος θυέτω τὴν θυσίαν τῷ
θεῷ καὶ τὴν σπονδὴν τιθέτω
120 κατὰ δεκάτην τοῦ Ἐλαφηβολιῶνος μηνός. *vac.* μερῶν δὲ γεινομέ-
νων αἱρέτω ἱερεύς, ἀνθιερεύς,
ἀρχίβακχος, ταμίας, βουκολικός,[19]
Διόνυσος, Κόρη, Παλαίμων, Ἀφρο-
125 δείτη, Πρωτεύρυθμος. τὰ δὲ ὀνό-
ματα αὐτῶν συνκληρούσθω
πᾶσι. *vac.* ὃς δ᾽ ἂν τῶν ἰοβάκχων λάχῃ κλῆ-
ρον ἢ τειμὴν ἢ τάξιν, τιθέτω τοῖς ἰο-
βάκχοις σπονδὴν ἀξίαν τῆς τάξεως,

---

[15] Das I am Wortanfang ist auf dem an dieser Stelle stark beschädigten Stein heute nicht mehr vorhanden.

[16] Diese Lesart wurde von Ziehen in LSG II 1, Nr. 46 etabliert, seine Vorgänger Wide, Maass und Dittenberger (SIG²) lasen: μηδεὶς δὲ π(ρ)οσ|φωνείτω. Maass verweist dazu a.a.O., S. 26, Anm. 12 auf „die mit festem Ausdruck als προσφωνηματικοὶ λογοί von den Rhetoren bezeichneten Ansprachen".

[17] Wide setzt in seiner Abschrift fälschlich den Überstrich über ΥΔΡ statt über ΔΡΛ (a.a.O., S. 254).

[18] Über dem OI am Anfang der Zeile ist ein Überstrich.

[19] Ziehen, LSG II 1, Nr. 46 setzt kein Komma zwischen ταμίας und βουκολικός; er hält βουκολικός für ein zu ταμίας gehöriges Adjektiv (S. 140, Anm. 34).

deshalb eine verpflichtende Versammlung einberufen wird, nicht teilnimmt, soll er der Gemeinschaft 50 kleine Drachmen zahlen. Wenn er aber trotz Aufforderung nicht Folge leistet, [100] soll es dem Schatzmeister gestattet sein, ihm den Zugang zum Bakcheion zu verwehren, bis er zahlt.

Wenn aber einer der Neuzugänge die Aufnahmegebühr dem Priester oder dem Anthiereus nicht zahlt, soll er [105] vom Mahl ausgeschlossen werden, bis er bezahlt, und es soll eingefordert werden auf die Weise, die der Priester festsetzen wird.

Niemand soll eine Rede halten, ohne daß es der Priester oder der Anthiereus erlaubt, ansonsten [110] soll er der Gemeinschaft 30 kleine Drachmen schulden.

Der Priester aber soll die üblichen Dienste des Bakchosfestes und des Jahresfestes in angemessener Weise verrichten und das eine Trankopfer [115] für das Fest der Rückkehr (des Bakchos) vollziehen und eine „Predigt", die der ehemalige Priester Neikomachos aus Ehrliebe zu halten begonnen hat, (halten). Der Archibakchos soll das Opfer dem Gott darbringen und das Trankopfer [120] am zehnten (Tag) des Monats Elaphebolion vollziehen. Nach der Bereitung der Portionen sollen der Priester, der Anthiereus, der Archibakchos, der Schatzmeister, der Bukolikos, der (Darsteller) des Dionysos, der der Kore, der des Palaimon, der der Aphrodite, [125] der des Proteurhythmos sie nehmen. Ihre Namen sollen ausgelost werden aus allen.

Wenn aber einer der Iobakchen ein Erbe oder ein Ehrenamt oder eine Ernennung erhalten hat, soll er den Iobakchen ein Trankopfer hinstellen, das dem Rang entspricht:

130 γάμων, γεννήσεως, Χοῶν, ἐφηβείας,
     πολειτείας, ῥαβδοφορίας, βουλείας, ἀ-
     θλοθεσίας, Πανέλληνος, γερουσίας,
     θεσμοθεσίας, ἀρχῆς ἧς δήποτε οὖν,
     συνθυσίας, εἰρηναρχίας, ἱερονείκου,
135 καὶ εἴ τίς τι ἐπὶ τὸ κρεῖσσον ἰόβακχος ὢν
     τύχοιτο. *vac.* εὔκοσμος δὲ κληρούσθω ἢ καθισ-
     τάσθω ὑπὸ τοῦ ἱερέως, ἐπιφέρων τῷ ἀκοσ-
     μοῦντι ἢ θορυβοῦντι τὸν θύρσον τοῦ θε-
     οῦ. *vac.* ᾧ δὲ ἂν παρατεθῇ ὁ θύρσος, ἐπικρεί-
140 ναντος τοῦ ἱερέως ἢ τοῦ ἀρχιβάκχου
     ἐξερχέσθω τοῦ ἑστιατορείου. *vac.* ἐὰν δὲ ἀ-
     πειθῇ, αἱρέτωσαν αὐτὸν ἔξω τοῦ πυλῶ-
     νος οἱ κατασταθησόμενοι ὑπὸ τῶν
     ἱερέων ἵπποι, καὶ ἔστω ὑπεύθυνος
145 τοῖς περὶ τῶν μαχομένων προστεί-
     μοις. *vac.* ταμίαν δὲ αἱρείσθωσαν οἱ ἰόβακ-
     χοι ψήφῳ εἰς διετίαν, καὶ παραλαμβα-
     νέτω πρὸς ἀναγραφὴν τὰ τοῦ Βακχεί-
     ου πάντα, καὶ παραδώσει ὁμοίως τῷ
150 μετ᾽ αὐτὸν ἐσομένῳ ταμίᾳ. παρεχέτω
     δὲ οἴκοθεν τὸ θερμόλυχνον[20] τάς τε ἐ-
     νάτας καὶ ἀμφιετηρίδα καὶ στιβάδα,
     καὶ ὅσαι ἔθιμοι τοῦ θεοῦ ἡμέραι καὶ
     τὰς ἀπὸ κλήρων ἢ τειμῶν ἢ τάξε-
155 ων ἡμέρας. *vac.* αἱρείσθω δὲ γραμμα-
     τέα, ἐὰν βούληται, τῷ ἰδίῳ κινδύνῳ,
     συνκεχωρήσθω δὲ αὐτῷ ἡ ταμιευ-
     τικὴ σπονδὴ καὶ ἔστω ἀνείσφορος

---

[20] Josef Zingerle: Zur Iobakchen-Inschrift, JÖAI 24 (1929), Beiblatt, Sp. 125–128 diagnostiziert bei den Herausgebern der Inschrift „eine merkwürdige Verkennung" des θερμόλυχνον (Sp. 125). Nach Zingerles Auffassung ist die Satzung der Iobakchen unvollständig: „Was man vermißt, sind Totengedenkfeiern, die im griechischen Vereinsleben eine so große Rolle spielten, noch mehr im römischen, das seinerseits das gleichzeitige griechische wieder so nachhaltig beeinflußt hat, daß schlechterdings auszuschließen ist, es könne in einem so ausführlichen Vereinsstatute aus dem Ende des II. Jahrhunderts n. Chr. diese wichtige kommemorative Seite des Vereinslebens gänzlich ausgeschaltet gewesen sein" (Sp. 126f.). Diese Lücke wird von Zingerle geschlossen, indem er in Z. 151 die Abtrennung θ᾽ ἑρμόλυχνον vertritt (Sp. 126). Auf syntaktischer Ebene sei so für „das im Prosastile doch nicht gewöhnliche isolierte τε vor ἐνάτας" das korrespondierende zweite gefunden (Sp. 126). Inhaltlich sei das ἑρμόλυχνον, die „Hermenlampe", nicht nur „auf den Sinn des faktischen Kultrequisites einzuschränken" (Sp. 127); wie in der Inschrift „ganz gleichartig ein anderes Kultsubstrat, die στίβας zur Bedeutung des damit gefeierten Festes ausgeweitet ist" (Sp. 127f.), bezeichne ἑρμόλυχνον „ein Totenfest also, bei dem, sei es im Vereinslokale oder an den Gräbern selbst, vor den εἰκόνες oder Hermen der Toten ... Lampen angezündet wurden" (Sp. 128).

[130] Hochzeit, Geburt, (Zulassung zu den) Choes, Ephebie, (Erlangung) des Bürgerrechts, des Amtes des Rabdouphoros, der Ratsherrenwürde, des Kampfrichteramtes, der Mitgliedschaft im Panhellenion, der Mitgliedschaft im Ältestenrat, des Amtes des Thesmotheten, welches Amtes auch immer, des Amtes des Synthytes, des Amtes des Eirenarchen, des Amtes des Hieronikes, [135] und wenn jemandem, der Iobakche ist, irgendetwas zum Besseren zuteil wird.

Der Eukosmos soll ausgelost oder vom Priester eingesetzt werden; er soll dem, der die Ordnung stört oder Unruhe stiftet, den Thyrsosstab des Gottes bringen. Der, neben den der Thyrsosstab gelegt worden ist, soll nach dem Urteil [140] des Priesters oder des Anthiereus aus dem Speisesaal herausgehen. Wenn er aber nicht Folge leistet, sollen ihn die von den Priestern eingesetzten „Pferde" vor die Tür setzen, und er soll [145] die Strafe, die für Streitende vorgesehen ist, schulden.

Einen Schatzmeister aber sollen die Iobakchen durch Abstimmung für zwei Jahre wählen, und er soll gemäß einer Liste das gesamte Hab und Gut des Bakcheion übernehmen und es in ähnlicher Weise dem, der [150] nach ihm Schatzmeister sein wird, übergeben. Er soll aus seinem eigenen Vermögen das Lampenöl stiften an den neunten Tagen (eines Monats) und am Jahresfest und bei den Versammlungen und an den Tagen, welche auch immer übliche Festtage des Gottes sind, und an den Tagen von Erbschaften oder Ehrungen oder Ernennungen. [155] Er soll aber den Schriftführer, wenn er will, auswählen auf eigene Gefahr, es soll ihm gewährt werden das Trankopfer eines Schatzmeisters und er soll beitragsfrei sein

τὴν διετίαν. *vac.* ἐὰν δέ τις τελευτή-
160 ση ἰόβαχχος, γεινέσθω στέφανος αὐτῷ μέχ⟨ρ⟩ι ✕ ε΄, καὶ τοῖς ἐπιταφήσασι τι-
θέσθω οἴνου κεράμιον ἕν, ὁ δὲ μὴ
ἐπιταφήσας εἰργέσθω τοῦ οἴνου.

zwei Jahre lang.

Wenn aber ein Iobakche stirbt, [160] soll ihm ein Kranz im Wert bis zu fünf Drachmen zuteil werden, und denen, die bei der Bestattung anwesend gewesen sind, soll ein Krug Wein vorgesetzt werden, wer aber nicht an der Bestattung teilgenommen hat, soll vom Wein ausgeschlossen werden.

ΚΡΕΙΤΤΟΝΟΣ ΔΙΑΘΗΚΗΣ ΕΓΓΥΟΣ

Die Bedeutung der Präexistenzchristologie für die Theologie des Hebräerbriefs[1]

Hans-Friedrich Weiß gewidmet

Gott allein, so befand schon Origenes[2], weiß, wer den Hebräerbrief geschrieben hat, und Franz Overbeck formuliert die Aporie mit Worten des Hebräerbriefs selbst so: Bei dem Hebräerbrief handelt es sich um ein Schreiben, das „vor dem nach seiner historischen Entstehung fragenden Betrachter wie ein melchisedekitisches Wesen ohne Stammbaum dasteht. Wer hat ihn geschrieben? Wo und wann ist er geschrieben worden, und an wen ist er ursprünglich gerichtet gewesen? – Man weiss es nicht.“[3]

---

[1] Vorlesung, vorgetragen am 2. Mai 1994 vor dem Habilitationsausschuß der Ev.-Theol. Fakultät in Münster, am 31. Oktober 1994 in der Theologischen Fakultät in Heidelberg, am 13. Dezember 1994 in der Theologischen Fakultät in Greifswald, am 18. Januar 1995 in der Philosophischen Fakultät in Aachen und schließlich am 23. Juni 1995 im Fachbereich Geschichte – Philosophie – Theologie der Bergischen Universität/Gesamthochschule Wuppertal. Ich danke allen DiskussionsteilnehmerInnen herzlich für ihre weiterführenden Fragen. Besonderen Dank schulde ich dem Nestor der Hebräerbriefforschung, Hans-Friedrich Weiß. Er hat mich am 13. Dezember 1994 in Greifswald ermutigt, diese Vorlesung zum Druck zu befördern. Sie ist im folgenden unverändert wiedergegeben (lediglich die Anmerkungen sind hinzugefügt).

[2] Origenes bei Euseb: H. E. VI 25,14: τίς δὲ ὁ γράψας τὴν ἐπιστολήν, τὸ μὲν ἀληθὲς θεὸς οἶδεν. Bei der Verwendung dieses Ausspruchs ist jedoch Vorsicht geboten: „Im Allgemeinen sieht man Origenes hier mit dem Hbf. ganz auf derselben Bahn der Aufrechterhaltung seiner kanonischen Autorität wie Clemens. Die apologetische These ist streng dieselbe geblieben: die paulinische Herkunft des Briefs. Zweifel an dieser würde nur bei vollständigem Missverständniss aus dem vorletzten Satze gelesen. *Nur den Schreiber, nicht den geistigen Urheber des Hbfs. lässt Origenes dahingestellt.* Auch verlangt er für die Annahme der paulinischen Herkunft des Briefs nicht Duldung, sondern Anerkennung." (Franz Overbeck, a.(Anm. 3) a.O., S. 22f., meine Hervorhebung).

[3] Franz Overbeck: Zur Geschichte des Kanons, Chemnitz 1880 (Nachdr. Darmstadt 1965), S. 1 (ungenau zitiert auch in dem Kommentar von Hans-Friedrich Weiß, a.[Anm. 12]a.O., S. 60f.). Auch Gräßer bringt das Zitat in seiner Einleitung (Erich Gräßer: An die Hebräer. 1. Teilband: Hebr 1–6, EKK XVII 1, Zürich/Braunschweig/Neukirchen-Vluyn 1990, S. 18). Zu Franz Overbeck (1837–1905) vgl. Ph. Vielhauer: Art. Overbeck, I. *Franz Camille*, RGG³ IV (1960), Sp. 1750–1752.

Franz Delitzsch, der in einem ganz anderen theologischen Lager steht als Franz Overbeck, stimmt *in diesem Punkt* dem (späteren) Antipoden nicht nur der Sache nach zu, wenn er sagt: „Der Brief hat Aehnlichkeit mit dem Melchisedek der h.[eiligen] Geschichte, von welchem die Mitte desselben handelt. Mit priesterlich-königlicher Feierlichkeit schreitet er einher, und wie der Melchisedek der h.[eiligen] Geschichte weder Anfang noch Ende hat, so ist auch er ein ἀγενεαλόγητος: wir wissen nicht woher er kommt und wohin er gehet."[4]

Sind wir hundert Jahre nach Franz Overbeck auch noch nicht weiter, was die Einleitungsfragen im engeren Sinne angeht, also die Frage nach dem Verfasser, nach seinen Adressaten und nach der Abfassungszeit, so zeichnet sich inzwischen doch ein Konsens über die *Absicht des Verfassers* ab. Diese geht dahin – ich zitiere Nikolaus Walter –, „den Glauben der Gemeinde durch eine Neuauslegung tradierter christologischer Sätze zu stärken."[5]

Hans-Friedrich Weiß spricht in seinem Kommentar von dem „pastoralen Grundanliegen"[6] des Verfassers, das eben in den christologischen Ausführungen seine theologische Grundlage hat. Schon am Aufbau des Schreibens – christologische Belehrung wechselt mit paränetischen Abschnitten – wird die enge Verbindung von Christologie und Paraklese deutlich. Man kann geradezu sagen: Die Paränese wird aus der Christologie entwickelt.[7]

Willi Marxsen bringt dies in seiner Einleitung auf die prägnante Formel: Der Verfasser bietet „Christologie als Lebenshilfe"[8].

Wer nach der Christologie des Hebräerbriefs fragt, beschäftigt sich demnach nicht mit einem beliebigen Randphänomen, sondern mit dem *Zentrum* der Theologie des *auctor ad Hebraeos*.

---

[4] Franz Delitzsch: Commentar zum Briefe an die Hebräer. Mit archäologischen und dogmatischen Excursen über das Opfer und die Versöhnung, Leipzig 1857 (Nachdr. mit einem Geleitwort von Otto Michel, TVG-Reprint [2]1989), S. XII. Im Original irrtümlich ἀγενεάλογητος. Zu Franz Delitzsch vgl. Eckhard Plümacher: Art. Delitzsch, Franz Julius (1813–1890), TRE 8 (1981), S. 431–433.

[5] Nikolaus Walter: Christologie und irdischer Jesus im Hebräerbrief, in: Das lebendige Wort. Beiträge zur kirchlichen Verkündigung (FS Gottfried Voigt), Berlin 1982, S. 64–82; hier S. 64.

[6] Hans-Friedrich Weiß, a.(Anm. 12)a.O., S. 51f. und *passim*.

[7] Vgl. etwa die Formulierung von Hans-Friedrich Weiß, S. 95, der von der „besondere[n] Art und Weise" spricht, „in der gerade der Hebr seine Paränese als *Schlußfolgerung aus der Darlegung und Entfaltung der christologisch-soteriologischen Position darbietet*" (Hervorhebung von mir).
Vgl. auch Weiß, S. 772: „Gipfel- und Zielpunkt ist im Hebräerbrief in der Tat die ekklesiologische Paraklese und Paränese, die ihrerseits jedoch ihre »Basis« durchaus in der »Darstellung des Hohenpriesteramtes Christi« hat."

[8] Willi Marxsen: Einleitung in das Neue Testament. Eine Einführung in ihre Probleme, Gütersloh [4]1978, S. 217.

I

Jeder Leser des Hebräerbriefs wird sogleich mit der Präexistenzchristologie konfrontiert, setzt doch schon der erste Satz dieses Schreibens diese voraus:

„Nachdem Gott auf vielgestaltige und mannigfaltige Weise früher zu den Vätern in den Propheten geredet hat, hat er am Ende dieser Tage zu uns geredet im Sohn, den er zum Erben aller eingesetzt hat, durch den er auch die Äonen geschaffen hat" (δι᾽ οὗ καὶ ἐποίησεν τοὺς αἰῶνας, 1,1–2).

Hier fällt der Blick vom „Ende dieser Tage" zurück zum Anfang, zur Schöpfung, an der der Sohn entscheidenden Anteil hat. Von diesem Sohn wird gesagt, er ist „Abglanz der Herrlichkeit und Prägebild des Wesens Gottes" (ἀπαύγασμα τῆς δόξης καὶ χαρακτὴρ τῆς ὑποστάσεως αὐτοῦ, 1,3). Dabei ist nicht an „eine dem Original gegenüber mindere Kopie"[9] gedacht, sondern eher an Identität: Ganz gleich, wie man ἀπαύγασμα und χαρακτήρ im Deutschen wiedergibt, es „muß ... klar sein: Der Unterschied zwischen Reflex und Ausstrahlung ist unwesentlich"[10]. Schließlich wird dem in v. 3 noch hinzugefügt:

„Er trägt das All mit seinem Machtwort" (φέρων τε τὰ πάντα τῷ ῥήματι τῆς δυνάμεως αὐτοῦ).[11]

So ist der Sohn nicht nur Schöpfungs*mittler*, wie v. 2 gesagt wird, sondern er erhält die Schöpfung auch. Damit haben wir die wesentlichen Elemente der Präexistenzchristologie des Hebräerbriefs alle schon im Prolog beieinander. Und wenn es zutrifft, daß dieser einleitende Abschnitt eine Ouvertüre ist, „die den theologischen Horizont umreißt für das, was im folgenden im einzelnen ausgeführt werden soll"[12], so läßt sich erwarten, daß auch für den Brief selbst die Präexistenzchristologie von einiger theologischer Bedeutung sein wird.

Der Sohn ist nicht nur der Präexistente, der schon am Anfang war; sondern *durch ihn* ist alles geworden. Er ist der Schöpfer aller Dinge, wie mit Worten des einhundertersten Psalms gesagt wird (Ps 101,26 LXX):

„Du hast am Anfang, Herr, die Erde gegründet, und Werke deiner Hände sind die Himmel. Sie werden vergehen, du aber hast Bestand ... " (Hebr 1,10f.).

---

[9] Herbert Braun: An die Hebräer, HNT 14, Tübingen 1984, S. 24.
[10] Herbert Braun, S. 25.
[11] Übersetzung von Herbert Braun, S. 24.
[12] Hans-Friedrich Weiß: Der Brief an die Hebräer. Übersetzt und erklärt, KEK 13, Göttingen [15/1]1991, S. 133 (im folgenden zitiert als: Weiß).

25

σὺ κατ' ἀρχάς, κύριε, τὴν γῆν ἐθεμελίωσας,
καὶ ἔργα τῶν χειρῶν σού εἰσιν οἱ οὐρανοί.

In der ursprünglichen hebräischen Fassung des Psalms wird durchweg Jahwe angesprochen, und auch in der griechischen Übersetzung ist mit dem κύριος natürlich Gott selbst gemeint; im Hebräerbrief dagegen wird diese Aussage auf den Sohn übertragen: Nicht Jahwe ist demzufolge der Schöpfer, sondern der Sohn. Hans-Friedrich Weiß bringt das Verfahren des Verfassers des Hebräerbriefs auf den Punkt, wenn er sagt, daß hier „ursprünglich theo-logische Aussagen in christologische Aussagen »umfunktioniert« werden"[13]. Weiß meint allerdings in bezug auf unsere Passage, sie hätte „im Gesamtzusammenhang kein eigenes Gewicht"[14]. Das ist m.E. so nicht haltbar; Weiß selbst schränkt diese Behauptung freilich sogleich ein, wenn er hinzufügt: Diese Schöpfungsaussage „akzentuiert an dieser Stelle nur einmal mehr die schlechthinnige Weltüberlegenheit des Kyrios – und eben damit wiederum sein bleibendes Wesen im Gegenüber zur Vergänglichkeit aller geschaffenen Dinge" (ebd.). Beruht die von Weiß so genannte „schlechthinnige Weltüberlegenheit des Kyrios" nicht eben gerade auf der Tatsache, daß er der Schöpfer dieser Welt ist?

Daneben finden sich im Hebräerbrief nun aber auch Aussagen, wo das Werk der Schöpfung in traditioneller Weise Gott selbst zugeschrieben wird. So heißt es etwa in 3,4: „Jedes Haus nämlich wird von jemandem erbaut, derjenige aber, der alles schafft, ist Gott (ὁ δὲ πάντα κατασκευάσας θεός)." Eine verbreitete Formel[15] aufnehmend, wird in 2,10 in bezug auf Gott gesagt δι' ὃν τὰ πάντα καὶ δι' οὗ τὰ πάντα, „durch welchen alles ist und um dessentwillen alles ist" – Gott also ist der Schöpfer, der alles geschaffen hat!

Doch diese eher vereinzelt wirkenden Gegeninstanzen können das Gesamtergebnis im Blick auf die Christologie des Hebräerbriefs nicht in Frage stellen: Der Verfasser übernimmt aus der urchristlichen Tradition die Präexistenzchristologie[16]. Auch die Schöpfungsmittlerschaft[17] hat er dabei schon vorgefunden, wie das einschlägige Material – etwa bei Paulus und im Prolog des Johannesevangeliums – zeigt. Konsequenter als die von ihm aufgenommenen Traditionen baut der Verfasser diese christologischen Aussagen aus

---

[13] Weiß, S. 158.

[14] „Die Schöpfungsaussage in V. 10 ingestalt des Zitats von Ps 101,26 LXX, in der wiederum – wie bereits in den voraufgehenden Zitaten – die ursprüngliche Gottesanrede κύριε mit Selbstverständlichkeit auf den »Sohn« bezogen wird, hat dementsprechend im Gesamtzusammenhang kein eigenes Gewicht ..." (Weiß, S. 167).

[15] Vgl. dazu Eduard Norden: Agnostos Theos. Untersuchungen zur Formengeschichte religiöser Rede, Darmstadt ⁶1974, S. 242, sowie den zugehörigen Exkurs S. 347–354.

[16] Präexistenzchristologie (*ohne* Schöpfungsmittlerschaft, vgl. dazu die folgende Anmerkung) findet sich im Neuen Testament beispielsweise 1Kor 2,7; 10,4; 2Kor 4,4; 8,9; Phil 2,6.

[17] Schöpfungsmittlerschaft *vor dem Hebräerbrief* findet sich in 1Kor 8,6b (εἷς κύριος Ἰησοῦς Χριστὸς δι' οὗ τὰ πάντα καὶ ἡμεῖς δι' αὐτοῦ); Kol 1,15ff.; Joh 1,3 u.ö.

und denkt sie zu Ende. Der Sohn ist nicht nur Schöpfungs*mittler*, sondern geradezu selbst Schöpfer. Er erhält die Schöpfung. Er ist und bleibt derselbe (1,12), denn seine Jahre werden nicht aufhören (ebd.), und er sitzt zur Rechten Gottes, bis der seine Feinde zum Schemel seiner Füße macht (1,13).

II

Hebt der Hebräerbrief auf der einen Seite also die *Göttlichkeit* Jesu hervor, indem er die Präexistenzchristologie aufnimmt, so ist auf der anderen Seite nicht zu übersehen, daß dem Verfasser gerade auch die volle *Menschlichkeit* Jesu ein theologisches Anliegen ist: Jesus mußte in jeder Hinsicht den Menschen gleich werden (κατὰ πάντα τοῖς ἀδελφοῖς ὁμοιωθῆναι, 2,17), denn:

> „Auf Grund dessen, daß er als einer, der selber Versuchungen ausgesetzt war, gelitten hat, ist er imstande, denen zu helfen, die Versuchungen ausgesetzt sind" (ἐν ᾧ γὰρ πέπονθεν αὐτὸς πειρασθείς, δύναται τοῖς πειραζομένοις βοηθῆσαι, v. 18)[18].

Man fühlt sich an den Philipperhymnus erinnert, wo es heißt:

> „Er nahm Knechtsgestalt an,
> wurde den Menschen *gleich*
> und der Gestalt nach als ein Mensch erfunden"
> (μορφὴν δούλου λαβών,
> ἐν ὁμοιώματι ἀνθρώπων γενόμενος·
> καὶ σχήματι εὑρεθεὶς ὡς ἄνθρωπος, Phil 2,7).

Die Aussage des *auctor ad Hebraeos*, wonach Jesus Versuchungen ausgesetzt war, hat im Philipperhymnus allerdings keine Parallele; sie wird in 4,15 noch einmal unterstrichen:

> „Denn wir haben nicht einen Hohenpriester, der nicht mit unseren Schwachheiten mitleiden könnte, [sondern einen,] der in jeder Hinsicht versucht ist gemäß seiner Gleichheit" (πεπειρασμένον δὲ κατὰ πάντα καθ᾿ ὁμοιότητα).

Das καθ᾿ ὁμοιότητα bezeichnet hier keine Einschränkung der Menschlichkeit Jesu. Hans-Friedrich Weiß betont mit Recht: „Nicht ... ein Vorbehalt hinsichtlich der Menschlichkeit Jesu spricht sich in dem καθ᾿ ὁμοιότητα aus, sondern gerade seine vollständige »Gleichheit« mit dem [sic!] Menschen, wie dies bereits in 2,17 (κατὰ πάντα τοῖς ἀδελφοῖς ὁμοιωθῆναι) betont herausgestellt

---

[18] Übersetzung von Herbert Braun (im Kommentar), S. 75.

worden ist."[19] Nach Oscar Cullmann stellt diese Aussage des Hebräerbriefs „vielleicht die kühnste Behauptung des absolut menschlichen Charakters Jesu dar, die sich im Neuen Testament findet"[20].

In der ihm eigenen Radikalität geht der Verfasser des Hebräerbriefs also auch in diesem Punkt über andere christologische Entwürfe des Urchristentums hinaus.

III

Die Beschreibung Jesu als des ewigen Hohenpriesters nach der Ordnung Melchisedek birgt das zentrale christologische Lehrstück des Hebräerbriefs.[21] Hier liegt auch – christologisch gesehen – die Originalität des Verfassers. Die hochpriesterliche Christologie unterscheidet den Hebräerbrief von allen anderen christologischen Entwürfen des Urchristentums.

Hier treffen sich nun *beide* bisher besprochenen christologischen Aspekte – die Präexistenzchristologie auf der einen Seite und die Betonung der theologischen Bedeutung des Menschseins Jesu auf der anderen Seite – und verbinden sich miteinander.

Ich beginne mit dem Menschen Jesus. Unser Hoherpriester, so heißt es in 4,15, ist nicht ein solcher, der nicht Verständnis für unsere Schwachheit hätte, „denn er ist versucht wie wir in jeder Hinsicht, doch ohne Sünde" (πεπειρασμένον κατὰ πάντα καθ' ὁμοιότητα χωρὶς ἁμαρτίας, 4,15). Dieser Hohepriester war voll und ganz Mensch:

> „In den Tagen seines Fleisches hat er Bitten und Flehen vor den gebracht, der ihn aus dem Tode retten konnte, mit lautem Geschrei und Tränen" (5,7).

Als ein Mensch hat sich dieser Hohepriester ein für alle Mal für uns geopfert (7,27 vgl. 9,12 und 10,10). Diese Seite des Werkes des Hohenpriesters, sein Opfer ἐφάπαξ, setzt also sein Menschsein notwendig voraus.

Auf der anderen Seite haben wir in Jesus, dem Sohne Gottes, einen großen Hohepriester, der die Himmel durchschritten hat (ἔχοντες οὖν ἀρχιερέα μέγαν διεληλυθότα τοὺς οὐρανούς, 4,14). Dieser Hohepriester ist von Gott selbst eingesetzt worden als „Priester in Ewigkeit nach der Ordnung Melchisedek" (σὺ ἱερεὺς εἰς τὸν αἰῶνα κατὰ τὴν τάξιν Μελχισέδεκ, 5,6 und v.

---

[19] Weiß, S. 295.

[20] Oscar Cullmann: Die Christologie des Neuen Testaments, Tübingen 1957 ([2]1958; [3]1963), S. 94.

[21] „Auszugehen ist … von dem an sich unbestrittenen Tatbestand, daß die Hohepriester-Christologie des Hebräerbriefes wie auch die ihr entsprechende Soteriologie – der Hohepriester Christus bringt sich selbst als Opfer dar und stiftet auf diese Weise eine »ewige«, für alle Zeit geltende »Erlösung« (5,9) – für die Trost- und Mahnrede des Autors schlechterdings grundlegend ist." (Weiß, S. 774f.).

10). Dieser Hohepriester ist als ewiger Priester der „Bürge eines besseren Bundes" (κρείττονος διαθήκης ἔγγυος, 7,22). Sein Priestertum ist ein unwandelbares Priestertum in Ewigkeit, weil er bleibt, d.h. nicht stirbt (ὁ δὲ διὰ τὸ μένειν αὐτὸν εἰς τὸν αἰῶνα ἀπαράβατον ἔχει τὴν ἱερωσύντην, 7,24). Und weil dies so ist, kann dieser Hohepriester ewige Rettung verheißen, weil er ewig lebt und vor Gott für uns eintritt (πάντοτε ζῶν εἰς τὸ ἐντυγχάνειν ὑπὲρ αὐτῶν, 7,25).

Himmlischer Hoherpriester und irdischer Jesus sind für unsern Verfasser nicht voneinander zu trennen; Jürgen Roloff stellt daher zu Recht fest, „daß das Eintreten des himmlischen Hohenpriesters für die Menschen im oberen, »nicht von Händen gemachten« Heiligtum (9,11.24) auf dem Werk des irdischen Jesus beruht."[22] Man kann also zusammenfassend sagen, daß für den Verfasser des Hebräerbriefs beides, die Menschlichkeit wie die Göttlichkeit Jesu, von grundlegender theologischer Relevanz ist.

IV

Wenn wir nun nach der Bedeutung der Präexistenzchristologie für die Theologie des Hebräerbriefs fragen, läßt uns die Literatur bemerkenswerterweise so gut wie völlig im Stich. Es ist in den letzten Jahren eine beachtliche Reihe von Kommentaren zum Hebräerbrief erschienen, so allein im deutschsprachigen Raum u.a. der von Herbert Braun im *Handbuch zum Neuen Testament* (1984), der große[23] Kommentar von Hans-Friedrich Weiß in der *Meyerschen Reihe* (1991) und bisher zwei Bände aus der Feder Erich Gräßers im *Evangelisch-Katholischen Kommentar* (1990 und 1993). Daneben gibt es Aufsätze und Monographien zur Christologie und zur Theologie des Hebräerbriefs in großer Zahl.[24] In allen diesen Publikationen – soweit sie zu meiner

---

[22] Jürgen Roloff: Der mitleidende Hohepriester. Zur Frage nach der Bedeutung des irdischen Jesus für die Christologie des Hebräerbriefes, in: Jesus Christus in Historie und Theologie (FS Hans Conzelmann), Tübingen 1975, S. 143–166; hier S. 164.

[23] „... was vorliegt, ist ein wirklich *großer*, das hohe Ansehen der renommierten Reihe befestigender Kommentar" (Erich Gräßer: Aufbruch und Verheißung. Gesammelte Aufsätze zum Hebräerbrief. Zum 65. Geburtstag mit einer Bibliographie des Verfassers herausgegeben von Martin Evang und Otto Merk, BZNW 65, Berlin/New York 1992, S. 291).

[24] Zur Christologie vgl. u. a.: Friedrich Büchsel: Die Christologie des Hebräerbriefs, BFChTh 27.2, Gütersloh 1922.

Rafael Gyllenberg: Die Christologie des Hebräerbriefes, ZSTh 11 (1934), S. 662–690.

Erich Gräßer: Zur Christologie des Hebräerbriefs. Eine Auseinandersetzung mit Herbert Braun, in: Neues Testament und christliche Existenz (FS Herbert Braun), Tübingen 1973, S. 195–206.

Andreas Stadelmann: Zur Christologie des Hebräerbriefes in der neueren Diskussion, ThBer 2 (1973), S. 135–221.

Heinrich Schlier: Zur Christologie des Hebräerbriefes, in: ders.: Der Geist und die Kirche. Exegetische Aufsätze und Vorträge IV, Freiburg/Basel/Wien 1980, S. 88–100.

Kenntnis gelangt sind – führt die Präexistenzchristologie allerdings allenfalls ein Schattendasein. In keinem der genannten Kommentare ist ihr auch nur ein kleiner Exkurs gewidmet. Dies ist umso erstaunlicher, als die Präexistenzchristologie, wie ich im folgenden zeigen möchte, eine unverzichtbare Voraussetzung für die Theologie des Hebräerbriefs insgesamt darstellt.

Im Rahmen der Christologie des Hebräerbriefs ist der Titel ἀρχιερεύς – wie wir gesehen haben – von zentraler Bedeutung. Der Aussage in 6,20, daß „Jesus in Ewigkeit Hoherpriester nach der Ordnung Melchisedek" sei (κατὰ τὴν τάξιν Μελχισέδεκ ἀρχιερεὺς εἰς τὸν αἰῶνα), kommt dabei eine Schlüsselrolle zu. Denn gerade der Rückgriff auf Ps 110,4 erlaubt es dem Verfasser, das Priestertum Jesu himmelweit über dem aaronidisch-levitischen Priestertum des alten Bundes anzusiedeln.

Diese Überlegenheit des melchisedekitischen Priestertums wird in 7,4–10 damit begründet, daß Melchisedek sogar dem Patriarchen Abraham überlegen war. Dies ergibt sich für den Verfasser aus zwei Sachverhalten: Zum einen zahlt Abraham dem Melchisedek den Zehnten (7,4 = Gen 14,20). Wohingegen sonst die Söhne des Levi ihre Brüder verzehnten, ist es hier einer, der nicht von ihnen abstammt und trotzdem den Zehnten von Abraham empfängt (7,5f.). Zum andern ist es Melchisedek, der den Abraham segnet; wo doch „ohne jede Widerrede gilt: das Geringere wird von dem Höheren gesegnet" (χωρὶς δὲ πάσης ἀντιλογίας τὸ ἔλαττον ὑπὸ τοῦ κρείττονος εὐλογεῖται, 7,7). „Derjenige also, der nach den Kriterien der Tora gar nicht Priester sein darf – gerade er ist es, der den Abraham, den Stammvater des levitischen Priestertums, mit der Zehntabgabe belegt und ihn, den Träger der Verheißung, »gesegnet« hat."[25]

Eignet somit dem Melchisedek ohne Zweifel größere Würde als dem Patriarchen Abraham (7,4), so kommt bestätigend hinzu, daß es im Falle der Leviten sterbliche Menschen sind, die den Zehnten empfangen, im Fall des Melchisedek aber einer, von dem bezeugt ist, daß er lebt (7,8). Schließlich argumentiert der Verfasser noch damit,

> „daß sozusagen durch Abraham auch Levi von Melchisedek mit
> dem Zehnten belegt wurde – denn er [Levi] war noch in der Lende
> seines Vaters [Abraham], als Melchisedek diesen traf" (7,9f.).

William R.G. Loader: Sohn und Hoherpriester. Eine traditionsgeschichtliche Untersuchung zur Christologie des Hebräerbriefes, WMANT 53, Neukirchen-Vluyn 1981.

Nikolaus Walter: Christologie und irdischer Jesus im Hebräerbrief, in: Das lebendige Wort. Beiträge zur kirchlichen Verkündigung (FS Gottfried Voigt), Berlin 1982, S. 64–82.

Harald Hegermann: Christologie im Hebräerbrief, in: Anfänge der Christologie (FS Ferdinand Hahn), Göttingen 1991, S. 337–351.

Zur Theologie zuletzt: Mathias Rissi: Die Theologie des Hebräerbriefs. Ihre Verankerung in der Situation des Verfassers und seiner Leser, WUNT 41, Tübingen 1987.

[25] Weiß, S. 390.

Damit ergibt sich: Die Überlegenheit des melchisedekitischen Priestertums über das levitische beruht letztlich auf der Überlegenheit des Melchisedek über Abraham.

Zur Begründung dieser Überlegenheit setzt der Verfasser zudem in Kapitel 7 mit einer Beschreibung – man hat nicht ohne Grund von einem Enkomion gesprochen – des Melchisedek ein:

> „Dieser Melchisedek nämlich,
> König von Salem,
> Priester des höchsten Gottes . . . ,
> ohne Vater, ohne Mutter, ohne Stammbaum,
> weder einen Anfang der Tage noch ein Ende des Lebens habend,
> gleichgestaltet dem Sohn Gottes,
> bleibt Priester in Ewigkeit" (7,1–3 [in Auswahl]).

Besonders die Aussagen in v. 3 sind für das Thema der Präexistenzchristologie von höchstem Interesse:

> ἀπάτωρ, ἀμήτωρ, ἀγενεαλόγητος,
> μήτε ἀρχὴν ἡμερῶν μήτε ζωῆς τέλος ἔχων,
> μένει ἱερεὺς εἰς τὸ διηνεκές.

Mit anderen Worten: *Dieser Melchisedek ist präexistent,* er hat weder Vater noch Mutter noch Stammbaum, seine Tage haben keinen Anfang und sein Leben hat kein Ende, vielmehr ist er Priester in Ewigkeit. Hier stellt sich doch für jeden christlichen Leser sogleich die Frage, ob der Verfasser mit seinem Lob des Melchisedek nicht über das Ziel hinausschießt? Die hohen Würdeprädikate rücken den Melchisedek nicht nur in die Nähe Jesu, sie machen ihn geradezu zum „Doppelgänger Jesu"[26], wie Herbert Braun es treffend formuliert hat.

Dieser »Doppelgänger« nun birgt die Gefahr in sich, über Jesus hinauszuwachsen. Vor dieser Gefahr kann den Verfasser des Hebräerbriefs allein die schon im Prolog programmatisch hervorgehobene Präexistenzchristologie schützen. Wäre Jesus *nicht* präexistent, wäre er *nicht* Schöpfungsmittler, ja selbst Schöpfer und Erhalter der Schöpfung – dann hätte der Verfasser des Hebräerbriefs keine Möglichkeit, ihn vor dem »Doppelgänger« MelchisedekMelchisedek auszuzeichnen. Die Christologie würde zu einer Melchisedekologie, und das theologische Anliegen des Verfassers bräche in sich zusammen.

Daß dies nicht nur eine rein theoretische *Möglichkeit* ist, sondern eine reale Gefahr, zeigt zum einen – auf jüdischer Seite – die Verehrung der Gestalt des Melchisedek durch die Jahrhunderte (ich nenne als von der Chronologie her

---

[26] Vgl. Herbert Brauns Exkurs Melchisedek (S. 136–140; Zitat S. 137).

naheliegendes Beispiel lediglich den Qumrantext 11QMelch[27]), zum andern
– auf christlicher Seite – die Sekte der Melchisedekianer, von der Hippolyt
und Epiphanius berichten[28]. Ahnherr dieser Melchisedekianer ist Hippolyt
zufolge der Bankier Theodotos (Θεόδοτος ... τραπεζίτης τὴν τέχνην), der in
Melchisedek die „größte Kraft" sieht (δύναμιν μεγίστην)[29]. Für den Hebräerbrief entscheidend ist, daß diese Melchisedekianer den Melchisedek für größer
als Christus (μειζότερον τοῦ Χριστοῦ) halten (Epiph. 55,1,2). Aus dem vom
Verfasser des Hebräerbriefs verschiedentlich angeführten Psalmvers σὺ εἶ
ἱερεὺς εἰς τὸν αἰῶνα κατὰ τὴν τάξιν Μελχισέδεκ ziehen die Melchisedekianer
den naheliegenden Schluß, daß Christus dem Melchisedek *nachzuordnen* sei:
Er sei, so sagen sie, ὑποδεέστερον τοῦ Μελχισέδεκ (55,1,3), rangniedriger als
Melchisedek.[30]

Daß dies eine *wirkliche* Gefahr darstellt, zeigen aber nicht nur die genannten Häretiker, sondern gerade auch die Ketzerbekämpfer und kirchlichen Kommentatoren, die dezidiert die Stellung des Melchisedek reduzieren.
So betont – um nur ein Beispiel zu nennen – Epiphanius, daß Melchisedek
ein *Mensch* war (ὁ μὲν γὰρ Μελχισεδὲκ ἄνθρωπος ἦν, 55,1,8). Das »ἀπάτωρ
ἀμήτωρ« aus Hebr 7,3 bezieht sich Epiphanius zufolge keineswegs auf eine Präexistenz des Melchisedek, sondern ist dahin zu interpretieren, daß
die Schrift eben von den Eltern des Melchisedek nichts berichte.[31] Daß er
keinen Vater und keine Mutter besäße, könne man dem keineswegs entnehmen. Herbert Braun urteilt mit Recht: „Das ist ein aufschlußreiches Indiz
für die Brisanz der dem Hb vorgegebenen und durch ihn übernommenen
Melchisedek-Tradition: sie war von Haus aus nicht neben dem Typus Jesus
für die bescheidene Antityprolle gedacht, die der Hb selber allein der von
ihm benutzten Tradition zugestehen kann."[32]

Diesem Dilemma entgeht der Verfasser des Hebräerbriefs, indem er von
Anfang an die Präexistenz Jesu herausstreicht. Jesus ist, wir haben es gesehen, ἀπαύγασμα τῆς δόξης καὶ χαρακτὴρ τῆς ὑποστάσεως αὐτοῦ (1,3). Des-

---

[27] M. de Jonge/A.S. van der Woude: 11Q Melchizedek and the New Testament, NTS 12
(1965/66), 301–326. Vgl. Thomas Willi: Art. Melchisedek. II. Judentum, TRE 22 (1992),
S. 417–420.

[28] Hippolyt: Refutatio VII 36. Epiphanius: Panarion haer. 55 (GCS, Epiphanius II, hg.
v. Karl Holl, 2. Aufl. von Jürgen Dummer, Berlin 1980). Die Sekte der Melchisedekianer
reicht mindestens in das zweite Jahrhundert zurück, vgl. die bei Holl/Dummer (S. 324)
angeführten Testimonia (u.a. Hippolyt Refut. VII 36 und PsTert. Adv. omn. haer. 8). Zu
den Melchisedekianern vgl. Gottfried Wuttke: Melchisedech, der Priesterkönig von Salem.
Eine Studie zur Geschichte der Exegese, BZNW 5, Gießen 1927, S. 29–32.

[29] Hippolyt, a.a.O.

[30] Vgl. LSJ, S. 1878, s.v. ὑποδεής (A), ές, wo als Bedeutung „somewhat deficient, inferior" angegeben ist, für den (ausschließlich bezeugten) Komparativ „lower in degree".

[31] Epiph. 55,1,8: τὸ δὲ »ἀπάτωρ, ἀμήτωρ« οὐ διὰ τὸ μὴ ἔχειν αὐτὸν πατέρα ἢ μητέρα λέγεται,
ἀλλὰ διὰ τὸ μὴ ἐν τῇ θείᾳ γραφῇ κατὰ τὸ φανερώτατον ἐπωνομάσθαι.

[32] Herbert Braun, S. 140 (hier auch eine Reihe von KVV-Belegen).

wegen – und nur deswegen – kann der Verfasser in das Enkomion auf Melchisedek in 7,1–3 die unscheinbare Zeile

ἀφωμοιωμένος δὲ τῷ υἱῷ τοῦ θεοῦ,
„gleichgestaltet dem Sohne Gottes" (7,3)

einfügen, die das Problem von vornherein entschärft. Die hohen christologischen Aussagen des Prologs können selbst von einem *präexistenten* Melchisedek nicht mehr eingeholt werden. Er bleibt dem Sohn untergeordnet und ist dem präexistenten Jesus „gleichgestaltet", d.h. der präexistente Jesus ist der Typos, dem Melchisedek nachempfunden ist.

Damit erweist sich die Präexistenzchristologie des Hebräerbriefs als eine theologische Lehre *von grundlegender Bedeutung*: Nur mit Hilfe dieser Präexistenzchristologie gelingt es dem Verfasser, die größere Würde des Sohnes gegenüber dem Melchisedek zu garantieren. Ohne Präexistenz stünde die gesamte Christologie in Gefahr, sich in Melchisedekologie aufzulösen.

Ist die zentrale Bedeutung der Präexistenzchristologie für die Theologie des Hebräerbriefs damit an dem entscheidenden Punkt seiner christologischen Argumentation – der hochpriesterlichen Christologie – aufgewiesen, so wird diese Analyse auch durch Beobachtungen an anderen christologischen Aussagen gestützt.

Ich nenne als Beispiel die im Eingangsteil des Schreibens geführte Auseinandersetzung mit den Engeln (Hebr 1,4–2,18). Hier argumentiert der Verfasser mit Ps 8,5–7 LXX:

„Was ist der Mensch, daß du seiner gedenkst,
oder der Sohn des Menschen, daß du dich seiner annimmst?
Du hast ihn für kurze Zeit unter die Engel erniedrigt,
mit Herrlichkeit und Ehre hast du ihn bekränzt,
alles hast du ihm unter seine Füße gestellt" (Hebr 2,6–8a).

Die Deutung dieser Passage auf Jesus, die in 2,8b–9 gegeben wird, setzt wiederum zwingend die Präexistenzchristologie voraus. Nur weil Jesus präexistent ist, kann von ihm gesagt werden, er sei „für kurze Zeit unter die Engel erniedrigt" worden. Ohne Präexistenzchristologie wäre die christologische Inanspruchnahme dieses Psalms zum Scheitern verurteilt. Die Überlegenheit des Sohnes Gottes, in 1,4 schon programmatisch ausgesprochen, beruht eben auf seiner Präexistenz: „Er ist um so viel größer als die Engel, als er einen vorzüglicheren Namen als diese ererbt hat."

V

Der Hebräerbrief nimmt im Rahmen der neutestamentlichen Schriften auch insofern eine Sonderstellung ein, als der Verfasser durchweg versucht, *rational* zu argumentieren. Ernst von Dobschütz sagt in bezug auf den Hebräerbrief: „sein frommes Denken ist rational, d.h. hier überwiegt der Versuch, das Tun Gottes, das Heilswerk Christi als vernunftnotwendig zu erweisen"[33]. Nicht nur in bezug auf sein Griechisch ist der Hebräerbrief griechischer als etwa die paulinischen Briefe – ich beziehe mich hier auf das Urteil eines anerkannten »Gräzisten«, nämlich auf keinen Geringeren als Origenes. Er sagt ausdrücklich, die Sprache des Hebräerbriefs sei Ἑλληνικωτέρα als die der paulinischen Briefe.[34] Nicht nur in bezug auf die Sprache aber trifft m.E. dieses Urteil des Origenes zu, nein, auch hinsichtlich der Argumentation ist der Hebräerbrief Ἑλληνικωτέρα nicht nur als die paulinischen Schriften, sondern auch als alle anderen Schriften innerhalb des neutestamentlichen Kanons. Dafür ließen sich zahlreiche Passagen aus dem Hebräerbrief ins Feld führen. Ich verweise beispielshalber auf die Sentenz in 7,7:

„Ohne jeden Widerspruch [gilt die Regel]:
Das Geringere wird von dem Höheren gesegnet."
χωρὶς δὲ πάσης ἀντιλογίας
τὸ ἔλαττον ὑπὸ τοῦ κρείττονος εὐλογεῖται.

Oder zwei Verse weiter in 7,9:

„Man kann geradezu sagen, daß durch Abraham auch Levi – der sonst den Zehnten empfängt – mit dem Zehnten belegt wird"
καὶ ὡς ἔπος εἰπεῖν, δι᾽ Ἀβραὰμ καὶ Λευὶ ὁ δεκάτας λαμβάνων δεδεκάτωται.

Diese Formulierung ὡς ἔπος εἰπεῖν findet sich in der griechischen Literatur seit Homer, bei erlauchten Autoren wie Herodot oder Platon und selbst bei Philon und Josephus – im Rahmen der neutestamentlichen Schriften aber sucht man vergebens nach einem weiteren Beleg, es handelt sich hier um ein Hapaxlegomenon. Dies ist bezeichnend für Sprache und Argumentation des Verfassers des Hebräerbriefs.

Ähnlich in 7,12: „Mit Notwendigkeit (ἐξ ἀνάγκης)" heißt es hier, „bringt eine Änderung des Priestertums auch eine Änderung des Gesetzes mit sich."

---

[33] Ernst von Dobschütz: Rationales und Irrationales Denken über Gott im Urchristentum. Eine Studie besonders zum Hebräerbrief, ThStKr 95 (1923/24), S. 235–255; hier S. 247.

[34] Bei Euseb, H.E. IV 25,12. Vgl. zu dieser Stelle oben, Anm. 2.

Die gleiche Formulierung ἐξ ἀνάγκης begegnet dann noch in 9,16 (ähnlich schließlich auch 9,23).[35]

Hans-Friedrich Weiß spricht in diesem Zusammenhang davon, daß der Verfasser „die Leser durch eine Art logischer »Beweisführung« zu überzeugen versucht. Kennzeichnend dafür ist die mehrfache Hervorhebung der »Denknotwendigkeit« der im Hebr[äerbrief] entfalteten Konklusionen, in diesem Zusammenhang auch eine gewisse »logische« Terminologie, die sich als solche an das eigene Urteilsvermögen der Adressaten, gleichsam an ihre Rationalität wendet."[36]

Diese im Neuen Testament beispiellose Art der Argumentation und Beweisführung des *auctor ad Hebraeos* kann man nun aber nicht nur an den kleinen Einheiten – auf Versebene sozusagen – festmachen, sondern gerade auch an ganzen *Abschnitten*. Dies wird besonders schön am 9. Kapitel deutlich. Da heißt es in v. 1:

„Nun hatte *zwar* auch die erste [nämlich διαθήκη] Kultvorschriften und ein irdisches Heiligtum"
εἶχε μὲν οὖν [καὶ] ἡ πρώτη δικαιώματα λατρείας τό τε ἅγιον κοσμικόν.

Auf das zugehörige δέ muß der gespannte Leser *ganze zehn Verse warten.* Erst in v. 11 heißt es dann:

„Christus *aber* trat auf als Hoherpriester der wirklichen Güter usw."
Χριστὸς δὲ παραγενόμενος ἀρχιερεὺς τῶν γενομένων ἀγαθῶν κτλ.

Ich kenne im gesamten Neuen Testament keinen einzigen anderen Fall, wo eine μέν-δέ-Struktur durch 10 Verse getrennt ist und zwei Abschnitte von insgesamt 14 Versen zusammenbindet.

Zu diesen Beobachtungen auf Vers- bzw. Abschnittebene gesellen sich schließlich aber auch Feststellungen, die die *Argumentation* des Verfassers *als ganze* betreffen.

Im Zuge seiner Argumentation, daß der neuen διαθήκη ungleich größere Dignität eignet als der alten, beschränkt sich der Verfasser nämlich nicht auf

---

[35] Vgl. dazu auch noch 8,3 (πᾶς γὰρ ἀρχιερεὺς εἰς τὸ προσφέρειν δῶρά τε καὶ θυσίας καθίσταται ὅθεν ἀναγκαῖον ἔχειν τι καὶ τοῦτον ὃ προσενέγκῃ.). Interessant ist in diesem Zusammenhang auch die Formulierung in 2,17 (ὅθεν ὤφειλεν κατὰ πάντα τοῖς ἀδελφοῖς ὁμοιωθῆναι, ἵνα ἐλεήμων γένηται καὶ πιστὸς ἀρχιρεὺς τὰ πρὸς τὸν θεόν, εἰς τὸ ἱλάσκεσθαι τὰς ἁμαρτίας τοῦ λαοῦ). Mit ἔπρεπεν argumentiert der Verfasser in 2,10 (ἔπρεπεν γὰρ αὐτῷ, δι' ὃν τὰ πάντα καὶ δι' οὗ τὰ πάντα, πολλοὺς υἱοὺς εἰς δόξαν ἀγαγόντα τὸν ἀρχηγὸν τῆς σωτηρίας αὐτῶν διὰ παθημάτων τελειῶσαι) und 7,26 (τοιοῦτος γὰρ ἡμῖν καὶ ἔπρεπεν ἀρχιερεύς, ὅσιος, ἄκακος, ἀμίαντος, κεχωρισμένος ἀπὸ τῶν ἁμαρτωλῶν, καὶ ὑψηλότερος τῶν οὐρανῶν γενόμενος).

[36] Weiß, S. 55.

Nachweise im einzelnen, so daß sich lediglich ein gleichsam kumulativer Beweis ergäbe. Zwar lassen sich eine ganze Reihe solcher Einzelargumentationen aus dem Hebräerbrief zusammentragen, an denen der Verfasser mittels seiner von Erich Gräßer treffend so genannten „komparativische[n] Hermeneutik"[37] den Nachweis erbringt, daß die neue διαθήκη in diesem oder jenem Punkt der alten überlegen sei. Dies gilt etwa in bezug auf die Vermittlung: Die alte διαθήκη ist ein von Engeln gesprochenes Wort (δι' ἀγγέλων λαληθεὶς λόγος, 2,2), die neue dagegen wird vom κύριος selbst gesprochen (2,3); das levitische Priestertum der alten διαθήκη ist dem Priester κατὰ τὴν τάξιν Μελχισέδεκ unterlegen (7,11). Die Opfergaben, die die levitischen Priester in der alten διαθήκη darbringen, sind inferior verglichen mit dem Opfer unseres Hohenpriesters (Kapitel 8). Die alte Kultordnung als ganze ist der neuen unterlegen (9,1–14). Das Heiligtum der alten διαθήκη ist lediglich ein Schatten und Abbild des wahren Heiligtums der neuen διαθήκη (8,5 und 9,24).

Aber alle diese Einzelnachweise können nicht davon ablenken, daß sie im Grunde sekundär, fast ist man versucht zu sagen: zufällig sind. Denn sie treten weit zurück hinter die zentrale Argumentation des Verfassers, die es *ausschließlich* mit dem Mittler des neuen Bundes zu tun hat. Gerade hierin erweist sich die argumentative Kraft des *auctor ad Hebraeos*, daß alle die einzelnen Nachweise auf diesen zentralen Punkt hin ausgerichtet sind und nur von diesem zentralen Punkt her ihre (nachgeordnete) Bedeutung erhalten.

Kern seiner Argumentation aber ist der Nachweis, daß der Mittler des neuen Bundes dessen größere Dignität garantiert. Die Rationalität der gesamten Argumentation – um noch einmal den Ausdruck Ernst von Dobschütz' aufzugreifen – steht und fällt mit der Person des neuen Mittlers. Als Bürge eines besseren Bundes (κρείττονος διαθήκης ἔγγυος) muß Jesus sich auch und vor allem als der bessere μεσίτης[38] erweisen: Die bessere Qualität der neuen διαθήκη ist entscheidend abhängig von der besseren Qualität ihres μεσίτης.

Und genau an diesem Punkt kommt nun die Präexistenzchristologie ins Spiel als eine m.E. bisher nicht hinlänglich gewürdigte *theologische Grundlage* des Verfassers. Damit will ich nun freilich nicht die Bedeutung der Erhöhung des Hohenpriesters zur Rechten Gottes schmälern. Diese ist seit jeher gebührend gewürdigt und gerade in diesem Zusammenhang betont worden. Übersehen wird dabei aber in aller Regel, daß die Theologie des Verfassers gerade an diesem Punkt auf die Präexistenzchristologie angewiesen ist. Denn wäre der zur Rechten Gottes erhöhte Hohepriester *nicht* zugleich der präexistente Sohn, fiele die alttestamentliche Voraussetzung in sich

---

[37] Gräßer I 267. An anderer Stelle (II 51) spricht Gräßer von der „komparativen Hermeneutik".

[38] Das Stichwort μεσίτης begegnet *expressis verbis* in 8,6; 9,15; 12,24; ἔγγυος (Hapaxlegomenon im Neuen Testament) in 7,22.

zusammen. Nicht nur geriete der Hohepriester in Gefahr, von Melchisedek überflügelt zu werden; seine Wirksamkeit und Präsenz vom Anbeginn der Schöpfung bis zu seiner Menschwerdung wäre erledigt. Die christologische Inanspruchnahme alttestamentlicher Texte würde prekär und der Theologie des Verfassers damit auf weite Strecken die biblische Basis entzogen. Gerade daran wird die Rationalität der Argumentation des Verfassers im ganzen deutlich: Entfiele diese tragende Säule, die Präexistenzchristologie, so wäre damit das gesamte theologische Denkgebäude des Verfassers vom Einsturz bedroht. Ob durch Umbaumaßnahmen ein Einsturz gegebenenfalls zu verhindern wäre, dies ist eine Frage, der ich heute nicht mehr nachgehen kann.

Man sagt daher nicht zuviel, wenn man abschließend feststellt, daß die Präexistenzchristologie eine unverzichtbare Voraussetzung für die Theologie des Hebräerbriefs insgesamt darstellt. Dies ergab sich zunächst in bezug auf die Christologie im engeren Sinne: Das Herzstück der Christologie des Verfassers, die Prädizierung Jesu als des Hohenpriesters κατὰ τὴν τάξιν Μελχισέδεκ, ist auf die Präexistenz des Sohnes unbedingt angewiesen. Aber auch im Rahmen der Soteriologie wie der Theologie des Hebräerbriefs überhaupt zeigte es sich, daß der Präexistenzchristologie hier der Rang einer theologischen *Grundlage* zukommt, weil die zentrale theologische Argumentation des Verfassers hinsichtlich des Mittlers der neuen διαθήκη mit der Präexistenzchristologie steht und fällt.

Ganz gleich also, ob man die Christologie oder die SoteriologieSoteriologie oder die Theologie des Hebräerbriefs insgesamt ins Auge faßt, man sieht sich auf jeden Fall mit der grundlegenden Bedeutung der Präexistenzchristologie konfrontiert.

Zusammenfassend kann man daher mit Erich Gräßer sagen: „Wie der präexistente Sohn a se allen außermenschlichen (Engel, Melchisedek) und menschlichen Wesen (Mose, Josua, Aaron) überlegen ist, so ist auch die Vollendung des von ihm verbürgten Heils um so sicherer gewährleistet."[39]

Deshalb gilt: Wegen seiner Präexistenz ist Jesus „Bürge eines besseren Bundes" (κρείττονος διαθήκης ἔγγυος).[40]

---

[39] Gräßer I 172.

[40] Eine kritische Auseinandersetzung mit meinem Beitrag bietet Knut Backhaus: „Licht vom Licht". Die Präexistenz Christi im Hebräerbrief, in: Gottes ewiger Sohn. Die Präexistenz Christi, Paderborn/München/Wien/Zürich 1997, S. 95–114; hier besonders S. 104f. Vgl. meine Rezension ThLZ 125 (2000), Sp. 759f., wo sich eine kurze Stellungnahme zum Backhausschen Beitrag findet.

Dionysos und Christus
Zwei Erlöser im Vergleich[1]

Schwerlich kann man einen geeigneteren Tag finden als den 11. November, um über Dionysos zu sprechen. Denn wenn irgendwo, dann haben wir heutigen Menschen im jetzt beginnenden Karneval noch etwas mit Dionysos zu tun. Wenn man einmal von so oberflächlichen Berührungspunkten absieht, wie sie eine auf »Dionysos« oder »Bacchus« getaufte griechische Taverne darstellt, haben wir allenfalls im Karneval noch Kontakt mit Dionysos.

Schon in der Antike nämlich sind die „meisten dionysischen Feste ... mit großen öffentlichen Prozessionen begangen worden, welche den heutigen Carnevalsumzügen ähnlich waren"[2]. Aus dieser Ähnlichkeit folgt freilich noch lange keine *Abhängigkeit*: In der Tat ist die lange Zeit insbesondere durch die überragende Autorität Useners gestützte Beziehung zwischen heutigem Karneval und antiken Dionysosumzügen inzwischen als irrig erkannt[3] und daher aufgegeben worden.

I

1. Dionysos ist nicht erst seit Nietzsche als Gott des Rausches und der Ekstase allgemein bekannt.[4] Sein Siegeszug wirkte schon auf die jeweiligen Zeitgenossen polarisierend und für viele furchterregend.[5] Für den griechischen Raum *der klassischen Zeit* bezeugen das die »Bakchen« des Euripides.

---

[1] Münsteraner Antrittsvorlesung, vorgetragen am 11. November 1994; wiederholt in Greifswald am 9. April 1996 als Semester-Eröffnungs-Vorlesung (und insofern ein *Greifswalder* Aufsatz).

[2] Reinhold Merkelbach: Die Hirten des Dionysos. Die Dionysos-Mysterien der römischen Kaiserzeit und der bukolische Roman des Longus, Stuttgart 1988, S. 73.

[3] Hellmut Rosenfeld: Fastnacht und Karneval. Name, Geschichte, Wirklichkeit, AKuG 51 (1969), S. 175–181; hier S. 177–179.

[4] Nietzsche fühlte sich als „der letzte Jünger und Eingeweihte des Gottes Dionysos" (Friedrich Nietzsche: Jenseits von Gut und Böse, KTA 76, Stuttgart 1976, S. 231).

[5] Vgl. dazu Ulrich von Wilamowitz-Moellendorff: Der Glaube der Hellenen, Bd. II, Darmstadt ²1955, S. 65ff. Burkert sagt: „Wer diesem Gott sich hingibt, muß es riskieren, seine bürgerliche Identität aufzugeben und »wahnsinnig zu sein«; dies ist göttlich und heilsam zugleich" (Walter Burkert: Griechische Religion der archaischen und klassischen Epoche, RM 15, Stuttgart/Berlin/Köln/Mainz 1977, S. 252).

„Der fremde Gott," – so sagt Wilamowitz – „dem die Massen sich hingaben, war ganz anders als die Olympier, die ... den Menschen fern vom Himmel herunter regierten, so daß der Verkehr mit ihnen durch die Priester ging ... . Dionysos dagegen kam selbst auf die Erde und rief alle zu sich, vornehmlich die Weiblichkeit, die sonst nur ihre besonderen Geheimkulte hatte."[6] Der Gott selbst mischt sich unter seine Anhängerinnen; für die Gegner ist es schauderhaft,

> „... anzusehn,
> Wenn er in den Bergen
> Nach rasendem Tanze zur Erde sinkt,
> In das heilige Fell des Rehs gehüllt,
> Nach dem Blute des Bockes verlangend,
> Dem Genuß des rohen Mahles."[7]

Dem politisch Verantwortlichen erscheint es jedenfalls höchlichst alarmierend – wiederum Euripides –,

> „Daß unsre Fraun dem falschen Bakchosfeste nach
> Das Haus verließen und die Waldgebirg im Wahn
> Durchschwärmen und mit Reigen ihn, den neuen Gott
> Dionysos ... verherrlichen."[8]

Und noch den *modernen* Betrachter graust es vor dieser Bewegung; ich zitiere erneut Wilamowitz: „Als die neue Religion unaufhaltsam in das Mutterland eindrang, war es wie eine epidemische Krankheit ... . Von unten, aus der Masse des Volkes, kam die Bewegung; der Gott ist auch später diesen Schichten der Gesellschaft teuer geblieben. Begreiflich, daß sich die herrschenden Gewalten dagegen wehrten, zumal es gegen alle Sitte verstieß, daß die Frauen »vom Webstuhl und der Kunkel« in den Bergwald stürmten."[9]

2. Für den italienischen Raum der hellenistischen Epoche haben wir in dem Beschluß des römischen Senats *de Bacchanalibus* aus dem Jahr 186 v. Chr. sogar eine *amtliche* Urkunde. Livius berichtet in diesem Zusammenhang von Mysterien, „die zuerst nur wenigen mitgeteilt wurden, dann

---

[6] Ulrich von Wilamowitz-Moellendorff, a.a.O., S. 66.

[7] Euripides: Bakchen 135ff. in der Übersetzung von J.J. Donner (Euripides: Sämtliche Tragödien in zwei Bänden nach der Übersetzung von J.J. Donner, bearbeitet von Richard Kannicht, Erster Band, KTA 284, Stuttgart 1958).

[8] Euripides: Bakchen 217–220.

[9] Ulrich von Wilamowitz-Moellendorff, a.(Anm. 5)a.O., S. 71. Zur Beurteilung von Wilamowitz' „Der Glaube der Hellenen" vgl. den gleichnamigen Beitrag von Albert Henrichs (»Der Glaube der Hellenen«: Religionsgeschichte als Glaubensbekenntnis und Kulturkritik) in dem Sammelband: Wilamowitz nach 50 Jahren, hg. v. William M. Calder III/Hellmut Flashar/Theodor Lindken, Darmstadt 1985, S. 263–305. Für die »breite Masse« ist bei Wilamowitz kein Platz: „Menschen, die in Gruppen auftreten, sind Wilamowitz religiös suspekt ... " (S. 297).

aber unter Männern und Frauen bekannt zu werden begannen. Zu den Zeremonien kamen die Freuden des Weins und des Mahles hinzu, um so mehr Menschen anzulocken. Wenn der Wein und die Nacht und das Zusammensein von Männern und Frauen, von Jugendlichen und Älteren jeden Sinn für Scham aufgehoben hatten, kam es zuerst zu Ausschweifungen jeder Art, weil jeder zu dem, wozu er von Natur aus größere Lust verspürte, das Vergnügen bei der Hand hatte. Und es blieb nicht bei einer einzigen Art von strafbaren Handlungen, der wahllosen Unzucht mit Freigeborenen und Frauen, sondern auch falsche Zeugen, falsche Siegel, Testamente und Aussagen gingen aus derselben Werkstatt hervor, von dort auch Gifte und heimliche Mordtaten, wobei zuweilen nicht einmal die Leichen zum Begräbnis vorhanden waren."[10]
Solchem Treiben zuzusehen war man in Rom noch weit weniger bereit als anderswo. Die Dionysos-Anhänger wurden mit Stumpf und Stiel ausgerottet; Tausende wurden hingerichtet. Der Senat faßte den Beschluß, „daß in Rom und in Italien keine Bacchanalien stattfinden sollten; wenn einer glaube, eine solche Kulthandlung sei durch die Sitte geheiligt und sei notwendig und er könne sie nicht ohne Bedenken und ohne Sünde unterlassen, solle er es beim Stadtprätor angeben, und der Prätor solle den Senat befragen; wenn es ihm gestattet worden sei, wobei im Senat mindestens hundert anwesend sein müßten, solle er diese Kulthandlung vollziehen dürfen, aber nur, wenn nicht mehr als fünf an der Opferhandlung teilnähmen und wenn es keine gemeinsame Kasse und keine Vorsteher oder Priester bei den Kulthandlungen gebe."[11]
3. Der Dionysos der *Kaiserzeit*, mit dem wir es in dieser Vorlesung zu tun haben, wirkt vergleichsweise domestiziert, ja nachgerade harmlos. In dieser Zeit haben die Menschen Reinhold Merkelbach zufolge „nicht mehr den dynamischen Dionysos der Athener und des hellenistischen Zeitalters verehrt, sondern den alten, statischen Gott, der in ewiger Wiederkehr das Ernteglück brachte und der – vielleicht – auch die goldene Zeit zurückbringen würde, ewigen Frieden, Güte, Heiterkeit, Reichtum und jede Wonne."[12]
Wo ein jeder Zecher sich als Verehrer des Gottes Dionysos fühlen konnte,[13] da ist keine Gefahr mehr im Verzuge und die staatlichen Autoritäten können

---

[10] Livius XXXIX 8,5–8 (Übersetzung von Hans Jürgen Hillen: T. Livius: Römische Geschichte, Buch XXXIX–XLI. Lateinisch und Deutsch, hg. v. Hans Jürgen Hillen, TuscB, München und Zürich 1983).

[11] Livius XXXIX 18,8–9. Das *Senatus Consultum de Bacchanalibus* ist auch inschriftlich überliefert CIL I² 581 (Text und Übersetzung in der in Anm. 10 genannten Livius-Ausgabe, S. 340–343).

[12] Reinhold Merkelbach, a.(Anm. 2)a.O., S. 3.

[13] „Dionysos, der Gott des Weins und der Ekstase, ist allerorts in mannigfacher Weise verehrt worden. Jeder Zecher konnte sich als Diener des Gottes fühlen" (Walter Burkert: Antike Mysterien. Funktion und Gehalt, München 1990, ³1994; hier S. 12).

ganz beruhigt sein. Ein kleiner Rausch ist behördlich gesehen harmlos und kann die Idylle nicht trüben.

II

Trotz dieses soeben in groben Zügen gekennzeichneten Wandels des Dionysos von der klassischen bis zur Kaiserzeit lassen sich nun doch auch Konstanten[14] im Bild des Dionysos erkennen. Die wichtigste dieser Konstanten liegt – theologisch gesprochen – auf dem Gebiet der Soteriologie und der Eschatologie: *Dionysos der Erlöser* bürgt für ein besseres Leben im Jenseits. Dafür lassen sich Belege von der frühesten bis in die späteste Zeit anführen. 1. Eines der ältesten Zeugnisse ist eine in diesem Zusammenhang häufig zitierte Inschrift aus einem Friedhof in *Cumae*.

οὐ θέμις ἐν-
τοῦθα κεῖσθ-
αι ⟨ε⟩ἰ μὲ τὸν βε-
βαχχευμέ-
νον.[15]

Es ist nicht erlaubt, hier als Toter zu liegen, außer demjenigen,
der in die Mysterien des Dionysos eingeweiht ist.[16]

Die Inschrift aus der Nekropole von *Cumae* wird auf den Anfang des 5. Jh.s v. Chr. datiert. Schon damals also war es für die Mysten des Dionysos (die βεβαχχευμένοι) klar, daß ihnen im Jenseits ein besonderer Platz zukommt[17];

---

[14] Die dionysischen Mysterien sind die einzigen, „die sich über die hellenische Welt und auch das hellenisierte Italien erstrecken und durch alle Jahrhunderte leben" (Wilamowitz, a.[Anm. 5]a.O., S. 381).

[15] Nach Martin P. Nilsson: Mysteries, S. 12f. mit Abb. 1 zitiert.

[16] Zur Übersetzung: ἐντοῦθα = ἐνταῦθα, vgl. LSJ, S. 577, s.v.; βαχχεύω (LSJ, S. 303) heißt „celebrate the mysteries of Bacchus" Her. IV 79, „speak *or* act like one frenzy-stricken", sodann kausal „inspire with frenzy" bzw. „initiate in the Bacchic mysteries" ... Cyme V B.C.

Burkert, a.(Anm. 5)a.O., S. 438, übersetzt: „Es ist nicht erlaubt, daß hier einer liege, der nicht als *bacchos* gefeiert hat."

Zur Interpretation dieses Textes ist grundlegend: Robert Turcan: Bacchoi ou bacchants? De la dissidence des vivants à la ségrégation des morts, in: L'association dionysiaque dans les sociétés anciennes. Actes de la table ronde organisée par l'École française de Rome (Rome 24–25 mai 1984), CEFR 89, Rom 1986, S. 227–244.

[17] „One imagines that the Bacchic initiates at Cumae reserved their chamber tomb only for those eligible to walk the special road" (Susan Guettel Cole: Voices from beyond the Grave: Dionysus and the Dead, in: Masks of Dionysus, hg. v. Thomas H. Carpenter/Christopher A. Faraone, Ithaca and London 1993, S. 276–295; hier S. 278). Über den Weg zu den Plätzen im Jenseits siehe im Text unter 2.

dies wird schon im Diesseits markiert, indem für die Dionysosanhänger ein besonderer Bereich des Friedhofs reserviert bleibt.

2. Wie die bevorzugten Plätze im *Jenseits* zu erreichen seien, darüber hatten die Mysten des Dionysos ganz präzise und konkrete Vorstellungen. Wir sind in dieser Hinsicht durch eine besondere Klasse von Inschriften auf das genaueste unterrichtet. Dabei handelt es sich um Goldblättchen, die den toten Dionysos-Verehrern mit ins Grab gegeben wurden. Eine Reihe dieser Goldblättchen ist publiziert – einiges steht noch zu erwarten. Aus dem bis dato publizierten Material ergibt sich ein klares Bild:

Für den, der in das »Haus des Hades« – so heißt es in den Goldblättchen – eingeht, kommt es vor allem einmal darauf an, den richtigen Weg einzuschlagen. Gleich zur Linken findet sich eine Quelle, an der eine Zypresse steht. Dieser Quelle aber soll man sich *nicht* nähern. Man findet stattdessen eine andere Quelle. Ihr Wasser strömt aus dem See der Μνημοσύνη. Diese Quelle wird von Wächtern geschützt. An diese Wächter muß man sich wenden mit einem bestimmten Spruch, der lautet:

> „Ich bin ein Sohn der Erde und des gestirnten Himmels, meine Geburt ist himmlisch, das wisset auch Ihr. Ich vergehe vor Durst, gebet Ihr mir gleich das frische Wasser von der Quelle der Mnemosyne."[18]

Die Wächter der Quelle reichen das Wasser und man geht zu den Heroen ein[18a].

In einer anderen Version[19] ist diese Szene mit den Wächtern in einen Dialog umgesetzt:

> „Ich vergehe vor Durst, gib mir von der ewig strömenden Quelle rechts zu trinken!"
> „Wer bist du? Woher kommst du?"
> „Ich bin ein Sohn der Erde und des gestirnten Himmels."[20]

3. Es liegt auf der Hand, daß sich hier nur derjenige zurechtfindet, der den rechten Weg kennt und zur rechten Zeit das rechte Wort zu sagen weiß. Es handelt sich hier nicht um einen Weg für die Vielen, ausgeschildert und

---

[18] Es handelt sich um das Blättchen B1, Z. 6–9 (Text bei Günther Zuntz: Persephone, S. 359; Übersetzung von Martin P. Nilsson: Geschichte der griechischen Religion. Zweiter Band: Die hellenistische und die römische Zeit, HAW V 2, München 1950, S. 225).

[18a] Z. 10f.:
καὐτ[ο]ί ⟨σοι⟩ δώσουσι πιεῖν θείης ἀπ[ὸ κρή]νης,
καὶ τότ ἔπειτ' ἄ[λλοισι μεθ'] ἡρώεσσιν ἀνάξει[ς].

[19] B3–B8, vgl. Zuntz, a.a.O., S. 362.

[20] Übersetzung von Nilsson (ebd.).

markiert wie eine bundesdeutsche Autobahn, sondern um einen geheimen, nur dem Eingeweihten zugänglichen Weg.

Ein neuer Fund – 1974 publiziert – zeigt, daß diese ganze Klasse von Texten weder orphisch noch pythagoreisch, sondern vielmehr dionysisch ist. Ein kleiner Blick in die Forschungsgeschichte ist hier unvermeidlich: In dem berühmten Sammelwerk von Diels/Kranz:»Die Fragmente der Vorsokratiker« findet man die damals bekannten Goldblättchen s.v. Orpheus rubriziert.[21] Günther Zuntz hat nach einer eingehenden Untersuchung die bis 1971 bekannt gewordenen Goldblättchen für pythagoreisch gehalten.[22] Das 1974 bekannt gemachte Goldblättchen aus Hipponion zeigt, daß es sich vielmehr um dionysisches Gut handelt. (Text und Übersetzung finden sich unten als Beilage 1.) Ich lese Ihnen aus Zeitgründen sogleich die deutsche Übersetzung vor:

> 2 „Du wirst im Haus des Hades zur Rechten eine Quelle finden,
>   bei ihr steht eine weiße Zypresse;
>   hier kühlen sich, herabsteigend, die Seelen der Toten.
> 5 Dieser Quelle komme nicht nahe!
>   Weiter wirst du dann kühles Wasser finden, das vom See der
>   Erinnerung
>   fließt; Wächter sind darüber,
>   die dich verständigen Sinns fragen werden,
>   wozu du das Dunkel des verderblichen Hades durchstreifst.
> 10 Sprich:»Ich bin ein Sohn der Erde und des gestirnten Himmels;
>   aber von Durst bin ich ausgedörrt und vergehe: drum gebt mir
>   rasch
>   kühles Wasser, das vom See der Erinnerung fließt.«
>   Und dann werden die Untergebenen des Chthonischen Königs
>   Mitleid haben,
>   und sie werden dir vom See der Erinnerung zu trinken geben.
> 15 Und du gehst ja einen weiten Weg, den auch andere,
>   Mysten und Bacchen, den heiligen, ruhmvoll schreiten.“[23]

---

[21] Hermann Diels/Walther Kranz [Hg.]: Die Fragmente der Vorsokratiker. Griechisch und deutsch, Zürich/Hildesheim I [6]1951, II [6]1952; III [6]1952; hier im ersten Band unter 1 [66] Orpheus 17–20.

[22] Vgl. Zuntz: Persephone, hier besonders die zusammenfassenden Bemerkungen auf S. 383–393.

[23] B10 (Zählung nach Fritz Graf: Dionysian and Orphic Eschatology: New Texts and Old Questions, in: Masks of Dionysus, hg. v. Thomas H. Carpenter und Christopher A. Faraone, Ithaca und London 1993, S. 239–258); Text bei Susan Guettel Cole: New Evidence for the Mysteries of Dionysos, GRBS 21 (1980), S. 223–238; hier S. 225; ich folge der Rezension von Margherita Guarducci: L'epigrafia greca dalle origini al tardo Impero, Rom 1987, S. 322 (vgl. auch die schöne Abb. auf Tav. IX gegenüber!); Übersetzung bei Walter Burkert a.(Anm. 5)a.O., S. 436f.

Die letzte Zeile unseres Textes bringt des Rätsels Lösung: μύσται καὶ βάκχοι sind es, die den rechten Weg wissen, Angehörige des Dionysos, Eingeweihte in die bakchischen Mysterien.

Damit ist klar, *wer* sich ein Anrecht auf das bessere Los im Jenseits erwirbt: Die Anhänger des Dionysos sind es, denen ein besseres Leben im Jenseits bevorsteht. *Dionysos der Erlöser* hilft nicht nur, das diesseitige Leben zu meistern, sondern er ist zugleich Bürge eines glücklichen Lebens im Jenseits.

Somit erweisen sich die Goldblättchen als weder orphisch noch pythagoreisch, sondern als dionysisch.[24]

4. In dem zuletzt publizierten Goldblättchen kommt *Dionysos der Erlöser* am deutlichsten zur Geltung. Es handelt sich dabei um einen Fund aus dem Jahr 1985 aus Thessalien. In der Nähe des Dorfes Petroporos, etwa 18 km im Osten von Trikala, befindet sich das antike Pelinna (Πέλιννα). Hier wurde im Dezember 1985 ein Marmorsarkophag gefunden, der das Skelett einer Frau samt einigen Grabbeigaben enthielt. Auf der Brust der Toten lagen – symmetrisch angeordnet – zwei goldene Efeublätter, die die folgende Inschrift aufweisen (Nummer 2 der Beilage):[25]

νῦν ἔθανες | καὶ νῦν ἐγ|ένου, τρισόλβ|ιε, ἄματι τῶιδε.|
εἰπεῖν Φερσεφόν|αι, σ᾽ ὅτι Β⟨άκ⟩χιος αὐτὸς | ἔλυσε.
ταιῦρος | εἰς γάλ⟨α⟩ ἔθορες.
αἶ|ψα εἰς γ⟨ά⟩λα ἔθορες.|
5 ⟨κ⟩ριὸς εἰς γάλα ἔπεσ⟨ες⟩.|
οἶνον ἔχεις εὐ|δ⟨α⟩ίμονα τιμὴν|
καὶ σὺ μὲν | εἷς ὑπὸ | γῆν τε|λέ⟨σ⟩ας ἅ|περ ὄλ|βιοι ἄλ|λοι.

Jetzt bist du gestorben und jetzt bist du geboren, dreimal Glück-
liche, diesen Tag.
Sprich zu Persephone, daß dich Bakchios selbst erlöst hat.
Stier, du springst zu der Milch.
Schnell springst du zu der Milch.
5 Widder, du fällst in die Milch.
Wein hast du im Überfluß, Glückliche.[26]

---

[24] Vgl. im einzelnen die in der vorigen Anmerkung genannte Arbeit von Susan Guettel Cole.

[25] K. Tsantsanoglou/G.M. Parássoglou: Two Gold Lamellae from Thessaly, Hell. 38 (1987), S. 3–16. Zum Fund und seinen Umständen s. S. 3–4.

[26] Text a verbessert nach SEG XXXVII (1987) [1990] 497. Walter Burkert liest am Schluß: κἀπιμένει σ᾽ ὑπὸ γῆν τέλεα ἅσσαπερ ὄλβιοι ἄλλοι (a.[Anm. 13]a.O., S. 107, Anm. 52) und übersetzt: „Und dich erwarten unter der Erde die Weihen ..., die auch die anderen Seligen (feiern)" (a.a.O., S. 28).

Dieser im Jahr 1987 erstmals veröffentlichte Text ist am Ende nicht eindeutig verstehbar. Für unseren Zusammenhang aber kommt es auf Z. 2 an,
deren Sinn deutlich ist: Die Tote wird im Haus des Hades der Göttin der Unterwelt, der Persephone, begegnen. Sie entscheidet offenbar über das weitere
Schicksal der Verstorbenen. Hier kommt es nun auf das rechte Wort an:

„Sprich zu Persephone, daß dich Bakchios selbst erlöst hat."

Wenn es nach dem Fund von Hipponion – 1974 publiziert – noch eines
weiteren Beweises bedurft hätte, daß wir es hier mit bakchischem, nicht
orphischem oder pythagoreischem Material zu tun haben, so ist unser Text
aus Pelinna – 1987 publiziert – geeignet, genau *diesen* Beweis zu liefern. Die
Verstorbene soll sich bei der alles entscheidenden Anhörung in der Unterwelt
Persephone gegenüber auf Dionysos berufen:

εἰπεῖ Φερσεφόναι, σ' ὅτι Βάκχιος αὐτὸς ἔλυσε.
„Sprich zu Persephone, daß dich Bakchios selbst erlöst hat."

Es kann keinen Zweifel daran geben, daß die Verstorbene, auf deren Brust
die beiden Goldblättchen gelegt wurden, Persephone überzeugen wollte, daß
sie die einschlägigen dionysischen Riten vollzogen hatte, die Erlösung garan-
tierten.[27]

III

Die Einweihung in die Mysterien des Dionysos ist somit das entscheidende –
hieran hat sich in all' den Jahrhunderten nichts geändert. Unsere Texte auf
den Goldblättchen und verwandte Inschriften reichen vom 6. vorchristlichen
Jahrhundert[28] bis ins 3. nachchristliche Jahrhundert; sie umspannen mithin
fast ein Jahrtausend. Wer sich in die Mysterien des Dionysos einweihen
läßt, der erwirbt damit die nötigen Kenntnisse, um vor Persephone in der
Unterwelt bestehen zu können. Die Weihe vermittelt dem Initianden aber
nicht nur das nötige Wissen, sie vermittelt insbesondere auch die nötige
Gewißheit, theologisch gesprochen: *Heilsgewißheit*.[29]

1. Interessant ist nun, *wie* man sich dieses Heil vorstellt. Anscheinend gibt
es nur ein einziges Zeugnis, das man in diesem Zusammenhang vorführen

---

[27] Tsantsanoglou/Parassoglou, a.(Anm. 25)a.O., S. 12.

[28] Aus dem 6. Jh. v. Chr. stammen Knochentäfelchen aus Olbia, die den Namen des
Dionysos aufweisen (vgl. Franz Tinnefeld: Referat über zwei russische Aufsätze, ZPE 38
(1980), S. 65–71; hier S. 67–71). Zur Datierung in das fünfte bzw. sechste Jahrhundert
vgl. M.L. West: The Orphics of Olbia, ZPE 45 (1982), S. 17–29; hier S. 17. Vom sechsten
Jahrhundert spricht Burkert, a.(Anm. 5)a.O., S. 27.

[29] Vgl. Burkert, a.(Anm. 5)a.O., S. 437: „Die Weihe vermittelt ... Wissen und Gewißheit."

kann. Es handelt sich dabei um eine Inschrift aus Doxato bei Philippi. Diese Inschrift wird seit ihrer Publikation[30] in unserem Zusammenhang fast in jedem einschlägigen Handbuch genannt und zitiert, so beispielsweise bei Wilamowitz im »Glaube der Hellenen«[31], bei Martin Nilsson in der »Geschichte der griechischen Religion«[32] oder zuletzt in Walter Burkerts »Antike[n] Mysterien«[33]. Letzterer kritisiert unseren Text zwar als „ein schwerfälliges lateinisches Epigramm", räumt aber immerhin ein, daß hier „ein speziell dionysisches Jenseits ausgemalt wird."[34] Der zweite Teil dieser Inschrift ist unten als Beilage 3 gedruckt. Nur mit diesem zweiten Teil haben wir es zu tun, denn hier wird das Leben im Elysium beschrieben.[35]

> „Du[36] ... lebst, in Ruhe verklärt,
> Auf der Elysischen Au.
> So war es der Ratschluß der Götter,
> Daß fortlebe in ewiger Form,
> Der so hohes Verdienst sich erwarb
> Um die himmlische Gottheit:
> 15 Gnaden, die dir verhieß
> In dem keuschen Lauf dieses Lebens
> Die Einfalt,
> Die einst der Gott dir befahl.
> Ob dich nun des Bromius
> Heilige Mystenschar
> Zu sich ruft in den Kreis der Satyre
> Auf blumiger Au,
> Oder mit ihrem Korb die Naiaden
> Zu sich winken in ähnlicher Art,
> 20 Um im Glanze der Fackeln

---

[30] Léon Heuzey/H. Daumet: Mission archéologique de Macédoine, Band I, Paris 1876, Nr. 61 (S. 128). Vgl. auch CIL III 1, Nr. 686 und die neue Rezension von Franz Bücheler [Hg.]: Carmina latina epigraphica, Leipzig 1895/1897; hier Band 2, Nr. 1233 (S. 577–579). Meine Publikation der Inschrift (Philippi II, Nr. 439/L078) hat vorläufigen Charakter; die Literatur ist S. 429 möglichst vollständig zusammengestellt.

[31] Wilamowitz, a.(Anm. 5)a.O., S. 375.

[32] Martin P. Nilsson, a.(Anm. 18)a.O., S. 350 mit Anm. 1 (2. Aufl.: S. 367 mit Anm. 1).

[33] Walter Burkert, a.(Anm. 13)a.O., S. 29.

[34] Ebd.

[35] Es handelt sich um eine Grabinschrift. Dies ist kein Zufall, vgl. die Beobachtung Perdrizets: „Presque toutes les inscriptions de la région pangéenne qui ont trait au culte de Dionysos proviennent de tombeaux; et les confréries dionysiaques qui s'y trouvent mentionnées semblent avoir été surtout des collèges funéraires." (Paul Perdrizet: Cultes et mythes du Pangée, Annales de l'est, publiées par la faculté des lettres de l'université de Nancy, 24e année, fascicule 1, Paris/Nancy 1910, S. 95).

[36] Angesprochen ist der verstorbene Junge.

Den frohen Festzug zu führen:
Sei doch Knabe, was immer,
Wozu dich dein Alter bestimmt hat,
Wenn du nur, wie du's verdienst,
Im Gefilde der Seligen wohnst."[37]

Gleich die erste zitierte Zeile spricht den entscheidenden Sachverhalt an: Der Verstorbene *lebt* im Elysium, „in ewiger Form". Der mehrfach erwähnte Gott ist Bromios, d.h. Dionysos bzw. *Liber Pater*. Und in die Schar der Satyre auf blumiger Au reiht sich der verstorbene Knabe im Jenseits ein, es sei denn, die Naiaden sind schneller und gewinnen ihn für *ihren* Festzug. In jedem Fall gilt: Der Verstorbene wohnt im Gefilde der Seligen. Für die Beschreibung dieses seligen Zustandes kommt unserer Inschrift aus Doxato zentrale Bedeutung zu. Die Angst vor dem Tod ist dem Anhänger des Dionysos genommen: „Die bakchischen Mysterien verdankten ihre Popularität in römischer Zeit der Antwort, die sie auf diese tiefsitzende Angst geben konnten. Sie beruhigten die Befürchtungen und überlagerten die Angst, sie versprachen die Wonnen eines ewigen Gastmahls. Sie gefielen den Leuten, die das Leben auf die leichte Schulter nahmen, die von alltäglichen Ärgernissen befreit sein wollten."[38]

2. Die Hoffnung auf ein besseres Leben im Jenseits ist für den Erlöser Dionysos charakteristisch. Dies gilt gerade dann, wenn man die dionysischen Mysterien mit den orientalischen Kulten, also etwa mit Isis oder Mithras, vergleicht. Ich kann Ihnen an dieser Stelle den Vergleich nicht im einzelnen vorführen, sondern berufe mich in aller Kürze auf das Buch von Walter Burkert über die antiken Mysterien. Burkert sagt: „Alles in allem ergibt sich: Im Gegensatz zu geläufigen Annahmen bringen die sogenannten orientalischen

---

[37] Wie wir uns bei unserem Besuch in der Kirche Ἅγιος Ἀθανάσιος am 31. August 1992 in Doxato überzeugen konnten, existiert diese Inschrift noch heute; doch befindet sie sich in einem desolaten Zustand, da sie als Türschwelle benutzt wird! Die Herstellung eines lesbaren Textes stellt vor enorme Schwierigkeiten, die an dieser Stelle nicht diskutiert werden können. Die Büchelersche Rezension (a.[Anm. 30]a.O.) dieses interessanten Textes hat viel für sich. Franz Joseph Dölger, der diese Büchelersche Rezension als Grundlage verwendet, hat einem Spezialproblem unserer Inschrift einen eigenen Aufsatz gewidmet (Franz Joseph Dölger: Zur Frage der religiösen Tätowierung im thrakischen Dionysoskult. *„Bromio signatae mystides"* in einer Grabinschrift des dritten Jahrhunderts n. Chr., Antike und Christentum 2 (1930), S. 107–116). Diesem Aufsatz (S. 108) ist die obige Übersetzung entnommen. Eine eingehende Diskussion der textkritischen und inhaltlichen Probleme dieser Inschrift muß ich mir für einen späteren Zeitpunkt vorbehalten.

[38] „The Bacchic mysteries owed their popularity in the Roman age to the answer they gave to this deep-seated anxiety. They calmed the fears and smoothed over the anxiety, they promised the bliss of an eternal banquet. They were convenient for easy-going people who wanted to be freed from qualms" (Nilsson, a.[Anm. 15]a.O., S. 131; Übersetzung von Reinhold Hülsewiesche).

Götter und ihre Kulte nicht eine Umorientierung der Religion ins Jenseitige, »Mystische« mit sich; sie passen sich dem an und setzen fort, was schon gegeben war."[39]

3. Um die Zeitenwende ist der Kult des Dionysos einer derjenigen mit dem stärksten Zulauf überhaupt. Als Gott der makedonischen und griechischen Expansion in den nahen Osten – wie Arthur Darby Nock ihn einmal genannt hat – trat er einen Siegeszug ohnegleichen durch die östlichen Teile der damals bekannten Welt an.[40] Nock hat die Auffassung vertreten, Dionysos habe – vielleicht abgesehen von Asklepios – „the single strongest focus for private spontaneous pagan piety" angeboten.[41]

So hätte es auch bleiben können, wäre da nicht plötzlich ein ganz neuer Erlöser aufgetreten ...

IV

1. Der neue Erlöser ist zwar ein Erlöser ganz *anderer* Art, macht aber dem alteingesessenen Dionysos merkwürdigerweise auf dessen ureigenstem Gebiet Konkurrenz. Man braucht dafür noch nicht einmal auf die Geschichte von der Hochzeit von Kana und die wahrhaft dionysischen Weinmengen dort (Joh 2,6) zu verweisen. Denn worauf es ankommt, ist nicht die Menge des Weins, sondern die Tatsache, daß die Mähler, die Jesus feiert, für *diesen* Erlöser in besonderer Weise kennzeichnend sind. Diese Erinnerung hat die synoptische Überlieferung verdichtet in Geschichten wie denen vom Zöllnermahl, Mk 2,15: „Und es begab sich, daß Levi zu Tisch saß in seinem Haus, da setzten sich viele Zöllner und Sünder mit Jesus und seinen Jüngern." Von seinen Gegnern wird Jesus jedenfalls aufgrund solcher Gastmähler als „Fresser und Weinsäufer", als „Freund von Zöllnern und Sündern" beschimpft (Mt 11,19b). Für die christlichen Tradenten war es gewiß nicht einfach, diesen Satz der Gegner so stehen zu lassen. Um so sicherer dürfen wir annehmen, daß es sich hier um einen authentischen Vorwurf aus Jesu Erdentagen handelt, einen Vorwurf der Gegner, der gerade auf seine Mahlpraxis abzielt.

Man kann in diesem Zusammenhang auch weiteres synoptisches Material heranziehen, so – um nur das wichtigste zu nennen – die Speisung der Fünftausend (Mk 6,30–44), die Speisung der Viertausend (Mk 8,1–9) oder die Salbung in Bethanien (Mk 14,3–9).

2. Wichtiger jedoch ist, daß Jesus offenbar auch vom Reich Gottes im Bild des Mahles spricht. So beispielsweise Luk 13,29 (Mt 8,11): „Es werden kommen von Osten und von Westen, von Norden und von Süden, die zu

---

[39] Walter Burkert, a.(Anm. 13)a.O., S. 33f.

[40] Arthur Darby Nock: Hellenistic Mysteries and Christian Sacraments, Mn. 5 (1952), S. 177–213; hier S. 184: Im hellenistischen Zeitalter wuchs die Popularität des Dionysos: „he might be called the god of Macedonian and Greek expansion into the Near East".

[41] A.D. Nock, a.a.O., S. 182f.

Tisch sitzen werden im Reich Gottes." Oder in dem Wort an die Jünger Luk
22,29f.: „Ich will euch das Reich zueignen, wie mir's mein Vater zugeeignet
hat, daß ihr essen und trinken sollt an meinem Tisch in meinem Reich und
sitzen auf den Thronen und richten die zwölf Stämme Israels."[42]

Bezeichnend ist hier, daß die Zebedäussöhne schon jetzt mit der Diskussion darüber beginnen, wer nun bei diesem himmlischen Mahl welchen Platz
einnehmen wird (Mk 10,37).

Zu diesem Festmahl ergeht jetzt die letzte Einladung (Mt 22,1–14). Der
Erlöser Christus ruft die Mühseligen und Beladenen zu sich, um sie zu er-
quicken; er stellt ihnen Ruhe für ihre Seelen in Aussicht (Mt 11,28f.). Den
Armen verspricht er das Himmelreich (Mt 5,3/Luk 6,20b), den Hungrigen
Brot (Mt 5,6/Luk 6,11) und den Weinenden Trost (Mt 5,4/Luk 6,21).

3. Auch nach seinem Tod ist diese Mahlgemeinschaft nicht abgebrochen.
Ich sehe hier davon ab, daß beispielsweise Lukas großen Wert auf die Feststellung legt, daß auch der Auferstandene mit seinen Anhängern Mähler
gehalten hat. Denken Sie etwa an die Geschichte von den Emmausjüngern,
die in einer Mahlszene gipfelt (Luk 24,30). Der Auferstandene wird an der
Art erkannt, wie er das Brot bricht. Keinen Zweifel kann es jedenfalls daran
geben, daß das gemeinsame Mahl für das Leben der frühen Gemeinden von
zentraler Bedeutung war. Es erübrigt sich, dafür Belege anzuführen. Diese
Tatsache war so bekannt, daß sich schon bald die antichristliche Polemik
dieses Aspekts bemächtigte. Die Vorwürfe gegen die christlichen Mahlfeiern sind dem zu Beginn dieser Vorlesung aus Livius über die Bacchanalien
Zitierten zum Verwechseln ähnlich. Das zeigt: Auch dem Außenstehenden
war deutlich, daß im Leben einer christlichen Gemeinde die Mahlfeier eine
zentrale Rolle spielte.

4. Was die eschatologische Hoffnung der frühen Christen betrifft, stehen
wir vor einer ähnlichen Schwierigkeit wie bei den Dionysosanhängern: Aus-
gemalte Beschreibungen sind einigermaßen selten. Ich beziehe mich auf einen
Text aus der Offenbarung:

> „Und ich sah einen neuen Himmel und eine neue Erde; denn der
> erste Himmel und die erste Erde vergingen, und das Meer ist
> nicht mehr. Und ich sah die heilige Stadt, das neue Jerusalem,
> von Gott aus dem Himmel herabfahren, bereitet wie eine ge-
> schmückte Braut ihrem Mann. Und ich hörte eine große Stimme
> von dem Thron, die sprach: *Siehe da, die Hütte Gottes bei den*
> *Menschen! Und er wird bei ihnen wohnen, und sie werden sein*
> *Volk sein, und er selbst, Gott, wird mit ihnen sein; und Gott wird*
> *abwischen alle Tränen von ihren Augen, und der Tod wird nicht*
> *mehr sein, noch Leid noch Geschrei noch Schmerz wird mehr*
> *sein; denn das Erste ist vergangen!*" (Offb 21,1–4).

---

[42] Zur Interpretation vgl. Ernst Bammel: Jesu Nachfolger. Nachfolgeüberlieferungen in
der Zeit des frühen Christentums, StDel 3. F. 1, Heidelberg 1988, S. 74ff.

V

Die Konkurrenzsituation von Dionysos und Christus wird seit dem 2. Jahrhundert auch ausdrücklich thematisiert. Schon Justin schreibt:

> „Wenn nämlich die Griechen von Dionysos, dem Sohne des Zeus,
> erzählen, er sei aus einer Verbindung mit Semele geboren worden,
> wenn sie von ihm berichten, er habe den Weinstock erfunden, er
> sei, nachdem er infolge Zerfleischung gestorben war, auferstanden
> und in den Himmel aufgefahren, wenn sie bei seinen Mysterien
> einen Esel vorführen –"[43],

so liegt – Justin zufolge – in all' den genannten Punkten die Parallelität zu Christus klar zutage.

1. Es wäre sehr interessant, die Geschichte dieses Konkurrenzverhältnisses näher zu beleuchten. Darauf muß ich für heute verzichten, greife vielmehr zwei charakteristische Autoren exemplarisch heraus: Bei Friedrich Nietzsche erscheinen die Erlöser Dionysos und Christus als unversöhnliche Gegner. Alles trennt sie, nichts scheint sie zu verbinden. Das andere Extrem findet man bei Ulrich von Wilamowitz-Moellendorff, dem großen Antipoden Nietzsches, der gerade im Hinblick auf die Soteriologie und Eschatologie die beiden Erlöser nebeneinanderstellt.

> „Der Herr ist mein Hirte,
> mir wird nichts mangeln.
> Er weidet mich auf einer grünen Aue
> und führt mich zum frischen Wasser.
> Er erquickt meine Seele.
> Er führt mich auf rechter Straße
> um seines Namens willen.
> Und ob ich schon wanderte im finstern Tal,
> fürchte ich kein Unglück;
> denn du bist bei mir,
> dein Stecken und Stab trösten mich.
> Du bereitest vor mir einen Tisch
> im Angesicht meiner Feinde.
> Du salbst mein Haupt mit Öl
> und schenkst mir voll ein.
> Gutes und Barmherzigkeit werden mir folgen mein Leben lang,
> und ich werde bleiben im Haus des Herrn immerdar."

---

[43] Justin: Dialog 69,2 (Übersetzung von Philipp Haeuser, BKV 33, Kempten/München 1917, S. 114).

Wilamowitz hat in seinem berühmten Buch »Der Glaube der Hellenen« die griechische Fassung dieses 23. Psalms in seinem Abschnitt über den „Dionysosglauben" angeführt als ein „Bekenntnis zu dem Gotte", der Juden wie Christen „zu himmlischer Seligkeit führen sollte"; doch insbesondere hat er diesen Text zitiert, „damit man sehe, daß er mindestens ebensogut im Kulte des Dionysos gesungen werden konnte wie in dem des Jahve."[44] Die Übertragung in einen dionysischen Zusammenhang macht Wilamowitz zufolge ganz und gar keine Schwierigkeit und insbesondere „würde die Umsetzung in das Dionysische an dem Wesentlichen der Hoffnungen nichts ändern . . . "[45].

2. Mir scheint: Hier irrt der große Wilamowitz. Der grundlegende Fehler liegt wohl darin, daß man diese Hoffnung nicht ungestraft isolieren darf oder gar sie auf „das Wesentliche" reduzieren kann. Gewiß gibt es Ähnlichkeiten zwischen Christen und Dionysosanhängern; aber diese Ähnlichkeiten sind weit weniger eindrucksvoll, wenn man die Hoffnung auf ein besseres Jenseits in ihren jeweiligen Zusammenhang stellt. Mag die Hoffnung auf ein besseres Jenseits auch Anhänger des Dionysos und des Christus einander annähern, so bestehen doch auch und gerade schon im Diesseits *tiefgreifende* Unterschiede.

Das Erlösungsangebot des Dionysos ist im Unterschied zum Erlösungsangebot Christi nicht *exklusiv*. Wer sich in die Mysterien des Dionysos einweihen läßt, kann daneben auch jede Menge anderer Optionen auf dem antiken Markt der religiösen Möglichkeiten wahrnehmen. Das ist ja gerade das Charakteristische an diesem Erlösungsangebot, daß es sich hier – mit Worten von Walter Burkert – nicht „um ein in sich geschlossenes und von anderen abgehobenes System" handelt.[46]

Der früher allgemein gebrauchte Begriff »Mysterien*religion*« führt eben deshalb in die Irre und ist daher aufzugeben. Noch einmal Walter Burkert: „Mysterien sind eine persönliche Option im Rahmen des allgemeinen polytheistischen Systems – vergleichbar in etwa vielleicht mit einer Pilgerreise nach Santiago di Compostela im Rahmen mittelalterlicher Religiosität."[47] D.h. konkret: Wer sich in die Mysterien des Dionysos einweihen läßt und von diesem Heilsangebot nicht oder nicht völlig überzeugt ist, der wird sich sicherheitshalber bei der befreundeten Konkurrenz umsehen. Er kann zusätzlich von dem Angebot der Isis oder des Mithras Gebrauch machen – dem steht überhaupt nichts im Wege.

---

[44] Wilamowitz, a.(Anm. 5)a.O., S. 379 mit Anm. 1. Wilamowitz kommentiert: „Nur das Moralische fiel bei Dionysos wohl fort, eben die θλίβοντες; sonst würde die Umsetzung in das Dionysische an dem Wesentlichen der Hoffnungen nichts ändern, vieles sogar an sinnlicher Kraft gewinnen, der Thyrsos statt des Stabes, die Aufnahme in den Thiasos statt in das Haus des Gottes, und die Wiese und der Rauschtrank haben erst bei Dionysos volle Bedeutung".

[45] Ebd.

[46] Walter Burkert, a.(Anm. 13)a.O., S. 17.

[47] Ebd.

Ganz anders steht es für den Menschen, der sich den Christus-Anhängern zuwendet. Ihm wird als erstes ein für allemal klargemacht, daß es hier darauf ankommt, „sich von den Götzen abzuwenden hin zu Gott, um dem lebendigen und wahren Gott zu dienen und seinen Sohn vom Himmel zu erwarten, Jesus, der uns vor dem kommenden Zorn erretten wird" (1Thess 1,9b–10). Derjenige, der sich dem Erlöser Christus zuwendet, bekehrt sich ein für allemal. Die Zugehörigkeit zum Leib Christi ist ein exklusives Verhältnis. Der einmal Getaufte kann danach und daneben keine anderen Heilsangebote mehr wahrnehmen.

3. Mag die Eschatologie bei Christus- und Dionysos-Anhängern auch gewisse Ähnlichkeiten aufweisen; mag die Vorstellung von einem besseren Leben im Jenseits im Ergebnis auf dasselbe hinauslaufen – entscheidend ist die Tatsache, daß der Erlöser Christus ein *Novum* darstellt: Daß ein von Pontius Pilatus zur Zeit des Kaisers Tiberius gekreuzigter Mensch nunmehr als Erlöser verkündigt wird, ist ein *Novum* ärgerlichster Art; Paulus beschreibt die Empfindungen seiner paganen Zeitgenossen sehr treffend, wenn er sagt, das Wort vom Kreuz sei ihnen Torheit (1Kor 1,23). Ein gekreuzigter Erlöser ist unerhört.

Die Neuheit dieses Erlösers möge zum Schluß ein umgekehrter Altersbeweis verdeutlichen: Die von Dionysos angebotene Erlösung kann, wenn man seinen Standpunkt einmal im ersten nachchristlichen Jahrhundert nimmt, auf mindestens siebenhundertjährige Kontinuität zurückblicken, was Soteriologie und Eschatologie angeht. Der Erlöser Dionysos selbst ist als Gott noch einmal um mindestens sieben Jahrhunderte älter, begegnet sein Name doch schon auf den Täfelchen von Pylos im 13. Jh. v. Chr. Einer jahrhundertealten Tradition und Kontinuität auf seiten des Dionysos steht mithin ein völlig neuer Erlöser gegenüber, der, und das macht die Sache für antike Betrachter noch suspekter, unlängst als Mensch unter Menschen in Palästina gelebt hat und unter Pontius Pilatus gekreuzigt wurde.[47a]

[47a] Vgl. dazu mein PRESBYTERON KREITTON.
Zu einer Gruppe der in diesem Aufsatz diskutierten Texte ist seither u.a. erschienen: Reinhold Merkelbach: Die goldenen Totenpässe: ägyptisch, orphisch, bakchisch, ZPE 128 (1999), S. 1–13.

Beilagen

1. Das Goldblättchen von Hipponion (um 400 v. Chr.)[48]

Μναμοσύνας τόδε ἔρ⟨γ⟩ον. ἐπεὶ ἄμ μέλλεισι θανε̄σθαι
εἰς Ἀίδαο δόμο̄ς εὐέρεας ἔστ᾽ ἐπὶ δ⟨ε⟩ξιὰ κρένα,
πὰρ δ᾽ αὐτὰν ἑστακυ̃α λευκὰ κυπάρισος.
ἔνθα κατερχόμεναι ψυ⟨χ⟩αὶ νεκύο̄ν ψύχονται.

5 ταύτας τᾶς κράνας με̄δὲ σχεδὸν ἔνγυθεν ἔλθε̄ις.
πρό̄σθεν δὲ hευρέ̄σεις τᾶς Μναμοσύνας ἀπὸ λίμνας
ψυχρὸν ὕδο̄ρ προρέον, φύλακες δὲ ἐπύπερθεν ἔασι,
τοίδε σε εἰρέ̄σονται ἐν φρασὶ πευκαλίμαισι
ὅτ⟨τ⟩ι δὲ ἐξερέεις Ἄϊδος σκότος ὀ⟨λ⟩οέεντος.

10 εἶπον· hυὸς Γᾶς ἐμι καὶ Ὀρανο̄̃ ἀστερόεντος
δίψαι δ᾽ ἐμ᾽ αὖος καὶ ἀπόλλυμαι, ἀ⟨λ⟩λὰ δότ᾽ ὄ[κα]
ψυχρὸν ὕδο̄ρ πιε̃ν αὐτε̃ς Μνε̄μοσύνε̄ς ἀπὸ λιμ[νε̄ς].
καὶ δέ̄ τοι ἐρέο̄σιν ⟨h⟩υποχθονίο̄ι βασιλε̃ι
καὶ δέ̄ τοι δό̄σο̄σι πιε̃ν τᾶς Μναμοσύνας ἀπ[ὸ] λίμνας.

15 καὶ δὲ καὶ σὺ πιὸν hοδὸν ἔρχεα⟨ι⟩ hάν τε καὶ ἄλλοι
μύσται καὶ βάχχοι hιερὰν στείχο̄σι κλεινοί.

2. Das Goldblättchen von Pelinna (4. Jahrhundert v. Chr.)[49]

νῦν ἔθανες | καὶ νῦν ἐγ|ένου, τρισόλβ|ιε, ἄματι τῶιδε.|
εἰπεῖν Φερσεφόν|αι, σ᾽ ὅτι Β⟨άκ⟩χιος αὐτὸς | ἔλυσε.
τα{ι}ῦρος | εἰς γάλ⟨α⟩ ἔθορες.
αἶ|ψα εἰς γ⟨ά⟩λα ἔθορες.|

5 ⟨κ⟩ριὸς εἰς γάλα ἔπεσ⟨ες⟩.|
οἶνον ἔχεις εὐ|δ⟨α⟩ίμονα τιμὴν|
καὶ σὺ μὲν | εἷς ὑπὸ | γῆν τε|λέ⟨σ⟩ας ἅ|περ ὄλ|βιοι ἄλ|λοι.

---

[48] B10 (Zählung nach Fritz Graf: Dionysian and Orphic Eschatology: New Texts and Old Questions, in: Masks of Dionysos, hg. v. Thomas H. Carpenter und Christopher A. Faraone, Ithaca und London 1993, S. 239–258; Text bei Susan Guettel Cole: New Evidence for the Mysteries of Dionysos, GRBS 21 (1980), S. 223–238; ich folge der Rezension von Margherita Guarducci: L'epigrafia greca dalle origini al tardo Impero, Rom 1987, S. 322 (vgl. auch die schöne Abb. auf Tav. IX gegenüber!); Übersetzung bei Walter Burkert: Griechische Religion der archaischen und klassischen Epoche, RM 15, Stuttgart/Berlin/Köln/Mainz 1977, S. 436f.). Eine englische Übersetzung bietet Simon Price: Religions of the Ancient Greeks, Cambridge 1999, S. 120f.

[49] Text a verbessert nach SEG XXXVII (1987) [1990] 497. Eine englische Übersetzung bei Price, a.a.O., S. 121. Die in meiner deutschen Übersetzung fehlende letzte Zeile gibt Price folgendermaßen wieder: „And there await you beneath the earth the rewards that the other happy ones have" (ebd.).

Übersetzungen

1. Das Goldblättchen von Hipponion (um 400 v. Chr.)

2 „Du wirst im Haus des Hades zur Rechten eine Quelle finden,
bei ihr steht eine weiße Zypresse;
hier kühlen sich, herabsteigend, die Seelen der Toten.
5 Dieser Quelle komme nicht nahe!
Weiter wirst du dann kühles Wasser finden, das vom See der
Erinnerung
fließt; Wächter sind darüber,
die dich verständigen Sinns fragen werden,
wozu du das Dunkel des verderblichen Hades durchstreifst.
10 Sprich: »Ich bin ein Sohn der Erde und des gestirnten Himmels;
aber von Durst bin ich ausgedörrt und vergehe: drum gebt mir
rasch
kühles Wasser, das vom See der Erinnerung fließt.«
Und dann werden die Untergebenen des Chthonischen Königs
Mitleid haben,
und sie werden dir vom See der Erinnerung zu trinken geben.
15 Und du gehst ja einen weiten Weg, den auch andere,
Mysten und Bacchen, den heiligen, ruhmvoll schreiten.“

2. Das Goldblättchen von Pelinna (4. Jahrhundert v. Chr.)

Jetzt bist du gestorben und jetzt bist du geboren, dreimal Glück-
liche, diesen Tag.
Sprich zu Persephone, daß dich Bakchios selbst erlöst hat.
Stier, du springst zu der Milch.
Schnell springst du zu der Milch.
5 Widder, du fällst in die Milch.
Wein hast du im Überfluß, Glückliche.

3. Grabinschrift aus Doxato bei Philippi (3. Jahrhundert n. Chr.?)[50]

>   ...   *et reparatus item vivis in Elysiis.*
>   *sic placitum est divis a[l]terna vivere forma*
>   *qui bene de supero [l]umine sit meritus;*
> 15 *quae tibi castifico promisit munera cursu*
>   *olim iussa deo simplicitas facilis.*[51]
>   *nunc seu te Bromio signatae mystidis AISE (?)*
>   *florigero in prato congreg[at] in satyrum;*
>   *sive canistriferae possunt sibi Naidis a[e]qu[um,]*
> 20   *qui ducibus taedis agmina festa trahas.*
>   *sis quo[d]cunque, puer, quo te tua protulit aetas,*
>   *dummodo [...]*

---

[50] Léon Heuzey/H. Daumet: Mission Archéologique de Macédoine, Paris 1876, Nr. 61 (S. 128) = CIL III 1, Nr. 686; Philippi II, Nr. 439/L078.

[51] Mommsen (im CIL) schlägt vor, die Zeilen 15–16 folgendermaßen zu verstehen: *quae munera (ut in campis Elysiis viveres) castifico cursu (propter vitam quam caste degebas) olim promisit iussa deo (deorum iussu) simplicitas facilis (simplicitas non austera animi tui).*

3. Grabinschrift aus Doxato bei Philippi (3. Jahrhundert n. Chr.?)

„Du[52] ... lebst, in Ruhe verklärt,
Auf der Elysischen Au.
So war es der Ratschluß der Götter,
Daß fortlebe in ewiger Form,
Der so hohes Verdienst sich erwarb
Um die himmlische Gottheit:
15 Gnaden, die dir verhieß
In dem keuschen Lauf dieses Lebens
Die Einfalt,
Die einst der Gott dir befahl.
Ob dich nun des Bromius
Heilige Mystenschar
Zu sich ruft in den Kreis der Satyre
Auf blumiger Au,
Oder mit ihrem Korb die Naiaden
Zu sich winken in ähnlicher Art,
20 Um im Glanze der Fackeln
Den frohen Festzug zu führen:
Sei doch Knabe, was immer,
Wozu dich dein Alter bestimmt hat,
Wenn du nur, wie du's verdienst,
Im Gefilde der Seligen wohnst."

---

[52] Angesprochen ist der verstorbene Junge.

Die Auferstehung Jesu

Bemerkungen zu einer überflüssigen Debatte[1]

Die Universität Marburg hat vor 14 Tagen ihres großen Lehrers Rudolf Bultmann gedacht, des ohne Zweifel bedeutendsten Neutestamentlers des 20. Jahrhunderts. Sein Todestag jährte sich in diesem Sommer zum 20. Mal. Seit dem Tod von Rudolf Bultmann beherrschen – man verzeihe den Ausdruck – Epigonen das Feld, wobei Epigonen vielleicht sogar noch ein Euphemismus sein könnte. Ein Epigone der dritten Generation steht hier vor Ihnen, um seine Antrittsvorlesung zu halten.

Die neutestamentliche Wissenschaft gleicht nach dem Urteil dieses Epigonen einer Wüste, einem unwirtlichen Gelände, in dem sich zahllose Forscher tummeln, ohne Orientierung in alle Richtungen – vor allem aber in die Breite gehend, ohne daß ein Ziel erkennbar wäre, auf das hin sie arbeiten. Seit Goethe wissen wir freilich: „Getretner Quark/ Wird breit, nicht stark"[2] – die Neutestamentler haben sich diese Maxime, wie es scheint, zu Herzen genommen: Ein Kongreß jagt den andern, immer neue Zeitschriften werden gegründet, Monographien schießen wie Pilze aus dem Boden, Kommentare überschwemmen den Markt ohne Ende. Niemand ist in der Lage, all das bedruckte Papier auch nur in Form eines einigermaßen repräsentativen Querschnitts zur Kenntnis zu nehmen.

Emsige Betriebsamkeit also, wohin das Auge schweift, aber der Ertrag hält sich in allzu engen Grenzen. Eintagsfliegen sind es zumeist, den wechselnden Modeströmungen folgend, schnell produziert – mit heißer Nadel gestrickt, sagt man im Fachjargon – und genauso schnell wieder vergessen. Schade oft nur um das Papier, das bedruckt wird.

In diesen Zusammenhang gehört meines Erachtens die völlig überflüssige Debatte, die Gerd Lüdemann mit seinem Buch über die Auferstehung Jesu angezettelt hat.[3]

---

[1] Antrittsvorlesung in Greifswald am 14. November 1996.

[2] Johann Wolfgang von Goethe: Westöstlicher Diwan (1819), Buch der Sprüche, Nr. 49.

[3] Gerd Lüdemann: Die Auferstehung Jesu. Historie, Erfahrung, Theologie, Göttingen 1994. Wenn nicht ausdrücklich anders vermerkt, beziehe ich mich auf diese 1. Auflage.

I

Die erste Besonderheit dieser Debatte besteht in dem merkwürdigen Phänomen, daß sie begann, bevor das Buch überhaupt erschienen war. Das hat man ja sonst selten, daß ein Buch schon in aller Öffentlichkeit verurteilt wird, bevor es überhaupt ausgeliefert ist.

Ob auch dies in die Rubrik »Vermarktungsstrategie« fällt, will ich für heute einmal dahingestellt sein lassen. So hat beispielsweise Andreas Lindemann seine »Rezension« schon zum Druck gegeben, bevor das Buch von Lüdemann überhaupt erschienen war.[4]

Das räumt der Verfasser auch ungeniert ein, wenn er seine »Rezension« mit dem Satz beginnt: „Noch bevor es überhaupt erschienen ist, schlägt das Buch des Göttinger Neutestamentlers Gerd Lüdemann »Die Auferstehung Jesu – Historie, Erfahrung, Theologie« hohe Wellen. Presseberichte führen zu erschreckten Reaktionen in Kirchengemeinden und lösen bei manchen Pfarrerinnen und Pfarrern Ratlosigkeit aus. »Jesus ist nicht auferstanden«, behauptet Lüdemann aufgrund einer kritischen Analyse der einschlägigen neutestamentlichen Texte."[5] Da werden sich die besorgten Pfarrerinnen und Pfarrer aber gefreut haben, daß ein so berühmter Mann wie Andreas Lindemann ihnen ihre Sorgen abnimmt, und das, bevor sie überhaupt entstehen können.[6]

Diese Analyse ist dem eiligen Rezensenten aber noch gar nicht zugänglich. Er sieht sich auf Vermutungen angewiesen. Dies wird deutlich, wenn Lindemann etwa formuliert: „Lüdemann schreibt in seinem Buch offenbar ..."; oder: „Erstaunlich ist, daß Lüdemann den Visionsberichten anscheinend Glauben schenkt ...". Umso mutiger bekennt unser Rezensent am Schluß: „Selbst wenn Ausgrabungen in Jerusalem eines Tages die Überreste von Jesu Leichnam zweifelsfrei identifizierbar zutage fördern sollten, so wäre dadurch der Glaube daran in keiner Weise berührt, daß Gott Jesum [!] von den Toten auferweckt und ihn zum Herrn gemacht hat."[7]

Was soll man dazu sagen? Zunächst einmal dieses: Es empfiehlt sich (und sollte an sich selbstverständlich sein!), Bücher erst dann zu rezensieren, wenn man wenigstens einen Blick hineingeworfen hat.

Gestatten Sie mir dazu auch noch eine inhaltliche Bemerkung. Im Gegensatz zu Andreas Lindemann bin ich in der Tat der Auffassung, daß die neu-

---

[4] Andreas Lindemann: Jesus blieb im Grab. Ein Buch sorgt für Aufregung: Der Göttinger Neutestamentler Gerd Lüdemann stellt die Auferstehung des Gottessohnes in Frage, Deutsches Allgemeines Sonntagsblatt vom 18. Februar 1994, S. 17.

[5] Ebd.

[6] Besonders erfreut werden die LeserInnen zur Kenntnis genommen haben, daß es sich gar nicht um „historische Erkenntnisse" Lüdemanns handelt: „denn Lüdemann hat über die neutestamentlichen »Ostertexte« hinaus natürlich keine bisher unbekannten oder unausgewerteten Quellen entdeckt" (ebd.). Ist das denn eine *conditio sine qua non* für „historische Erkenntnisse"?

[7] Alle Zitate sind aus dem o. Anm. 4 zitierten Artikel Andreas Lindemanns.

testamentliche Wissenschaft – insbesondere im Gefolge Rudolf Bultmanns
– die archäologischen Ergebnisse zu ihrem eigenen Schaden sträflich vernachlässigt hat. Dies gilt im übrigen nicht nur für die archäologischen Ergebnisse im engeren Sinn, sondern für den gesamten Bereich der von vielen
Neutestamentlern verächtlich so genannten »Realien«. Dabei wird übersehen, daß die ersten Christinnen und Christen, auch Lukas, auch Paulus, zu
allererst mit diesen sogenannten Realien zu tun hatten und keineswegs nur
oder auch nur in erster Linie mit hochwichtigen theologischen Konzeptionen.
Im Gegensatz zu *dieser* Art, neutestamentliche Forschung zu betreiben, bin
ich ganz entschieden der Auffassung, daß es darauf ankommt, sich mit diesen
Dingen des täglichen Lebens zu befassen, angefangen bei den konkreten Lebensverhältnissen an einem gegebenen Ort bis hin zu den speziell religiösen
und weltanschaulichen Überzeugungen, die sich für die Menschen dort nachzeichnen lassen. Im ersten Band meiner Habilitationsschrift habe ich das für
Philippi versucht mit dem Ergebnis, daß wir auch manche theologische Frage
besser verstehen, wenn wir uns auf diese Realien einlassen.

Doch zurück zum Lindemannschen Diktum: Ist es aus meiner Sicht also
sehr zu begrüßen, wenn ein Enkel Rudolf Bultmanns plötzlich die Relevanz der archäologischen Forschung für die neutestamentliche Wissenschaft
entdeckt, so tut Lindemann dies am dafür am wenigsten geeigneten Objekt.
Geradezu grotesk ist aber die Wissenschaftsgläubigkeit, die sich in dem Satz
Lindemanns niederschlägt, und die auch dann zu kritisieren wäre, wenn die
Aussage ironisch zu verstehen sein sollte: Gerade bei einer Schule, die sich
auf ihren hohen Reflexionsgrad in Sachen Hermeneutik so viel zugute hält,
kann eine solche positivistische Haltung nur auf das höchste befremden. Wie
sollte denn – so muß man sich doch fragen – in dem von Andreas Lindemann
hypothetisch angenommenen Fall der Auffindung des Grabes Jesu ein Nachweis geführt werden? Selbst bei einer so überreich ausgestatteten Grabanlage
wie der im Jahr 1977 in Vergina entdeckten ist bis heute der Nachweis nicht
für alle Sachkenner überzeugend geführt worden, daß es sich in der Tat um
das Grab des großen makedonischen Königs Philipp II. handelt. Viele Stunden kann sich der Besucher des Museums in Thessaloniki mit dem Bestaunen
der Funde aus dem Kammergrab von Vergina beschäftigen, aber trotz dieser
zahlreichen Objekte ist eine eindeutige Zuweisung des Grabes an Philipp II.
bis heute nicht möglich.

Im Fall Jesu wäre die Ausgangslage von vornherein eine sehr viel ungünstigere. Selbst wenn das Grab – wie im Fall des unlängst entdeckten Grabes
des Kaiaphas[8] – eine eindeutige Inschrift trüge, wäre doch die Zuweisung
der Knochen in keinem Fall mit der von Andreas Lindemann unterstellten
Zuverlässigkeit möglich. Ich will Sie hier nicht mit Details langweilen; daher nur soviel: *Wenn* ein Enkel Rudolf Bultmanns nun schon einmal die
Archäologie bemüht, geht dies ziemlich daneben.

---

[8] Vgl. dazu die Berichte in Jerusalem Perspective 4 (July/October) 1991, *passim.*

II

Damit kommen wir zur *zweiten* Besonderheit unsrer Debatte um das Lüdemannsche Buch. Diese besteht in der wohl in der Geschichte des Buchwesens einmaligen Tatsache, daß es dem staunenden Publikum innerhalb kürzester Zeit in zwei verschiedenen Fassungen vorgelegt wurde. Daß ein Verlag einem Bestseller eine Taschenbuchausgabe folgen läßt, kann man häufiger beobachten. Im Fall unsres Bestsellers jedoch war die erste Auflage noch gar nicht im Handel, als sich der Verleger des Hauses Vandenhoeck & Ruprecht schon von ihr distanzierte. Bereits im März 1994 konnte man im SPIEGEL lesen: „Der Verlag verkauft nur noch die schon gedruckten Exemplare und stellt es dem Autor frei, sich für eine etwaige zweite Auflage einen anderen Verlag zu suchen."[9] Dies ist ein in der Geschichte der theologischen Publizistik nach meiner Kenntnis beispielloser Vorgang: „»Wir möchten nicht in den Ruf geraten, mit Sensationsmeldungen Geschäfte machen zu wollen«, hieß es Anfang April [1994] in einer Mitteilung des Verlages. Ein kleines Geschäft machte er trotzdem, denn die erste Auflage von 3.000 Stück brachte er noch heraus. In den Schaufenstern der verlagseigenen Buchhandlung in der Göttinger Innenstadt durfte das Werk [allerdings] nicht ausgelegt werden."[10] So kam es, daß das im März 1994 beim Verlag Vandenhoeck & Ruprecht erschienene Buch bereits im Mai desselben Jahres im Radius-Verlag in Stuttgart neu gedruckt wurde.[11]

Völlig daneben ist es, wenn an sich ernstzunehmende Autoren wie Ulrich Luz dies zu einer Frage der Freiheit, „die ein theologischer Verlag seinen Autor/innen gewähren muß", hochstilisieren und sich dadurch auch noch „traurig [ge]stimmt" fühlen.[12] Um so hehre Güter wie die Freiheit geht es nun wirklich nicht – und Lüdemann kann seine Produkte nach wie vor ungehindert publizieren. Geradezu abwegig aber ist eine Luzsche Anmerkung, wo es heißt: „Ich möchte hier ausdrücklich sagen, daß die persönliche Entscheidung des Verlegers in keiner Weise unter irgend einem, z.B. kirchlichem, Druck erfolgt ist."[13] Woher in aller Welt will Luz das denn nun wissen? Rezensionen verkommen auf diese Weise nun wirklich zu einem Kasperltheater. Vollends lächerlich macht sich der Rezensent, wenn er all dem noch hinzufügt: „Respekt verdient seine [des Verlegers Ruprecht] Entscheidung

---

[9] Der Spiegel: „Können wir noch Christen sein?", Ausgabe 13/1994 vom 28.3.1994, S. 126–139; das Zitat S. 127.

[10] Heidi Niemann: Das Auferstehungs-Tabu. Attackiert: Der Theologe Lüdemann und seine These vom verwesten Leichnam Jesu, *Frankfurter Rundschau* vom 1./2. Juni 1994, S. 10.

[11] Diese Angaben macht Lüdemann selbst in seinem Aufsatz: Zwischen Karfreitag und Ostern, in: Osterglaube ohne Auferstehung? Diskussion mit Gerd Lüdemann, QD 155, Freiberg/Basel/Wien ²1995, S. 13–46; hier S. 13, Anm. 1.

[12] Ulrich Luz: Aufregung um die Auferstehung Jesu. Zum Auferstehungsbuch von G. Lüdemann, EvTh 54 (1994), S. 476–482; hier S. 477.

[13] Ebd. (Anm. 3).

auch darum, weil hier einmal ein wissenschaftlich-theologisches Buch Geld
eingebracht hätte!"[14]

Sapienti sat!

Nachdem der Autor in seinem Vorwort zur »Neuausgabe« im Radius-
Verlag[15] sich nicht zu etwaigen Differenzen im Text der beiden Ausgaben
äußert, ist der Leser auf eigene Bemühungen angewiesen; d.h. er muß einen
regelrechten synoptischen Vergleich durchführen, wie er es einst im neutestamentlichen Proseminar gelernt hat. (Immerhin stellt sich auf diese Weise
ja heraus, wie nützlich die Fertigkeiten sind, die man im neutestamentlichen
Proseminar beigebracht bekommt.) Natürlich wendet sich der Leser zuerst
und vor allem dem entscheidenden Satz im Schlußkapitel zu.

> Bei Vandenhoeck & Ruprecht lautete dieser im März 1994 so:
> „Wir können die Auferstehung Jesu nicht mehr im wörtlichen
> Sinne verstehen ..., denn, historisch gesehen, wissen wir nicht
> das geringste über das Grab (war es leer? war es überhaupt ein
> Einzelgrab?) und über das Schicksal des Leichnams Jesu: Ist er
> verwest? Ich halte diesen Schluß allerdings für unumgänglich."
> (G, S. 216.)

> In der Neuauflage des Radius-Verlags liest man im Mai 1994:
> „Wir können die Auferstehung Jesu nicht mehr im wörtlichen
> Sinne verstehen ..., denn, *konkret gesprochen, war das Grab gar
> nicht leer, sondern voll,* wenn es überhaupt ein Einzelgrab gege-
> ben hat, *und der Leichnam Jesu ist jedenfalls nicht entwichen,
> sondern verwest.*" (S, S. 198; die Hervorhebungen sind von Lüde-
> mann.)

Das ist nun in der Tat eine Redaktion, die Beachtung verdient. Nicht oft ist
ein synoptischer Vergleich so ertragreich wie in dem vorliegenden Fall! Wie-
so wir – „historisch gesehen" – im März 1994 „nicht das geringste über das
Grab" „wissen" können, im Mai 1994 dann aber schon – „konkret gesprochen" – dahingehend belehrt werden können, daß es „gar nicht leer" war,
„sondern voll", erschließt sich dem Leser nicht ohne weiteres. Dieser grundlegende Wandel der Betrachtungsweise hätte nun doch einer etwas einge-
henderen Darlegung bedurft. Denn wenn wir – „historisch gesehen" – nicht
das geringste wissen, können wir doch eigentlich auch das nicht wissen, daß
das Grab voll war. Welche bedeutsamen neuen Sachverhalte sind dem Autor
innerhalb weniger Wochen bekannt geworden, daß er zu so grundstürzenden
Neubewertungen kommen konnte? Solche muß man bei einem Forscher, der

---

[14] Ebd.

[15] Gerd Lüdemann: Die Auferstehung Jesu. Historie, Erfahrung, Theologie, Stuttgart
1994 (im folgenden werden die Zitate jeweils in Klammern nachgewiesen, G steht dabei
für die alte Auflage [vgl. o. Anm. 3], S für die Stuttgarter Neuausgabe).

seiner eigenen Charakterisierung zufolge „rücksichtslos" und „ehrlich" vorzugehen pflegt (so im neuen Vorwort, S, S. 9), doch gewiß bei einem solchen Gesinnungswandel voraussetzen …

III

Nach den Besonderheiten bezüglich der Rezension und der Redaktion unsres Buches kommen wir nun *drittens* zu seinem Inhalt. Und da hören – sieht man von Spitzensätzen wie: „Das Grab war voll" oder „Ist er verwest? Ich halte diesen Schluß allerdings für unumgänglich"[16] einmal ab – die Besonderheiten nun allerdings ein für alle Mal auf. Dies ist nicht im Sinne eines Vorwurfs an Gerd Lüdemann gesagt. Zutreffend hat man ja im Verlauf der Debatte um das Lüdemannsche Buch bemerkt: „Das Problem der Diskussion der Auferstehungsfrage besteht nicht zuletzt darin, daß die Argumente ausgetauscht sind und neue Argumente nur noch selten begegnen."[17] Dies gilt nun freilich nicht nur für die Debatte, die ich auch aus diesem Grund in meinem Untertitel als „überflüssig" bezeichnet habe, sondern schon für das Buch Lüdemanns selbst. Auf weite Strecken bietet es nicht nur überhaupt nichts Neues, sondern ist durch und durch konventionell. Aus diesem Rahmen fallen einige wenige Thesen heraus, auf die ich im folgenden etwas näher eingehe, soweit sie das Thema Auferstehung betreffen.

1. „Das Grab war voll"

Diese Spitzenthese ist Ihnen allen bekannt und ich habe sie auch schon verschiedentlich zitiert. Hier geht es weniger darum, daß Lüdemann etwas Neues behauptet – handelt es sich dabei doch um Gemeingut eines ganzen Forschungsstranges –, sondern darum, daß er diese Hypothese *als historisches Faktum* darstellt. (Darauf komme ich gleich noch zu sprechen.) Schon im Auferstehungsbuch von Hans Graß von 1956 wird auf die These vom leeren Grab verzichtet und das historisch faßbare Geschehen auf Visionen reduziert.[18]

---

[16] Der zweite Satz findet sich a.(Anm. 3)a.O., S. 216; der erste Satz steht in der Ausgabe des Verlags Vandenhoeck & Ruprecht überhaupt noch nicht. Vgl. dazu die Ausgabe im Radius Verlag (Anm. 15), S. 198.

[17] Ingo Broer: Der Glaube an die Auferstehung Jesu und das geschichtliche Verständnis des Glaubens in der Neuzeit, in: Osterglaube ohne Auferstehung? (vgl. Anm. 11), S. 47–64; hier S. 51.

[18] Hans Graß: Ostergeschehen und Osterberichte, Göttingen [4]1970, S. 233–249. Vgl. etwa S. 249: „Das Ostergeschehen reduziert sich für eine historisch kritische Betrachtung auf eine Reihe von Christusvisionen, durch welche die geflohenen und verzagten Jünger zur todesmutigen Christusverkündigung, zur Gründung der Gemeinde und zur Mission befähigt wurden."

Gern beruft sich Gerd Lüdemann auf William Wrede, den er zustimmend
mit dem Satz zitiert: „Tadel verdient nur der, der leichtfertige Hypothesen
baut und der nicht zwischen Hypothese und gesichertem Ergebnis zu unterscheiden versteht.“[19] Dieses Verdikt richtet sich zuallererst gegen seinen
Zitator, insbesondere gegen seinen Spitzensatz: „Das Grab war voll.“ Diese Behauptung ist auf exegetischem Weg schlechterdings nicht zu erweisen.
Ganz gleich, wie man zum Problem des angeblich leeren Grabes steht: Die
Behauptung „Das Grab war voll“ ist als solche genau so eine Hypothese wie
die gegenteilige Behauptung: „Das Grab war leer.“ Wer diese Hypothese
mit Gerd Lüdemann als gesichertes Ergebnis darstellt, fällt demnach unter
das Verdikt William Wredes – er verdient Tadel. Wer darüber hinaus wie
Gerd Lüdemann die Pressestelle seiner Universität nutzt, diese und verwand-
te Behauptungen als gesicherte Ergebnisse seines demnächst erscheinenden
Buches einer staunenden Öffentlichkeit zu präsentieren, der erweist seinem
Buch einen Bärendienst, indem er eine Debatte provoziert, die letztlich den
Verdacht hervorruft, das Buch selbst möchte genauso überflüssig sein wie
die es begleitende Debatte.

2. Visionen

War das Grab voll, so müssen die Ereignisse anders erklärt werden. Dazu
greift Lüdemann auf die altbewährte Visionshypothese zurück. Im Unterschied zu vielen seiner Vorgänger will er jedoch im Grund nur zwei Visionen
gelten lassen, nämlich die des Petrus und die des Paulus. Alle „anderen
Osteroffenbarungen [sind davon] abhängige Offenbarungen“, meint Lüdemann, und er fügt hinzu: „Die Schau Christi durch Petrus hat alle anderen
Schauungen des Erhöhten im Jüngerkreis geprägt, mit der Ausnahme der
Vision des Paulus, der Jesus und Petrus in seiner vorchristlichen Zeit ja gar
nicht gekannt hatte.“[20]
   Mehr als eine Meinungsäußerung Lüdemanns kann ich darin freilich nicht
sehen – denn abgesehen davon, daß *jede* Begründung fehlt, ist diese Behauptung nicht nur *a priori* wenig plausibel, sondern im Fall des Herrenbruders
Jakobus sogar so unwahrscheinlich wie nur möglich.
   Lüdemann will, um seine seltsame Theorie zu retten, Jakobus unter die
500 Brüder einreihen, deren »Massenekstase«[21] er miterlebt habe. Mindestens will Lüdemann das als Möglichkeit hinstellen: „Wegen 1Kor 15,7 steht
fest, *daß* Jakobus seinen Bruder »gesehen« hat. ... Das kann aber zunächst
durchaus im Rahmen der mehr als 500 Brüder gewesen sein“[22] – »kann es

[19] William Wrede: Die Entstehung der Schriften des Neuen Testaments, Lebensfragen 18 (1907), S. 5; bei Lüdemann zitiert a.(Anm. 3)a.O., S. 117f., Anm. 369.
[20] Gerd Lüdemann, a.(Anm. 3)a.O., S. 124.
[21] So die Formulierung Lüdemanns, a.(Anm. 3)a.O., S. 138.
[22] S. 140.

nicht!«, ist man versucht, hier sogleich an den Rand des Buches zu schreiben. Jedenfalls ist das sehr unwahrscheinlich, daß Jakobus, dessen Verhältnis zu seinem Bruder bei dessen Lebzeiten kein sonderlich enges war, nun plötzlich völlig unmotiviert in der Schar von dessen Anhängern eine Massenekstase erlebt. Welchen Grund hätte es für ihn gegeben, nun nach Jerusalem aufzubrechen? Selbst wenn er dorthin gewandert sein sollte – wie käme er in die Gesellschaft der 500 Brüder? Lüdemann muß selbst eingestehen, „daß Jakobus zu Lebzeiten Jesu keine religiöse Bindung an seinen Bruder hatte"[23] – und da hätte er sich nun ohne Not unter dessen allerfanatischste Anhänger mischen sollen?

Das Lüdemannsche Dilemma besteht darin, daß Jakobus wegen seiner Distanz zu Jesus nicht in der Lage war, aufgrund seiner Trauerarbeit (darauf komme ich gleich noch zu sprechen) eine eigene Vision zu evozieren. Eine originale Erscheinung kann daher nach Lüdemanns Theorie hier auf gar keinen Fall konzediert werden. So ist er gezwungen, Jakobus unter die 500 Brüder einzureihen, „worauf" – immerhin! – „dann noch eine Einzelvision folgte".[24]

Auf diese Weise läßt sich dann zwar die Lüdemannsche Theorie retten, wonach es überhaupt nur zwei originale Visionen gegeben habe, die des Petrus und die des Paulus, doch dem exegetischen Befund wird man auf diese Weise freilich gar nicht gerecht!

3. Trauerarbeit

Die Vision des Petrus nun, die entscheidende erste von insgesamt nur zwei „originalen" Visionen, möchte Lüdemann als – ich zitiere wörtlich – „ein Stück Trauerarbeit"[25] verstehen. Er schreibt einleitend zu diesem Abschnitt: „Im folgenden sei der Versuch unternommen, auf der Grundlage der Geschichte des Petrus (seines Umgangs mit Jesus und seiner Verleugnung Jesu) und der Tatsache seiner Vision Jesu nachzuzeichnen, was sich zwischen Karfreitag und Ostern in seinem Inneren abgespielt haben kann. Ich bemühe mich darum, möglichst anschaulich, nachvollziehbar und unter Heranziehung zeitgenössischer tiefenpsychologischer Forschung zur Trauerarbeit diesen Prozeß nachzuzeichnen, um ihn zu verstehen und letztlich selbst zu begründen, was Osterglaube in seinen Voraussetzungen sein kann".[26]

Diese Passage des Lüdemannschen Buches erfreut sich ganz besonderer Aufmerksamkeit der Rezensenten – und man kann es ihnen, denke ich, in diesem Fall nun wirklich nicht verdenken! „43 Witwen und 19 Witwer widerlegen die Bibel" war – geschmackvollerweise – eine der zahlreichen Rezensionen des Lüdemannschen Buches aus der Feder Klaus Bergers in der

---

23 Ebd.

24 Ebd.

25 Gerd Lüdemann, a.(Anm. 3)a. O., S. 126.

26 Ebd.

Frankfurter Allgemeinen Zeitung überschrieben.[27] Diese 43 Witwen und 19
Witwer aus Harvard sind mittlerweile fast schon so etwas wie ein geflügel-
tes Wort geworden, dessen Relevanz für die neutestamentliche Wissenschaft
allerdings nach wie vor strittig ist. So behauptet Ulrich Luz in seiner schon
erwähnten Rezension im Gegensatz zu Klaus Berger, daß die 43 Witwen und
19 Witwer von Harvard „die Bibel verständlicher [machen] und [sie] nicht
... widerlegen"[28]. Nachdem Gerd Lüdemann das Verdienst gebührt, diese
Damen und Herren in die Debatte eingeführt zu haben, will ich Ihnen hier
wenigstens den ursprünglichen Sitz im Leben dieses Beweises präsentieren:

> „Um das Verstehen der »Trauer« und der »Vision« des Petrus
> zu fördern, sei in diesem Zusammenhang hingewiesen auf Un-
> tersuchungen an der Harvard-Universität über Trauerfälle und
> den damit verbundenen schmerzlichen Verlust. Die Forscher be-
> gleiteten 43 Witwen und 19 Witwer bei dem Prozeß der Trauer
> und befragten sie in Abständen von drei Wochen, acht Wochen
> und dreizehn Monaten nach dem Tod des Partners. ... Unter
> anderem ermittelte man drei Faktoren, die eine Trauerarbeit be-
> hinderten: 1. Ein plötzlicher Tod, 2. eine ambivalente Beziehung
> zum Verstorbenen, die mit Schuldgefühlen verbunden war, und
> 3. eine abhängige Beziehung.
> Auf die Situation des Petrus und der Jünger angewandt, ist fest-
> zustellen, daß alle drei Faktoren, die eine Trauerarbeit erschwe-
> ren, auf sie zutreffen".[29]

Entlarvend ist ein Satz, den Lüdemann, wenngleich nur in Klammern, in diesem Zusammenhang anfügt: „Das sind – zugegeben – Vermutungen, doch
sie dürften einen historischen Anhalt haben."[30] Was mich angeht, so danke
ich für derlei windige Vermutungen; und ich füge hinzu, daß nach meiner
Einschätzung das leere Grab nicht weniger „historischen Anhalt" hat als die
von Luz zustimmend zitierten Ausführungen Lüdemanns. Bevor ich die Auferstehung Jesu auf die impendierte Trauerarbeit des Apostelfürsten Petrus
zurückzuführen bereit bin, bleibe ich im Zweifel lieber bei der Legende vom
leeren Grab!
    Die Trauerarbeit des Petrus hat nun allerdings auch bei Lüdemann un-
erhörte Folgen. (Vergleichbares vermögen die zitierten 43 Witwen und 19
Witwer aus Harvard offenbar doch nicht zu bieten!) „Petrus hatte den gekreuzigten Jesus lebendig gesehen (ebenso die Zwölf). Sie erzählten davon
z.B. auch bei dem nächsten großen Fest ... in Jerusalem, dem jüdischen Wo-
chenfest ..., auf dem viele Festpilger zusammen waren. ... Diese Predigt

---

[27] *Frankfurter Allgemeine Zeitung* vom 20. März 1994.
[28] Ulrich Luz, a.(Anm. 12)a.O., S. 480, Anm. 7.
[29] Lüdemann, a.(Anm. 3)a.O., S. 128.
[30] Ebd.

und allgemein vorhandene Erinnerungen an Jesus führten förmlich zu einem religiösen Rausch und einer Begeisterung, die als Gegenwart Jesu erfahren wurde, und zwar als Präsenz des Auferstandenen, wie ihn bereits Petrus gesehen hatte. Die Erscheinung vor den »mehr als 500«, bei der auch bisherige Visionsempfänger anwesend waren, bündelte und bestätigte alle bisherigen Einzelerscheinungen und verlieh der Gruppe damit einen Kraftschub ohnegleichen.“[31]

Ich versage es mir, diesen Kraftschub zu kommentieren, und komme zu meinem vierten und letzten Abschnitt.

IV

Meine sehr geehrten Damen und Herren! Nachdem ich in der vergangenen Woche zu meiner Überraschung feststellen mußte, daß es keinen Konsens hinsichtlich der Frage gibt, wozu eine Probevorlesung gut sein könnte, muß ich *per analogiam* schließen, daß es mit dem entsprechenden Konsens bezüglich einer *Antritts*vorlesung auch nicht besser bestellt ist. Daher erlaube ich mir abschließend die Bemerkung, daß nach *meinem* Verständnis eine Antrittsvorlesung weniger dazu da ist, die neuesten Forschungsergebnisse des Jubilars zu präsentieren, sondern eher dazu, einen Eindruck davon zu vermitteln, wie der Epigone sein Fach zu vertreten gedenkt und wo er steht. Dieses möchte ich zum Schluß in drei Thesen zusammenfassend umreißen.

1. Im Gegensatz zu Gerd Lüdemann bin ich dezidiert der Ansicht, daß die Theologie eine *kirchliche Wissenschaft* ist.

2. Im Rahmen der protestantischen Theologie kommt der *Christologie* die zentrale Stellung zu.

3. Der historische Jesus gehört in die Christologie hinein; er ist nicht nur eine ihrer Voraussetzungen, aber auch nicht ihre alleinige Norm.

Zu 1.

Im Gegensatz zu Gerd Lüdemann bin ich dezidiert der Ansicht, daß die Theologie eine *kirchliche Wissenschaft* ist.

Über das neueste Buch aus Gerd Lüdemanns Feder *Das Unheilige in der Heiligen Schrift. Die andere Seite der Bibel, Stuttgart 1996*, konnte man vor wenigen Wochen in der *Frankfurter Rundschau* lesen[32]: „Lüdemann hält …

---

[31] Lüdemann, a.(Anm. 3)a.O., S. 138.

[32] Der Artikel in der FR (dem auch das folgende Zitat entnommen ist) stammt von Hartmut Meesmann: Von der Zähmung der widerspenstigen Forschung. Bibelwissenschaftler Gerd Lüdemann streitet wider bekenntnisgebundene Theologie an staatlichen Universitäten, *Frankfurter Rundschau*, 17. Oktober 1996 (Nr. 242), S. 6. Der Vorwurf an die lieben Kollegen (bei Lüdemann ist er pauschal an die „heutige Theologie“ gerichtet) findet sich ausgeführt auf S. 13 des Lüdemannschen Buches. Alle Stichworte sind dort vorhanden.

nichts von einer bekenntnisgebundenen Theologie an den staatlichen Universitäten. Diese sei nicht frei, wirklich wissenschaftlich, also voraussetzungslos zu forschen. Lüdemann wirft den meisten seiner Kollegen an den theologischen Fakultäten vor, die Erkenntnisse der historisch-kritischen Forschung entweder »umzubiegen, zu relativieren, zu zähmen oder überhaupt in Frage zu stellen«. Er schreibt: »Solange es in Deutschland an den Universitäten eine evangelische *und* eine katholische Theologie gibt, ist offenkundig, daß Theologie keine Wissenschaft ist«. Einen theologischen Erkenntnisfortschritt könne es nur geben, wenn »zukünftige theologische Fakultäten in gleicher Weise sowohl mit kirchlich orientierten Forschern als auch mit solchen aus anderen Religionen und mit Religionskritikern (einschließlich Atheisten) besetzt sind.«"

Herr Lüdemann kennt also nicht nur alle seine Kollegen an den staatlichen Fakultäten, sondern er hat anscheinend auch eine statistische Erhebung unter allen diesen Kollegen durchgeführt mit dem Ergebnis, daß die Mehrheit dieser Kollegen an den staatlichen Fakultäten die Erkenntnisse der historisch-kritischen Forschung entweder umbiegt, relativiert, zähmt oder überhaupt in Frage stellt. Das nenne ich gründliche Forschung, hier bewährt sich die akribische Sorgfalt des Wissenschaftlers Lüdemann. Hier gibt – ich benutze eine Formulierung aus der genannten Rezension von Ulrich Luz – „ein ehrlicher Mensch Auskunft".[33]

Welche Daten ihm aber den Schluß erlauben, daß dieser betrübliche Zustand zum Guten hin zu ändern wäre, wenn man nicht kirchlich gebundene Wissenschaftler auf die frei werdenden Lehrstühle beriefe, verrät Lüdemann uns leider nicht.

Daß sein Vorschlag schon an den praktischen Gegebenheiten scheitern müßte, liegt auf der Hand. Denn wo sollen nun plötzlich nichtchristliche Theologen in größerer Zahl herkommen, um unsre theologischen Lehrstühle zu bevölkern?

Erscheint dies schon als Gedankenspiel ziemlich absurd, so erst recht in der Praxis. Faktisch ist es doch so, daß wir an den theologischen Fakultäten vor allem künftige Pfarrer und künftige Religionslehrer ausbilden. Und daran wird sich auch in Zukunft im Prinzip nichts ändern. Bilden wir aber für den praktischen Dienst aus, so ist es unerläßlich, daß auch die Dozenten eigene Erfahrungen mit dieser Praxis gemacht haben, d.h. daß sie selbst als Pfarrer und/oder Religionslehrer tätig gewesen sind. So ergibt sich schon in

---

Der Satz mit der evangelischen und der katholischen Theologie, die verhindern, daß die Theologie eine Wissenschaft ist, steht bei Lüdemann S. 37 (er ist von Meesmann korrekt zitiert; lediglich das „und" ist im Original kursiv).

Der Spitzensatz am Schluß des Zitats aus der *Frankfurter Rundschau* steht im Lüdemannschen Buch auf S. 36 (er ist ebenfalls in der FR völlig korrekt zitiert; lediglich das „und" ist im Original kursiv).

[33] Ulrich Luz, a.(Anm. 12)a.O., S. 482.

dieser rein pragmatischen Betrachtungsweise eine unaufgebbare Verbindung zwischen kirchlichem Amt und theologischer Lehre.

Auch wenn man das von Lüdemann ins Spiel gebrachte Stichwort „Wissenschaftlichkeit" aufgreift, kommt man m.E. zu keinem andern Ergebnis. Inwiefern ist denn die Wissenschaftlichkeit meiner exegetischen, meiner historischen oder meiner theologischen Forschung durch die Tatsache beeinträchtigt, daß ich diese als evangelischer Christ betreibe? Was hätte etwa ein Atheist mir voraus, daß er meine neutestamentlichen Texte »wissenschaftlicher« – und das muß doch dann im Ergebnis auch heißen: sachgerechter – interpretieren könnte als ich? Sein Atheismus ist doch wissenschaftstheoretisch betrachtet genau so viel oder so wenig wert wie mein christlicher Glaube, d.h. er ist im Lüdemannschen Sinne ebenso »Voraussetzung«. Er müßte den Atheisten in gleicher Weise daran hindern, „wirklich wissenschaftlich, also voraussetzungslos zu forschen", wie dies in meinem Fall Lüdemann zufolge anscheinend mein christlicher Glaube tut.

Vollends in die Irre führt das Schlagwort »bekenntnisgebundene Theologie«. Als Theologe stehe ich doch immer in einer Tradition (das gilt im übrigen *mutatis mutandis* auch für einen Historiker oder einen Naturwissenschaftler und last not least selbstverständlich auch für Gerd Lüdemann). Ich kann doch in keinem Fall so tun, als wäre ich der erste, der neutestamentliche Texte interpretiert! D.h. aber: Als Christ stehe ich dann zuerst und vor allem in der Tradition meiner Kirche. Das bedeutet aber doch ganz und gar nicht, daß ich in der Weise an mein „Bekenntnis" „gebunden" bin, daß mein „Bekenntnis" mir meine Forschungsergebnisse vorschriebe. Falls Lüdemann das wirklich behaupten wollte – ich unterstelle es ihm nicht – befänden wir uns auf der Ebene allerbilligster Polemik.

Zu 2.

Im Rahmen der protestantischen Theologie kommt der *Christologie* die zentrale Stellung zu.

Auch hier grenze ich mich ab von Gerd Lüdemann, der die Christologie ja durch eine »Jesulogie« ersetzen möchte: „Hier am historischen Jesus" – so schreibt er schon am Schluß seines Buches über die Auferstehung –, „wie er mir durch die Texte vorgegeben ist und durch historische Rekonstruktion als Person begegnet, fällt also die Entscheidung des Glaubens, nicht am auferstandenen Christus ..."[34]

Noch deutlicher hat Lüdemann es dem SPIEGEL gegenüber formuliert: „Der Mensch Jesus ist es, der für heute maßgeblich ist".[35] Das „Leben Jesu,

---

[34] Gerd Lüdemann, a.(Anm. 3)a.O., S. 220. Der Begriff Jesulogie ist dank Lüdemann schon bis in die Tageszeitungen vorgedrungen: „Gegen die kirchliche Christo-logie setzt Lüdemann die wissenschaftliche Jesu-logie" (Hartmut Meesmann, a.(Anm. 32)a.O., S. 6).

[35] „Das Credo abschaffen". Der Göttinger Theologieprofessor Gerd Lüdemann über

... seine Botschaft" ist es, „was allein ihm heute noch seine Bedeutung gibt."[36] „Die Norm kann nur Jesus sein, der Mensch Jesus."[37] Darum kommt es allein darauf an, die Botschaft des historischen Jesus zu rekonstruieren – wir dürfen uns also auf ein *neues* Buch von Lüdemann freuen. Immerhin hat er den SPIEGEL schon vorab wissen lassen, daß nur etwa 15% der Jesus-Worte im Neuen Testament echt seien.[38] Doch das „genügt, um ein Gesamtbild zu gewinnen und seine Botschaft zu kennen. Das allein kann die Basis des Glaubens sein."[39]

Das Überraschende an diesem Programm Lüdemanns ist, daß er seine Vorgänger mit keinem Wort erwähnt, ja sie noch nicht einmal zu kennen scheint. So hat – um nur ein herausragendes Beispiel zu nennen – Ethelbert Stauffer in den 50er und 60er Jahren genau dasselbe Programm verfolgt wie heute Lüdemann. Bis in die Formulierungen hinein gleichen sich die Thesen der beiden. Liest man Lüdemann, so meint man Stauffer vor sich zu haben. Ja, man kann in dieser Hinsicht Lüdemann geradezu als *Stauffer redivivus* bezeichnen. Das Stauffersche „Jesus von Nazareth ist mir das Maß aller Dinge"[40] könnte genauso gut aus der Feder Lüdemanns stammen.

Das Stauffersche Programm erregte damals ein ähnliches Aufsehen bis hin zu Tageszeitungen und Illustrierten wie heute Lüdemann. Trotz dieser weiten Aufmerksamkeit *damals* ist Stauffers Projekt *heute* der Vergessenheit anheimgefallen, und dies in einem solchen Ausmaß, daß selbst auf seinen heutigen Jünger Lüdemann anscheinend keine Kunde mehr davon gekommen ist. Ich wage daher die Prognose, daß es mit den Lüdemannschen Thesen ganz ähnlich gehen wird.

Das entbindet uns nicht von einer sachlichen Auseinandersetzung, entbindet mich nicht davon, nun auch klipp und klar zu sagen, weswegen mir die Lüdemannsche Jesulogie nicht ausreicht. Daher in aller Kürze nur so viel: Das Bekenntnis eines jeden Christen lautet: „Ich glaube an Jesus Christus", oder, in der Formulierung unserer frühchristlichen Brüder und Schwestern: κύριος Ἰησοῦς Χριστός. Dieses Bekenntnis läßt sich nicht auf die Aussage reduzieren: „Ich glaube an den historischen Jesus". Und zwar aus zwei Gründen, einem praktischen und einem inhaltlichen. Zum einen – dies ist

---

Bibel, Jesus und Glauben, Der Spiegel 8/1996, S. 60–69; hier S. 62.

[36] So im zitierten Spiegel-Gespräch, S. 66.

[37] Ebd.

[38] Der Spiegel, a.a.O., S. 67. Das neue Buch übrigens steht wirklich kurz bevor: „Ich fasse im folgenden mein Bild von Jesus thesenhaft zusammen. Es hat sich mir aus meinem Studium *aller* Jesusüberlieferung ergeben und wird in Bälde als selbständige Monographie erscheinen" (im Text des bei Anm. 32 genannten Buches, S. 120).

[39] Der Spiegel, a.a.O., S. 67.

[40] Ethelbert Stauffer: Jesus, Paulus und wir, Hamburg 1961, S. 28 u.ö. In *einem* Punkt allerdings unterscheidet sich Stauffer von Lüdemann: „Das leere Grab ist ein objektives und kontrollierbares Faktum" (a.a.O., S. 24) – meint Stauffer im Unterschied zu seinem modernen Nachfahren.

der praktische Grund – ist und bleibt der historische Jesus eine viel zu unsichere Größe, als daß man seinen Glauben darauf gründen könnte. Noch habe ich – als Profi, wohlgemerkt, was will erst das sogenannte „einfache Kirchenvolk" sagen, wollte es Lüdemanns Credo übernehmen! – das neueste Jesusbuch aus der Feder von Jürgen Becker[41] nicht gelesen, da kündigt Gerd Lüdemann schon das seinige an. Historische Jesusse gibt es so viele wie einschlägige Bücher, diese aber vermöchten Bibliotheken zu füllen. Zum andern aber – und das ist der inhaltliche Grund – umfaßt das Bekenntnis zu Jesus Christus sehr viel mehr an Inhalt als nur die Verkündigung des historischen Jesus. Ich nenne nur zwei Stichworte: Kreuz und Auferstehung. Darüber müßte man dann einmal eine Debatte mit Gerd Lüdemann führen, die jedenfalls nicht von vornherein überflüssig wäre ...

Zu 3.

Der historische Jesus gehört in die Christologie hinein; er ist nicht nur eine ihrer Voraussetzungen, aber auch nicht ihre alleinige Norm.

In der ihm eigenen Prägnanz hat Rudolf Bultmann einst formuliert: „*Die Verkündigung Jesu* gehört zu den Voraussetzungen der Theologie des N[euen] T[estaments] und ist nicht ein Teil dieser selbst."[42] Dieser Satz, der seit 1948 ohne Modifikation die Bultmannsche Theologie des Neuen Testaments eröffnet, ist schon in den 50er Jahren von seinen eigenen Schülern kritisiert worden. Er ist sozusagen das andere Extrem, wenn man von Lüdemann aus denkt. Irgendwo dazwischen, meine ich, müßte man vernünftigerweise ansetzen. Der historische Jesus ist weder das Maß aller Dinge – so Lüdemann – noch für die Theologie ganz ohne Bedeutung – so Rudolf Bultmann. Vielleicht gelingt es mir in den kommenden Jahren in Greifswald, eine nachvollziehbare Position zwischen den beiden Extremen zu entwickeln.

---

[41] Jürgen Becker: Jesus von Nazaret, Berlin/New York 1996.

[42] Rudolf Bultmann: Theologie des Neuen Testaments, Tübingen [7]1977, S. 1.

Lukas als ἀνὴρ Μακεδών

Zur Herkunft des Evangelisten aus Makedonien[1]

N.G.L. Hammond, der Historiker Makedoniens, hat im Vorwort zum ersten Band seiner monumentalen Geschichte Makedoniens die mangelnde Koordination der Forschung beklagt. Die Archäologen in Albanien, in Jugoslawien und in Griechenland, so stellte er damals fest, hätten genausogut auf verschiedenen Planeten graben können – schlechter hätte die Koordination auch dann nicht sein können.[2] Gilt dies schon für die Kommunikation der Archäologen untereinander, so erst recht für die Kommunikation der Archäologen mit den benachbarten Disziplinen. Als eine solche muß im Falle der *Colonia Iulia Augusta Philippensis* auch die Neutestamentliche Wissenschaft gelten, stellt das Neue Testament doch mit dem Brief des Apostels Paulus an die Philipper und dem Bericht des Lukas in Apg 16 zwei nicht zu unterschätzende Quellen für die Geschichte Philippis zur Verfügung. Hier hat Paulus die erste christliche Gemeinde Europas[3] gegründet, eine Tatsache, die gerade für Archäologen von großer Bedeutung ist, wie man an den eindrucksvollen Funden der französischen (Paul Lemerle[4]) und vor allem

---

[1] Vortrag, gehalten bei dem ΣΤ΄ Διεθνές Συμπόσιο για την Αρχαία Μακεδονία, Thessaloniki, 18. Oktober 1996.

[2] N.G.L. Hammond: A history of Macedonia. Volume I: Historical geography and prehistory, Oxford 1972, Nachdr. New York 1981, S. viii: „The body of evidence has increased hugely. It is almost entirely uncoordinated. Prendi at Malik in Albania, Grbić at Porodin in southern Yugoslavia, and Andronikos at Vergina in Southern Macedonia might have been excavating on separate planets."

[3] Vgl. dazu meine Habilitationsschrift: Philippi. Band I: Die erste christliche Gemeinde Europas, WUNT 87, Tübingen 1995, S. 229–231.

[4] Paul Lemerle: Philippes et la Macédoine orientale à l'époque chrétienne et byzantine. Recherches d'histoire et d'archéologie, [Bd. I] Texte, [Bd. 2] Album, BEFAR 158, Paris 1945. Vgl. auch die kleineren Arbeiten Lemerles, die ich Philippi I 277f. zusammengestellt habe.

der griechischen Ausgrabungen (Στυλιανός Πελεκανίδης[5], Γεώργιος Βελένης zusammen mit Γεώργιος Γούναρης[6] u.a.) sehen kann.

So kommen etwa die französischen Archäologen, die über Philippi schreiben, nicht umhin, insbesondere auf den lukanischen Bericht in Apg 16 zu sprechen zu kommen (Lemerle tut dies in besonders erschöpfender Weise[7]) – doch wie ist es um die Kommunikation mit den Neutestamentlern bestellt?

I

Paul Collart hält Lukas für einen Begleiter des Paulus, der in Alexandria Troas zu dessen Gruppe gestoßen sei (Apg 16,9ff.) und somit als Augenzeuge die Ereignisse in Philippi miterlebt habe. Nach der Abreise des Paulus sei Lukas in Philippi zurückgeblieben, um sich dort über mehrere Jahre aufzuhalten. Erst bei der dritten Missionsreise sei Lukas zusammen mit Paulus dann wieder von Philippi aufgebrochen (Apg 20,5), um ihn auf seinem weiteren Weg bis nach Rom zu begleiten.[8] Die theologischen Gewährsleute, auf die Collart sich für seine Darstellung stützt, sind E. Renan, W.M. Ramsay und M. Goguel.[9] Für ein textkritisches Problem zieht er darüber hinaus auch noch Blass und das Sammelwerk *The Beginnings of Christianity* heran.[10]

Die gesamte neuere Acta-Forschung fällt damit bei Collart komplett aus. Die von ihm übernommene Position hinsichtlich der Identität des Augenzeugen Lukas mit dem Verfasser der Apostelgeschichte wird im übrigen bereits seit dem 18. Jahrhundert in Frage gestellt.[11] In Band II des von ihm benutzten Sammelwerks *The Beginnings of Christianity* hätte Collart eine ausführliche Begründung für die »moderne« Auffassung finden können, der-

---

[5] Die einschlägigen Arbeiten von Στυλιανός Πελεκανίδης habe ich Philippi I 281 und 292f. aufgelistet.

[6] Die vorläufigen Berichte aus der Feder von Γούναρης und Βελένης finden sich Philippi I 289. Eine Übersicht über die archäologischen Ergebnisse im Rahmen des Territoriums der *Colonia Iulia Augusta Philippensis* gibt die Einleitung von Philippi I (S. 1–35).

[7] Vgl. a.(Anm. 4)a.O., S. 15–41 sowie Paul Collart: Philippes, ville de Macédoine, depuis ses origines jusqu'à la fin de l'époque romaine, Paris 1937, S. 456–464.

[8] Collart, a.a.O., S. 457; 461; 464.

[9] Collart nennt eingangs die einschlägigen Arbeiten von Goguel (S. 457, Anm. 1) und bezieht sich sodann (Anm. 2) auf Renan. Daneben erscheinen hier (ohne Nachweise im einzelnen) die Namen Ramsay und Wendt.

[10] Collart diskutiert a.a.O., Anm. 3 das textkritische Problem von Apg 16,12 (vgl. dazu Philippi I 159–165).

[11] Vgl. etwa den Überblick von A.C. McGiffert: The Historical Criticism of Acts in Germany, in: The Beginnings of Christianity, Part I: The Acts of the Apostles, hg. v. F.J. Foakes Jackson und Kirsopp Lake, vol. II: Prolegomena II: Criticism, London 1922, S. 363–395.

zufolge der Verfasser der Apostelgeschichte kein Reisebegleiter des Paulus war und für die Ereignisse etwa in Philippi mithin kein Augenzeuge.[12]

Auch Paul Lemerle hält an der Identität mindestens des Verfassers der »Wir-Berichte« (Apg 16,9ff.; 20,5ff.; 21,1ff.) mit einem Reisebegleiter des Paulus – und d.h. dann: einem Augenzeugen fest. Allerdings bestreitet Lemerle, daß dieser Augenzeuge spezielle Vorkenntnisse gerade über Philippi besessen habe. Insbesondere stamme er nicht aus Philippi. Denn wäre dies der Fall, so argumentiert Lemerle, dann wäre ihm die Lage der dortigen προσευχή von vornherein bekannt gewesen (anders aber die in Apg 16,13 vorausgesetzte Situation, die Unsicherheit über deren Ort verrät). Zudem hätte er dann die anderen Missionare in Philippi in seinem Haus beherbergt, und sie wären nicht auf die Gastfreundschaft der Lydia (Apg 16,15) angewiesen gewesen.[13]

Beide französischen Archäologen führen keinen wirklichen Dialog mit ihren neutestamentlichen Kollegen und umgekehrt sind ihre Werke von den Neutestamentlern bisher meist gar nicht oder doch nur am Rande zur Kenntnis genommen worden. Von einer Kommunikation oder gar Koordination kann keine Rede sein.

Collart und Lemerle stehen aber nicht allein. Bis heute wird in einigen griechischen Lehrbüchern ein völlig unzutreffendes Bild gezeichnet. Der Verfasser des lukanischen Doppelwerkes ist diesen zufolge unbestritten der Arzt und Reisebegleiter des Paulus: Ὅτι το τρίτο Εὐαγγέλιο το ἔγραψε ο Λουκάς κανείς ποτέ δεν το αμφισβήτησε σοβαρά. ... Μόνο τα τελευταία αυτά χρόνια, που υπό την ανήσυχη πνοή του ορθολογισμού σχεδόν κάθε βιβλίου της Αγίας Γραφής αμφισβητήθηκε η πατρότητα, τέθηκε υπό αμφισβήτηση και του Λουκά

---

[12] Schon im Vorwort des zweiten Bandes von *The Beginnings of Christianity* (vgl. Anm. 11) weisen die Herausgeber darauf hin: „Mr. Emmet has stated the case for the identity of the author of Acts with the Luke who was the companion of Paul, and Professor Windisch has given the arguments in favour of the opposite view." (S. vi).

In seinem Beitrag (The Case Against the Tradition, a.a.O., S. 298–348) unterscheidet Windisch den Verfasser der Apostelgeschichte von Lukas, dem Reisebegleiter des Paulus, hält aber daran fest, daß das plötzlich auftauchende »wir« in Apg 16,10 am besten zu erklären sei, „if we assume that the author of Acts on this occasion took over Luke's diary and copied a passage out of it; and perhaps for literary reasons or, possibly, through mere carelessness, failed to mention the name of the travelling companion who appeared here for the first time" (S. 329).

Windisch zufolge geht also mindestens der »Wir-Bericht« mittelbar doch auf einen Augenzeugen Lukas zurück; doch auch diese Unterscheidung liegt Collart fern.

[13] Vgl. Lemerle, a.(Anm. 4)a.O., S. 29f., wo es heißt: „Je note en passant que l'hypothèse, formulée par plusieurs commentateurs, d'après laquelle Luc, ou le personnage qui dit »nous«, serait originaire de Philippes me paraît contredite par le récit: sans doute il n'aurait pas ignoré l'emplacement de la proseuque; il aurait eu à Philippes quelque endroit où héberger ses compagnons, où loger lui-même, et n'aurait pas été contraint d'accepter l'hospitalité de Lydia."

η σχέση με το τρίτο Ευαγγέλιο heißt es in einem Werk aus der zweiten Hälfte der achtziger Jahre.[14]

II

Läßt man die naive Annahme fallen, wonach der Autor des gesamten Werkes (den ich der Einfachheit halber weiterhin Lukas nenne) bzw. wenigstens der Verfasser der »Wir-Berichte« ein Reisebegleiter des Paulus und mithin mindestens für einige Geschehnisse ein Augenzeuge gewesen sein muß, dann ist der Weg frei für eine von solchen vorgängigen Hypothesen unbelastete Analyse.

Wer die Apostelgeschichte unter topographischen und historischen Gesichtspunkten untersucht, erkennt, daß ihre Angaben bezüglich Palästina und Asia Minor durchweg vage und ungenau, im Raum der Ägäis dagegen wesentlich präziser sind. Von ganz besonderer Präzision sind die Angaben in Makedonien. Ganz anders als bei der ersten Missionsreise (Apg 13–14) weiß der Verfasser hier über den Verlauf der Route von Troas über Samothrake und Neapolis nach Philippi und weiter nach Thessaloniki genau Bescheid. Er ist sogar in der Lage, zwei Zwischenstationen auf der Εγνατία Οδός zwischen Philippi und Thessaloniki – Amphipolis und Apollonia (Apg 17,1) – anzugeben, obgleich dies für seine Erzählung völlig ohne Belang ist. Dies führt mich zu meiner *ersten These: Nirgendwo sonst kennt sich der Verfasser der Apostelgeschichte so gut aus wie in Makedonien.*

Vergleicht man nun die drei makedonischen Episoden in Philippi, in Thessaloniki und in Beroia miteinander, so fällt die ungewöhnliche Breite der Philippi-Erzählung sogleich ins Auge. Schon der Übergang der Missionare von Troas nach Philippi wird in einzigartiger Weise gestaltet und damit ganz besonders hervorgehoben (Apg 16,6–10).[15]

Die historischen Angaben zur Stadt Philippi in v. 12 sind von einer in der gesamten Apostelgeschichte einmaligen Präzision: Nirgendwo sonst wird konstatiert, daß es sich um eine römische Kolonie handelt.[16] Darüber hinaus wird die Lage der Stadt durch die analogielose Angabe ἥτις ἐστὶν πρώτης μερίδος τῆς Μακεδονίας πόλις noch weiter präzisiert.[17]

Im ersten Band meiner Studie über Philippi habe ich zu zeigen versucht, daß Lukas gerade auch bezüglich der topographischen Verhältnisse

---

[14] Γεωργίου Α. Χατζηαντωνίου Η Καινή Διαθήκη. Γενική εισαγωγή, Β´ έκδοση, Αθήνα ohne Jahr, S. 89. Es trifft auch nicht zu, daß η μαρτυρία ... των πατέρων ... σήμερα σχεδόν γενικά αποδεκτή sei, derzufolge Lukas aus Antiochia stamme (ebd.).

[15] Vgl. dazu Philippi I 153–159.

[16] Obgleich Kolonien auch sonst des öfteren begegnen, vgl. meine Liste Philippi I 159f.

[17] Vgl. dazu Philippi I 159–165.

der Stadt Philippi selbst vorzüglich informiert ist.[18] Die Aussage ἐξήλθομεν ἔξω τῆς πύλης παρὰ ποταμόν (v. 13) bezieht sich auf das von den französischen Archäologen zuletzt gefundene[19] dritte Stadttor, das dem Lauf des Flusses am nächsten kommt. Hier ist die jüdische προσευχή zu suchen.

In meinem Buch habe ich insbesondere nachzuweisen versucht, daß die einst von Μερτζίδης publizierte Ehreninschrift für den Purpurfärber Antiochos aus Thyateira doch echt ist und eine interessante Parallele zu Lydia, der πορφυρόπωλις πόλεως Θυατείρων (Apg 16,14), darstellt.[20] Zudem verrät auch die Szene mit dem θεὸς ὕψιστος nach meiner Auffassung gute lokalgeschichtliche Kenntnisse des Verfassers.[21]

Schließlich ist Lukas auch über die städtischen Beamten in Philippi vorzüglich informiert; er nennt die στρατηγοί (= *duumviri*) sowie die ῥαβδοῦχοι (= *lictores*).[22] Im Gegensatz zu den unspezifischen Angaben etwa bezüglich der städtischen Beamten im pisidischen Antiochien (Apg 13,50f.) und in Ikonion (Apg 14,4ff.), die lediglich als πρῶτοι τῆς πόλεως bzw. ἄρχοντες bezeichnet werden, fallen die genauen Bezeichnungen in Philippi besonders auf.

Insgesamt kann man feststellen, daß sich die archäologischen Funde und die lukanischen Angaben in einem erfreulichen Ausmaß gegenseitig erhellen.

So formuliere ich meine *zweite These: „Die topographischen, die historischen und insbesondere die verwaltungstechnischen Detailkenntnisse im Philippi-Abschnitt sind in der Apostelgeschichte ohne Parallele.“*[23]

III

Aus den genannten Beobachtungen leite ich die Hypothese ab, daß wir es bei Lukas, dem Verfasser des Evangeliums und der Apostelgeschichte, mit einem ἀνὴρ Μακεδών zu tun haben. Ich entlehne diese Formulierung der berühmten Szene aus Apg 16,9f., wo dem Apostel Paulus in Troas ein ἀνὴρ Μακεδών erscheint und ihn bittet: διαβὰς εἰς Μακεδονίαν βοήθησον ἡμῖν. Ich teile nicht die Auffassung von W.M. Ramsay, wonach Lukas selbst der ἀνὴρ Μακεδών war, der dem Paulus im Traum erschienen sei.[24]

---

[18] Vgl. meinen Paragraphen 3 „Das dritte Stadttor". Zur Lage der προσευχή in Philippi (Apg 16,13), Philippi I 165–174.

[19] Vgl. dazu den Bericht von Jacques Roger: L'enceinte basse de Philippes, BCH 62 (1938), S. 20–41; hier S. 35f.

[20] Vgl. Philippi I 174–182. Die Inschrift findet sich jetzt auch als Nr. 697/M580 in Philippi II 692f.

[21] Vgl. dazu meinen § 5 „Die Diener des θεὸς ὕψιστος" (Philippi I 182–188).

[22] Vgl. Philippi I 193–195.

[23] Vgl. Philippi I 157.

[24] W.M. Ramsay: St. Paul the Traveller and the Roman Citizen, London [6]1902, S. 200ff. Zur Kritik dieser romantischen Spekulation vgl. Philippi I 156, Anm. 9.

Der Verfasser des lukanischen Doppelwerkes muß kein Reisebegleiter des Paulus gewesen sein, um so über Makedonien zu schreiben, wie er es tut. Aber er muß ein Makedone gewesen sein, ein Lokalpatriot, der aus diesem Grund den Übergang des Apostels Paulus von Asia nach Μακεδονία in einmaliger Weise hervorhebt. Vermutlich stammt er aus der Gemeinde Philippi, die Paulus in Makedonien gegründet hat, und damit der ersten christlichen Gemeinde Europas überhaupt.

Abb. 7: Grabinschrift eines Tierkämpfers (Philippi II Nr. 296/G412)

In einer Inschrift der *Colonia Iulia Augusta Philippensis* werden der makedonische König Philipp als Gründer der Stadt und der römische Kaiser Augustus als Gründer der Kolonie zu Recht hervorgehoben: Philippi ist ein κτίσμα Φιλίπποιο καὶ Αὐγούστου βασιλῆος.[25] Ihnen muß man als Dritten den Apostel Paulus an die Seite stellen, den Gründer der Gemeinde von Philippi, der die weitere Entwicklung der Stadt maßgeblich geprägt hat, wie noch der heutige Besucher an den zahlreichen christlichen Bauwerken ablesen kann: Das christliche Philippi ist, um mit den Worten der zitierten Inschrift zu sprechen, ein κτίσμα ἀποστόλου Παύλου.[26]

---

[25] In meinem Katalog der Inschriften von Philippi die Nr. 296/G412 (Philippi II 301–304). Vgl. Paul Lemerle: Inscriptions latines et grecques de Philippes, BCH 59 (1935), S. 126–164; hier S. 148–151, Nr. 42.

[26] Vgl. auch die schöne Formulierung von Στυλιανός Πελεκανίδης: ἡ πόλη αὐτὴ χρησίμευσε ὡς ὁ πυλώνας τοῦ Λόγου τοῦ Εὐαγγελίου μὲ τὸ κήρυγμα τοῦ ἀποστόλου Παύλου στὴν Εὐρώπη καὶ γενικότερα στὴ Δύση.

Von geringerem Rang als diese drei Männer, aber für die Stadt und ihre christliche Gemeinde von nicht zu überschätzender Bedeutung ist Lukas, der Verfasser des nach ihm »lukanisch« genannten Doppelwerks, der am Ende des ersten Jahrhunderts in der christlichen Gemeinde in Philippi wirkte und ihr im 16. Kapitel seiner Apostelgeschichte ein unvergängliches Denkmal setzte.

Was wußte Lukas über das pisidische Antiochien?*

Sir William Mitchell Ramsay betrachtet die Apostelgeschichte in seinem berühmten Buch über die „Trustworthiness of the New Testament"[1] als die allererste Quelle über das antike Galatien: „In the Acts ... there ... [is] a considerable amount of information about the province Galatia, far more than in any other source *or even in all other sources put together.*"[2] Sie ragt jedoch nicht nur hinsichtlich der Quantität hervor, sondern auch und sogar noch deutlicher hinsichtlich ihrer Qualität: „You may press the words of Luke in a degree beyond any other historan's and they stand the keenest scrutiny and the hardest treatment, provided always that the critic knows the subject and does not go beyond the limits of science and of justice."[3] Wenn Ramsay recht hat, so sollten wir erwarten, daß Lukas auch über das pisidische Antiochien gut informiert ist. Aber hat Ramsay denn wirklich recht? Dies möchte ich heute für das pisidische Antiochien überprüfen, ohne jedoch Ramsays Position als ganze zu verwerfen (oder zu bestätigen).

I

Werfen wir zunächst einen Blick auf die Literatur. Dort findet man zwei unterschiedliche Auffassungen, wobei der Ausdruck „unterschiedlich" fast euphemistisch ist. Tatsächlich schließen sich diese Auffassungen gegenseitig aus. Die erste wird hauptsächlich von Altertumswissenschaftlern vertreten, die zweite hingegen von Theologen.[4]

---

* Vortrag beim First International Symposium on Pisidian Antioch (2–4 July 1997) in Yalvaç am 3. Juli 1997.

[1] W.M. Ramsay: The Bearing of Recent Discovery on the Trustworthiness of the New Testament, The James Sprunt Lectures delivered at Union Theological Seminary in Virginia, London/New York/Toronto 1915.

[2] W.M. Ramsay, a.a.O., S. 86 (kursive Hervorhebung von mir).

[3] W.M. Ramsay, a.a.O., S. 89.

[4] Man könnte auch die Herkunft der Wissenschaftler als Kriterium heranziehen: Die erste Gruppe hat in der Regel einen angelsächsischen Hintergrund, die zweite einen kontinentalen (vor allem Frankreich und Deutschland).

Beginnen wir mit den Altertumswissenschaftlern. Könnte es einen besseren Zeugen als den oben erwähnten Ramsay geben, der sein Leben der Erforschung, Untersuchung und Beschreibung von Gegenständen verschrieb, die dieses Land betreffen? Seine Meinung zu unserer Frage ist klar und einfach zu verstehen: Der Verfasser der Apostelgeschichte, den wir Lukas nennen, war ein Gefährte des Paulus, der mit ihm mancher römischen Straße folgte, nicht jedoch dem Weg von Perge nach Antiochia Pisidiae und weiter nach Ikonion, Lystra und Derbe. Er muß somit generell als ein Augenzeuge betrachtet werden, aber nicht notwendigerweise für die erste Missionsreise, die in Apg 13 und 14 beschrieben wird. Was diese Reise betrifft, kann man ihn vielleicht einen Augenzeugen aus zweiter Hand nennen, weil seine Kenntnis auf Berichten von Augenzeugen beruht.

Um auf Altertumsforscher unserer eigenen Tage zu sprechen zu kommen, möchte ich Stephen Mitchell zitieren, der unsere Frage im zweiten Band seines großartigen Buches über Anatolien diskutiert.[5] Nicht nur betrachtet er den Paulusbrief an die Galater als „written soon after this journey [nach Galatien]" und dementsprechend „quite simply, the earliest surviving document of the Christian church", sondern er ist darüber hinaus überzeugt, daß die Apostelgeschichte eine gute Quelle für Galatien in der Mitte des ersten Jahrhunderts ist. Allerdings räumt er ein, daß die von diesen beiden Quellen gebotenen Informationen „hard to interpret" sind, er betrachtet es aber als „a privilege to have so much with which to work."[6] Was das Werk des Lukas betrifft, so ist es mir nicht gelungen, eine klare Aussage bei Mitchell zu finden; aber es besteht kein Zweifel, daß er derselben Ansicht ist wie die von ihm zitierten Autoritäten – ich komme darauf sogleich zurück –, nämlich daß Lukas ein Gefährte des Paulus ist, der diesen auf seinen Reisen begleitete, und daß sein Werk somit eine erstklassige Quelle für galatische Belange in der Mitte des ersten Jahrhunderts darstellt.

Ich stimme mit Mitchells Diagnose überein: „... with rare exeptions there has been little effort to place Galatians, or even the relevant parts of Acts in their precise historial context"[7], aber ich distanziere mich von ihm, wenn er

---

Selbstredend sind Etiketten wie diese immer gefährlich. Aber die Diskussion der Apostelgeschichte hat sich im 20. Jahrhundert so entwickelt, als hätte man sie auf zwei verschiedenen Planeten geführt. Vgl. zur Geschichte der Kritik der Apostelgeschichte unten, Anm. 10.

[5] Stephen Mitchell: Anatolia. Land, Men, and Gods in Asia Minor, Band II: The Rise of the Church, Oxford 1993, S. 3–10.

[6] Stephen Mitchell, a.a.O., S. 3. Er datiert den Brief sogar noch vor dem entscheidenden Treffen in Jerusalem Ende der 40er Jahre: „The letter must have been written after Paul's second visit to Jerusalem, and after his first journey to Galatia, but before the Apostolic Council and his subsequent return to the Galatian churches. Otherwise it should have referred to three journeys, and to the discussion and decision of the Council, which was highly relevant to the situation in Galatia" (S. 5).

[7] Stephen Mitchell, a.a.O., S. 3. Vgl. mein Buch Philippi I und den mittlerweile erschienenen Katalog von Inschriften, Philippi II. In diesem Werk habe ich mich bemüht,

als seine theologischen Autoritäten Lightfoot, Ramsay, F.F. Bruce und C.J. Hemer zitiert.[8] Diese Autoren sind in keiner Weise für die neutestamentliche Forschung über die Apostelgeschichte repräsentativ. Vielmehr sind sie, was wir die konservative Fraktion unseres Fachs nennen. Aus einer deutschen Perspektive betrachtet sind sie, vorsichtig formuliert, Außenseiter.

Die theologische Diskussion der Apostelgeschichte war während mindestens drei Jahrzehnten von zwei Kommentaren bestimmt, der eine von Ernst Haenchen (Erstdruck 1956), der andere von Hans Conzelmann (Erstausgabe 1963).[9] Diese beiden Kommentare dominierten die folgende Diskussion dermaßen, daß ihre Position »Dibelius-Haenchen-Conzelmann point of view«[10] genannt werden konnte, eine Bezeichnung, die die beiden ἥρωες ἐπώνυμοι mit ihrem Vorläufer Martin Dibelius vereint. Sowohl Haenchen als auch Conzelmann schließen sich nicht der Sichtweise an, Lukas sei ein Gefährte des Paulus gewesen. Weit davon entfernt, Augenzeuge der Ereignisse zu sein, die er in der Apostelgeschichte beschreibt, wird er von ihnen als Mann der dritten Generation betrachtet, der 30 Jahre nach dem Tod des Paulus schreibt; was Apg 13–14, die sogenannte erste Missionsreise, angeht, bestreitet Conzelmann sogar, daß sie überhaupt stattgefunden hat.[11] Haenchens Urteil über die Szene in Antiochien (Apg 13,13–52) ist das folgende: „Von einer volkstümlichen Überlieferung oder von einem Itinerar, wie es in späteren Kapiteln zutage tritt, ist hier nichts zu spüren. Hier hat Lukas geschaffen, freilich nicht aus dem Nichts; sondern aus der christlichen Predigt seiner Zeit ... heraus hat er eine Art Abbreviatur der paulinischen Missionsgeschichte verfaßt."[12]

---

die Philipper und die relevanten Abschnitte der Apostelgeschichte (v.a. Apg 16) in ihren präzisen historischen Kontext einzubetten.

[8] Mitchells Anm. 3 auf S. 3.

[9] Ernst Haenchen: Die Apostelgeschichte. Neu übersetzt und erklärt, Kritisch-exegetischer Kommentar über das Neue Testament III, Göttingen 1956 (= 10. Aufl., die erste von Haenchen; die 16. Aufl. [= 7. Haenchensche] erschien 1977).
Hans Conzelmann: Die Apostelgeschichte, Handbuch zum Neuen Testament 7, Tübingen 1963, [2]1972.

[10] Ward Gasque: A History of the Criticism of the Acts of the Apostles, Beiträge zur Geschichte der biblischen Exegese 17, Tübingen 1975, S. 250: „Inasmuch as the Dibelius-Haenchen-Conzelmann point of view can be regarded as building on the past its foundations are the unquestioned assumptions of the older critical orthodoxy – which in turn were leftovers from the era of *Tendenzkritik* – combined with a few more modern ones derived from German existential theology. Neither source offers a very firm basis upon which to build critical hypotheses." Ward Gasque ist ein Schüler von F.F. Bruce, dessen „capable supervision" dieser Dissertation er in seinem Vorwort erwähnt.

[11] „Die erste Missionsreise ist im Sinne des L[u]k[as] eine Modellreise ... . Sie dient der Entfaltung der Problematik, welche in Kap[itel] 15 gelöst wird. In Wirklichkeit ersetzt sie die 13 Jahre Missionsarbeit von Gal 1₂₁ 2₁" (Conzelmann, a.a.O., S. 80).

[12] Haenchen, a.a.O. [1977], S. 402.
Conzelmann und Haenchen waren nicht die ersten, die die sogenannte erste Missionsreise in Apg 13–14 als lukanische Schöpfung betrachteten, vgl. die bei Haenchen zitierten

Dies mag genügen, um Ihnen einen Eindruck von den beiden Lehrmeinungen zu vermitteln, wie die Apostelgeschichte zu interpretieren sei. Im folgenden will ich für keine der beiden Seiten Partei ergreifen. Stattdessen schlage ich vor, das pisidische Antiochien als einen Testfall zu erproben, um herauszufinden, was Lukas über diese Stadt wußte.[13]

II

Die Mission des Paulus im pisidischen Antiochien ist Teil der sogenannten ersten Missionsreise, die von Lukas in Apostelgeschichte 13 und 14 beschrieben wird. Dieser Teil der Apostelgeschichte ist in sich selbst geschlossen, mehr als jeder andere Teil des ganzen Buches. Wir haben eine formale Einleitung in 13,1–3, die die Sendung von Barnabas und Paulus erzählt. Dieser formalen Einleitung entspricht das ebenso formale Ende der Reise in 14,26–28. Die Missionare kehren ins syrische Antiochien zurück, dem Ausgangspunkt ihrer Reise, wo die Gemeinde zusammenkommt (14,27), um den Bericht der Missionare zu hören.

Die erste Missionsreise wird zu einer Modellreise – um einen berühmten Satz Conzelmanns aufzugreifen. Das muß aber nicht bedeuten, daß sie ein Produkt lukanischer Vorstellungskraft ist, wie Conzelmann annimmt. Auf jeden Fall dient sie als Modell für die weiteren Aktivitäten der Missionare.

Die erste Missionsreise führt uns vom syrischen Antiochien (13,1–3) nach Zypern (13,4–12) und weiter ins pisidische Antiochien (13,13–52). Von dort gehen Barnabas und Paulus weiter nach Ikonion (14,1–7) und Lystra (14,8–20), und schließlich erreichen sie Derbe (14,21–25), den Punkt, wo sie umkehren. Sie wandern den gesamten Weg zurück (statt die Straße nach Tarsos und weiter nach Syrien zu nehmen) ins syrische Antiochien (14,26–28), ohne allerdings noch einmal Zypern aufzusuchen.

Es ist viel Tinte über die Frage vergossen worden, ob Lukas in diesem Teil der Apostelgeschichte Quellen benutzt hat, und wenn, welcher Art sie gewesen sein können. Es war Adolf Harnack, der eine antiochenische Quelle vorgeschlagen hat, von der Lukas die Route und einige besonders wichtige Geschichten übernommen haben soll.[14]

älteren Autoren, a.a.O. [1977], S. 385f. Selbst Adolf Harnack, der Lukas für den Gefährten des Paulus hält, räumt ein, daß 13,4–14,38 weniger „anschaulich und zuverlässig" ist als die meisten Teile der zweiten Hälfte der Apostelgeschichte (Adolf Harnack: Die Apostelgeschichte, Beiträge zur Einleitung in das Neue Testament 3, Leipzig 1908, S. 155).

[13] Diese Frage wurde gerade erst in einem neu erschienenen Buch von Cillers Breytenbach behandelt: Cillers Breytenbach: Paulus und Barnabas in der Provinz Galatien. Studien zu Apostelgeschichte 13f.; 16,6; 18,23 und den Adressaten des Galaterbriefs, AGJU 38, Leiden 1996.

[14] „Der dieser Quelle angehörige Bericht über die sog. erste Missionsreise des Paulus ... ist nicht so anschaulich und zuverlässig ... wie das Meiste in der zweiten Hälfte des Werkes. Augenscheinlich hat sich Lukas hier auch besondere Freiheiten genommen. Ich vermute,

Daß Lukas auf Quellen zurückgreift – oder zumindest auf lokale Traditionen – kann nicht begründet bestritten werden. Ein Fallbeispiel ist die Liste von Mitgliedern der Gemeinde des syrischen Antiochien in 13,1. Man erfindet eine Liste wie diese nicht – normalerweise. Wenn sie Teil einer Inschrift wäre (und nicht Teil eines literarischen Werkes), würden wir sie *album* nennen und als ein urkundliches Zeugnis betrachten. Sie führt alle Very Important Persons der christlichen Gemeinde des syrischen Antiochen in den 40er Jahren des ersten Jahrhunderts auf.

Ich möchte meine eingangs formulierte Frage also präziser fassen und in zwei Teile spalten: Hat sich Lukas einer Quelle bedient, die das pisidische Antiochien betraf? ist die erste Frage. Was weiß Lukas persönlich über diese Region? lautet die zweite.

III

Kehren wir nun zum Text zurück, das heißt zu Apg 13,13–52. Ich gliedere den Abschnitt folgendermaßen:

1. 13,13–15   Der Übergang
2. 13,16–41   Die paulinische Predigt in der Synagoge
3. 13,42–43   Die Wirkung der Predigt
4. 13,44–52   Der zweite Sabbat

1) Der Übergang (13,13–15)

Diese Szene ist für unsere Untersuchung besonders bedeutend, da sie den Weg von Zypern zum Kontinent und weiter von Perge zum pisidischen Antiochien beschreibt. Der Leser, der mit dem gesamten Buch vertraut ist, ist gezwungen, die Szene mit ihrem Äquivalent zu vergleichen, dem berühmten Übergang von Galatien nach Makedonien in 16,6–10. Deshalb müssen wir uns kurz dieser Szene zuwenden. Der Abschnitt 16,6–10 unterscheidet sich nicht nur von dem unsrigen, sondern ist zudem in der gesamten Apostelgeschichte ohne Parallele. Das habe ich in meiner Studie über Philippi gezeigt, aus der ich die folgende Passage zitiere: „Nirgendwo sonst werden so weite Strecken in einem solchen Zickzackkurs bewältigt, ohne daß irgend etwas passiert; nirgendwo sonst verhindert der Geist die Missionierung bestimmter Gebiete; nirgendwo sonst wird einem Missionar durch ein ὅραμα ein neues (geographisches) Ziel gewiesen."[15]

---

daß die Quelle nur die Reiseroute (ohne Zeitbestimmungen, die fast ganz fehlen) und einige besonders wichtige Anekdoten bot, was Lukas taliter qualiter zu einer »Geschichte« ausgestaltete, in der die eingeschaltete große Rede in Antiochien mehr als ein Drittel bildet" (Adolf Harnack, a.a.O. [vgl. Anm. 12], S. 155). Bezüglich der antiochenischen Quelle siehe Breytenbach, a.a.O., S. 16ff.

[15] Philippi I 154.

Betrachtet man nun den Übergang von Zypern nach Antiochien aus dem
Blickwinkel von Apg 16,6–10, so erscheint ersterer als ein normaler Über-
gang, wohingegen Apg 16,6–10 einen außergewöhnlichen schildert. Unser
Autor ist an Makedonien interessiert, nicht an Kleinasien oder Galatien.[16]
„Der Übergang von Paphos auf Zypern nach Perge wird in Apg 13,13 einfach so konstatiert: ἀναχθέντες δὲ ἀπὸ τῆς Πάφου οἱ περὶ Παῦλον ἦλθον εἰς
Πέργην τῆς Παμφυλίας – nichts weiter; lapidarer geht es nun wirklich nicht.
Kein ὅραμα erscheint dem Paulus auf Zypern. Kein Pamphylier bittet ihn:
διαβὰς εἰς Παμφυλίαν βοήθησον ἡμῖν. Vielleicht hat es – wer weiß – in Perge
oder im pisidischen Antiochien einschlägige Traditionen gegeben – aber sie
werden vom Verfasser der Apostelgeschichte eben nicht überliefert."[17]

„Weil der Verfasser der Apostelgeschichte an den einschlägigen Traditionen in Perge und Antiochien nicht interessiert war, hat er sie uns nicht
überliefert."[18]

Ich behaupte weder, daß solche Traditionen in Antiochien nicht existierten, noch, daß Lukas sie nicht kannte, sondern lediglich, daß er, *falls* sie
existierten und *falls* er sie kannte, nicht daran interessiert war, sie seiner
Erzählung einzuverleiben.

Was aber erfahren wir in dieser Szene über den Übergang? Wir werden
von Paphos auf Zypern direkt in die Synagoge von Antiochien geführt. Nur
eine einzige Zwischenstation wird genannt: Πέργη τῆς Παμφυλίας in Vers 13.
Was den ersten Teil des Weges betrifft, mag das als ausreichend betrachtet
werden.[19] Was jedoch den zweiten Teil angeht, kann der Reisende nicht
zufrieden sein. Es ist nicht an mir, zu entscheiden, ob es nur eine einzige
Straße zwischen Perge und Antiochien gab.[20] Wenn ich aber die Straße auf
Mitchells Karte als mögliche Route nehme, müssen wir etwa 250 km von

---

[16] Vgl. meine Analyse, Philippi I 153–159.

[17] Philippi I 158.

[18] Ebd.

[19] Obgleich auch er nicht ohne Probleme ist! Kommt das Schiff aus Zypern in Perge
an? Ich teile nicht die Meinung von Breytenbach (a.a.O., S. 78), „daß man in der Antike,
wie die Formulierung in Apg 13,13 impliziert, von Paphos aus mit dem Schiff das innere
Meer zwischen Zypern und Pamphylien überqueren konnte, direkt anschließend die sieben
Kilometer den Kestros hinauffahren und dann auf der Straße nach Perge gehen konnte"
(Hervorhebung von mir). Mich interessiert hier nicht, ob Breytenbach in den Details Recht
hat – der Text jedenfalls kennt *keines* davon. Wenn Lukas (oder seine Quelle) all diese
Details kennen würde, wäre er in der Tat „sehr gut informiert", wie Breytenbach folgert.
Aber Lukas gibt uns *kein einziges* davon …

[20] Das scheint Mitchell anzunehmen, wenn er feststellt: „The Augustan highway, the
via Sebaste, led directly north from the Pamphylian coast, most probably from Perge, to
the colony of Comana, and thence directly to the *caput viae*, Pisidian Antioch" (Stephen
Mitchell, a.a.O., S. 6, Anm. 37). Breytenbach hingegen diskutiert auch eine zweite Straße,
die kürzer, aber beschwerlicher ist (a.a.O., S. 79): „Der schlichte Text von Apg 13,14
impliziert eher, daß Paulus und Barnabas der direkten Straße folgten" (S. 79f.). Impliziert
er nicht eher, daß sein Autor den Verlauf der Straße nicht im einzelnen kannte?

Perge nach Antiochien gehen.[21] Ist dem Verfasser von Apg 13,14 diese große Distanz bewußt? Er sagt: αὐτοὶ δὲ διελθόντες ἀπὸ πῆς Πέργης παρεγένοντο εἰς Ἀντιόχειαν τὴν Πισιδίαν und fährt fort: καὶ εἰσελθόντες εἰς τὴν συναγωγὴν τῇ ἡμέρᾳ τῶν σαββάτων ἐκάθισαν. Der Leser, dem die lokalen Gegebenheiten nicht vertraut sind, muß den Eindruck gewinnen, daß die Entfernung von Perge nach Antiochien so groß ist wie die von Antiochiens Haupttor zu seiner Synagoge.

Ich möchte Ihre Aufmerksamkeit noch einmal auf einen makedonischen Abschnitt lenken. In 17,1 beschreibt Lukas den Übergang von Philippi nach Thessaloniki, etwa 150 km auf der *Via Egnatia*. Hier aber erwähnt er nicht weniger als *zwei* Zwischenstationen: „Und sie zogen durch Amphipolis und Apollonia und kamen nach Thessaloniki, wo eine jüdische Synagoge war."[22] Obgleich die Strecke hier nur 150 km lang ist (und nicht 250), obgleich der Verlauf der *Via Egnatia* keinerlei Alternative hat, haben wir zwischen Philippi und Thessaloniki zwei Stationen. Zwischen Perge und Antiochien haben wir keine. Ich komme also zu folgendem Ergebnis: Entweder benutzt Lukas eine Quelle, die wesentlich weniger detailliert ist als diejenigen, die Makedonien betreffen, oder er kennt die Strecke selber nicht – oder beides ist der Fall.

2) Die paulinische Predigt in der Synagoge (13,16–41)

Hier kann ich mich kurz fassen, da dieser Abschnitt nichts hergibt, was die Lokalgeschichte betrifft – allerdings mit einer bemerkenswerten Ausnahme: Gab es in Antiochien Mitte des ersten Jahrhunderts eine Synagoge? Wir haben jetzt (unpublizierte) Inschriften aus Philippi und Beroia sowie einen publizierten Text aus Thessaloniki, die Synagogen betreffen.[23] Ich wäre be-

---

[21] Stephen Mitchell: Anatolia. Land, Men, and Gods in Asia Minor, Band I: The Celts in Anatolia and the Impact of Roman Rule, Oxford ²1995, Map 5: The Pisidian Taurus.

[22] Was den Weg von Philippi nach Thessaloniki betrifft, vgl. meine Anmerkungen zu Apg 17,1, Philippi I 199–203: „Ich komme daher zu dem Ergebnis, daß die Angaben des Verfassers der Apostelgeschichte hinsichtlich des Weges von Philippi nach Thessaloniki von einer im Rahmen seines Buches beispiellosen Präzision sind. Sie stimmen überdies mit den geographischen Gegebenheiten aufs beste überein. Sie sind schließlich im Rahmen der Erzählung durchaus entbehrlich, weil weder in Amphipolis noch in Apollonia etwas passiert. Das bedeutet: *Der Verfasser weiß in dieser Gegend sehr genau Bescheid, und er gibt zu erkennen, daß er Bescheid weiß"* (Philippi I 203).

[23] Bezüglich der Synagoge von Philippi vgl. Philippi I 232 mit Anm. 3 (griechische Inschrift, 1987 gefunden, Inventarisierungsnummer Λ 1569, spätrömischen Ursprungs). Seit ich diesen Vortrag hielt, ist der Text aus Philippi publiziert worden. Er lautet:

Φ(λάβιος) Νικόστρα(τος)
Αὐρ(ήλιος) Ὀξυχόλιος
ἑαυτῶ κατεσκεύ-
βασα τὸ χαμωσό-
5 ρον τοῦτω· ὃς ἂν δὲ
ἑτέρων νέκυν καταθέ-

gierig zu erfahren, ob der archäologische Spaten hier etwas ähnliches ans Licht gebracht hat.

Ich lese diese Zeilen, wie ich sie zu Hause in Deutschland niedergeschrieben habe. Mittlerweile hat mich Dr. Taşlıalan belehrt, daß das Gebäude unter der Pauluskirche von Ramsay und anderen als Synagoge betrachtet wird. Noch allerdings gibt es kein sicheres Zeugnis, das diese Meinung stützen könnte. Hoffen wir also, daß bis zum 2nd International Symposium on Pisidian Antioch, das sicherlich zu gegebener Zeit stattfinden wird, der Ausgräber Zeugnisse gefunden haben wird, die Ramsays These stärken.

3) Die Wirkung der Predigt (13,42–43)

Auch diese Passage bietet nicht viele lokale Informationen. Sie setzt aber immerhin voraus, daß es in Antiochien nicht nur viele Juden gab, sondern auch eine beträchtliche Gruppe von Sympathisanten.[24]

4) Der zweite Sabbat (13,44–52)

Wir erreichen nun den letzten Abschnitt, der den Aufenthalt der Missionare in Antiochien zum Thema hat und der zugleich der wichtigste ist, soweit es um Informationen über die Stadt selber geht.

Der Erfolg des Paulus ist tatsächlich überwältigend: Fast die gesamte Stadt (σχεδὸν πᾶσα ἡ πόλις) kommt am zweiten Sabbat zusammen, um ihn zu hören (v. 44).

Was die Einzelheiten angeht, so spricht Lukas in v. 49 von der χώρα – *terminus technicus* für das Territorium einer Stadt –, aber wir erfahren nirgendwo, daß die fragliche Stadt eine römische Kolonie ist (vgl. den Fall Philippi, das in Apg 16,12 als κολωνία bezeichnet wird).[25]

σε δώσι προστείμου τῇ συ-
ναγωγῇ ✕ (ἑκατὸν μυριάδες).
Vgl. dazu im einzelnen die Inschrift 378a/G813 (Philippi II 389f.).

Über die neue Inschrift aus Beroia informierte mich ein griechischer Kollege bei Gelegenheit des VIth International Symposium on Ancient Macedonia, das im Oktober 1996 in Thessaloniki stattfand.

Den Text aus Thessaloniki hat Pantelis M. Nigdelis veröffentlicht: Synagoge(n) und Gemeinde der Juden in Thessaloniki: Fragen aufgrund einer neuen jüdischen Grabinschrift der Kaiserzeit, ZPE 102 (1994), S. 297–306.

[24] Ich will hier nicht auf die schwierige Frage der σεβόμενοι προσήλυτοι eingehen. Normalerweise sind σεβόμενοι und προσήλυτοι zwei verschiedene Gruppen, vgl. die Inschrift aus Aphrodisias (Joyce Reynolds/Robert Tannenbaum [Hg.]: Jews and God-Fearers at Aphrodisias: Greek inscriptions with Commentary. Texts from the Excavations at Aphrodisias Conducted by Kenan T. Erim, Proceedings of the Cambridge Philological Society, Supplementband Nr. 12, Cambridge 1987).

[25] Es ist kein reiner Zufall, daß κολωνία im Neuen Testament *hapaxlegomenon* ist: „Die Information, daß es sich hier um eine κολωνία handelt, ist im lukanischen Doppelwerk

Daher ist es falsch, wenn man übersetzt – wie es in vielen Kommentaren geschieht –: „And the word of the Lord was carried about through the whole district ...", so selbst Lake/Cadbury.[26]

Daß Lukas das Wort χώρα hier nicht im Sinne von „Distrikt" gebraucht, wird durch v. 50 klar, wo er stattdessen τὰ ὅρια αὐτῶν hat. Da kann kein Zweifel daran bestehen, daß

$$\text{χώρα} = \text{τὰ ὅρια αὐτῶν} = territorium,$$

und so zeigt sich Lukas zumindest in dieser Hinsicht besser informiert als die meisten seiner modernen Kritiker.

Nun ist es dem Lukas wie auch jedem verständigen Leser seiner Zeit klar, daß das *territorium* genau den Raum umfaßt, über den sich die Rechtsprechung der städtischen Magistrate erstreckt. Hatte Lukas bezüglich des *territorium* recht, so liegt er zwar bezüglich der Magistrate nicht verkehrt, aber das ist kein Glanzlicht in bezug auf seine Detailkenntnis. Er nennt sie οἱ πρῶτοι τῆς πόλεως. Was er damit meint, ist klar: die *duumviri iure dicundo*, die leitenden Beamten der *Colonia Caesarea Antiochcia*.[27]

---

ohne Parallele. Dies ist über den bloßen Konkordanzbefund hinaus – das Wort κολωνία begegnet kein weiteres Mal im Neuen Testament – ein bemerkenswerter Sachverhalt, wenn man sich vergegenwärtigt, daß allein in der Apostelgeschichte nicht weniger als acht andere Kolonien erwähnt werden, ohne daß dies jemals mitgeteilt würde ..." (Philippi I 159) – ein Beispiel ist das pisidische Antiochien!

[26] Übersetzung von Kirsopp Lake/Henry J. Cadbury: The Acts of the Apostles. English Translation and Commentary, The Beginnings of Christianity I 4, London 1933, S. 160. Hier findet man auch die folgende irreführende Anmerkung: „Ramsay thinks that this word (χώρα) means *regio* in the technical sense of an official division of a province. It may be so; but the word is quite an ordinary one, and need no more imply a reference to Roman organization than the word »district« need in English." (S. 160, Anm. 49). Selbst in der letzten Auflage des berühmten Wörterbuchs von Walter Bauer findet man die falsche Übersetzung „Landschaft", „Gegend" mit ausdrücklichem Bezug auf Apg 13,49 (Walter Bauer: Griechisch-deutsches Wörterbuch zu den Schriften des Neuen Testaments und der frühchristlichen Literatur, 6., völlig neu bearbeitete Auflage von Kurt Aland und Barbara Aland, Berlin/New York 1988, Sp. 1772, s.v. χώρα 1).

[27] Bezüglich der *duumviri* in Antiochien vgl. H.D. Saffrey: Un nouveau duovir à Antioche de Pisidie, AnSt 38 (1988), S. 67–69, wo auf S. 68 eine Liste aller bezeugter *duumviri* von Antiochien geboten ist. Vgl. weiterhin meine die *duumviri* betreffenden Bemerkungen, Philippi I 193–195. Ich zitiere eine Passage: „In Antiochien sind es οἱ πρῶτοι τῆς πόλεως, die einen διωγμός gegen Barnabas und Paulus ins Werk setzen, der ein klares Ergebnis zeitigt: ἐξέβαλον αὐτοὺς ἀπὸ τῶν ὁρίων αὐτῶν (13,50). Daß sich diese Formulierung auf eine behördliche Maßnahme bezieht, geht aus dem Wort ὅρια hervor, welches ersichtlich das Territorium der Stadt bezeichnet, nicht nur die Stadt als solche; denn eine Vertreibung aus der Stadt kann auch eine aufgebrachte Menge bewirken, eine Ausweisung aus dem Territorium dagegen setzt eine behördliche Maßnahme voraus" (Philippi I 193). Breytenbach hält es für möglich, daß οἱ πρῶτοι τῆς πόλεως die Mitglieder des *ordo decurionum* bezeichnet (a.a.O., S. 47). Wir kennen die Mitgliederzahl dieses *ordo* in Antiochien nicht (vgl. generell zu dieser Frage John Nicols: On the Standard Size of the Ordo Decurionum, ZRG 105 (1988), S. 712–719); mir scheint es jedoch nicht plausibel, v. 50 mit Gedanken an diese große Gruppe zu lesen. Kann der *ordo decurionum* Subjekt des ἐξέβαλον αὐτοὺς ἀπὸ τῶν ὁρίων αὐτῶν sein? Es ist wesentlich einfacher, die leitenden Beamten = οἱ πρῶτοι = *duumviri* als die gemeinten Personen zu betrachten.

IV

Zusammenfassend läßt sich sagen: Es ist nicht leicht, festzustellen, was Lukas über das pisidische Antiochien wußte. Auf jeden Fall ist sein Wissen begrenzt, und ich wage zu behaupten: Es ist auf seine Quelle oder Quellen beschränkt. Die Antwort auf meine zweite Frage lautet: Wahrscheinlich kennt Lukas diese Region nicht persönlich. Hätte er selber den Weg von Perge zum pisidischen Antiochien zurückgelegt, hätte er ein detaillierteres Itinerar geben können.

Die Antwort auf meine erste Frage lautet: Lukas hat eine oder mehrere Quellen über das pisidische Antiochien benutzt.

Ich möchte mit einem Zitat von Eduard Schwartz schließen, der über unser Kapitel der Apostelgeschichte sagt: „Das Gemisch von Dichtung und Wahrheit, das in diesen Teilen der Apostelakten vorliegt, läßt sich mit unseren Mitteln nicht reinlich auflösen."[28] Gegen die Theorien, die von Hans Conzelmann und anderen vertreten werden, möchte ich unterstreichen, daß in diesem Abschnitt „Wahrheit" enthalten *ist*, das heißt Informationen, die mit den lokalen Gegebenheiten übereinstimmen.

---

[28] Eduard Schwartz: Über den Tod der Söhne Zebedäi. Ein Beitrag zur Geschichte des Johannesevangeliums, AGWG.PH 7,5 (1904). Nachdruck in: Johannes und sein Evangelium, hg. v. Karl Heinrich Rengstorf, WdF 82, Darmstadt 1973, S. 202–272, Zitat S. 205.

Ein andres Volk ohne Tempel
Die θίασοι der Dionysos-Verehrer[1]

Der Verfasser einer frühen christlichen Apologie teilt die Menschen in drei Klassen ein, was die Gottesverehrung angeht. Zwei alte Weisen der Gottesverehrung gibt es, die griechische und die jüdische. Diese sind überholt: „ihr Christen seid es, die ihr ihn auf neue Weise als drittes Geschlecht verehrt."[2] Diese Anschauung ist der Ausgangspunkt für die Rede vom *tertium genus*, vom dritten Geschlecht.[3] Die Christen fühlen sich als neues Volk, als drittes Volk neben Heiden und Juden. In der Mitte des zweiten Jahrhunderts formuliert Justin: „Wir [Christen] sind ... kein verächtlicher Kleinstaat, auch kein Barbarenstamm, noch ein Volkshaufe wie die Karer und Phryger. Nein, gerade uns hat Gott erwählt."[4] So kann Justin geradezu sagen: „Weil wir gewürdigt sind, ein Volk zu heißen, sind wir auch eine Nation."[5]

Die von den Christen so genannte zweite Weise der Gottesverehrung war bisher Gegenstand unseres Symposions. Mit der dritten Weise, dem dritten Volk, wie Justin sagt, werden wir uns morgen zum Abschluß noch des

---

[1] Vortrag beim Greifswalder Symposium „Gemeinde ohne Tempel" (15. bis 19. März 1998). Mein Beitrag konnte aus Zeitgründen in dem Kongreßband (Gemeinde ohne Tempel – Community without Temple. Zur Substituierung und Transformation des Jerusalemer Tempels und seines Kults im Alten Testament, antiken Judentum und frühen Christentum, WUNT 118, Tübingen 1999) nicht aufgenommen werden und erscheint daher hier zum ersten Mal.

[2] Κήρυγμα Πέτρου F 5 (Erwin Preuschen: Antilegomena, S. 88–91 [Text] und S. 192–195 [Übersetzung]; hier S. 194). Vgl. zur Interpretation mein PRESBYTERON KREITTON, S. 227–231.

[3] Vgl. Adolf von Harnack: Die Mission und Ausbreitung des Christentums in den ersten drei Jahrhunderten, Leipzig [4]1924, S. 259–283 („Die Botschaft von dem neuen Volk und dem dritten Geschlecht").

[4] Justin: Dialog 119,4 (Philipp Haeuser: Des Heiligen, Philosophen und Martyrers Justinus Dialog mit dem Juden Tryphon aus dem Griechischen übersetzt und mit einer Einleitung versehen, BKV 33, Kempten & München 1917, S. 194, verbessert nach Adolf Harnack, a.a.O., S. 259). Im griechischen Original: οὐχοῦν οὐκ εὐκαταφρόνετος δῆμός ἐσμεν οὐδὲ βάρβαρον φῦλον οὐδὲ ὁποῖα Καρῶν ἢ Φρυγῶν ἔθνη, ἀλλὰ καὶ ἡμᾶς ἐξελέξατο ὁ θεός (Ioannes Carolus Theodorus Otto [Hg.]: Iustini philosophi et martyris opera quae feruntur omnia, tomi I pars II: opera Iustini indubitata, CorpAp II, Jena [3]1877, S. 426).

[5] Justin: Dialog 123,1 (Übersetzung von Harnack, a.a.O., S. 259): ἡμεῖς δὲ λαὸς κεκλῆσθαι ἠξιωμένοι, ὁμοίως ἔθνος ἐσμεν (Otto, S. 440).

genaueren auseinandersetzen. Hier geht es jetzt aber um die erste Art der
Gottesverehrung, die heidnische, wie sie aus jüdischer wie christlicher Perspektive genannt wird. Nachdem uns vorhin Herr Kurth[6] in die Welt Ägyp-
tens geführt hat, fällt mir die Aufgabe zu, Ihnen die griechisch-römische
Welt exemplarisch vor Augen zu stellen.

I

Als – wie ich meine – typisches Beispiel habe ich den Gott Dionysos[7] gewählt.
Wer sich mit Dionysos beschäftigen will, muß sich zunächst einmal seiner
jüdischen bzw. christlichen Perspektive bewußt werden. Die Verehrung des
Dionysos reicht zurück in Zeiten, in denen es Christen überhaupt noch nicht
gab; und auch in der Geschichte des zweiten Volkes muß man beinahe bis auf
den Patriarchen Abraham zurückgehen, ist der Name des Gottes Dionysos
doch schon in den Tontäfelchen aus Pylos belegt.[8]

Auch als Dionysos seinen Siegeszug durch Griechenland antrat, war das
Volk Israel noch nicht ins Bewußtsein der Griechen getreten. Das gilt *mutatis
mutandis* selbst noch für die Römer des 2. Jahrhunderts v. Chr. Zu Beginn
dieses Jahrhunderts eroberte Dionysos den italischen Raum. Der Bericht des
Livius gipfelt in dem Satz, die Anhänger des Dionysos hätten sich in einer
Art und Weise vermehrt, daß es „beinahe schon ein zweites Volk" (*alterum
iam prope populum*) sei.[9]

Von diesem zweiten Volk berichtet Livius, daß es sich aus bescheidenen
Anfängen entwickelt habe. Es handelte sich um Mysterien, „die zuerst nur
wenigen mitgeteilt wurden, dann aber unter Männern und Frauen bekannt
zu werden begannen. Zu den Zeremonien kamen die Freuden des Weins und
des Mahles hinzu, um so mehr Menschen anzulocken. Wenn der Wein und
die Nacht und das Zusammensein von Männern und Frauen, von Jugendlichen und Älteren jeden Sinn für Scham aufgehoben hatten, kam es zuerst
zu Ausschweifungen jeder Art, weil jeder zu dem, wozu er von Natur aus
größere Lust verspürte, das Vergnügen bei der Hand hatte. Und es blieb

---

[6] Dieter Kurth: Ägypter ohne Tempel, a.(Anm. 1)a.O., S. 133–148.

[7] Vgl. dazu den oben abgedruckten Beitrag „Dionysos und Christus: Zwei Erlöser im
Vergleich", dem im folgenden einige Formulierungen entnommen werden, ohne dies im
einzelnen zu vermerken.

[8] „Der Name des D.[ionysos] (*di-wo-nu-so*) ist bronzezeitlich belegt, auf drei fragmen-
tarischen Linear-B-Tafeln aus Pylos und dem kretischen Chania (um 1250 v. Chr.). Eine
der Pylos-Tafeln assoziiert ihn möglicherweise mit dem Wein, da auf der Rückseite der
Tafel Frauen aus einem nach dem Wein benannten Ort (*wo-no-wa-ti-si*) verzeichnet sind."
(Renate Schlesier: Art. Dionysos, DNP 3 [1997], Sp. 651–662; Zitat Sp. 651).

[9] Livius XXXIX 13,14 (T. Livius: Römische Geschichte. Buch XXXIX–XLI. Lateinisch
und deutsch hg. v. Hans Jürgen Hillen, Tusc, München und Zürich 1983, S. 30 [Text] und
S. 31 [Übersetzung]).

nicht bei einer einzigen Art von strafbaren Handlungen, der wahllosen Unzucht mit Freigeborenen und Frauen, sondern auch falsche Zeugen, falsche Siegel, Testamente und Aussagen gingen aus derselben Werkstatt hervor, von dort auch Gifte und heimliche Mordtaten, wobei zuweilen nicht einmal die Leichen zum Begräbnis vorhanden waren."[10]

Die Versammlungen der Anhängerinnen und Anhänger des Dionysos also sind es, die die römischen Behörden alarmieren! An diesen Versammlungen gibt es behördlicherseits eine ganze Menge auszusetzen: Zunächst und vor allem ist hier darauf hinzuweisen, daß eine unangemeldete Versammlung römischen Behörden von vornherein suspekt ist. Charakteristischerweise läßt Livius den Konsul sagen: „Eure Vorfahren haben nicht einmal gewollt, daß ihr euch von ungefähr zufällig versammeltet, außer wenn die Fahne auf der Burg aufgesteckt war und das Bürgerheer wegen der Wahlen auf das Marsfeld geführt wurde oder wenn die Tribunen für die Plebs eine Versammlung angeordnet hatten oder einer der Beamten zur Volksversammlung gerufen hatte; und überall, wo eine Menge war, dort, meinten sie, müsse auch ein gesetzlicher Leiter der Menge sein."[11] So hätten es die Regierenden zu allen Zeiten gerne, von den Konsuln des Jahres 186 v. Chr. in Rom bis zu unserm verehrten Herrn Innenminister 1998 in Deutschland.

Sind Versammlungen ohne staatlich autorisierten Leiter dem römischen Konsul also schon als solche suspekt, so kommt in unserm Fall die Art dieser Versammlungen erschwerend hinzu. Handelt es sich bei den Dionysos-Verehrern doch um *occulta et nocturna sacra*, geheime nächtliche Kulthandlungen.[12] Damit ist zugleich gesagt, daß diese *sacra* nicht in einem staatlich approbierten Tempel des Dionysos stattfinden. In der Sprache unseres Symposions formulierend kann man daher sagen, daß diese Anhängerinnen und Anhänger des Dionysos aus dem Jahr 186 v. Chr. eine »Gemeinde ohne Tempel« sind.

In dem Beschluß des römischen Senats *de Bacchanalibus* aus dem Jahr 186 v. Chr. besitzen wir sogar eine amtliche Urkunde über diese Vorgänge.[13] In diesem Senatsprotokoll spielt gerade der Platz der Versammlung eine herausragende Rolle. Da heißt es: „Niemand von ihnen darf (einen Platz für) ein Bacchanal haben. Sollte es Personen geben, die erklären, (einen Platz für) ein Bacchanal nötig zu haben, müssen sie zum Stadtprätor nach Rom

---

[10] Livius XXXIX 8,5–8 (Übersetzung von Hans Jürgen Hillen, a.a.O., S. 21).

[11] *maiores vestri ne vos quidem, nisi cum aut vexillo in arce posito comitiorum causa exercitus eductus esset aut plebi concilium tribuni edixissent aut aliquis ex magistratibus ad contionem vocasset, forte temere coire voluerunt; et ubicumque multitudo esset, ibi et legitimum rectorem multitudinis censebant esse debere.* (Livius XXXIX 15,11; Übersetzung Hans Jürgen Hillen, a.a.O., S. 35.)

[12] Livius XXXIX 8,4 spricht von einem *occultorum et nocturnorum antistes sacrorum*.

[13] CIL I 196 = CIL I² 581 = ILS 18. Vgl. dazu die grundlegende Arbeit von Jean-Marie Pailler: Bacchanalia. La répression de 186 av. J.-C. à Rome et en Italie, BEFAR 270, Rom 1988 (wo sich als Tafel 2 auch eine Abbildung der Inschrift findet).

kommen, und nach ihrer Anhörung soll unser Senat darüber entscheiden in Anwesenheit von mindestens 100 Senatoren bei dieser Verhandlung."[14] Dies ist der erste Punkt des Senatsbeschlusses, und er befaßt sich mit dem Versammlungsort. Was genau man sich unter einem *bacanal* vorstellen soll, will ich an dieser Stelle nicht diskutieren.[15] Klar ist so viel: Es handelt sich in keinem Fall um einen Tempel in dem Sinn, wie wir das Wort bei diesem Symposion gebrauchen. Wo zu befürchten steht, daß viele kommen, um einen Antrag zu stellen, jeder für sich ein *bacanal* errichten zu dürfen, kann es sich dabei ganz offensichtlich nicht um einen Tempel handeln. Die Anhängerinnen und Anhänger des Dionysos, über die der römische Senat am 7. Oktober 186 v. Chr. beschließt, sind mithin ohne Zweifel »Gemeinden ohne Tempel«.

II

Der Dionysos der Kaiserzeit war ein anderer; er wirkt vergleichsweise domestiziert, ja nachgerade harmlos. In dieser Zeit haben die Menschen Reinhold Merkelbach zufolge „nicht mehr den dynamischen Dionysos der Athener und des hellenistischen Zeitalters verehrt, sondern den alten, statischen Gott, der in ewiger Wiederkehr das Ernteglück brachte und der – vielleicht – auch die goldene Zeit zurückbringen würde, ewigen Frieden, Güte, Heiterkeit, Reichtum und jede Wonne."[16]

Trotz des Wandels des Dionysos von der klassischen bis zu der uns interessierenden Kaiserzeit lassen sich nun doch auch Konstanten[17] im Bild des Dionysos erkennen. Die wichtigste dieser Konstanten liegt – theologisch gesprochen – auf dem Gebiet der Soteriologie und der Eschatologie: *Diony-*

---

[14] Zeile 3–6 der in der vorigen Anm. zitierten Inschrift:
   neiquis eorum [B]acanal habuise velet; sei ques
      esent, quei sibei deicerent necesus ese Bacanal habere, eeis utei ad pr(ae-
                                          torem) urbanum
 5 *Romam venirent, deque eeis rebus, ubei eorum v[e]r[b]a audita esent, utei*
                                          senatus
      noster decerneret, dum ne minus senatorbus C adesent [quom e]a res cosole-
                                          retur.

Die im Text gebotene Übersetzung stammt von Leonhard Schumacher: Römische Inschriften, lateinisch-deutsch, Stuttgart 1988, S. 80–82; hier S. 80.

[15] Vgl. den einschlägigen Artikel Bacchanal, ThLL II 1660–1661.

[16] Reinhold Merkelbach: Die Hirten des Dionysos. Die Dionysos-Mysterien der römischen Kaiserzeit und der bukolische Roman des Longus, Stuttgart 1988, S. 3.

[17] Die dionysischen Mysterien sind die einzigen, „die sich über die hellenische Welt und durch das hellenisierte Italien erstrecken und durch alle Jahrhunderte leben" (Ulrich von Wilamowitz-Moellendorff: Der Glaube der Hellenen, Bd. II, Darmstadt ²1955, S. 381).

sos der Erlöser bürgt für ein besseres Leben im Jenseits. Dafür lassen sich Belege von der frühesten bis in die späteste Zeit anführen.[18]

Aber auch die *Organisation* der Anhängerinnen und Anhänger des Dionysos stellt eine solche Konstante dar. Kleine Gruppen sind es auch in der Kaiserzeit, als Vereine organisiert, »Gemeinden ohne Tempel« ekklesiologisch gesprochen, θίασοι in der Fachterminologie. Dies möchte ich Ihnen an Hand von zwei verschiedenen Städten etwas genauer vorführen. Als Beispiele habe ich Thessaloniki und Pergamon ausgewählt. Ich beginne mit Thessaloniki.[19]

Paradoxerweise ist in Thessaloniki die Dionysos-Verehrung älter als die Stadt selbst, gab es doch schon in der Vorgängersiedlung Therme einen riesigen ionischen Tempel aus der Zeit um 500 v. Chr., der gelegentlich mit Dionysos in Zusammenhang gebracht worden ist.[20] Ja, diese Vorgängersied-

---

[18] Für die ältere Zeit wird immer wieder auf die Inschrift aus Cumae (frühes fünftes Jahrhundert v. Chr.) verwiesen:

οὐ θέμις ἐν-
τοῦθα κεῖσθ-
αι ⟨ε⟩ἰ μὲ τὸν βε-
βαχχευμέ-
νον

(vgl. dazu Martin P. Nilsson: The Dionysiac Mysteries of the Hellenistic and Roman Age, Lund 1957, S. 12f. mit Abb. 1). Daneben sind hier v.a. die Goldblättchen zu nennen, die man früher für orphisch hielt (vgl. die Texte bei Günther Zuntz: Persephone. Three Essays on Religion and Thought in Magna Graecia, Oxford 1971, S. 275–393 sowie die aktualisierte Liste von Fritz Graf: Dionysian and Orphic Eschatology: New Texts and Old Questions, in: Masks of Dionysus, ed. by Thomas H. Carpenter/Christopher A. Faraone, Ithaca 1993, S. 239–258; hier S. 257f. die tabellarische Übersicht über die einschlägigen Texte [„A Survey of the Gold Lamellae"]).

Für die Kaiserzeit ist eine Inschrift aus Philippi von Interesse, die das Leben im Jenseits beschreibt (vgl. Peter Pilhofer: Philippi. Band I: Die erste christliche Gemeinde Europas, WUNT 87, Tübingen 1995, S. 105–107 [mittlerweile gedruckt: Philippi II, Nr. 439/L078 (= S. 429–433)]). Weitere Belege für die eschatologischen Vorstellungen der kaiserzeitlichen Dionysosanhänger bei Reinhold Merkelbach, a.(Anm. 16) a.O., S. 123f. und 130–132.

[19] Christoph vom Brocke bereitet eine Dissertation über Thessaloniki vor (Thessaloniki – Stadt des Kassander und Gemeinde des Paulus. Untersuchungen zur Entstehung und zum Umfeld einer frühchristlichen Gemeinde), die demnächst der Theologischen Fakultät der Ernst-Moritz-Arndt-Universität Greifswald vorgelegt werden kann. Sein Kapitel „Dionysos in Thessaloniki" habe ich bei der Abfassung dieses Vortrags benutzen dürfen, wofür ich Herrn vom Brocke auch an dieser Stelle herzlich danken möchte. Nachtrag 2002: Inzwischen ist die Arbeit vom Brockes im Druck erschienen: Thessaloniki – Stadt des Kassander und Gemeinde des Paulus. Ein frühe christliche Gemeinde in ihrer heidnischen Umwelt, WUNT 2/125, Tübingen 2001; der genannte Abschnitt findet sich in der gedruckten Fassung S. 122–131.

[20] G. Bakalakis: Therme-Thessaloniki, Antike Kunst, Beiheft 1 (1963), S. 30–34, bes. S. 32f. Mittlerweile hat sich herausgestellt, daß der dort diskutierte marmorne Phallos nicht aus diesem Tempel stammt, vgl. ders.: Ιερό Διονύσου και φαλλικά δρώμενα στη Θεσσαλονίκη, Αρχαία Μακεδονία 3 (1983), S. 31–43; jetzt in: ders.: Οίνος Ισμαρικός. Μικρά μελετήματα του καθηγητή Γεωργίου Μπακαλάκη. Τιμητικός τόμος, Bd. II, Thessaloniki 1990, S. 1039–1056; hier S. 35 = S. 1045.

lung Θέρμη soll sogar ihren Namen dem Dionysos verdanken, insofern dieser sich von der Hitze des dortigen Dionysoskultes herleitet.[21] Unstrittig ist, daß der kaiserzeitliche Kult des Dionysos in Thessaloniki auf eine jahrhundertealte Tradition zurückblickt, war doch schon eine der städtischen Phylen nach diesem Gott benannt (φυλὴ Διονυσιάς, IG X 2,1, Nr. 185, Z. 10f.); die Benennung der Phylen geht jedenfalls in die hellenistische Zeit (wahrscheinlich sogar bis zur Gründung der Stadt) zurück.[22] Insofern ist die Wahl gerade dieser Stadt für den vorliegenden Zweck sicher sinnvoll.

Wir wenden uns den θίασοι der Stadt Thessaloniki zu:

Μακεδόνι
Ἀσιανῶν ὁ θί-
ασος τῷ συν-
μύστη ἱερητεύον-
5 τος Π. Αἰλίου
Ἀλεξάνδρου.[23]

„Dem Mitmysten Makedon der Thiasos der Asiani, als Publius Aelius Alexander Priester war."

Zwei bemerkenswerte Sachverhalte ergeben sich aus dieser Inschrift: Zum einen gibt es in Thessaloniki offenbar eine ganze Reihe von θίασοι des Dionysos. Da diese nebeneinander existieren, müssen sie sich durch geeignete Kennzeichnungen voneinander unterscheiden. Unser θίασος nennt sich θίασος Ἀσιανῶν, d.h. er besteht vornehmlich oder ausschließlich aus Menschen, die aus der Ἀσία nach Thessaloniki gekommen sind: Der Kult des Dionysos ist international.

Zum andern hat unser θίασος Ἀσιανῶν einen eigenen Priester namens Publius Aelius Alexander; er ist römischer Bürger. Das Vorhandensein eines Priesters erlaubt also nicht den Schluß auf die Existenz eines Tempels des Dionysos: Unser Priester fungiert im Rahmen dieses θίασος, ohne daß dazu

---

[21] Ebd. Die These von Bakalakis ist u.a. aufgenommen von George Gounaris: The Walls of Thessaloniki, Thessaloniki 1982, S. 9.

[22] Vgl. dazu die allgemeine Darstellung bei Δ. Κανατσούλης: Η μακεδονική πόλις από της εμφανίσεώς της μέχρι των χρόνων του Μεγάλου Κωνσταντίνου, Μακεδονικά 4 (1955–1960), S. 232–314; hier den Abschnitt über die makedonische Epoche, S. 232–245, speziell zu der Gliederung in Phylen S. 236f. Im Hinblick auf Thessaloniki heißt es hier: Αὗται [sc. die φυλαί], ὡς δεικνύει τὸ ὄνομα Ἀντιγονίς, δοθέν προς τιμήν πιθανῶς του Ἀντιγόνου Γονατᾶ, ἦσαν ἀναμφιβόλως προγενέστεραι των ρωμαϊκῶν χρόνων, δυνάμεναι να αναχθοῦν μέχρι των χρόνων της ιδρύσεως της Θεσσαλονίκης (a.a.O., S. 237). So schon zuvor Charles Edson: Cults of Thessalonica, HThR 41 (1948), S. 153–204; jetzt in Θεσσαλονίκην Φιλίππου Βασίλισσαν. Μελέτες για την Αρχαία Θεσσαλονίκη, Thessaloniki 1985, S. 886–939; hier S. 893, Anm. 4.

[23] IG X 2,1, Nr. 309. Vgl. zu dieser Inschrift auch Charles Edson, a.a.O., S. 887–891 und die Abb. 1 auf S. 938.

ein Tempel erforderlich wäre.[24] In dem θίασος Ἀσιανῶν lernen wir also eine
dionysische »Gemeinde ohne Tempel« – aber mit einem Priester – kennen.

Neben diesem θίασος Ἀσιανῶν sind uns weitere Kultvereine aus dem kaiserzeitlichen Thessaloniki namentlich bekannt, so ein θίασος Πρινοφόρων
und ein θίασος Δροιοφόρων[25], also die „Träger der Steineichen" und die
„Träger der gewöhnlichen Eichen"[26]. Bei der Inschrift handelt es sich um ein
Testament einer Dame namens Euphrosyne. Sie war Priesterin des θίασος
der „Träger der Steineichen" und hinterließ ihrem Kultverein einen Weinberg – mit gewissen Auflagen allerdings. Falls die Mysten ihres Thiasos, die
„Träger der Steineichen" also, diesen Auflagen nicht nachkommen sollten,
geht der Weinberg an den konkurrierenden θίασος der „Träger der gewöhnlichen Eichen" über.[27] Falls auch dieser Kultverein seinen Verpflichtungen
nicht nachkommen sollte, fällt der Weinberg an die Stadt Thessaloniki. Gerade diese letzte Bestimmung im Testament der Priesterin Euphrosyne ist

---

[24] Interessant ist auch der Priester Isidoros, der als solcher in mehreren θίασοι fungierte,
vgl. IG X 2,1, Nr. 506, wo es in Z. 7f. heißt ἱερασαμένῳ θιάσων Διονύσου (zu dieser Inschrift
vgl. Edson, a.a.O., S. 892f.: „The only interesting information contained in the document
is the statement that he had been priest of two or more thiasoi of Dionysus, whether
simultaneously or successively does not appear." [S. 893]).
Der älteste Priester des Dionysos aus Thessaloniki ist Apollonios, der Sohn des Artemas,
der auch Maximus genannt wurde (IG X 2,1, Nr. 503; zu dieser Inschrift vgl. Edson, a.a.O.,
S. 894–897). In welchem Zusammenhang Apollonios sein Priesteramt ausübte, geht aus
der Inschrift leider nicht hervor. Edson plädiert für eine „state priesthood of Dionysus ...
in Thessalonica" (a.a.O., S. 897), ohne dafür überzeugende Gründe anführen zu können.
Einen Sonderfall stellt der Priester Λ. Φουλούιος Φῆλιξ aus IG X 2,1, Nr. 259 dar;
die Inschrift ist Ζεὺς Διόνυσος Γονγύλος geweiht und kann daher nicht ohne weiteres für
Dionysos in Anspruch genommen werden.

[25] Beide werden in der Inschrift IG X 2,1, Nr. 260 erwähnt.

[26] Vgl. Reinhold Merkelbach, a.(Anm. 16)a.O., S. 116f.

[27] Der Text von IG X 2,1, Nr. 260 lautet:

A	Εὐφρο[σύ]νη Διοσκο[υ]	A	Euphrosyne, des Dioskous
	[ἀ]δελφιδῆ ἱ[έρ]ε[ι]α Εὐεί[α]		Nichte, Priesterin des Euios.
B	ἱέρεια οὖσα	B	Ich, die priesterliche Bacchan-
			tin
	Εὐεία Πρινο-		des Euios des (Thiasos) Prino-
	φόρου κατα-		phoros, lasse
	λίπω εἰς μνί-		zurück zum Ge-
5	ας χάριν αἰω-	5	dächtnis zum ewi-
	νίας ἀνπέλων		gen von dem Weinberg
	πλέθρα δύω		zwei Plethren
	σὺν τὲς τάφροις,		mit seinen Gräben,
	ὅπως ἀπο-		damit ver-
10	κέηταί μοι	10	brannt wird mir
	ἀπὸ ἀγο-		von dem Er-
	ρᾶς μὴ ἔλα-		lös nicht we-
	τον ✗ ε΄ *folium*		niger als 5 Denare.
C	⟨φερέτωσαν δὲ⟩	C	Es sollen aber tragen
	καὶ οἱ μύστε		auch die Mysten
	μικρὸς μέ-		klein und groß

für unser Thema von Interesse, zeigt sie doch, daß eine Verbindung all dieser Mysten zu einem Tempel des Dionysos nicht bestanden hat. Denn was hätte sonst näher gelegen, als diesen Tempel als ultimativen Erben einzusetzen? Die Tatsache, daß die Stadt selbst als letzter Notanker erscheint, legt die Schußfolgerung nahe, daß ein solcher Tempel damals entweder überhaupt nicht bestand oder daß die Mysten zu ihm keine Verbindung hatten.[28]

Zusammenfassend kann man daher sagen, daß die kaiserzeitlichen Verehrerinnen und Verehrer des Dionysos in Thessaloniki »ekklesiologisch« gesehen in Kontinuität mit ihren Vorläufern aus dem 2. Jahrhundert v. Chr. in Italien stehen: Sie sind als einzelne θίασοι ohne Tempel organisiert.

III

Damit komme ich zu meinem zweiten Beispiel, Pergamon. In dieser Stadt steht uns nicht nur epigraphische, sondern auch eindeutige archäologische Evidenz zur Verfügung. Ich beginne bei der letzteren.

Wir haben in Pergamon einen unbestrittenen Dionysos-Tempel auf der Akropolis, unterhalb des Theaters: „Der in ionischem Stil erbaute Dionysos-Tempel bildete den nördlichen Abschluß der Theaterterrasse, der längsten Promenade auf dem Stadtberg von Pergamon ... .“[29] Dieser Tempel ist

---

γας ἕκαστος	ein jeder
στέφανον ῥό-	einen Rosen-
5 δινον. ὁ δὲ μὴ ἐ-	5 kranz. Wer aber nicht ihn
νένκας μὴ μετε-	trägt, soll nicht teil-
χέτω μου τῆς	haben an meinem
δωρεᾶς. αἰὰν	Geschenk. Wenn
δὲ μὴ ποιήσω-	sie es aber nicht tun,
10 σιν, εἶνε αὐτὰ	10 soll das [Vermächtnis]
τοῦ Δροιοφό-	dem Thiasos
ρων θειάσου ἐ-	der Droiophoroi
πὶ τοῖς αὐτοῖς	zu denselben
προστίμοις.	Bedingungen zufallen.
15 εἰ δὲ μηδὲ ὁ ἕ-	15 Wenn aber auch nicht
τερος θίασος	der andere Thiasos
ποιῇ, εἶναι αὐ-	es tut, soll das
τὰ τῆς πόλε-	[Vermächtnis] der Stadt
ως. *folium*	zufallen.

[28] Die gegenteilige Auffassung vertritt Charles Edson, a.a.O., S. 910: „The question remains whether these thiasoi were private religious groups or were connected with the municipal cult of Dionysus. The evidence perhaps does not permit a certain answer, but the probabilities are, I believe, markedly in favor of the latter alternative.“ Edson geht dann sogar noch einen Schritt weiter: „I therefore suggest that the temple of Dionysus in Roman Thessalonica stood at or near the site of the Theodosian church of the Akheiropoietós. ... The epigraphic evidence, admittedly insufficient for a demonstration, does at least create the real possibility that this Roman building was the temple of Dionysus.“ (S. 911f.).

[29] Wolfgang Radt: Pergamon. Geschichte und Bauten, Funde und Erforschung einer antiken Metropole, Köln 1988, S. 218. Vgl. die ursprüngliche Publikation von Richard Bohn:

Abb. 8: Dionysos-Tempel mit der Theaterterrasse

offenbar gleichzeitig mit dem Theater unter Eumenes II. (197–159 v. Chr.) erbaut worden. „Hinter einer Freitreppe von 25 Stufen erhob er sich vor der steil in seinem Rücken ansteigenden Felswand der Hochburg. Ähnlich wie der Hera-Tempel wurde schon der Dionysos-Tempel unter Ausnutzung des Geländes wie ein in eine Felsnische hineingeschobener Podiumstempel errichtet. Das Podium brauchte nicht aufgebaut zu werden, sondern man konnte es aus dem ansteigenden Fels gewinnen.“[30] Daher lag der Tempel

---

Die Theater-Terrasse, Altertümer von Pergamon, Bd. IV, Berlin 1896. Hier wird unser Tempel unter der Überschrift „Der ionische Tempel" auf S. 41–77 dargestellt. „Über die Frage, welcher Gottheit der Tempel ursprünglich geweiht war, sind wir zu einem sicheren Ergebnis nicht gelangt und haben uns deshalb mit der Bezeichnung »ionischer Tempel« begnügen müssen" heißt es S. 63. Dennoch betont Bohn schon 1896: „So tritt uns als der nächstliegende Gedanke wegen der nahen Zusammenlage mit dem Theater der an einen Dionysostempel entgegen." (S. 64).

[30] Wolfgang Radt, a.a.O., S. 218. Vgl. dort die Abbildungen auf Farbtafel 1 (nach S. 56) und auf S. 219 sowie hier meine Abb. 8 und 9.

4,5 m über dem Niveau der Terrasse, deren Endpunkt er darstellte. Die Maße des Grundrisses betragen 21 x 12 m.[31]

Für unsere Zeit ist entscheidend, daß dieser Dionysos-Tempel am Nordende der Theaterterrasse nach einem Brand in „der römischen Kaiserzeit ... auf dem alten Grundriß wiederum im ionischen Stil und unter teilweiser Wiederverwendung der noch erhaltenen Bausubstanz erneuert" wurde.[32] Der Wiederaufbau des Tempels wird in die Zeit des Kaisers Caracalla (198–217 n. Chr.) oder in die des Hadrian (117–138 n. Chr.) datiert.[33]

Abb. 9: Dionysos-Tempel

Was Pergamon für unser Thema so wichtig werden läßt, ist ein zweiter Fund, der erst in den 70er Jahren des 20. Jahrhunderts gemacht wurde. Er

---

[31] Ebd.

[32] Ebd.

[33] Wolfgang Radt, a.a.O., S. 220.

steht – und das ist der entscheidende Punkt – in keinem Zusammenhang mit dem soeben besprochenen Dionysos-Tempel auf der Theater-Terrasse. Es handelt sich dabei um den sogenannten Podiensaal in der Wohnstadt.[34]

Abb. 10: Der sog. Podiensaal

„Der »Podiensaal« ist ein langgestrecktes Gebäude (rund 24 x 10 m) in Breitlage, mit einem plattengepflasterten Hof vor der Front. Das Gebäude lag nicht direkt an der Hauptstraße, sondern war, den Hang hinauf, hinter eine Reihe von Läden und Werkstätten zurückgesetzt. Der Zugang in den Hof erfolgte von einer Seitengasse im Osten her."[35] Der Podiensaal ist nicht ganz symmetrisch gebaut, insofern als sowohl der Eingang als auch die Kultnische etwas nach Westen verschoben sind. Wolfgang Radt schließt daraus, daß der Podiensaal nicht aus einem Guß entstanden ist, sondern nach und

---

[34] Zum Podiensaal vgl. die Vorberichte von Wolfgang Radt: Pergamon. Vorbericht über die Kampagne 1976. Der Ostbereich: Podiensaal und Umgebung, AA 1977, S. 307–313; Pergamon. Vorbericht über die Kampagne 1977. Antike Bauten, AA 1978, S. 417–426; Pergamon. Vorbericht über die Kampagne 1978. Antike Bebauung, AA 1979, S. 316–330 (über den Podiensaal S. 321ff.). Die anfängliche Vermutung, es handle sich um ein Mithräum (so auch S. Chr. Dahlinger: Der sogenannte Podiensaal in Pergamon: Ein Mithraeum?, in: Mysteria Mithrae, hg. v. U. Bianchi, Leiden 1979, S. 793–803) läßt sich aufgrund der epigraphischen Zeugnisse (s. gleich) nicht aufrechterhalten.
Zusammenfassend Wolfgang Radt, a.(Anm. 29)a.O., S. 224–228. Der S. 375 angekündigte „Schlußbericht" ist offenbar bisher nicht erschienen.

[35] Wolfgang Radt, a.a.O., S. 225.

nach zu der Form gelangte, die er schließlich im 3. und 4. Jahrhundert n.
Chr. hatte. „Diese letzte Form zeigt Podien von rund 1 m Höhe und 2 m

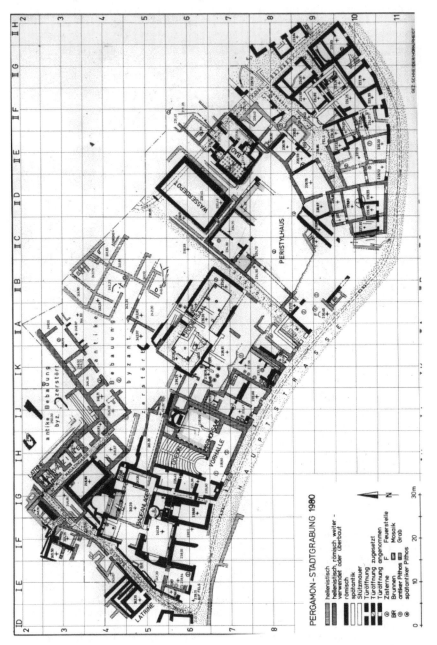

Abb. 11: Pergamon: Stadtgrabung mit Podiensaal (ungefähr in der Mitte)

Tiefe, die sich an allen Wänden, außer im Bereich der Kultnische und des Eingangs, entlangziehen."[36]

Die Funktion der Podien ist klar: Die Vereinsmitglieder liegen darauf in der Weise, daß der Kopf jeweils zur Mitte des Saals hin orientiert ist. „Berechnungen haben ergeben, daß der Saal auf diese Art etwa 70 Teilnehmer faßte. An der Vorderkante der Podien lief ein Marmorbord entlang, auf dem die Feiernden ihre Trinkgefäße, Eßgeschirr usw. abstellen konnten. ... Im Podiensaal wurde sehr viel Fleisch verspeist. Davon zeugten zahlreiche, bei der Ausgrabung gefundene, im Estrich des Bodens festgetretene Knochenreste. Sie rührten von Rinder-, Schweine- und Geflügelknochen her."[37]

Das mag zum archäologischen Befund genügen. Ich komme zur epigraphischen Evidenz. Um meine Zeit nicht zu überschreiten, beschränke ich mich auf die in dem Podiensaal gefundenen Inschriften. Sie sind leider noch nicht publiziert.[38]

Dankenswerterweise bietet Wolfgang Radt in seinem mehrfach zitierten Buch über Pergamon auf S. 227, Abb. 94 eine Photographie der beiden Altäre, die folgende Inschriften tragen:

Σεβαστῶ[ι ...]
Ἡρῴδης ἀρχιβο[ύκολος].

und:

Διονύσωι Καθηγεμόνι
Ἡρῴδης ἀρχιβούκολος.

In seinem Buch beschreibt Wolfgang Radt einen der beiden Altäre: „In das östliche Podium verbaut fand sich ein qualitätvoller kleiner Dionysos-Altar, der nach verschiedenen Anzeichen in die Zeit des Kaisers Augustus gehört. Er wurde laut seiner Inschrift geweiht an Dionysos Kathegemon von dem *Archibukolos* Herodes. Geschmückt ist der Altar mit Reliefs, einer Weingirlande und einem Kelch, in dem eine Weintraube liegt."[39]

---

[36] Ebd.

[37] Ebd.

[38] [Es handelt sich hier um einen Irrtum meinerseits, vgl. die folgende Anm.]

[39] Wolfgang Radt, a.a.O., S. 227. [1998 war mir die Radtsche Publikation der beiden Altäre noch nicht bekannt. Sie ist unbedingt heranzuziehen: Wolfgang Radt: Zwei augusteische Dionysos-Altärchen aus Pergamon, in: Festschrift für Jale İnan, İstanbul 1989, S. 199–209 mit den Abbildungen in Band II (Tafeln 91 und 92). Die genannten Inschriften hier S. 201 und S. 200. In Z. 1 der ersten Inschrift ergänzt Radt sinnvollerweise zu Σεβαστῶ[ι Καίσαρι]. „Der Altar wurde ... dem Kaiser Augustus geweiht, und zwar zu einer Zeit, als dieser Ehrentitel, den fortan alle römischen Kaiser trugen, schon vom Senat verliehen worden war" (S. 201). Radt datiert den Altar daher auf „nicht viel später als ... 27 v.Chr." (S. 202).]

Wenn wir diese verschiedenen Befunde zueinander in Beziehung setzen, so ergibt sich: Eine Phase des Podiensaals datiert in die Zeit des Augustus und fällt damit in die hellenistische Phase des Dionysos-Tempels auf der Theater-

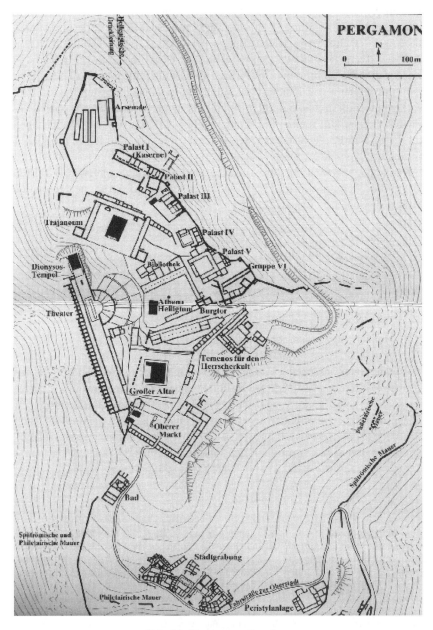

Abb. 12: Pergamon: Burgberg

Terrasse. Zur Zeit des ἀρχιβούχολος Herodes hatten diese Anhängerinnen und Anhänger des Dionysos also ein Vereinslokal, das in keinem wie auch immer gearteten Verhältnis zum Dionysos-Tempel auf der Theater-Terrasse stand. Sie waren also eine »Gemeinde ohne Tempel«.

IV

Ich komme zum Schluß. Die Mysten des Dionysos, von denen wir aus dem Senatsbeschluß von 186 v. Chr. Kunde haben, und ihre Nachfahren im kaiserzeitlichen Thessaloniki und im kaiserzeitlichen Pergamon haben eines gemeinsam: Sie bedürfen keines Tempels. Sie sind als θίασοι auf freiwilliger Basis organisiert, haben Funktionäre wie andere Vereine auch, gelegentlich sogar Priester: Aber Tempel haben sie nicht und brauchen sie nicht. Jeder dieser θίασοι ist also eine Gemeinde ohne Tempel. Sie leben nicht nur – wie Kohelet[40] – dem Wein und den andern Genüssen, die der Podiensaal bietet: Sie lauschen der θεολογία, die bei der Versammlung vorgetragen wird. Sie haben eschatologische Hoffnungen, die denen von Christen und Juden in nichts nachstehen. Sie feiern Dionysos als ihren Heiland (σωτήρ), der nicht nur für Wein und Fleisch hier und jetzt, sondern auch für ein besseres Leben im Jenseits bürgt.

Ich habe diese Gruppe in meiner Themenformulierung als ein „andres Volk ohne Tempel" bezeichnet im Anschluß an die eingangs zitierte Formulierung des Livius. In Konkurrenz zu diesem andern Volk stehen Juden wie Christen, die beide ebenfalls als zweites bzw. drittes Geschlecht oder Volk angesehen werden können.

Alle drei Gemeinschaften hatten keinen Tempel, sondern nur Versammlungsräume. Alle drei Gemeinschaften fuhren damit gut: Über mangelnden Zustrom kann sich im 1. und 2. Jahrhundert keine von ihnen beklagen. Um an eine Formulierung anzuknüpfen, die heute Vormittag gebraucht wurde: Das Ergebnis der Abstimmung mit den Füßen ist in dieser Hinsicht eindeutig.

Könnte es sein, daß die Zeit der Tempel einfach vorbei war? Daß Nostalgiker wie Vergil – Herr Horbury hat gestern von seiner Freude an den Tempeln berichtet[41] – genauso auf verlorenem Posten standen wie Tempelbauer à la Herodes? Die Polemik gegen die heidnischen Tempel, die sich bei jüdischen wie christlichen Apologeten findet, ist weder eine jüdische noch eine christliche Erfindung. Die Argumente lagen zum Teil lange bereit. Von den Vorsokratikern bis zu Epikur und dem skeptischen Zweig der platonischen Akademie sind diese Argumente entwickelt und optimiert worden. Aber geht

---

[40] Vgl. Hans-Peter Müller: Plausibilitätsverlust herkömmlicher Religion bei Kohelet und den Vorsokratikern, a.(Anm. 1)a.O, S. 99–113; hier S. 102–104.

[41] Vgl. William Horbury: Der Tempel bei Vergil und im herodianischen Judentum, a.(Anm. 1)a.O., S. 149–168.

man deswegen nicht mehr zum Tempel, weil man unlängst eine so durchschlagende Polemik dagegen gehört hat? Man optiert für Gemeinschaften ohne Tempel, weil sie mehr bieten als die Tempel – wer stattdessen Asklepios wählt, hat handfeste andere Gründe.

Mittelfristig – das zum Schluß – haben Juden und Christen die Nase vorn und die Dionysosverehrer fallen zurück. Der Grund ist kein soteriologischer, sondern ein ekklesiologischer. Schon aufgrund des Wochenrhythmus sind die Zusammenkünfte von Juden wie Christen wesentlich attraktiver als die der dionysischen θίασοι.[42]

---

[42] Vgl. dazu genauer den letzten Beitrag dieses Bandes.

Περὶ δὲ τῆς φιλαδελφίας ... (1Thess 4,9)

Ekklesiologische Überlegungen zu einem Proprium früher christlicher Gemeinden[1]

Rudolf Bultmann hat ein Buch über „Das Urchristentum im Rahmen der antiken Religionen" geschrieben und dieses Thema häufig als Vorlesung angeboten.[2] Nahezu 50 Jahre später hat ein Epigone seine Vorlesung unter eben diesem Titel „Das Urchristentum im Rahmen der antiken Religionen" angekündigt. Dabei stellte sich heraus, daß wir dieses Thema heute nicht mehr in der Art Bultmanns behandeln können. Bultmann hatte sich das Ziel gesetzt, auf dem Hintergrund der antiken Religionen das „Existenzverständnis, das im Urchristentum als neue Möglichkeit menschlichen Existenzverständnisses zutage getreten ist", aufzuweisen.[3] So begegnen dem Leser des Bultmannschen Buches Sokrates, Platon und der stoische Weise, mit denen sich die Frage des menschlichen Existenzverständnisses von Theologe zu Theologe und von Philosoph zu Philosoph gewiß trefflich diskutieren läßt. Inwiefern diese Philosophen und ihre Schulen freilich einen historischen „Rahmen" bildeten, aus dem heraus sich die Entwicklung des

---

[1] Probevorlesung, gehalten am 5. Juni 1998 vor der Theologischen Fakultät der Ruprecht-Karls-Universität Heidelberg und am 10. Mai 1999 vor der Theologischen Fakultät der Georg-August-Universität Göttingen.

Meiner Mitarbeiterin, Frau Eva Ebel, danke ich herzlich für ihre vielfältige Hilfe bei der Vorbereitung und der Ausarbeitung dieses Vortrags. Ebenso herzlich danke ich meiner Münsteraner Kollegin Dr. Angelika Reichert für zahlreiche Verbesserungsvorschläge.

[2] Rudolf Bultmann: Das Urchristentum im Rahmen der antiken Religionen, Zürich 1949, Zürich und München [4]1976. Die erste einschlägige Vorlesung hielt Bultmann offenbar im SS 1931 („Urchristentum und Religionsgeschichte"), dann nach längerer Pause im SS 1942 erneut „Urchristentum und Religionsgeschichte", im SS 1944 „Das Urchristentum in der Geschichte der antiken Religionen", im WS 1945/46 dasselbe, und schließlich im SS 1947 „Das Urchristentum im Zusammenhang der antiken Religionen". Interessant, wie sich der Titel von 1931 bis zum Erscheinen des Buches 1949 entwickelt! Die Angaben sind Bernd Jaspert: Sachgemäße Exegese. Die Protokolle aus Rudolf Bultmanns Neutestamentlichen Seminaren 1921–1951, MThSt 43, Marburg 1996 entnommen.

[3] Rudolf Bultmann, a.a.O., S. 8. Bultmann fügt einschränkend hinzu: „... oder vorsichtiger: ob und inwiefern das der Fall ist" (ebd.) und betont, daß ihm „jede apologetische Absicht" fernliegt (S. 7).

Urchristentums erklären läßt, ist eine Frage, die Bultmann nicht sonderlich bewegte. Unter dem Aspekt dieser historischen Frage ist festzustellen: Die Wanderprediger und Goeten, mit denen Paulus sich auf den Marktplätzen der Städte rund um die Ägäis auseinanderzusetzen hatte, glichen gewiß eher einem Scharlatan wie Alexander von Abonuteichos als einem Platon oder einem stoischen Weisen. Umgekehrt werden die Menschen, die Paulus in diesen Städten für das Evangelium gewann, mit ihm vorab nicht die Frage seiner Charismenlehre auf dem Hintergrund der Πολιτεία Platons diskutiert haben. Die überall wie Pilze aus dem Boden schießenden christlichen Gemeinden müssen eine Anziehungskraft ganz eigener Art besessen haben, derer man unter der Perspektive der Bultmannschen Fragestellung nicht ansichtig wird.

I

Ausgangspunkt meiner Überlegungen ist die paulinische Themenangabe περὶ δὲ τῆς φιλαδελφίας in 1 Thess 4,9: „In bezug auf die Bruderliebe aber“ – so läßt Paulus die Christinnen und Christen in Thessaloniki wissen – „habt ihr es nicht nötig, daß wir euch schreiben, denn ihr selbst seid von Gott gelehrt, daß ihr einander liebt.“ Das Bemerkenswerte an diesem Satz des Paulus ist das Wort φιλαδελφία, dem die Kommentare in der Regel gar keine nähere Würdigung zuteil werden lassen.[4]

Die einzige mir bekannte Ausnahme bildet der Kommentar von Ἰωάννης Λ. Γαλάνης, wo nicht nur das Material skizziert, sondern auch die Schlußfolgerung gezogen wird:[5] Dieses Wort ist zwar ab dem 4. vorchristlichen Jahrhundert in der griechischen Literatur belegt, wird aber bei den paganen Autoren vor und neben Paulus ausschließlich im wörtlichen Sinne, d.h. von der Liebe zwischen leiblichen Brüdern, gebraucht. 1 Thess 4,9 ist der erste Beleg für die Verwendung im übertragenen Sinne, d.h. von der Liebe zwi-

---

[4] Wilhelm Bornemann: Die Thessalonicherbriefe, KEK 10, Göttingen 1894, geht S. 176f. auf das Wort φιλαδελφία als solches überhaupt nicht ein; Ernst von Dobschütz: Die Thessalonicher-Briefe, KEK 10, Göttingen 1909, Nachdr. 1974 beschränkt sich auf den knappen Hinweis, φιλαδελφία werde „bei Griechen und Juden zunächst im eigentlichen Sinn der Geschwisterliebe“ verwendet (S. 175). Martin Dibelius geht auf das Wort ebenfalls nicht ein (Die Briefe des Apostels Paulus. An die Thessalonicher I II. An die Philipper, HNT III 2, Tübingen 1911, S. 18; ³1937, S. 22f.); ebensowenig Willi Marxsen: Der erste Brief an die Thessalonicher, ZBK 11.1, Zürich 1979, S. 61f. Traugott Holtz stellt fest, daß φιλαδελφία im „herkömmlichen griechischen Gebrauch“ sowie „im Judengriechischen“ „die Liebe zwischen leiblichen Geschwistern“ bedeutet (Der erste Brief an die Thessalonicher, EKK 13, Braunschweig/Neukirchen-Vluyn ²1990, S. 173).

[5] Σε όλες τις περιπτώσεις αυτές χρησιμοποιείται [sc. das Wort φιλαδελφία] κατά κυριολεξία, αναφέρεται δηλαδή στην αγάπη προς τους φυσικούς αδελφούς (Ιωάννης Λ. Γαλάνης: Η πρώτη επιστολή του Αποστόλου Παύλου προς Θεσσαλονικείς, Ερμηνεία Καινής Διαθήκης 11α, Thessaloniki 1985, S. 257).

schen Menschen, die nicht miteinander verwandt sind.[6] Dies kann man sehr schön an der gleichnamigen Schrift des Plutarch veranschaulichen, die mit den späten Schriften des Neuen Testaments gleichzeitig ist. Die Abhandlung Περὶ φιλαδελφίας (*De fraterno amore*)[7] ist passenderweise dem Brüderpaar Nigrinus und Quietus gewidmet.[8]

Plutarch exemplifiziert die Bruderliebe an der Natur des Körpers, wo auch alle wichtigen Organe zweifach vorhanden sind, die Hände, die Füße, die Ohren, die Augen usw.[9] Im folgenden spricht er immer wieder von den verwandtschaftlichen Banden, die die Brüder aneinander verweisen. Ein Argument geht beispielsweise dahin, daß Plutarch fragt: Wie mag sich ein Mensch wohl Außenstehenden gegenüber verhalten, wenn es schon an der Bruderliebe fehlt?[10] Ein anderes Argument zielt darauf ab, daß derjenige, der seinen Bruder haßt, damit zugleich auch seinen Vater und seine Mut-

---

[6] Bauer/Aland geben s.v. φιλαδελφία als ältesten Gewährsmann den Komiker Alexis aus dem 4. Jahrhundert v. Chr. an (Walter Bauer: Griechisch-deutsches Wörterbuch zu den Schriften des Neuen Testaments und der frühchristlichen Literatur, 6., völlig neu bearbeitete Auflage, hg. v. Kurt Aland und Barbara Aland, Berlin/New York 1988, Sp. 1712). Diesen Befund bestätigt eine Suche nach φιλαδελφι- auf der TLG-CD-ROM #D, die insgesamt 243 matches erbringt. Den Löwenanteil machen allerdings die vom Neuen Testament abhängigen christlichen Belege aus. Die Durchsicht dieser Belege ergibt: Alexis Comicus 334 (φιλαδελφία καὶ φιλεταιρία) ist offenbar wirklich der älteste Beleg für φιλαδελφία. Weitere vom Neuen Testament unabhängige Belege bieten (in alphabetischer Reihenfolge) Appian, Aelius Aristides, Galen, Himerios, Josephus (nur in den *Antiquitates*: II 161; IV 26; XII 189), Kallimachos, Libanios, Lukian, Michael Attaliates, Nikephoros Gregoras, Philon (nur ein einziger Beleg: Leg. 87), Plutarch (ausschließlich in der Schrift Περὶ φιλαδελφίας, dazu gleich oben im Text näheres), Porphyrios, Scholia in Aratum, Scholia in Homerum, Stobaios, Suda, Synesios, Themistios. (Daneben begegnet auch gelegentlich die Stadt Φιλαδελφία.) Insgesamt sind die Belege nicht sehr zahlreich und ausschließlich im wörtlichen Sinn.
In den auf PHI-CD-ROM #6 gespeicherten Inschriften kommt viermal die Stadt Φιλαδελφία, aber nur einmal unser Wort φιλαδελφία vor (in einer galatischen christlichen Inschrift: BCH 25 (1901), S. 334f., Nr. 29).
Weit über 200 Belege bieten die ebenda gespeicherten Papyri – fast ausnahmslos jedoch geht es hier um die Stadt Φιλαδελφία (Ausnahmen sind PLond 5.1708.r; PMil 2.81.r οἶδα γὰρ τὴν σὴν φιλαδελφίαν).

[7] Der Text findet sich in der Teubneriana (W.R. Paton/M. Pohlenz/W. Sieveking [Hg.]: Plutarchi Moralia, Vol. III, Leipzig 1929, ²1972, S. 221–254). Eine englische Übersetzung bietet W.C. Helmbold: Plutarch Moralia, Volume VI, with an English Translation, LCL, Cambridge/London 1939, Nachdr. 1993, S. 243–325. Zur Interpretation ist heranzuziehen Hans Dieter Betz: De fraterno amore (Moralia 478A–492D) in: ders. [Hg.]: Plutarch's Ethical Writings and Early Christian Literature, SCHNT 4, Leiden 1978, S. 231–263.

[8] In Kapitel 1 heißt es (478B): ... ὑμῖν, ὦ Νιγρῖνε καὶ Κυῆτε, τὸ σύγγραμμα τοῦτο περὶ φιλαδελφίας ἀνατίθημι. Zuvor war von dem göttlichen Brüderpaar der Dioskuren die Rede. Die Widmungsempfänger werden mit diesen in eine Reihe gestellt.

[9] Kapitel 2 (478D). Vgl. den Kommentar von Hans Dieter Betz, a.(Anm. 7)a.O., S. 238f.

[10] Kapitel 3 (479D). Vgl. Hans Dieter Betz, a.a.O., S. 240f.

ter angreift.[11] Umgekehrt kann Plutarch behaupten, daß, wer seinen Bruder liebt, damit zugleich auch seine Liebe zu seiner Mutter und zu seinem Vater unter Beweis stellt.[12]

Ich verzichte darauf, weitere Beispiele anzuführen: Von der ersten bis zur letzten Seite der Abhandlung ist klar, daß φιλαδελφία sich hier auf leibliche Brüder – und nur auf solche! – bezieht. Umgekehrt kann man feststellen: Nirgendwo auf diesen 34 Druckseiten[13] kommt Plutarch auf den Gedanken, daß man das Wort φιλαδελφία auch anders, nämlich im übertragenen Sinne verstehen könnte.[14] Daraus ergibt sich: Noch rund fünfzig Jahre nach dem 1. Thessalonicherbrief, um 100 n. Chr., verstand ein Grieche unter φιλαδελφία ausschließlich die Liebe zwischen leiblichen Geschwistern. In 1 Thess 4,9 wird dieses Wort daher in einem *neuen* Sinn gebraucht – vielleicht handelt es sich sogar um eine paulinische Prägung –; diese übertragene Verwendung beruht auf der unter Christen üblichen Anrede mit ἀδελφοί bzw. ἀδελφαί.

Auf diesem Hintergrund erscheint es seltsam, daß Hans Dieter Betz in seiner Arbeit über den Traktat des Plutarch auf diesen Aspekt so gut wie gar nicht eingeht.[15] Er geht aus von der allgemeinen Feststellung: „The historians of Christianity have always been struck by the close similarities between Christian ethics and Plutarch's ethics. ... The closeness between Plutarch and early Christianity can be explained by their dependence upon common traditions and by their sharing in common ethical concerns."[16] Die von Betz behauptete Nähe („closeness") mag sich ja vielleicht in den einzelnen Vorschriften äußern – das habe ich hier nicht zu untersuchen; aber kann man darüber die bemerkenswerte Beobachtung vernachlässigen, daß die Christen φιλαδελφία *totaliter aliter* verwenden als Plutarch?

Daher formuliere ich die These: Die christliche Umprägung des Wortes φιλαδελφία hat nicht ethische, sondern vielmehr ekklesiologische Gründe: Die in den christlichen Gemeinden allgemein übliche Anrede mit ἀδελφοί bzw. ἀδελφαί führt notwendig dazu, daß auch das zugehörige φιλαδελφία in neuer Weise, d.h. im übertragenen Sinne, verwendet wird. Der paräneti-

---

[11] Kapitel 5 (480D). Vgl. Hans Dieter Betz, a.a.O., S. 242f.

[12] Kapitel 6 (480F). Vgl. Hans Dieter Betz, a.a.O., S. 243f.

[13] Die Seitenzählung nach der o. Anm. 7 angegebenen Teubneriana.

[14] Dies erscheint umso erstaunlicher, wenn man bedenkt, daß φιλάδελφος schon seit Platon (Menex. 293a) und Xenophon (Anab. VII 2,25) auch im übertragenen Sinn geläufig ist, vgl. den o. Anm. 5 zitierten Kommentar von Γαλάνης, S. 257.

[15] Vgl. o. Anm. 7. Zwar erwähnt er, „that the terms have already been transformed and no longer refer to family relationships, but to Christian »brotherhood«" (a.a.O., S. 232f.) – aber daraus werden keinerlei Konsequenzen gezogen. Hans Dieter Betz beschränkt sich auf die Feststellung: „Along with this transformation, older *topoi* of family ethics now appear simply as Christian church ethics, the congregation becoming the »household of God.« This development explains why the terms of »brotherly love« could be taken over into Christian ethics without further discussion." (a.a.O., S. 233).

[16] Hans Dieter Betz: Introduction, in: ders. [Hg.]: Plutarch's Ethical Writings and Early Christian Literature, SCHNT 4, Leiden 1978, S. 1–10; hier S. 8.

sche Zusammenhang, in dem 1Thess 4,9 sich findet, führt uns im folgenden nicht zu ethischen, sondern zu ekklesiologischen Überlegungen. Ich frage im Vorübergehen, ob man nicht vielleicht generell die paränetischen Passagen bei Paulus eher im Horizont der Ekklesiologie als im Horizont der Ethik in den Blick nehmen sollte, und komme zu Abschnitt II meiner Vorlesung.

II

Auch die Anrede ἀδελφοί ist Bestandteil der christlichen Sondersprache. Gerade an unserm ersten Thessalonicherbrief kann man den Gebrauch von ἀδελφοί gut studieren: Fast 20mal begegnet es auf den sieben Druckseiten, d.h. rund dreimal pro Seite.[17] Man kann sagen, daß Paulus die Christinnen und Christen in Thessaloniki durchweg mit ἀδελφοί anredet. Wir können mit einiger Wahrscheinlichkeit daraus schließen: Auch ἀδελφοί wird in den christlichen Gemeinden im übertragenen Sinn gebraucht und bezeichnet alle Angehörigen der christlichen Gemeinschaft ohne Unterschied.

Ernst Käsemann hat einst die These vertreten, daß die „Christenheit" „sich in Analogie zu hellenistischen Mysterienverbänden organisierte"[18]. In bezug auf die Anrede der Mysten untereinander trifft diese These nun aber gerade nicht zu: Die in den von Käsemann so genannten »hellenistischen Mysterienverbänden« sich findende Bezeichnung συμμύστης haben die Christinnen und Christen gerade nicht aufgegriffen! Umgekehrt war in den von Käsemann zitierten Mysterienverbänden gerade die Bezeichnung ἀδελφοί bzw. ἀδελφαί durchaus nicht gängig. Da wir bisher vom 1. Thessalonicherbrief ausgegangen sind, wähle ich die Stadt Thessaloniki als Beispiel. Die von Charles Edson herausgegebenen Inschriften dieser Stadt bieten instruktives Material zu unserer Frage. Da stößt man beispielsweise auf eine Vereinigung von Menschen, die sich οἱ ἱεραφόροι συνκλίται nennen – eine Liste von 13 Mitgliedern wird gleich mitgeliefert.[19] Es handelt sich um Verehrer des Gottes Anubis, denen ein gewisser *Aulus Papius Chilo* ein Versammlungshaus (οἶκος) errichtet hat. Hier treffen sich nun die ἱεραφόροι συνκλίται, um ihre kultischen Mahlzeiten abzuhalten. Wir haben also in der Tat eine Parallele zu der von Paulus gegründeten christlichen Gemeinde in Thessaloniki. Von φιλαδελφία wissen diese Anubisverehrer allerdings nichts; mit ἀδελφοί

---

[17] Nimmt man das φιλαδελφία in 4,9 hinzu, haben wir genau 20 Belege: 1,4; 2,1.9.14.17; 3,2.7; 4,1.6.9.10(*bis*).13; 5,1.4.12.14.25.26.27.

[18] Ernst Käsemann: Das theologische Problem des Motivs vom Leibe Christi, in: ders.: Paulinische Perspektiven, Tübingen ²1972, S. 178–210; hier S. 184.

[19] Charles Edson [Hg.]: Inscriptiones Thessalonicae et viciniae, Inscriptiones graecae Epiri, Macedoniae, Thraciae, Scythiae, Pars II, Fasciculus I, IG X 2,1, Berlin 1972, Nr. 58. Vgl. dazu im einzelnen ders.: Cults of Thessalonica, HThR 41 (1948), S. 153–204; hier S. 181–188; Nachdr. in: Θεσσαλονίκην Φιλίππου Βασίλισσαν. Μελέτες για την Αρχαία Θεσσαλονίκη, Thessaloniki 1985, S. 886–939; hier S. 914–921 (danach hier zitiert).

haben sie sich gewiß nicht angeredet! Einen Mysterienverband bilden diese Menschen[20] – aber hinsichtlich des uns interessierenden ekklesiologischen Aspekts bilden sie gerade *keine* Parallele zur paulinischen Gemeinde.

Ein anderer Mysterienverein, der in neutestamentlicher Zeit eine Inschrift aufstellt, nennt die Namen von annähernd 40 Mitgliedern, die als οἱ ὑπογεγραμμένοι συνκλίται eingeführt werden.[21] Eine Zwillingsinschrift dazu nennt als Spender ebenfalls eine lange Liste von Menschen, die als οἱ ὑπογεγραμμένοι συνκλίται bezeichnet werden.[22] Auch in einer dritten Inschrift aus Thessaloniki finden wir diese Selbstbezeichnung.[23] Nichts konnte die Christinnen und Christen in Thessaloniki hindern, sich als συνκλίται τοῦ κυρίου Ἰησοῦ – als die Tischgenossen des Herrn Jesus – zu bezeichnen; allein, sie taten es nicht. Stattdessen hielten sie an der Bezeichnung ἀδελφοί bzw. ἀδελφαί fest.

Andere Anhänger des Sarapis, die sich um seine κλίνη zu versammeln pflegen, nennen sich οἱ συνθρησκευταὶ κλείνης θεοῦ μεγάλου Σαράπιδος, die „Mitanbeter des Speisesofas des großen Gottes Sarapis", wie man die etwas geschraubte griechische Formulierung vielleicht wiedergeben könnte.[24] Auch diese etwas manierierte Bezeichnung hätte man für die von Paulus gegründete Gemeinde übernehmen können: die Christinnen und Christen versammelten sich freilich nicht am Speisesofa des großen Gottes Sarapis, sondern am Tisch ihres Herrn Jesus – aber konnte sie das hindern, sich συνθρησκευταί zu nennen? Fest steht: Sie taten es nicht!

Neben diesen originellen Selbstbezeichnungen findet sich selbstverständlich auch etwa das übliche μύστης bzw. συμμύστης, das auch als Anrede fungierte – ich brauche das Material, das nicht für Thessaloniki spezifisch ist, in diesem Zusammenhang nicht auszubreiten.[25]

---

[20] Vgl. die Interpetation von Charles Edson: „The hieraphoroi synklitai inscription of Thessalonica reveals what is essentially a private club created for social purposes. But the fact that the members are collectively designated as hieraphoroi as well as synklitai makes it impossible to separate them from a larger and established cult. It is surely difficult to postulate the existence of a group of hieraphoroi as a separate and quite independent society without any connection with other cult officials. In my view the most persuasive interpetation of the inscription is that the hieraphoroi were a well defined group of functionaries associated with the municipal cult of the Egyptian gods at Thessalonica who chose to form themselves also into a private club, as the hieraphoroi synklitai, for purposes of social intercourse under the tutelage of the god Anubis" (a.a.O., S. 919).

[21] IG X 2,1, Nr. 68, Z. 8f.: οἱ [ὑπογε]γραμμένοι [συνκλ]ίται.

[22] IG X 2,1, Nr. 69, Z. 7f.

[23] IG X 2,1, Nr. 70, Z. 6. Falls der Edsonsche Index in diesem Falle zuverlässig ist, sind dies dann alle συνκλίται-Belege aus Thessaloniki.

[24] IG X 2,1, Nr. 192, Z. 9–11.

[25] Vgl. die folgenden Inschriften: IG X 2,1, Nr. 107 (als *cognomen* des Gottes Osiris: Ὀσείριδι μύστει); 259 (insgesamt viermal: Z. 5.12.15.18, darunter in Z. 15 auch als οἱ ὑπογεγραμμένοι μύσται, die dann ab Z. 21 in einer Liste aufgezählt werden); 260 (C 1: οἱ

Es gibt nun noch eine ganze Reihe weiterer kultischer Vereine mit z.T. sehr originellen Bezeichnungen in Thessaloniki, aber ich kann sie hier nicht alle aufzählen[26] und diskutieren. Entscheidend ist: Kein Verein der Stadt Thessaloniki, von dem wir Kunde haben, verwendet für seine Mitglieder die Bezeichnung ἀδελφοί bzw. ἀδελφαί. Wir können daher davon ausgehen, daß diese Anredeform den von Paulus für das Evangelium gewonnenen Menschen in Thessaloniki zunächst neu war. Sie erschien ihnen auf gar keinen Fall selbstverständlich und bedurfte gewiß einer Zeit der Gewöhnung.

Das Material aus Thessaloniki, das ich Ihnen in aller gebotenen Kürze vorgestellt habe, ist in dieser Hinsicht vollkommen repräsentativ auch für alle anderen Städte, in denen Paulus Gemeinden gegründet hat. Wenn wir Zeit hätten, könnten wir etwa einen Blick auf die „Mysterienverbände" in Philippi werfen – aber das Bild, das wir dort gewönnen, gleicht dem aus Thessaloniki.[27]

So verwundert es nicht, wenn Franz Poland in seiner grundlegenden Untersuchung über die griechischen Vereine formuliert: „Von hohem Interesse wäre es für die Anschauungen des griechischen Vereinslebens, wenn die Genossen eines Vereins sich als Brüder bezeichnet hätten. Vergebens hat man meist bisher diesen Titel sicher nachzuweisen gesucht. Wo er in Ephebeninschriften sich findet oder sonst, besonders auf ägyptischem Boden, auftritt, haben wir es aller Wahrscheinlichkeit mit wirklichen Brüdern zu tun."[28] Nun ist das Buch von Poland – es erschien im Jahre 1909 – mittlerweile gewiß revisionsbedürftig, schon allein wegen des in der Zwischenzeit neu zutage geförderten epigraphischen Materials. Und es ist gerade aus neutesta-

---

μύστε = μύσται). Das Kompositum συμμύστης in Thessaloniki bisher offenbar nur in Nr. 309, Z. 3; der Text lautet: Μακεδόνι Ἀσιανῶν ὁ θίασος τῷ συνμύστῃ κτλ. Man sieht hier, daß συμμύστης gleichsam titular gebraucht wird!

[26] So begegnet in Nr. 220 ein προστάτες (?) θρησκευτῶν καὶ σηκοβατῶν (σηκοβάτου auch in Nr. 16, Z. 8f.); die Nr. 288 stiften οἱ συνήθεις τοῦ Ἡρακλέος (!) ihrem συνήθει der Erinnerung halber (ähnlich auch in Nr. 289); die συνήθεια τῶν πορφυροβάφων aus Nr. 291 habe ich in meinem Buch über Philippi schon besprochen (Philippi I 176f.). Weitere Beispiele ließen sich leicht aufzählen.

[27] Vgl. meine Sammlung der Inschriften: Philippi II.

[28] Franz Poland: Geschichte des griechischen Vereinswesens, Leipzig 1909 (Nachdr. ebd. 1967), S. 54f. Vgl. auch das Resümee von Peter Herrmann, wonach „diese Fiktion der Verwandtschaft oder Bruderschaft ... im griech.[ischen] Vereinsleben keine nennenswerte Rolle gespielt hat" (Peter Herrmann/Jan Hendrik Waszink/Carsten Colpe/Bernhard Kötting: Art. Genossenschaft, RAC 10 [1978], Sp. 83–155; hier Sp. 86). Vgl. schließlich das Ergebnis Franz Bömers: „Im griechischen Kulturgebiet ist die Vorstellung von der Brüderlichkeit der Genossen des gleichen Kults so gut wie unbekannt. 2. Im nichtgriechischen Kulturgebiet sind die Bezeichnungen und Vorstellungen dieser Art relativ selten ... . 3. Im Christentum erscheint diese Vorstellung von Anfang an als konstituierendes Element der religiösen Gemeinschaften." (Franz Bömer: Untersuchungen über die Religion der Sklaven in Griechenland und Rom. Erster Teil: Die wichtigsten Kulte und Religionen in Rom und im lateinischen Westen, 2., durchgesehene und von Peter Herz in Verbindung mit dem Verfasser erweiterte Auflage, FASk XIV 1, Wiesbaden 1981, S. 172).

mentlicher Sicht ein dringendes Desiderat der Forschung, eine vergleichende
Studie zwischen den paganen Vereinen und den frühen christlichen Gemeinden zu erarbeiten. Für das Feld der Ekklesiologie wären reiche Ergebnisse
zu erwarten. Bis zum Erscheinen einer solchen, sehr wünschenswerten Studie formuliere ich mein vorläufiges Ergebnis: Die in den frühen christlichen
Gemeinden übliche Anrede mit ἀδελφοί bzw. ἀδελφαί läßt sich aus den Vereinen der Umwelt *nicht* herleiten. Wir haben es hier vielmehr mit einem
christlichen Proprium zu tun.

III

Es ist für die christliche Gemeinde charakteristisch, daß sie sich einer solchen Sondersprache bedient, weil nur dadurch das Neue angemessen ausgedrückt werden kann; die christliche Gemeinde bedarf auch einer neuen
Sprache, um damit diese neuen Phänomene zu bezeichnen. Grundlegend für
alle paulinischen Gemeinden ist die Gleichberechtigung ihrer Glieder. Paulus
drückt diese Gleichberechtigung aller Christinnen und Christen im Galater-
brief programmatisch aus: „Da ist nicht Jude noch Grieche, da ist nicht
Sklave[29] noch Freier, da ist nicht Mann und Frau, denn ihr seid alle einer in
Christus Jesus" (Gal 3,28). Sprachlich fixiert wird diese Gleichheit aller Ge-
meindeglieder in der Anrede „Bruder" (ἀδελφέ) oder „Schwester" (ἀδελφή),
im Plural dann „Brüder", oder, unserm heutigen Empfinden entsprechend
„Geschwister" (ἀδελφοί).

Einmal begegnet bei Paulus die Formulierung ἀδελφοὶ ἐν κυρίῳ (Phil
1,14). Obwohl sie nur an dieser Stelle begegnet, bezeichnet sie ohne Zweifel
eine – wenn nicht sogar *die* – Wurzel der Anrede mit ἀδελφέ bzw. ἀδελφή,
die unter Christinnen und Christen offenbar von Anfang an üblich war. Die
Menschen ganz unterschiedlicher Herkunft finden sich ἐν κυρίῳ zu einer Gemeinde zusammen – das drückt sich in dieser gegenseitigen Anrede aus.

Diese Anrede ist – wir haben es gesehen – aus dem Sprachgebrauch der
griechischen und römischen Vereine der Zeit nicht ableitbar. Alternativ hat
man immer wieder auf die Herleitung aus dem alttestamentlich-jüdischen
Bereich verwiesen. So meint etwa Hans von Soden in seinem Artikel ἀδελφός
im Theologischen Wörterbuch: „Der Sprachgebrauch ist deutlich aus jüdisch-
religiöser Sitte übernommen. ... Auch im Judentum ist der ἀδελφός der
Religionsgenosse, der geschichtlich hier ja weithin zusammenfällt mit dem

---

[29] Gerade auf die Sklaven übte das Christentum eine besondere Anziehungskraft aus,
vgl. Franz Laub: Die Begegnung des frühen Christentums mit der antiken Sklaverei, SBS
107, Stuttgart 1982, bes. S. 61: Die christlichen Gemeinschaften haben „den Kultgenos-
senschaften und den collegia der kleinen Leute und Sklaven das Wasser abgegraben ... .
Wir stoßen hier wieder auf die ... soziale Integrationskraft der frühchristlichen Gemeinden, in denen die Idee einer im Glauben begründeten Brüderlichkeit über alle sozialen und
gesellschaftlichen Schranken hinweg Gestalt annahm."

Volksgenossen. ... ἀδελφός gehört somit in den Kreis der religiösen Titel des Volkes Israel, die die christliche Gemeinde auf sich überträgt."[30] Hans von Soden weist im Rahmen dieser Ableitung insbesondere auf die Essener hin: „Der übertragene Sinn von ἀδελφός ist durch Josephus Bell 2,122 auch für die Essener belegt, ist aber auch außerhalb des Juden- und Christentums üblich gewesen."[31] Was zunächst den Beleg aus dem *Bellum* des Josephus angeht, so kann ich diesen nicht für glänzend halten. Es heißt da: „Sie sind Verächter des Reichtums, und bewundernswert ist bei ihnen der Gemeinschaftssinn; es ist auch unter ihnen niemand zu finden, der an Besitz hervorrage; denn es ist Gesetz, daß die in die Sekte Eintretenden ihr Vermögen dem Orden (τῷ τάγματι) übereignen, sodaß bei ihnen insgesamt weder die Niedrigkeit der Armut noch ein Vorrang des Reichtums in Erscheinung tritt, sondern nach Zusammenlegung des Besitzes der Einzelnen nur *ein* Vermögen für alle wie für Brüder vorhanden ist (μίαν ὥσπερ ἀδελφοῖς ἅπασιν οὐσίαν εἶναι)."[32] Das Wort ἀδελφός begegnet hier in der Tat; das davorstehende ὥσπερ zeigt jedoch, daß es sich um einen Vergleich des Josephus handelt, der über den internen Sprachgebrauch der Essener überhaupt nichts aussagt.[33] Auch nach

---

[30] Hans von Soden: Art. ἀδελφός κτλ., ThWNT I (1933), S. 144–146; hier S. 145, Z. 10–18.

[31] Hans von Soden, a.a.O., S. 146, Z. 1–3.

[32] Josephus: Bell. II 122 (Übersetzung nach Michel/Bauernfeind: Flavius Josephus: De bello Judaico/Der jüdische Krieg. Griechisch und Deutsch. Band I: Buch I–II, hg. v. Otto Michel und Otto Bauernfeind, Darmstadt ³1977, S. 205, die allerdings am Schluß „für alle als Brüder" übersetzen).

[33] Genauso windig sind auch die anderen Belege, die Hans von Soden anführt: „Für die Volksgenossen braucht es Platon: ἡμεῖς δὲ καὶ οἱ ἡμέτεροι, μιᾶς μητρὸς πάντες ἀδελφοὶ φύντες Menex 239 a ..." (a.a.O., S. 146, Z. 3–4). Hier haben wir ersichtlich ein Bild vor uns, denn die Mutter, von der hier die Rede ist, ist das Land Attika (vgl. 237b5–c4, wo ἡ χώρα mit der Mutter identifiziert wird)! Daraus etwas für den Sprachgebrauch in bezug auf ἀδελφός ableiten zu wollen, ist ersichtlich abwegig!

„... für Freunde Xenophon: ὑπισχνούμενος ... σε φίλῳ ... χρήσεσθαι καὶ ἀδελφῷ An VII 2,25; ἀδελφούς γε ποιήσομαι ... κοινωνοὺς ἁπάντων 38" (Hans von Soden, a.a.O., S. 146, Z. 4–6). Was zunächst die zuerst zitierte Stelle anbelangt, so ist hier davon die Rede, daß jemand verspricht, einen als Freund und Bruder zu behandeln; daraus zu folgern, daß der „übertragene Sinn von ἀδελφός ... auch außerhalb des Juden- und Christentums *üblich* gewesen" ist (meine Hervorhebung), geht entschieden zu weit; allenfalls die *Möglichkeit* eines solchen Gebrauches kann die Stelle erweisen. In § 38 heißt es dann: „Ja, ich werde sie sogar zu Brüdern und Tischgenossen machen; sie sollen an allem teilhaben, was wir erobern. Dir, Xenophon, werde ich eine meiner Töchter zur Frau geben. Wenn du selbst eine Tochter hast, werde ich sie nach thrakischem Brauch kaufen. Sie soll Bisanthe, die schönste meiner Seestädte, als Wohnsitz erhalten." (Übersetzung von Hans Feix: Xenophon: Anabasis. Der Zug der Zehntausend, München 1964, S. 151). Auch hier gilt das Gesagte, daß daraus nicht ein *üblicher Sprachgebrauch* folgt.

Den Plotin-Beleg spare ich mir; er ist zu spät, um für das erste Jahrhundert etwas beweisen zu können.

Hans von Soden geht jedoch noch einen Schritt weiter und behauptet: „Für Mitglieder einer religiösen Genossenschaft erscheint es mehrfach, sowohl in Papyri und Inschrif-

der Entdeckung der Qumrantexte – die Hans von Soden bei seinem 1933 erschienenen Artikel noch nicht berücksichtigen konnte – hat sich daran nichts geändert: Die Bewohner Qumrans haben *keine* durchgängige Selbstbezeichnung oder Anrede, die dem christlichen ἀδελφοί entspräche.[34]

Mag es im alttestamentlich-jüdischen Bereich auch gewisse Vorbilder für den christlichen Sprachgebrauch geben, *ganz* geht die Rechnung auch hier nicht auf. Denn im Fall des Judentums basierte die Anrede mit ἀδελφέ bzw. ἀδελφή – ließe sie sich nachweisen – auf einer ethnischen Grundlage, was bei Christinnen und Christen ganz und gar nicht der Fall ist. Das heißt: Auch dann, wenn ein Rückgriff auf alttestamentlichen Sprachgebrauch vorläge, wäre dieser Rückgriff damit noch keineswegs erklärt.

Daß es sich in der Tat um etwas Neues handelt, haben die Zeitgenossen deutlich empfunden. So sagt etwa Lukian: „Überdies hat ihnen [d.h. den Christen] ihr erster Gesetzgeber beigebracht, daß sie alle untereinander Brüder würden, sobald sie den großen Schritt getan hätten, die griechischen Götter zu verleugnen und ihre Knie vor jenem gekreuzigten Sophisten zu beugen und nach seinen Gesetzen zu leben."[35] Mit dem ersten Gesetzgeber, den Lukian hier erwähnt, ist vermutlich Paulus gemeint. Diesem zufolge wird in die Bruderschaft aufgenommen, wer die griechischen Götter verleugnet – ein gut paulinischer Zug, vgl. unsern 1. Thessalonicherbrief, Kapitel 1, Vers 9b – und wer die Knie vor jenem gekreuzigten Sophisten beugt; hier fühlt der christliche Leser sich an den Philipperhymnus erinnert: „... damit in dem Namen Jesu ein jedes Knie sich beuge ..." (ἵνα ἐν τῷ ὀνόματι Ἰησοῦ πᾶν γόνυ κάμψῃ, Phil 2,10a). Im übrigen setzt die Aussage des Luki-

---

ten, als auch literarisch; z.B. Vett Val IV 11 p 172,31: ὁρκίζω σε, ἀδελφέ μου τιμιώτατε, καὶ τοὺς μυσταγωγουμένους ... ἐν ἀποκρύφοις ταῦτα συντηρῆσαι καὶ μὴ μεταδοῦναι τοῖς ἀπαιδεύτοις" (a.a.O., S. 146, Z. 7–10). Der hier mit ἀδελφέ angeredete Mensch ist vermutlich der Widmungsempfänger (das Prooemium des Werkes ist nicht erhalten; immerhin findet sich S. 359, Z. 11 ein vergleichbares τιμιώτατε Μάρκε!); Schlüsse kann man daraus nicht ziehen.

[34] Ich danke meinem Tübinger Kollegen Dr. Armin Lange für diesbezügliche Beratung. Was die Literatur zu Qumran angeht, so ist Moshe Weinfeld: The Organizational Pattern and the Penal Code of the Qumran Sect. A Comparison with Guilds and Religious Associations of the Hellenistic-Roman Period, NTOA 2, Freiburg/Göttingen 1986 heranzuziehen.

Auch im Blick auf Qumran gilt das oben im Text hinsichtlich der christlichen Gemeinden Gesagte: Das Buch von Weinfeld zeigt, wie viel hier noch zu tun ist. Auch im Hinblick auf die Gemeinschaft von Qumran ist von dem Vergleich mit griechisch-römischen Vereinen noch einiges zu erwarten!

[35] Im griechischen Original: ἔπειτα δὲ ὁ νομοθέτης ὁ πρῶτος ἔπεισεν αὐτοὺς ὡς ἀδελφοὶ πάντες εἶεν ἀλλήλων, ἐπειδὰν ἅπαξ παραβάντες θεοὺς μὲν τοὺς Ἑλληνικοὺς ἀπαρνήσωνται, τὸν δὲ ἀνεσκολοπισμένον ἐκεῖνον σοφιστὴν αὐτὸν προσκυνῶσιν καὶ κατὰ τοὺς ἐκείνου νόμους βιῶσιν (Lukian: Peregrinos 13,5 [A.M. Harmon (Hg.): Lucian with an English translation, Band 5, LCL 302, London/Cambridge 1936 (Nachdr. 1972), S. 1–52; hier S. 14]). Die im Text zitierte Übersetzung stammt von Christoph Martin Wieland (Lukian: Werke in drei Bänden. Aus dem Griechischen übersetzt von Christoph Martin Wieland, Zweiter Band, Berlin und Weimar 1974, S. 34).

an voraus, daß es nicht selbstverständlich ist, daß alle untereinander Brüder werden. Dies bedarf vielmehr einer gewissen Überredung. Zudem geht aus dieser Aussage des Lukian hervor, daß die Bruderschaft der Christinnen und Christen untereinander ein Phänomen war, welches den Heiden auffiel. Keine Rede kann demnach davon sein, daß die Anrede ἀδελφέ bzw. ἀδελφή eine selbstverständliche und allgemein übliche gewesen sei. Vielmehr haben wir es hier mit einem spezifisch christlichen Phänomen zu tun, was den heidnischen Mitbürgern noch im 2. Jahrhundert bewußt war.

Dies ist auch gar nicht verwunderlich, sind die Christinnen und Christen doch Geschwister ausschließlich ἐν κυρίῳ.

IV

Leider wird Lukian als Fachmann in Sachen Ekklesiologie bis heute nicht gewürdigt; dabei erweist ihn die oben zitierte Äußerung als einen, der ein klares ekklesiologisches Konzept zu bieten hat. Die auch heute noch in jedem Lehrbuch diskutierte Frage[36], ob Jesus die Kirche gegründet habe – und wenn ja: in welchem Sinne –, wird von Lukian mit einem klaren NEIN beantwortet. Der kirchengründende „erste Gesetzgeber" wird in unserm Text deutlich von dem „gekreuzigten Sophisten" unterschieden. Auf ihn, den Apostel Paulus, führt Lukian die christliche Brüderlichkeit zurück, nicht aber auf Jesus. Trotzdem möchte ich die Frage aufwerfen: Ist diese Herleitung des Lukian korrekt? Oder läßt sich nicht doch eine Linie in die Verkündigung Jesu zurückverfolgen?

Im Markusevangelium findet sich eine höchst merkwürdige Perikope. Ich denke an Mk 3,20–35, wo wir eine sehr bemerkenswerte Koalition vorfinden, bestehend aus den „Seinigen" (οἱ παρ' αὐτοῦ) einerseits und den Experten aus Jerusalem (οἱ γραμματεῖς οἱ ἀπὸ Ἱεροσολύμων) andrerseits, sehr verschiedenen Gruppen also, die dennoch ein und dieselbe Diagnose für Jesus stellen: ἐξέστη, „er ist von Sinnen". Das hat man ja im wirklichen Leben eher selten, daß zwei so disparate Gruppierungen sich zu einer übereinstimmenden Position zusammenfinden. Zunächst exponieren sich in v. 21 die Verwandten Jesu: Sie machen sich auf, „um sich seiner zu bemächtigen; denn sie sagten: »Er ist von Sinnen«."

Die Komposition des Evangelisten bedingt, daß zunächst die Schriftgelehrten das Feld beherrschen (v. 22–30), während die Verwandten ihren Auftritt dann erst in v. 31–35 haben. Für heute wollen wir uns die Schriftgelehrten sparen und uns gleich den Versen 31–35 zuwenden.

C.F.D. Moule charakterisiert die Absicht der Verwandten Jesu folgendermaßen: „Jesus's own relations think he must be mad: instead of following his father's trade and settling down to an ordinary life, he is mixed up in these

---

[36] Vgl. etwa Jürgen Roloff: Die Kirche im Neuen Testament, NTD Ergänzungsreihe 10, Göttingen 1993, S. 15–19.

odd situations – seething crowds, spectacular cures, a very mixed assortment of intimates. So they try to rescue him".[37] So sind sie nun gekommen,
um Jesus aus dem Verkehr zu ziehen. In unserm Text heißt es: „Und man
sagte zu ihm:»Deine Mutter und deine Brüder sind draußen und suchen
dich.« Und er antwortete:»Wer ist meine Mutter und meine Brüder?« Und
er schaute die an, die rings um ihn saßen, und sagte:»Siehe da, meine Mutter und meine Brüder; jeder nämlich, der den Willen Gottes tut, der ist mir
Bruder und Schwester und Mutter.«" (Mk 3,32–35).

Auf der erzählerischen Ebene kann man sehr gut verstehen, was sich hier
abspielt. Umso erstaunlicher erscheint es, daß die christliche Gemeinde diese
Tradition bewahrt hat, bis sie Markus in sein Evangelium aufgenommen hat.
Denn daran besteht ja nun kein Zweifel: Diese (berechtigte) Reaktion der
Familie auf das doch sehr seltsame Treiben Jesu wirft auf diesen selbst nicht
gerade das allergünstigste Licht. Bultmann rechnet unsere Perikope zusammen mit v. 20f. zu den biographischen Apophthegmata. Näherhin handelt
es sich ihm zufolge um eine „ideale Szene".

Doch sogar Bultmann räumt ein: „Natürlich kann das Motiv von V. 21
nicht einfach aus dem Logion V. 35 herausgesponnen sein, sondern beruht
offenbar auf guter alter Tradition. Daß solche in den Gemeindebildungen
wirksam ist, bezweifle ich selbstverständlich nicht."[38]

Ich kann mich in unserm Zusammenhang nicht bei der Zusammenstellung der Familiendelegation in v. 32 aufhalten, die gerade den katholischen
Auslegern viel Kopfzerbrechen bereitet hat: Der Text nennt die Mutter und
die Brüder; die Schwestern dagegen sind textkritisch umstritten. Der Vater
aber fehlt ganz.

Die Antwort Jesu in v. 33 besteht zunächst nur aus einer Frage, die zwar
wie eine rhetorische Frage aussieht, der Natur der Sache nach aber eigentlich
gar keine rhetorische Frage sein kann: τίς ἐστιν ἡ μήτηρ μου καὶ οἱ ἀδελφοί;
Wie kann einer so fragen? Noch durch diese Frage bestätigt der Fragesteller,
daß seine Verwandten zu Recht behaupten, er sei verrückt!

In v. 34f. wird neu definiert, wer die Verwandten Jesu sind: ἴδε ἡ μήτηρ μου
καὶ οἱ ἀδελφοί μου. ὃς γὰρ ἂν ποιήσῃ τὸ θέλημα τοῦ θεοῦ, οὗτος ἀδελφός μου
καὶ ἀδελφὴ καὶ μήτηρ ἐστίν. Wir haben hier zwei konkurrierende Antworten.
Jede von ihnen würde einen abgerundeten Schluß der Perikope liefern. Nun
ist in v. 34 die redaktionelle Arbeit des Evangelisten erkennbar.[39] Nachdem
er bereits in v. 32 den ὄχλος eingeführt hatte, nimmt er diesen hier auf und
läßt Jesus sich im Kreis umsehen (vgl. dazu 3,5). Ich schlage daher vor, v. 34
als Ganzen der Redaktion des Markus zuzuweisen; in v. 35 dagegen liegt der

---

[37] C.F.D. Moule: The Gospel according to Mark, Cambridge 1965, S. 31.

[38] Rudolf Bultmann: Die Geschichte der synoptischen Tradition, FRLANT 29, Göttingen [8]1970, S. 29.

[39] Zur Analyse vgl. Joachim Gnilka: Das Evangelium nach Markus, 1. Teilband: Mk
1–8,26, EKK II/1, Zürich, Einsiedeln, Köln und Neukirchen-Vluyn 1978, S. 144.147.

ursprüngliche Schluß der Perikope vor. Machen wir die Probe aufs Exempel und lassen v. 34 einmal aus, dann verbleibt die Frage in v. 33 τίς ἐστιν ἡ μήτηρ μου καὶ οἱ ἀδελφοί μου; und die sich sehr gut daran anschließende Antwort v. 35: ὃς γὰρ ἂν ποιήσῃ τὸ θέλημα τοῦ θεοῦ, οὗτος ἀδελφός μου καὶ ἀδελφὴ καὶ μήτηρ ἐστίν. Überflüssig ist dann lediglich noch das γάρ, das der Redaktor einfügen mußte, um die Doppelung der Antwort zu verschleiern (im jetzigen Textzusammenhang erscheint v. 35 ja als Begründung der Aussage in v. 34).[40]

Blickt man von diesem Schluß auf den Anfang der Perikope zurück, so fällt auf, daß von den leiblichen Verwandten Jesu in unterschiedlichen Formulierungen gesprochen wird: Abgesehen von den textkritisch unsicheren Schwestern ist in v. 32 wie in v. 31 von der Mutter und den Brüdern die Rede, in der Exposition v. 21 jedoch heißt es: οἱ παρ' αὐτοῦ. Diese Exposition ist stark von dem Redaktor Markus überarbeitet, der die beiden Szenen von den wahren Verwandten und dem Vorwurf der Schriftgelehrten miteinander verschachtelt hat. Auf die Hand des Evangelisten geht – wir haben es gesehen – zudem die Einführung der Volksmenge in v. 32 und v. 34 zurück. „Die markinische Redaktion stellt zwischen Jesus und die Jüngerschaft das Volk, das ihn massenweise umgibt."[41]

Für unsere Frage ergibt sich demnach: In der ursprünglichen Tradition haben wir es mit einer Geschichte zu tun, in der die Volksmenge noch nicht vorkam. Die Antwort Jesu bezieht sich daher nicht auf irgendwelche gerade Anwesenden, sondern ausschließlich auf seine Anhängerinnen und Anhänger. In dieser rekonstruierten Form aber bewahrt die Erzählung einen Zug aus dem Leben des historischen Jesus: Schon Jesus konnte ἀδελφός und ἀδελφή im übertragenen Sinn verwenden und im Kreis seiner Anhänger mit neuem Sinn füllen: Schon der irdische Jesus sammelt um sich eine Gemeinschaft von ἀδελφοί und ἀδελφαί, die nicht auf familiären Banden beruht, sondern gerade der Familie gegenüber eher skeptisch, ja sogar polemisch ist, wie Mk 10,29f. zeigt: „Wahrlich ich sage euch, da ist keiner, der sein Haus oder seine Brüder oder seine Schwestern oder seine Mutter oder seinen Vater oder seine Kinder oder seine Äcker wegen mir und wegen des Evangeliums verläßt, der nicht hundertfältig empfange jetzt in dieser Zeit Häuser und Brüder (ἀδελφούς) und Schwestern (ἀδελφάς) und Mütter und Kinder und Äcker ... "[42] Der

---

[40] Die Analyse der Perikope verdanke ich der Hilfe meiner Kollegin Dr. Angelika Reichert, die meinem an dieser Stelle ursprünglich undeutlichen Manuskript zur Klarheit verhalf.

[41] Joachim Gnilka, a.a.O., S. 153.

[42] Zum afamiliären Ethos der Worte Jesu vgl. Gerd Theißen: Wanderradikalismus. Literatursoziologische Aspekte der Überlieferung von Worten Jesu im Urchristentum, in: ders.: Studien zur Soziologie des Urchristentums, WUNT 19, Tübingen 1979, S. 79–105; hier S. 83f.

Jünger verläßt u.a. seine leiblichen Brüder und Schwestern, um dafür schon in dieser Zeit hundertfältig Ersatz zu bekommen; Brüder und Schwestern findet er in der neuen Gemeinschaft, in die er eintritt. Ich will damit nicht behaupten, daß wir in 10,29f. ein Wort des historischen Jesus vor uns hätten. In der vorliegenden Form handelt es sich ganz sicher nicht um ein solches. Aber das afamiliäre Ethos geht auf Jesus zurück; der Gedanke von der neuen Familie vielleicht auch; das Logion zeigt, wie diese Ansätze in der Kirche verwendet und weiter entwickelt werden konnten.

Damit ist Lukian in dem Punkt, für den wir uns hier interessieren, widerlegt: Nicht der erste Gesetzgeber war es, der den Brudernamen in neuer Weise gebraucht hat und für die christliche Gemeinschaft anwandte: Schon Jesus hat gelegentlich ἀδελφοί und ἀδελφαί im übertragenen Sinn auf die von ihm begründete Gemeinschaft angewandt. Die Kirche konnte an diese Praxis anknüpfen.

* * *

Ich komme zum Schluß. Wir sind ausgegangen von Rudolf Bultmanns Werk „Das Urchristentum im Rahmen der antiken Religionen". Ich finde dieses Bultmannsche Programm – neu interpretiert – faszinierend: Freilich darf man sich nach *meiner* Auffassung dabei nicht auf das Existenzverständnis beschränken.

Dieses Programm läßt sich vielmehr auf nahezu alle Themen anwenden, die den Neutestamentler beschäftigen: Die Theologie im engeren Sinne, die Christologie, insbesondere aber auch die Eschatologie des Urchristentums. Man kann es aber auch auf sozusagen »praktisch-theologische« Felder ausweiten; so beispielsweise auf die Frömmigkeitspraxis. Denken Sie etwa an das Gebet, das Opfer, die kultischen Mahle am Tisch des jeweiligen Gottes (manche Vereine haben geradezu ein liturgisches Jahr!).

Gerade im Hinblick auf ekklesiologische Fragen verspricht dieses Programm reiche Früchte. Auch hier kommt es darauf an, die frühen christlichen Gemeinden in ihren historischen Rahmen einzuzeichnen. Für die Ekklesiologie ist davon einiges zu erwarten.

Es wird allerdings eine etwas andere Ekklesiologie sein, die auf diese Weise entsteht. Ich habe heute versucht, Ihnen dies an *einem* Beispiel zu verdeutlichen. Es ist eine andere Ekklesiologie als die, die wir aus unsern Lehrbüchern gewohnt sind: eine Ekklesiologie von außen.

Das Proprium der frühen christlichen Gemeinden, das ich Ihnen heute nahezubringen versuchte, gewinnt sein Profil, wenn man die ἐκκλησία auf dem Hintergrund der konkurrierenden religiösen Vereine in den Blick nimmt. Man muß die ἐκκλησία gleichsam mit andern Augen – eben von außen – betrachten, wenn man ihre Besonderheiten erkennen will. Die φιλαδελφία unterscheidet die ἐκκλησία von allen Mitbewerbern auf dem antiken Markt der Möglichkeiten. Nirgendwo finden wir einen religiösen Verein, der eine solche Anziehungskraft ausübt. Die christlichen Geschwister sind ohne Konkurrenz. So kann dieser Aspekt vielleicht als Paradigma für eine umfassender angelegte Studie dienen.

Antiochien und Philippi

Zwei römische Kolonien auf dem Weg des Paulus nach Spanien[*]

I

Die Jugend des Apostels Paulus wird heute viel diskutiert. Eine Unmenge von Papier ist beschrieben worden über die frühen Jahre eines Mannes, der später eine Leitfigur der christlichen Kirche werden sollte. Er soll Bürger der Stadt Tarsos und römischer Bürger gewesen sein. Die neueste Studie zu dieser Frage, die der deutsche Historiker Karl Leo Noethlichs erst kürzlich veröffentlich hat, zieht die römische Bürgerschaft des Paulus in Zweifel – und zweifelhaft ist sie in der Tat.[1] Es ist nicht meine Absicht, hier in dieses dornige Feld einzudringen, ich möchte lediglich das Problem festhalten: War Paulus wirklich, wie Lukas in Apg 22,25–29 behauptet, von Geburt römischer Bürger? Wurde er wie ein Römer erzogen? Wurde er zur gegebenen Zeit mit der *toga virilis* bekleidet? Beherrschte er die lateinische Sprache, wie es für einen römischen Bürger im ersten Jahrhundert selbstverständlich sein sollte? Sicherlich sprach Paulus genug Latein, um ein Glas Wein zu bestellen oder mit dem Zollbeamten zu verhandeln. Aber hätten seine Kenntnisse der lateinischen Sprache dazu ausgereicht, daß er seinen Brief an die Römer auf Latein statt auf Griechisch hätte schreiben können?

Ich möchte heute die Frage nach der Bürgerschaft des Paulus beiseite lassen. Meine These lautet, daß Paulus zunehmende „Romanness" erlebte, vom pisidischen Antiochien – einer nur oberflächlich romanisierten Stadt, wie ihre Inschriften und Kulte zeigen – über Philippi, »foyer de culture latine

---

[*] Vortrag beim 2nd International Symposium on Pisidian Antioch in Yalvaç am 3. Juli 2000 unter dem Titel: Antioch and Philippi: Two Roman Colonies on Paul's Road to Spain.

[1] Karl Leo Noethlichs: Der Jude Paulus – ein Tarser und Römer?, in: Raban von Haehling [Hg.]: Rom und das himmlische Jerusalem. Die frühen Christen zwischen Anpassung und Ablehnung, Darmstadt 2000, S. 53–84. Vgl. weiterhin Andrie B. du Toit: A Tale of Two Cities: »Tarsus or Jerusalem« Revisited, NTS 46 (2000), S. 375–402.

en Macédoine«², wie Paul Collart es so treffend genannt hat, bis schließlich nach Rom selbst, dem Herzen der römischen Welt.

II

Analysieren wir zunächst das pisidische Antiochien. Im Jahr 25 v. Chr. durch Augustus als römische Kolonie gegründet, erhielt die *Colonia Caesarea Antiochia* „a new settlement of Roman veterans, drawn from legions V and VII"³: „Antioch possessed the typical organisation of a Roman colony. The colonists made up an assembly, whose richer members constituted the *ordo*, the Roman equivalent of a Greek *boule*. ... The attested magistrates include duoviri, duoviri quinquennales, aediles and quaestors, but also an admixture of Greek officials, such as grammateis, gymnasiarchs, and agonothetae."⁴

Wir haben in Antiochien keine „double community"; das bedeutet, daß die Männer, die in lateinischen Inschriften *gymnasiarchus* und *grammateus* genannt werden, Beamte der römischen Kolonie sind und nicht die von „any separate and parallel organization of Greeks *in* the colony".⁵

Der *grammateus* Lucius Cornelius Marcellus zum Beispiel „turns out to be a normal officer of the council and a man of some seniority in the colonial *cursus*"⁶.

Werfen wir einen kurzen Blick auf Philippi. Der *cursus honorum* in der *Colonia Iulia Augusta Philippensis* weist keine vergleichbare »Greek anomaly« auf; und es gibt in Philippi weder einen *grammateus* noch einen *gym-*

---

² Paul Collart: Monuments thraces de la région de Philippes, in: Serta Kazaroviana. Commentationes gratulatoriae Gabrielo Kazarov septuagenario oblatae A.D. XVII. Kal. Nov. MCMXLIV, Pars prima, Bulletin de l'institut archéologique bulgare 16, Serdicae 1950, S. 7–16, Zitat S. 7.

³ Stephen Mitchell in: Stephen Mitchell/Marc Waelkens: Pisidian Antioch. The Site and its Monuments, London 1998, S. 8. Vgl. meine Rezension ThLZ 125 (2000), Sp. 262–265.

⁴ Stephen Mitchell, ebd. Der *gymnasiarchus* kommt in einer lateinischen Inschrift vor (JRS 6 [1916], Nr. 6 mit Abb. 10; eine andere Inschrift ist JRS 14 [1924], S. 198, Nr. 32 publiziert, vgl. JRS 15 [1925], S. 261). Der *grammateus* ist in ILS 7199 (= CIL III 6833) belegt: L(ucio) Cornelio L(uci) f(ilio) Ser(gia) Marcello, aed(ili), q(uaestori), grammati, IIviro, Hortensia M(arci) f(ilia) Ga[l]la avunculo suo optimo et amantissimo ob merita eius; vgl. Barbara Levick: Roman Colonies in Southern Asia Minor, Oxford 1967, S. 74. Zum Begriff *grammateus* vgl. P.G.W. Glare: Oxford Latin Dictionary, Oxford 1982 (Nachdruck 1985), S. 771 und ThLL VI 2, Spalte 2170. Glare erklärt: „As title of a magistrate in *Greek* towns" [Hervorhebung von mir] und zitiert unsere Inschrift als ein Beispiel. Diese Erklärung trifft den Punkt nicht (siehe unten).

⁵ Barbara Levick, a.a.O., S. 74 (Hervorhebung von mir).

⁶ Barbara Levick, a.a.O., S. 74; vgl. den in Anm. 4 zitierten Text ILS 7199. Von dem *grammateus* (CIL III 6833 = ILS 7199) zu unterscheiden ist der *scriba quaestorius*, den Ramsay JRS 1916 publiziert hat (Colonia Caesarea [Pisidian Antioch] in the Augustan Age, JRS 6 [1916], S. 83–134; hier S. 90).

nasiarchus, schon gar nicht in einer Inschrift aus dem ersten oder zweiten Jahrhundert!

Betrachten wir das soziale Leben in Antiochien, zeichnet sich ein ähnliches Bild ab. Wir haben schon von dem *gymnasiarchus* erfahren, der in zwei lateinischen Inschriften erwähnt wird. Barbara Levick charakterisiert ihn als jemanden, der „in charge of an education" war „which included games of the Greek type"[7]. Sein Kollege, genannt *xystarches*, „must likewise have been president of a Greek athletic association".[8] So schließt Barbara Levick: „it may be that all the apparatus that was needed to maintain a full Greek cultural life had been left intact. As more and more persons of Hellenic culture were admitted the citizenship of the colony, these devices acquired official status and became part of the regular machinery."[9]

Ist „a full Greek cultural life" das, was man von einer römischen Kolonie erwartet? Zur Zeit des Paulus gibt es immer noch einen Unterschied zwischen griechischem und römischem kulturellen Leben. Alle Kolonien werden auf ihre „Romanness" stolz gewesen sein – aber manche mit mehr Grund als andere. Wenn wir zu Philippi kommen, werden wir den markanten Unterschied sehen, soweit römisches kulturelles Leben betroffen ist.

Gestatten Sie mir eine letzte Bemerkung: Wenn Ramsays Datierung der Inschrift des L. Calpurnius Longus[10] richtig ist – er stellt sie ins späte zweite Jahrhundert –, hatte Antiochien in den ersten beiden Jahrhunderten seiner Existenz als Kolonie nicht einmal ein Amphitheater: Longus wird geehrt, weil er ein hölzernes Amphitheater für *venationes* und dergleichen errichtet hat, offenbar deshalb, weil noch kein Amphitheater aus Stein existierte. Die Bürger von Philippi, das ist wahr, haben sich nie ein Amphitheater geleistet. Aber sie konnten es kaum erwarten, das griechische Theater der hellenistischen Stadt in eine römische Arena umzubauen, die sich für *venationes* und all die Spiele eignete, auf die die Römer so stolz waren.

---

[7] Barbara Levick, a.a.O., S. 83.

[8] Barbara Levick, a.a.O., S. 83 (Anm. 2 mit den Nachweisen für den *xystarches*).

[9] Barbara Levick, a.a.O., S. 83. Bezeichnenderweise ist nur gut ein Drittel aller Inschriften der Stadt lateinisch: „It is not surprising that more than a third of the known monuments from Pisidian Antioch, a Roman colony, should be in Latin; what is surprising is that in the overall league table that Roman colony comes second only to Ephesus" (Barbara Levick: The Latin Inscriptions of Asia Minor, in: Acta Colloquii Epigraphici Latini Helsingiae 3.–6. sept. 1991 habiti, Commentationes Humanarum Litterarum 104, Helsinki 1995, S. 393–402; hier S. 394).

[10] W.M. Ramsay: Studies in the Roman province of Galatia VI: Some inscriptions of Colonia Caesarea Antiochea, JRS 14 (1924), S. 172–205, hier S. 178f. über die Inschrift von Longus (ed. princeps); Peter Pilhofer/Thomas Witulski: Archäologie und Neues Testament: Von der Palästinawissenschaft zur lokalgeschichtlichen Methode, in: Stefan Alkier/Ralph Brucker [Hg.]: Exegese und Methodendiskussion, TANZ 23, Tübingen 1998, S. 237–255 (Witulski diskutiert die Inschrift des Longus S. 252ff.); Stephen Mitchell (in: Mitchell/Waelkens, a.[Anm. 3]a.O., S. 224f.).

Abb. 13 zeigt einen Zwillingsstein, dessen Zeilenabteilung von dem durch Ramsay publizierten Text abweicht.

Abb. 13: Calpurnius-Inschrift

Als Paulus Ende der 40er Jahre des ersten Jahrhunderts Antiochien besuchte, sah er eine großartige Stadt voll mit gerade erst vollendeten Bauwerken von eindrucksvollem Ausmaß. Er spazierte durch eine wichtige Stadt, die
zugleich römische Kolonie war. Dabei konnte er lateinische Inschriften lesen,
ohne daß er sich der lateinischen Sprache selbst hätte bedienen müssen. Er
benutzte das ihm vertraute Griechisch, um seinen Wein zu kaufen; er kam
mit der Bevölkerung in Kontakt, indem er griechisch sprach. Er hielt einen
Vortrag oder eine Predigt in der Synagoge – natürlich auf griechisch.

Vielleicht sah Paulus in Antiochien seinen ersten *flamen* oder *sacerdos*;
vielleicht hörte er hier erstmals von *Iuppiter Optimus Maximus*. Vielleicht
traf er einen Mann, der stolz war, *sexvir Augustalis* zu sein. Schließlich
war Antiochien seine erste römische Kolonie. Es war seine erste Etüde in
„Romanness“, aber „kein Sitz der lateinischen Muse“ ...[10a]

III

Als Paulus Philippi in Makedonien erreichte, hatte er das entwickelt, was
man ein »faible« für römische Kolonien genannt hat.[11] Antiochien hatte so-

---

[10a] H. Dessau: Ein Amtsgenosse des Dichters Horatius in Antiochia Psidiae, in: Anatolian Studies Presented to Sir William Mitchell Ramsay, hg. v. W.H. Buckler & W.M.
Calder, Manchester 1923, S. 135–138; hier S. 138.

[11] Martin Hengel hat diese Formulierung einst telephonisch gebraucht; ob er sie geprägt
hat, vermag ich nicht festzustellen.

zusagen seinen Appetit auf römische Kolonien geweckt: Ikonion folgte darauf, dann kam Lystra und, später, Alexandria Troas, Philippi und Korinth. Läßt sich hinter dieser Liste ein Konzept ausmachen? Paulus verließ Zypern und ging geradewegs in die *Colonia Caesarea Antiochia* – warum? Paulus verließ die Troas, und zwei Tage später finden wir ihn in der *Colonia Iulia Augusta Philippensis*. Warum Philippi? Dachte Paulus an Rom oder gar schon an Spanien?

Philippi war wie Antiochien von Augustus als römische Kolonie gegründet worden.[12] Anders als Antiochien aber erreichte es seinen Höhepunkt als städtisches Zentrum nicht im ersten, sondern erst im zweiten Jahrhundert. Das römische *forum*, so wie es die französischen Archäologen ausgegraben haben, stammt aus der zweiten Hälfte des zweiten Jahrhunderts; aus dieser Zeit sind auch die Tempel, die Bibliothek und alle anderen öffentlichen Bauwerke, die der Besucher heute sehen kann. Zu einer Zeit, als private Inschriften in Antiochien schon wieder auf griechisch verfaßt wurden, waren in Philippi praktisch alle Inschriften lateinisch.[13]

Sobald Paulus in Neapolis sein Schiff verließ, war er mit lateinischen Inschriften konfrontiert: Die Meilensteine[14], die Paulus auf der Straße von Neapolis nach Philippi las, waren zweisprachig, zuerst lateinisch, aber auch griechisch. Aber sobald sich Paulus der Stadt und ihrer östlichen Nekropole näherte, dominierte die lateinische Sprache: Die Grabinschriften waren lateinisch, und nur selten konnte man ein χαῖρε, παροδῖτα oder ähnliches sehen.[15]

In der Stadt selbst fand Paulus keine griechische Inschrift: Selbst im zweiten Jahrhundert gab es auf dem Forum und in seiner Umgebung nicht eine einzige. Ich kenne keine Stadt in der östlichen Hälfte des *imperium Romanum* – Kolonie oder nicht –, wo Latein das Bild in einem derartigen Ausmaß beherrschte.

Ich möchte kurz auf das kulturelle und auf das religiöse Leben in Philippi zu sprechen kommen, um die „Romanness" der *Colonia Iulia Augusta Philippensis* zu demonstrieren.

Zu diesem Zweck bediene ich mich einiger Inschriften, die in meinem Katalog der Inschriften von Philippi abgedruckt sind.

---

[12] Vgl. zu Philippi mein Philippi I. Zur Gründung der Kolonie zuerst (42 v. Chr.) durch Antonius, dann (30 v. Chr.) durch Augustus, vgl. Paul Collart: Philippes, ville de Macédoine, depuis ses origines jusqu'à la fin de l'époque romaine, Paris 1937, S. 223–257.

[13] Die Inschriften von Philippi sind in meinem Katalog Philippi II gesammelt.

[14] Die folgenden Beispiele sind nach Philippi I, S. 118ff. gegeben (wo man alle Verweise auf das erwähnte epigraphische Material findet).

[15] Das einzige aus dem östlichen Friedhof erhaltene Exemplar, das ein χαῖρε, παροδῖτα bietet, ist die lateinische Grabinschrift des vierjährigen Viatoreilius, die nach neun Zeilen lateinischen Textes in Z. 10 das griechische χαῖρε, παροδῖτα bietet (Philippi II, Nr. 080/GL567).

T(itus) Uttiedius Venerianus,
archimim(us) latinus et of⟨f⟩i-
cialis an(nos) XXXVII, promisthota an(nos)
XVIII, vixit an(nos) LXXV, vivos sibi et
5 Alfen⟨a⟩e Saturninae coniugi suae be-
ne de se meritae.
Alfena Saturnina an(norum) LI.
h(aec) a(rca) h(eredem) n(on) s(equitur).[16]

Die erste Inschrift stammt aus dem ersten Jahrhundert nach Christus –
Paulus hätte dem Schauspieler Titus Uttiedius Venerianus bei einem seiner
Besuche in Philippi begegnen können. Der Text bezeichnet unseren Venerianus als *archiminus latinus* (Z. 2). 37 Jahre lang war er *officialis* und 18
Jahre *promisthota*. Mommsens Kommentar zu unserer Inschrift lautet, „dass
die Gemeinde Philippi, Bürgercolonie italischen Rechts in der Provinz Makedonien, auf ihre Kosten eine lateinische Schauspielertruppe unterhielt und
wenigstens ein Theil derselben aus fest angestellten Leuten bestand."[17]

Vergleichen wir das kulturelle Leben von Antiochien mit dem von Philippi,
so kommen wir also zu dem Ergebnis, daß es in Philippi stärker römisch
geprägt war als in Antiochien. Ein Beispiel ist der *archimimus latinus* in
unserer Inschrift.

Ein ähnliches Bild zeichnet sich ab, wenn wir das religiöse Leben in Philippi untersuchen. Der Gott Silvanus ist eine charakteristisch römische Gottheit. Peter F. Dorcey bietet eine Karte, die die „Silvanus Cult Sites in the
Eastern Roman Provinces" zeigt.[18] Die einzige Stadt in Makedonien und
Griechenland, die auf dieser Karte erscheint, ist Philippi. Im gesamten römischen Osten finden wir nur vier andere Stellen, von denen übrigens keine
jemals von Paulus besucht wurde.[19]

---

[16] Es handelt sich um die Inschrift 476/L092 (Philippi II, S. 459–463). Die Übersetzung
lautet:
> Titus Uttiedius Venerianus, siebenunddreißig Jahre lang lateinischer Haupt-
> darsteller im Mimus und Angestellter (der Stadt Philippi), achtzehn Jahre
> Promisthota, lebte fünfundsiebzig Jahre. (Er hat) zu seinen Lebzeiten für sich
> selbst und seine um ihn sehr verdiente Frau Alfena Saturnina (den Sarkophag
> anfertigen lassen). Alfena Saturnina, einundfünfzig Jahre alt. Dieser Sarko-
> phag geht nicht auf den Erben über.

[17] Vgl. im einzelnen meinen Kommentar in Philippi II, S. 461–463. Hier zitiere ich
Theodor Mommsen: Schauspielerinschrift von Philippi, Hermes 3 (1869), S. 461–465; Zitat
auf S. 464.

[18] Peter F. Dorcey: The Cult of Silvanus. A Study in Roman Folk Religion, CSCT 20,
Leiden/New York/Köln 1992, Karte 5.

[19] Lesbos, Pergamon, Augustopolis in Phrygien und Arulis in der Kommagene.

In Philippi haben wir eine beträchtliche Gruppe von Personen, die den
Silvanus verehren. Betrachten wir das *album* der *cultores Silvanae*:

P(ublius) Hostilius P(ubli) l(ibertus) Philadelphus
petram inferior(em) excidit et titulum fecit, ubi
nomina cultor(um) scripsit et sculpsit sac(erdote) Urbano s(ua)
p(ecunia).

L(ucius) Volattius Urbanus sac(erdos),　　　　　**Kolumne I**
5　L(ucius) Nutrius Valens iun(ior),
Hermeros Metrodori,
C(aius) Paccius Mercurialis,
P(ublius) Vettius Victor,
C(aius) Abellius Anteros,
10　Orinus coloniae,
M(arcus) Publicius Valens,
Crescens Abelli,
C(aius) Flavius Pudens,
M(arcus) Varinius Chresimus,
15　M(arcus) Minucius Ianuarius,
P(ublius) Hostilius Philadelphus,
L(ucius) Herennius Venustus,
L(ucius) Domitius Ikarus,
M(arcus) Publicius Laetus,
20　C(aius) Abellius Agathopus,
C(aius) Curtius Secundus,
P(ublius) Ofillius Rufus,
C(aius) Horatius Sabinus,
Ti(berius) Claudius Magnus,
25　L(ucius) Domitius Primigenius,
L(ucius) Atiarius Thamyrus,
M(arcus) Herennius Helenus,　　　　　**Kolumne II**
C(aius) Atilius Fuscus,
C(aius) Atilius Niger,
30　Tharsa coloniae,
Phoebus coloniae,
L(ucius) Laelius Felix,
M(arcus) Plotius Gelos,
P(ublius) Trosius Geminus,
35　M(arcus) Plotius Valens,
M(arcus) Plotius Plotianus f(ilius),
M(arcus) Plotius Valens f(ilius),
L(ucius) Atiarius Successus,
C(aius) Licinius Valens,
40　C(aius) Velleius Rixa,

T(itus) Flav[iu]s Clymenus,
L(ucius) Domitius Callistus,
C(aius) Decimius Germanus,
M(arcus) Publicius Primigenius,
45 C(aius) Paccius Trophimus,
L(ucius) Atiarius Firmus,
P(ublius) Vettius Aristobulus,
Chrysio Pacci,
Hostilius Natales,   **Kolumne III**
50 C(aius) Paccius Mercuriales l(ibertus),
M(arcus) Alfenus Aspasius sacerdos,
C(aius) Valerius Firmus,
Velleius Paibes,
A(ulus) Velleius Onesimus,
55 Phoibus colon(iae),
C(aius) Flavius Pudens,
L(ucius) Volattius Firmus,
M(arcus) Publicius Cassius,
C(aius) Abellius Secundus,
60 Atilius Fuscus,
L(ucius) Domitius Venerianus,
L(ucius) Volattius Urbanus,
C(aius) Iulius Philippus,
L(ucius) Domitius Icario,
65 Canuleius Crescens,
L(ucius) Atiarius Moschas,
Fontius Capito,
M(arcus) Glitius Carus,
L(ucius) Atiarius Suavis,
70 Domitius Peregrinus,
Iulius Candidus,   **Kolumne IV**
Valerius Clemens.[20]

Die Inschrift besteht aus einem kurzen Präskript (Z. 1–3), gefolgt von einer Liste von *cultores Silvani* (Z. 4–72). Zu Beginn der Liste (Z. 4) finden wir den *sacerdos* Lucius Volattius Urbanus, in Z. 16 Publius Hostilius Philadelphus. Vergleichen Sie Z. 2: *petram inferiorem excidit et titulum fecit.* Alles in allem haben wir 69 Mitglieder, die in dieser Inschrift aufgeführt werden.

---

[20] Es handelt sich um 163/L002 (Philippi II 170–175). Der Einleitungsteil lautet: Publius Hostilius Philadelphus, der Freigelassene des Publius, hat den unteren Felsen abgeschlagen und die Inschrift gesetzt, wo er die Namen der Kultgenossen aufgeschrieben und eingemeißelt hat auf eigene Kosten zur Zeit des Priesters Urbanus.
Eine Abbildung dieser Inschrift findet sich oben auf S. 2 (Abb. 1).

Abb. 14: Spenderliste aus dem Silvanus-Verein (Philippi II, Nr. 164/L001)

Zählen wir die Namen hinzu, die in anderen Silvanus-Inschriften auftauchen[21], erhalten wir mehr als 100 Namen. Einfaches Volk, Sklaven der Kolonie und viele Freigelassene sind unter ihnen, sicherlich nicht die Elite von Philippi, sondern Männer vom alten Schlag – Römer, die an ihren spezifisch römischen Kulten festhielten.

Betrachten wir schließlich eine letzte Inschrift:

P(ublius) Hostilius Philadelphus
ob honor(em) aedilit(atis) titulum polivit
de suo et nomina sodal(ium) inscripsit eorum
qui munera posuerunt.   **Kolumne I**
5 Domitius Primigenius statuam
aeream Silvani cum aede.
C(aius) ⟨H⟩oratius Sabinus at templum tegend(um)
tegulas CCCC tectas.
Nutrius Valens sigilla marmuria
10 dua, Herculem et Mercurium.
Paccius Mercuriales opus cementic(ium)
✕ CCL ante templum et tabula picta Olympum ✕ XV.
Publicius Laetus at templum aedificandum donavit ✕ L.

---

[21] Es handelt sich dabei um 164/L001 (= Philippi II 176–179); 165/L003 (= Philippi II 179–181) und 166/L004 (= Philippi II 181–183).

15 item Paccius Mercuriales at templum
   aedificandum cum filis et liberto don(avit)
   � L, item sigillum marmurium Liberi ✗ XXV.
   Alfenus Aspasius sacerd(os)   **Kolumne II**
   signum aer(eum) Silvani cum basi,
20 item vivus ✗ L mortis causae sui
   remisit.
   vacat
   Hostilius Philadelphus inscin-
   dentibus in templo petram excidit d(e) s(uo).[22]

Sie enthält eine Liste von Spendern, die für den Tempel der *cultores Silvani* gespendet haben (Z. 4: *qui munera posuerunt*). In Z. 1 stoßen wir wieder auf unseren Freund Publius Hostilius Philadelphus, der zugleich zum *aedilis* des *collegium* ernannt worden ist. Die in Z. 12, 14, 17 und 20 erwähnten Summen sind in der Tat recht bescheiden. Die höchste (Z. 12), die 250 *denarii* beträgt, ist nichts, verglichen mit den 7.500 *denarii*, die L. Decimius zur selben Zeit ausgab, um auf dem Forum einen Brunnen errichten zu lassen.[23]

Wir haben es hier mit epigraphischem Material des späten zweiten und des beginnenden dritten Jahrhunderts zu tun – selbst dann steht die „Romanness" von Philippi außer Frage. Zur selben Zeit wird Latein in Antiochien fast überhaupt nicht mehr benutzt. Ich zitiere Barbara Levick: „For private purposes ... the inhabitants of Antioch tended, after the first century A.D., to use Greek, especially in religious contexts, when the object was direct

---

[22] 164/L001 (= Philippi II 176–179). Die Übersetzung lautet:
Publius Hostilius Philadelphus hat wegen der (ihm verliehenen) Ehrenstellung der Ädilität die Inschrift auf eigene Kosten fein ausarbeiten lassen und die Namen derjenigen Genossen aufgeschrieben, die Leistungen (für den Bau des Heiligtums) erbracht haben. [5] Domitius Primigenius (hat) eine eherne Statue des Silvanus mit Haus (aufgestellt). Caius Horatius Sabinus (hat) zur Tempelbedachung 400 bedeckte Dachziegel (gegeben). Nutrius Valens (hat) zwei Statuetten aus [10] Marmor (gestiftet), Hercules und Mercur. Paccius Mercuriales (hat) Beton vor dem Tempel für 250 Denare und den Olympus auf einer bemalten Tafel für 15 Denare (gestiftet). Publicius Laetus hat für den Tempelbau 50 Denare gestiftet. [15] Ebenso hat Paccius Mercuriales für den Tempelbau mit den Söhnen und einem Freigelassenen 50 Denare gestiftet, (und) ebenfalls eine Statuette des Liber aus Marmor für 25 Denare. Alfenus Aspasius, der Priester, (hat) ein ehernes Standbild des Silvanus mit Basis (gestiftet), (und) ebenso [20] hat (der genannte Alfenus Aspasius) zu seinen Lebzeiten für den Fall seines Todes 50 Denare hinterlegt. [23] Hostilius Philadelphus hat für die zum Heiligtum Heraufsteigenden auf eigene Kosten den Felsen herausgehauen.
Abb. 14 bietet eine Photographie dieser Inschrift.

[23] 213/L347, Z. 2 in Philippi II: ~~HS~~ *((I)) ((I)) ((I))* – 30.000 Sesterzen zahlte Lucius Decimius Bassus für den westlichen Brunnen des Forums von Philippi.

communication with the god, or on tombstones, where the feelings of the bereaved sought a natural outlet."[24]

Ein absolut anderes Bild gewinnen wir für Philippi! Die *cultores Silvani* benutzen noch im dritten Jahrhundert Latein und verehren eine römische Gottheit. Dies ist mit Sicherheit kein »Staatskult«; er wird von der Kolonie weder finanziell unterstützt noch sonst gefördert. Diese 100 Menschen zeigen, was ich meine, wenn ich von „Romanness" spreche. Sie verkörpern den *mos maiorum*, wie ihn Cicero verstanden hat, wenn er sagt: *ne quid novi fiat contra exempla atque instituta maiorum.*[25]

Barbara Levick gibt die folgende Beschreibung: „It cannot be doubted that their presence [d.h. die der Kolonisten] affected the native Pisidians; but, as it spread, the culture of the Italian settlers became attenuated and lost itself, so that eventually the colonies were almost indistinguishable from other towns in the region."[26]

„Latin was an exotic plant in the east, hardly able to stand up to the cultural and economic winter of the third century"[27] – ja, vielleicht im pisidischen Antiochien – aber nicht in Philippi. Selbst aus dem vierten Jahrhundert haben wir in Philippi noch lateinische Inschriften, speziell zwei christliche.[28] (Möglicherweise gab es sogar eine beträchtliche Anzahl christlicher Inschriften auf Latein – die aber jetzt verloren sind, weil sich spätere Generationen überhaupt nicht mehr für lateinische Texte interessierten.)

Um es kurz zu machen: Ich hoffe, mit dem epigraphischen Material aus Philippi gezeigt zu haben, was ich damit meinte, daß Paulus vom pisidischen Antiochien – einer nur oberflächlich romanisierten Stadt, wie seine Inschriften und Kulte zeigen – nach Philippi, »foyer de culture latin en Macédoine«, eine zunehmende „Romanness" erfuhr. Nach Philippi war Paulus bereit für Rom.

IV

Wir kommen also schließlich zu Rom und zu Spanien. Wer den Paulusbrief an die Römer liest, gewinnt den Eindruck, daß Paulus – der in Korinth schrieb – den folgenden Plan gemacht hatte: Zuerst wollte er nach Jerusalem

---

[24] Barbara Levick, a.(Anm. 4)a.O., S. 136.

[25] Cicero: De imperio Cn. Pompei § 60. Bezüglich der Interpretation vgl. mein PRESBYTERON KREITTON, S. 138–141. Zum *mos maiorum* vgl. zuletzt: Wolfgang Blösel: Die Geschichte des Begriffes *mos maiorum* von den Anfängen bis zu Cicero, in: *Mos maiorum*. Untersuchungen zu den Formen der Identitätsstiftung und Stabilisierung in der römischen Republik, hg. v. Bernhard Linke und Michael Stemmler, Historia Einzelschriften 141, Stuttgart 2000, S. 25–97.

[26] Barbara Levick, a.a.O., S. 130.

[27] Barbara Levick, a.a.O., S. 132.

[28] Vgl. meinen Katalog der Inschriften von Philippi, die Nummern 111/L554 (= Philippi II 105f.) und 112/L555 (= Philippi II 106f.) und den Kommentar zur letzteren Inschrift.

zurückkehren (15,25: νυνὶ δὲ πορεύομαι εἰς Ἱερουσαλήμ). Von dort wollte er über Rom nach Spanien gelangen. Sein *eigentliches* Ziel scheint Spanien gewesen zu sein, nicht Rom.[29]

Dies ist etwas befremdlich, da Paulus den römischen Christen im selben Kontext versichert: ἐπιποθίαν δὲ ἔχων τοῦ ἐλθεῖν πρὸς ὑμᾶς ἀπὸ πολλῶν ἐτῶν: „Seit vielen Jahren wollte ich schon zu Euch kommen" (15,23b). ἀπὸ πολλῶν ἐτῶν – wie viele, wissen wir nicht. Meiner Meinung nach hatte Paulus sicher Pläne, die Rom betrafen, als er in Philippi war, vielleicht schon in Antiochien; vielleicht dachte er sogar schon an Rom, als er Antiochien am Orontes ein für alle Mal verließ.[30] Aber Spanien ist ein anderer Fall. Spanien erforderte ganz andere Maßnahmen: Zunächst hinsichtlich der Sprache. Wer hätte in den fünfziger und sechziger Jahren des ersten Jahrhunderts in Spanien griechisch verstanden? Selbst um ein Glas Wein zu bestellen, hätte Paulus Latein benutzen müssen, sobald er sich von den Küstenstädten entfernt hätte. Viel schwerwiegender jedoch war die Tatsache, daß Paulus seinen gewöhnlichen Ausgangspunkt nicht zur Verfügung hatte. Vor 70 v. Chr. gab es in Spanien keine Juden und das heißt auch keine Synagogen, keine Sympathisanten, überhaupt keine *praeparatio evangelica*.[31] Aus spanischer Sicht war es von entscheidender Bedeutung, daß Paulus mit der römischen Mentalität gut vertraut war. Seine Etüden in „Romanness" waren die *conditio sine qua non* für alle spanischen Pläne.

Antiochien und Philippi ragen in diesem Zusammenhang heraus, weil sie die beiden wichtigsten Stationen auf dem Weg des Paulus nach Spanien waren.

---

[29] Zu den paulinischen Plänen in bezug auf Rom und Spanien vgl. Angelika Reichert: Der Römerbrief als Gratwanderung. Eine Untersuchung zur Abfassungsproblematik, FRLANT 194, Göttingen 2001, besonders S. 83–91.

[30] Anders Lukas, der die Entscheidung des Paulus, nach Rom zu gehen, auf seinen Aufenthalt in Ephesos datiert: ... εἰπὼν ὅτι μετὰ τὸ γενέσθαι με ἐκεῖ [nämlich in Makedonien und Achaia] δεῖ με καὶ Ῥώμην ἰδεῖν (Apg 19,21c).

[31] Zum Problem vgl. W.P. Bowers: Jewish Communities in Spain in the Time of Paul the Apostle, JThS 26 (1975), S. 395–402; er kommt zu dem Ergebnis: „The evidence at hand then from all available sources implies the emergence of a major Jewish presence in Spain about the third century, and makes it plausible that this development had its roots in the transmigration during and following the upheavals of A.D. 70–135. That there were Jewish communities in Spain prior to this is not supported by any evidence currently available" (S. 400). Die mittlerweile erschienene Sammlung der jüdischen Inschriften aus Spanien bestätigt diesen Befund (David Noy: Jewish Inscriptions of Western Europe. Vol. I: Italy [excluding the City of Rome], Spain and Gaul, Cambridge 1993), vgl. die Nummern 177–188, die fast ausschließlich aus dem vierten Jahrhundert und später sind.

Livius, Lukas und Lukian

Drei Himmelfahrten[1]

Haben Sie vielen Dank für die freundlichen Worte der Begrüßung. Ich darf zu Ihrer Information noch etwas hinzufügen. Obwohl unverkennbar Franke – die wenigen Worte werden Ihnen das schon gezeigt haben –, komme ich doch aus Greifswald. Und wenngleich die Mauer schon vor über zehn Jahren gefallen ist und der Reisende mit der Bahn oder dem PKW ungehindert von Greifswald nach Erlangen fahren kann, kommt man doch in ein anderes Land, fast bin ich versucht zu sagen: in ein fremdes Land, wenn man von Mecklenburg-Vorpommern nach Bayern gelangt. Einige Zahlen mögen das verdeutlichen; ich nenne nur die aus Vorpommern, die mittelfränkischen kenne ich nicht, Sie mögen sie in Gedanken zum Vergleich heranziehen. Die faktische Arbeitslosigkeit in Vorpommern liegt über 25%, in manchen Gegenden sogar noch deutlich höher. In einer Stadt wie Greifswald gehören mehr als 80% der Menschen keiner christlichen Kirche an. Die Zahl der Mitglieder der Pommerschen Evangelischen Kirche liegt deutlich unter 20% der Gesamtbevölkerung Vorpommerns.

Das wirkt sich sichtbar auf das Land und seine Menschen aus. Von einer kirchlichen Sozialisation oder gar Prägung kann überhaupt keine Rede sein. Kirchliche Feste wie Weihnachten oder Ostern stehen zwar im Kalender, aber sie bedeuten den Menschen nicht viel mehr als einen oder mehrere freie Tage. Eine Umfrage zum Sinn des Osterfestes etwa würde Desillusionierendes zu Tage fördern.

Und damit bin ich nun fast unmerklich bei meinem Thema, der Himmelfahrt, angelangt. Nun weiß ich freilich nicht, ein wie großer Teil der Bevölkerung Erlangens mit diesem Fest heute in drei Wochen etwas anfangen können wird. In Greifswald gibt es keine Himmelfahrt. Der Tag ist zwar ein staatlich verordneter Feiertag, auch in Mecklenburg-Vorpommern, aber die Menschen sprechen nicht von Himmelfahrt, sondern vom *Herrentag*. Damit kein Mißverständnis aufkommt: Der Herrentag, das ist mitnichten der Tag des Herrn,

---

[1] Probevorlesung, gehalten in der Theologischen Fakultät der Friedrich-Alexander-Universität Erlangen am 3. Mai 2001; wiederholt in Greifswald am 11. Juni 2001. Den Gesprächspartnern hier wie dort sei für ihre kritischen Beiträge gedankt.

die ἡμέρα κυρίου oder κυριακὴ ἡμέρα, wie es Apk 1,10 heißt. Der *Herrentag*, das ist das, was in anderen Regionen „Vatertag" genannt wird.

Von einer Himmelfahrt in unserm christlichen Sinn hat die weit überwiegende Mehrheit der Menschen in Mecklenburg-Vorpommern noch nichts gehört, geschweige denn, daß sie darüber etwas zu sagen wüßte. Das ist freilich auch kein Wunder: Von einer Himmelfahrt des Generalsekretärs Ulbricht weiß die sozialistische Tradition nichts zu berichten, und das unterscheidet die Menschen im Osten Deutschlands nachhaltig und grundsätzlich von den Bewohnern des römischen Reiches vor 1.900 oder vor 2.000 Jahren. Selbst unbestrittenen Lichtgestalten wie Karl Marx und Friedrich Engels wird eine Himmelfahrt nicht zuteil, im Unterschied zu antiken philosophischen Vordenkern.[2]

Im folgenden möchte ich Ihnen zeigen, daß es sich in der Antike ganz anders verhielt als im heutigen Mecklenburg-Vorpommern. Denn in der Antike wußten auch die Menschen, die noch nie etwas vom Christentum gehört hatten, doch etwas von der Himmelfahrt. Himmelfahrt war damals eben nicht ein christliches Spezifikum, als das sie mindestens im Osten Deutschlands heute erscheint (wo Sie Mittelfranken in das Spektrum eintragen wollen, überlasse ich Ihrem Urteil). Darum möchte ich Ihnen von *drei* Himmelfahrten berichten, aus Livius, Lukas und Lukian.

I

Manfred Fuhrmann und Peter Schmidt vermuten in ihrem Livius-Artikel im Neuen Pauly: „L.[ivius] entstammte wohl einer Familie des städtischen Bürgertums von gediegen-konservativem Lebensstil"[3] – das vorsichtige „wohl" zeigt an, wie wenige gesicherte Nachrichten wir über das Leben des Livius haben. Immerhin erweisen ihn seine überlieferten Lebensdaten als Zeitgenossen des Augustus.[4] Seine Heimatstadt ist Patavium[5], das heutige Padua, damals ein *municipium* von beträchtlicher Größe und Bedeutung, gewiß, aber doch

---

[2] In bezug auf den Vorsokratiker Empedokles überliefert Diogenes Laertios (VIII 68) dergleichen; Apollonios von Tyana wird „aus dem Diktynna-Tempel auf Kreta in den Himmel entrückt (vit. Apoll. 8,30f)" (Peter Habermehl im Artikel Jenseitsfahrt I [Himmelfahrt], RAC 17 [1996], Sp. 421). Über Peregrinus Proteus vgl. unten Abschnitt III.

[3] Manfred Fuhrmann/Peter L. Schmidt: Art. Livius, T., röm.[ischer] Geschichtsschreiber, DNP 7 (1999), Sp. 377–382; hier Sp. 377.

[4] Vgl. dazu im einzelnen Ronald Syme: Lebenszeit des Livius, in: Wege zu Livius, hg. v. Erich Burck, WdF 132, Darmstadt 1967, S. 39–47; statt des traditionellen Ansatzes 59 v. Chr. bis 17 n. Chr. nimmt Syme den Zeitraum von ungefähr 64 v. Chr. bis 12 n. Chr. an.

[5] Schon gleich zu Beginn seines Werkes gedenkt Livius seiner Heimat, die das erste Ziel der trojanischen Flüchtlinge gewesen sei, wie der Ortsname *Troia* beweise: *Troia vocatur pagoque inde Troiano nomen est: gens universa Veneti appellati* (I 1,3). Antenor, der Gründer von Patavium, wird neben Aeneas bereits im ersten Satz erwähnt (I 1,1).

in keiner Hinsicht mit Rom vergleichbar. Im Unterschied zu den meisten seiner illustren Vorgänger ist Livius weder Römer noch gar Senator, sondern „Außenseiter": „Er sieht die römische Geschichte nicht als »Insider«, sondern als Bürger einer Stadt, die, lange mit Rom verbündet, erst nach der Mitte des 1. Jh. v. Chr. die Rechte eines Municipiums erhält. ... Der Nichtsenator und Provinzler unter den Chronisten Roms betrachtet seinen Gegenstand aus einer gewissen räumlichen Distanz."[6]

Obgleich ein Mann aus dem randständigen Patavium, genoß Livius doch die persönliche Förderung des Augustus. Daß er wirklich trotz seiner Sympathien für Pompeius, von denen noch Tacitus berichtet, ein Günstling des Kaisers war, wird neuerdings bestritten;[7] doch Livius war mehr als das: Er war schon zu Lebzeiten eine Zelebrität, das, was man heute *Very Important Person* nennt. Unübertrefflich ist in diesem Zusammenhang der Charme der Geschichte von dem Mann aus Gades (Cadiz), der die weite Reise nach Rom aus dem einzigen Grund auf sich nahm, Livius zu sehen.[8] Man bedenke die riesige Entfernung, zumal unter antiken Reisebedingungen. Und dann die skurrile Idee! Schließlich der abseitige Höhepunkt der Geschich-

---

[6] Michael von Albrecht: Geschichte der römischen Literatur von Andronicus bis Boëthius. Mit Berücksichtigung ihrer Bedeutung für die Neuzeit, Band 1, München [2]1994, S. 659. Vgl. das Urteil Klingners: „Von Haus aus war die Geschichtsschreibung in Rom Sache von Staatsmännern und selbst ein Stück Politik gewesen" (Friedrich Klingner: Livius. Zur Zweitausendjahrfeier, in: ders.: Römische Geisteswelt, München [5]1965, S. 458–482; hier S. 472). Demgegenüber muß das Werk des Livius dann „eine Geschichte des wohlmeinenden Privatmannes" sein (ebd.). Früher hingegen war „die Geschichtsschreibung ... eine senatorische Schriftstellerei, eine Fortsetzung der Politik mit anderen Mitteln" gewesen (Klingner, a.a.O., S. 472f.).

Livius ist auch in Patavium gestorben. Die folgende Inschrift ist vermutlich seine Grabinschrift:

> *T(itus) Livius C(ai) f(ilius) sibi et*
> *suis*
> *T(ito) Livio T(iti) f(ilio) Prisco f(ilio)*
> *T(ito) Livio T(iti) f(ilio) Longo f(ilio)*
> 5   *Cassiae Sex(ti) f(iliae) Primae*
> *uxori*

(CIL V 2975 = ILS 2919).
Vgl. dazu Anton Daniel Leeman: Werden wir Livius gerecht? Einige Gedanken zu der Praefatio des Livius, in: Wege zu Livius, hg. v. Erich Burck, WdF 132, Darmstadt 1967, S. 200–214; hier S. 209ff.

[7] Tacitus: Annales IV 34. Vgl. E. Badian: Livy and Augustus, in: Livius. Aspekte seines Werkes, hg. v. Wolfgang Schuller, Xenia 31, Konstanz 1993, S. 9–38 (Badian bestreitet eine persönliche Förderung des Livius durch Augustus).

[8] *Numquamne legisti Gaditanum quendam Titi Livi nomine gloriaque commotum ad visendum eum ab ultimo terrarum orbe venisse statimque, ut viderat, abisse?* (Plinius: Epistulae II 3,9; C. Plini Caecili Secundi epistularum libri decem, Lateinisch-deutsch, hg. v. Helmut Kasten, Tusc, Darmstadt [5]1984, S. 72.) Kasten gibt die folgende Übersetzung: „Hast du nie die Geschichte von dem Gaditaner gelesen, der sich, durch den glorreichen Namen des Titus Livius angezogen, vom Ende der Welt aufmachte, um ihn zu sehen, und dann gleich, als er ihn gesehen hatte, wieder davonging?" (S. 73.)

te: Kaum hatte unser Freund aus Cadiz den Livius gesehen, kehrte er flugs in seine Heimat zurück! Gäbe es sie nicht, so müßte man diese Geschichte erfinden; sie illustriert den Ruhm des Livius in unvergleichlicher Weise. Welcher damalige oder auch heutige Historiker könnte sich einer vergleichbaren Attraktivität rühmen?

Gewaltig ist das Werk des Livius, das man gewöhnlich unter dem Namen *Ab urbe condita* zitiert; das Adjektiv »monumental« ist hier einmal wirklich angebracht.[9] Nicht weniger als 142 Bücher hat Livius vollendet, einige dreißig (genau: 35) davon sind vollständig auf uns gekommen, darunter insbesondere die ersten zehn, die sich mit der Frühzeit Roms beschäftigen. Für uns ist von diesen das erste Buch von Interesse. Die Königsherrschaft des Romulus ist Thema in den Kapiteln 7 bis 16 des ersten Buches des Livius: Romulus gründet die nach ihm benannte Stadt Rom, beseitigt seinen Bruder und richtet die ersten Kulte ein (7). Anschließend kümmert er sich um die Verfassung und begründet die ersten Ämter; insbesondere werden die ersten Senatoren berufen (8). Der Raub der Sabinerinnen (9) führt zu kriegerischen Verwicklungen, die mehrere Kapitel beanspruchen (10–13). Weitere Kriege meistert Romulus in herausragender Weise (14–15), so daß Livius 15,6 zusammenfassend sagen kann: „Dies sind im wesentlichen die Ereignisse in Krieg und Frieden während der Regierung des Romulus, und sie sind alle geeignet, seine göttliche Abstammung und den Glauben an die Erhebung zum Gott, der nach seinem Tode aufkam, zu bestätigen".[10]

Im folgenden 16. Kapitel kommt Livius zur Himmelfahrt des Romulus. Sie finden den Text und die Übersetzung als Beilage I.

Die Himmelfahrt des Romulus, die Livius hier schildert, ist nicht seine Erfindung.[11] Livius ist ohnehin nicht ein Schriftsteller, der dergleichen erfinden würde.[12] Im Fall der Himmelfahrt des Romulus haben wir aber hinreichend viele Texte, die es uns erlauben, die Geschichte dieser Tradition über etliche Generationen zurückzuverfolgen. In der Generation vor Livius war es Cicero,

---

[9] Vgl. Martial XIV 190.

[10] Im Original: *haec ferme Romulo regnante domi militiaeque gesta, quorum nihil absonum fidei divinae originis divinitatisque post mortem creditae fuit.* Übersetzung nach Heinrich Dittrich: Livius: Römische Geschichte seit Gründung der Stadt, Erster Band, Bibliothek der Antike. Römische Reihe, Berlin und Weimar 1978, S. 28.

[11] Vgl. zuletzt Bernadette Liou-Gille: Une lecture »religieuse« de Tite-Live I: Cultes, rites, croyances de la Rome archaïque, Études et commentaires 105, Paris 1998, S. 85–99. Unter den älteren Studien verdienen genannt zu werden: Dominique Briquel: Perspectives comparatives sur la tradition relative à la disparition de Romulus, Latomus 36 (1977), S. 253–282 sowie ders.: La légende de la mort et de l'apothéose de Romulus, in: La Mythologie, clef de lecture du monde classique, Tours 1986, S. 15–35 und Ingrid E.M. Edlund: Must a King Die? The Death and Disappearance of Romulus, ParPass 39 (1984), S. 401–408.

[12] „Livius hält treu an der Überlieferung fest. Im Gegensatz zu den Annalisten kennt er weder handgreifliche Aktualisierungstendenzen, noch erfindet er romanhafte Züge hinzu. So ist er – in den ihm gesteckten Grenzen – um Wahrheit bemüht" (Michael von Albrecht, a.[Anm. 6]a.O., S. 663).

der ihr in seinem Werk *De re publica* einen prominenten Platz einräumte.[13] Die älteste greifbare Gestalt bietet Ennius in der ersten Hälfte des zweiten Jahrhunderts in seinem poetischen Werk, den Annalen.[14]

Von der Himmelfahrtstradition, die Livius in den §§ 1–4 wiedergibt, unabhängig ist die ursprünglich selbständige Geschichte des Proculus Iulius in §§ 5–8. Längst vor Livius war sie jedoch zu einem festen Bestandteil der Himmelfahrt des Romulus geworden, wie die genannte Cicero-Stelle beweist.[15] Obwohl es im Zusammenhang des Livius gar keines Zeugen bedarf – die römische Mannschaft als ganze war nach § 1 bei dem Geschehen anwesend – wird Proculus Iulius zu so etwas wie einem Urbild des Himmelfahrtszeugen, der in der Folgezeit eine so wichtige Rolle spielen sollte, eine Rolle, über die sich später Lukian lustig machen wird. Als Himmelfahrts*zeuge* erscheint Proculus Iulius dann bei Plutarch, wo er schwört, er habe Romulus in den Himmel auffahren sehen.[16]

Für den Vergleich mit Lukas sind die folgenden Punkte in der Erzählung des Livius von Bedeutung:

1. Die Himmelfahrt des Romulus wird aus der Perspektive der Zurückgelassenen erzählt. Es handelt sich also um die Gattung »Entrückungserzählung«.

2. Wie bei Lukas ist es eine Wolke, die den scheidenden Mann den Blicken des Publikums entzieht: *tam denso regem operuit nimbo ut conspectum eius contioni abstulerit*, heißt es in § 1.

3. Breiter als bei Lukas wird als erste Reaktion die Ratlosigkeit der Zurückgelassenen dargestellt (§ 2). Sodann aber folgt in § 3 die Proklamation des Romulus als Gott mitsamt der einer Gottheit allein angemessenen Reaktion der Menschen: der Anbetung (§ 3). In der griechischen Fassung des Stoffes bei Plutarch findet sich an dieser Stelle dasselbe Wort, das auch Lukas verwendet: προσκυνέω.[17]

4. Die Rolle des *angelus interpres* übernimmt Proculus Iulius, der sich auf eine Erscheinung des Romulus selbst beruft.

---

[13] Cicero: De re publica II 17–20; vgl. auch VI 24.

[14] Zur Himmelfahrt des Romulus bei Ennius vgl. Ignazio Cazzaniga: Il frammento 61 degli Annali di Ennio: *Quirinus Indiges*, ParPass 29 (1974), S. 362–381.

[15] Vgl. Ogilvie z.St.: „To it was added the separate story of Proculus Julius. It was certainly older than the heyday of the *gens* Julia in the first century, for it is found in Cicero (*de Rep.* 2.20; cf. *de Legibus* 1.3), but seems to have been a Julian tale invented to square the Alban origin of the Julii … with a proper feeling that a member of the family must have played a prominent part in the birth of Rome" (R.M. Ogilvie: A Commentary on Livy, Books 1–5, Oxford 1965, Ndr. 1978, S. 84f.).

[16] Plutarch: Numa 2,4: διωμόσατο Ῥωμύλον ἰδεῖν εἰς οὐρανὸν σὺν τοῖς ὅπλοις ἀναφερόμενον καὶ φωνῆς ἀκοῦσαι κελεύοντος αὐτὸν ὀνομάζεσθαι Κυρῖνον.

[17] Plutarch: Romulus 27,9: τοὺς μὲν οὖν πολλοὺς ταῦτα πειθομένους καὶ χαίροντας ἀπαλλάττεσθαι μετ' ἐλπίδων ἀγαθῶν προσκυνοῦντας.

5. Das Ergebnis der Himmelfahrt ist die Aufnahme des Romulus unter die Götter. In § 8 ist ausdrücklich von seiner *immortalitas* die Rede, einem Attribut, das allein göttlichen Wesen zukommt.

II

Ich darf Ihnen auch Lukas in aller gebotenen Kürze vorstellen. Wenn ich dabei streckenweise in den Ton einer Gegendarstellung verfallen werde, bitte ich dafür um Ihr Verständnis. Einen liebgewordenen Konsens, der sich nach meiner Meinung längst überlebt hat, durch einen neuen Konsens zu ersetzen – das ist ein langwieriger Prozeß. Also: Lukas stammt nicht aus dem syrischen Antiochien, wie die kirchliche Tradition seit dem dritten Jahrhundert ein ums andere Mal behauptet. Mit an Sicherheit grenzender Wahrscheinlichkeit ist Lukas vielmehr ein Mann aus Makedonien, nach meiner Auffassung ein Bewohner der römischen Kolonie Philippi und Glied der von Paulus hier um 50 n. Chr. gegründeten Gemeinde. Die Gründe hierfür habe ich an anderer Stelle umfassend dargelegt[18]: Nirgendwo sonst auf der Welt kennt Lukas sich so genau aus wie zwischen Samothrake und Beroia, mit keiner Stadt des *Imperium Romanum* ist er so vertraut wie mit Philippi.

Lukas war auch nicht – wie noch Harnack sich nachzuweisen bemühte – von Beruf Arzt. Welchen Beruf er sonst vielleicht noch ausgeübt haben mag, wissen wir nicht. Seine Berufung zum theologischen Historiker hat er in dem von uns so genannten „lukanischen Doppelwerk" erfüllt. Von Livius herkommend kann man sagen: ein römischer Historiker auch er, aber in anderem Sinn als Livius es war. Staatstragend wie einst Livius – wo hätte Lukas an dem real existierenden *Imperium Romanum* auch nur die leiseste Kritik geübt? – aber nicht, wie Livius, von Italien her argumentierend; nicht die großartigen Taten des *populus Romanus* verherrlichend. Sondern vom Rand her der Stadt Bestes suchend – freilich: „Dies ist nicht im Winkel geschehen" (Apg 26,26), sondern im Licht nicht nur der römischen Öffentlichkeit, sondern auch ihrer allerersten Repräsentanten. Den Leserinnen und Lesern des lukanischen Doppelwerkes begegnen der Kaiser Augustus, dessen Bedeutung zu erläutern Eulen nach Athen tragen hieße; Publius Sulpicius Quirinius[19], der Legat des göttlichen Augustus in Syrien und nach Lukas für die Volkszählung, die uns allen aus der Weihnachtsgeschichte vertraut ist, verantwortlich; der Kaiser Tiberius, in dessen 15. Amtsjahr Lukas (3,1)

---

[18] Peter Pilhofer: Philippi. Band I: Die erste christliche Gemeinde Europas, WUNT 87, Tübingen 1995, Drittes Kapitel: Lukas (besonders § 1 Lukas als ein ἀνὴρ Μακεδών, S. 153–159); vgl. auch meine zusammenfassende Darstellung „Lukas als ἀνὴρ Μακεδών", in diesem Band der fünfte Beitrag.

[19] Luk 2,2; vgl. zu Quirinius Emil Schürer: The history of the Jewish people in the age of Jesus Christ (175 B.C. – A.D. 135). A new English version revised and edited by Geza Vermes, Fergus Miller, Matthew Black, Martin Goodman, Bd. I, Edinburgh 1973, S. 258–259 sowie zum Zensus S. 399–427.

das Auftreten Jesu datiert; der *praefectus* Pontius Pilatus, zuständig für
Judäa, genannt schon zu Beginn der Wirksamkeit Jesu in Luk 3,1, in das
Geschehen eingreifend jedoch erst in der Passionsgeschichte (Luk 23), um
dort dreimal energisch die Unschuld Jesu zu bezeugen; Sergius Paullus, der
mit dem Christentum sympathisierende Statthalter Zyperns (Apg 13,7–12);
der Kaiser Claudius (Apg 18,1), dessen Edikt Aquila und Prisca nach Korinth führt, wo Paulus bei ihnen Unterschlupf findet; Marcus Iunius Gallio,
der Statthalter Achaias und Bruder des Seneca, der auch auf Aufforderung
hin keinen Grund sieht, gegen die Christen tätig zu werden (Apg 18,12–17);
nicht zuletzt die mit dem Prozeß des Paulus befaßten Prokuratoren Antonius Felix (Apg 23f.)[20] und Porcius Festus (Apg 24,27–26,32)[21], die dem
Völkerapostel persönlich und sachlich das allerbeste Zeugnis ausstellen und
mit ihm durchweg von gleich zu gleich verkehren.

Diese Liste berücksichtigt nur die crème de la crème, städtische Magistrate, Offiziere des Heeres, Vierfürsten und selbst Klientelkönige vom Rang
eines Herodes sind gar nicht berücksichtigt. Diese Liste zeigt: Lukas ist
durchweg bemüht, eine positive Beziehung zwischen römischer und christlicher Geschichte herzustellen und – wo möglich – die Unbedenklichkeit des
christlichen „Weges" von ranghöchsten Repräsentanten des *Imperium Romanum* bestätigen zu lassen. Als Einwohner der römischen Kolonie Philippi
hat er die Vision einer friedlichen Koexistenz zwischen römischem Staat und
christlichem „Weg". Seine historische Darstellung vom Wirken Johannes des
Täufers bis zur ungehinderten Verkündigung des Paulus in Rom will an ihrem Teil dazu beitragen, einen *modus vivendi* von Christentum und Römer-
tum zu erreichen.[22] Insofern kann man auch sein Werk als staatstragend
bezeichnen.

Schließlich: Lukas ist *kein* Reisebegleiter des Paulus, auch wenn Rezensenten von der Bekanntheit des Kollegen Lüdemann dies aus meinem ersten
Band über Philippi herausgelesen zu haben behaupten.[23] Lukas gibt sich
schon im Proömium seines Werkes (Luk 1,1–4) als ein Mann der dritten Generation zu erkennen und nur als ein solcher kann er den Paulus so darstellen,
wie er es tut. Lukas gehört in die zweite Hälfte des ersten Jahrhunderts, was
seine schriftstellerische Tätigkeit anbelangt sogar in das letzte Drittel oder
Fünftel, sagen wir grob: in die Zeit zwischen 80 und 100 n. Chr. Aus dieser Perspektive blickt er schon auf eine ganze Reihe amtlich beglaubigter
Himmelfahrten zurück.[24] Falls er sich je im Detail dafür interessiert haben

---

[20] F.F. Bruce: The Full Name of the Procurator Felix, JSNT 1 (1978), S. 33–36; Schürer
I 460–466.

[21] Schürer I 467f.

[22] Vgl. dazu genauer meine Ausführungen in Philippi I 204–205.

[23] Gerd Lüdemann: Das Urchristentum (II), ThR 65 (2000), S. 285–349; hier S. 338.

[24] Bis zur Zeit des Lukas sind die folgenden Kaiser und Frauen des kaiserlichen Hauses
in den Himmel aufgenommen worden: Augustus im Jahr 14 n. Chr.; Drusilla 38 n. Chr.;
Livia 42 n. Chr.; Claudius 54 n. Chr.; Poppaea 63 n. Chr.; Vespasian wohl 80 n. Chr.;

sollte, bot ihm die Bibliothek am Ostrand des *forum* von Philippi Material genug, sich im einzelnen darüber zu informieren.

Wenn wir uns nun der Himmelfahrt bei Lukas[25] zuwenden, so fällt als erstes die Tatsache ins Auge, daß Lukas ein und dieselbe Himmelfahrt zweimal erzählt: am Ende seines Evangeliums und im ersten Kapitel seiner Apostelgeschichte. Der Untertitel meiner Vorlesung: „Livius, Lukas und Lukian: Drei Himmelfahrten" ist insofern verkehrt. Richtig hätte es heißen müssen: „Livius, Lukas und Lukian: *Vier* Himmelfahrten"; weil es sich jedoch um die Themenformulierung einer Probevorlesung und nicht um eine Denksportaufgabe handelt, habe ich von der komplizierteren, aber doch auch ziemlich verwirrenden „korrekten" Fassung Abstand genommen.

Die beiden Fassungen des Lukas aus dem 24. Kapitel des Evangeliums und dem ersten Kapitel der Apostelgeschichte finden sich im Anhang nebeneinander abgedruckt (= Beilage II).

Wer das Verfahren des „synoptischen Vergleichs", wie es mir einst im neutestamentlichen Proseminar an dieser Fakultät – ich glaube, es war sogar in diesem Raum – beigebracht wurde, auf die beiden lukanischen Texte anwendet, kommt zu einem ernüchternden Ergebnis: Ganze *sechs* Wörter stimmen genau überein, nämlich das εἰς τὸν οὐρανόν in Z. 10 und das ὑπέστρεψαν εἰς Ἰερουσαλήμ in Z. 22. Das ist nun gewiß nicht sehr viel. Wer auf dieser Basis eine den beiden lukanischen Versionen vorausliegende Tradition rekonstruieren will, hat daher von vornherein schlechte Karten. Aber auch diejenigen, die lediglich die beiden Fassungen in ihrer Endgestalt interpretieren wollen, stehen vor einer nicht ganz leichten Aufgabe: Warum hat Lukas ein und dasselbe Ereignis so unterschiedlich erzählt? Schon in der Bibelkunde werden einem die gravierenden Unterschiede zwischen beiden Fassungen deutlich: Ich erinnere lediglich an die unterschiedliche zeitliche Ansetzung (einerseits am Ostersonntag, andrerseits 40 Tage nach Ostern), die unterschiedliche Schilderung des Vorgangs selbst und das Fehlen der beiden *angeli interpretes* in der Fassung des Evangeliums.

Zu leicht macht es sich Carsten Colpe in seinem RAC-Artikel. Er meint: „In der Schlußperikope des Lukasevangeliums (24, 44/53) wird von Jesus genau so knapp wie von Henoch berichtet, er sei »weggenommen u.[nd] in den Himmel gehoben« worden. Die kurze Zeit, die Lukas brauchte, um die

Domitilla zur Zeit des Titus; Titus selbst 81 n. Chr. Domitian fiel der *damnatio memoriae* zum Opfer. Vgl. dazu im einzelnen Wilhelm Kierdorf: »Funus« und »consecratio«. Zu Terminologie und Ablauf der römischen Kaiserapotheose, Chiron 16 (1986), S. 43–69. Eine umfassende Darstellung des einschlägigen Materials bietet Manfred Clauss: Kaiser und Gott: Herrscherkult im römischen Reich, Stuttgart 1999, Nachdr. der Erstauflage München/Leipzig 2001 in seinem chronologischen Teil II sowie speziell zur Konsekration S. 356–368.

[25] Zur Himmelfahrt bei Lukas ist die Studie von Lohfink (Gerhard Lohfink: Die Himmelfahrt Jesu. Untersuchungen zu den Himmelfahrts- und Erhöhungstexten bei Lukas, StANT 26, München 1971) grundlegend.

Apostelgeschichte anzuschließen, hat für die Himmelfahrt, mit der er wieder einsetzt (Act. 1, 5/12), offenbar ausgereicht, der frommen Erwartung der Leser ein wenig mit einer genau so frommen Phantasie entgegenzukommen: hier gehört wenigstens eine Wolke zur Szene, die Jesus emporträgt, langsam u.[nd] deutlich genug, damit die Jünger ihm nachschauen können."[26]

Eine solche These wird dem Lukas weder als Theologen noch als Historiker gerecht. Eine sachgemäße Lösung des Problems wird von der Funktion der beiden Versionen in ihrem jeweiligen Kontext ausgehen: Die erste Himmelfahrtserzählung Luk 24,50–53 ist als wirksamer Abschluß der irdischen Tätigkeit Jesu konzipiert. Beachtung verdient hier besonders die Reaktion der Jünger in v. 52 (in Beilage II die Z. 25): χαρὰ μεγάλη. Diese große Freude begegnet bei Lukas sonst nur noch in der Weihnachtsgeschichte (Luk 2,10) – der Kreis schließt sich. Die im Lukasevangelium einmalige Anbetung Jesu (v. 52 = Z. 21 heißt es καὶ αὐτοὶ προσκυνήσαντες αὐτόν) hat Gerhard Lohfink sehr treffend als den „christologische[n] Höhepunkt des Evangeliums" bezeichnet.[27]

Was sodann die zweite Version der Himmelfahrt Jesu in Apg 1 angeht, so ist für ihre Interpretation die bereits in v. 6f. eingeführte Parusiethematik von grundlegender Bedeutung. In v. 11 (vgl. Beilage II, Z. 18–20) ist von einer Analogie zwischen Himmelfahrt und Parusie die Rede. Dadurch wird einerseits der tatsächliche Charakter der Parusie hervorgehoben, andrerseits will Lukas vor einer falschen (d.h. verfrühten) Parusieerwartung warnen (vgl. den Vorwurf der Engel in v. 11 = Z. 16): Wer jetzt das Schauspiel der Parusie erwartet, wartet umsonst.

Blicken wir von den beiden Versionen des Lukas auf die Himmelfahrt des Romulus bei Livius zurück, können wir die folgenden Gemeinsamkeiten konstatieren:

1. In allen drei Fällen liegt die Gattung »Entrückungserzählung« vor; überall wird aus der Perspektive der Zurückgelassenen erzählt.

2. Die erste Version des Lukas stimmt im Punkt der Anbetung mit Livius überein.

3. Die zweite Version des Lukas steht dem Livius in der Beschreibung des Vorgangs näher als die erste. Beide Autoren benutzen die Wolke, die den Auffahrenden den Blicken der Zurückbleibenden entzieht.

4. Eine gewisse Ratlosigkeit der Zurückgebliebenen scheint Lukas in Z. 10–11 anzudeuten. Livius ist in diesem Punkt sehr viel deutlicher.

5. Die zweite Version des Lukas hat hinsichtlich der *angeli interpretes* eine gewisse Ähnlichkeit mit der Himmelfahrtserzählung des Livius, wo Proculus Iulius das Geschehen für die römische Mannschaft deutet.

---

[26] Carsten Colpe im Artikel Jenseitsfahrt I (Himmelfahrt), RAC 17 (1996), Sp. 445.

[27] Gerhard Lohfink, a.(Anm. 25)a.O., S. 254. Man kann in diesem Zusammenhang auch noch auf den feierlichen Segen Jesu hinweisen (v. 50), der ebenfalls keine Parallele im Lukasevangelium aufweist. Er stellt die letzte Handlung Jesu an seinen Jüngern dar.

6. Die Prophezeiung, die Proculus Iulius den Römern überbringt, eröffnet den Raum für die römische Geschichte bis Augustus – die Prophezeiung der *angeli interpretes* in der Apostelgeschichte markiert die Zeit der Kirche von ihrem Anfang bis zu ihrem Ende, der Parusie.

III

Zu den beiden auf ihre Weise sehr ernsthaften Menschen Livius und Lukas will nun der dritte, Lukian, allerdings gar nicht so recht passen. Verkörpert Livius die römische *gravitas* und Lukas die christliche παρρησία, so fehlt es Lukian an beidem: Die *gravitas* ist ihm allenfalls Zielscheibe des Spotts, die παρρησία trägt er zwar gern vor sich her, wofür er aber positiv eintritt, ist schwer auszumachen. Das hat man ja bei Kabarettisten und Satirikern des öfteren. Lukian ist pausenlos unterwegs, im wörtlichen wie auch im übertragenen Sinn. Aus Samosata in Syrien stammend, finden wir ihn in Palästina, in Ägypten, in Kleinasien, in Griechenland, in Italien, ja selbst in Gallien, immer wieder auf Wanderschaft, von Stadt zu Stadt, von Landschaft zu Landschaft, von Provinz zu Provinz ziehend, darin vielleicht dem Apostel Paulus vergleichbar.

Dem entspricht die literarische Produktion: rastlos auch sie, schillernd, vielfältig, abwechslungsreich, in vielerlei Hinsicht das Gegenteil zum monumentalen Werk des Livius und ganz und gar nicht mit dem lukanischen Doppelwerk vergleichbar. Von rhetorischen Etüden wie dem „Lob der Fliege" über die Götter- und Hetärengespräche bis zur fachwissenschaftlichen Studie „Wie man Geschichte schreiben solle"; das Spektrum, das Lukian eröffnet, ist denkbar weit. Immer andere Gattungen, immer neue Stoffe, immer neue Herausforderungen, alle Nuancen erprobend, überall sattelfest, mit allen Wassern gewaschen.

Held des Stücks „Über das Lebensende des Peregrinus" ist der gleichnamige kynische Philosoph – wenn man der Darstellung des Lukian folgt, eine recht schillernde Persönlichkeit. Zeitweise war Peregrinus auch Christ; über diese Phase seines Lebens berichtet Lukian: „Es schlug so gut bei ihm an, daß seine Lehrer in kurzer Zeit nur Kinder gegen ihn waren. ... Er erklärte und kommentierte ihre Bücher und schrieb deren selbst eine große Menge; kurz, er brachte es so weit, daß sie (die Christen) ihn für einen göttlichen Mann ansahen".[28]

Uns interessiert nun das Lebensende des Peregrinus, seine Selbstverbrennung bei den olympischen Spielen des Jahres 165 n. Chr., die den Höhepunkt

---

[28] Kapitel 11 (nach der Übersetzung von Christoph Martin Wieland [Lukian: Werke in drei Bänden, Bd. II, Berlin und Weimar 1974, S. 32f.]).

der Schrift des Lukian bildet.[29] Wie die olympischen Spiele heute nicht nur dem Sport dienen (sondern etwa auch der Selbstinszenierung von Coca-Cola), so auch in der Antike. Peregrinus wählte die Spiele „zur Szene seiner großen Tat" und ließ „einen ungeheuern Holzstoß auftürmen", um sich selbst zu verbrennen, nachdem er einige Tage zuvor alle Welt davon benachrichtigt hatte.[29a]

Die Selbstverbrennung des Peregrinus Proteus bei den olympischen Spielen ist propagandistisch in jeder Hinsicht gut vorbereitet. Keine heutige Public-Relations-Agentur hätte da effizienter sein können. Die Verbrennung wird antizipiert als eine μετάβασις εἰς ἄλλο γένος, denn Peregrinus, zubenannt Proteus, wird die aus Homer bekannten Verwandlungskünste des Proteus auf neue Weise ins Werk setzen. Eine Apotheose ganz eigener Art erwartet das staunende Publikum in Olympia: Der frühere Peregrinus wird sich in einen Nachtwächter-Dämon verwandeln, einen δαίμονα νυκτοφύλακα.[30] Der segensreichen Tätigkeit als nächtlicher Dämon allerdings geht eine Himmelfahrt des Peregrinus voraus.[31] Diese kündigt sein Schüler Theagenes schon vor der Verbrennung an, indem er ein Orakel der Sibylle dahingehend zitiert:

> Aber sobald Proteus von den Kynikern allen der Beste,
> Feuer entzündet im Haine des Herrschers im Donnergewölk Zeus,
> Jäh in die Flamme sich stürzt und zum hohen Olympos sich
> hebet ...[32]

Die Verbrennung selbst fand in Harpina statt, einem Ort außerhalb von Olympia. Nicht alle Interessenten waren rechtzeitig zur Stelle; manche kamen erst, als der Scheiterhaufen schon wieder erloschen war. Von dem Rückweg von Harpina nach Olympia berichtet der Ich-Erzähler Lukians (vgl. Beilage III).

Folgende Beobachtungen ergeben sich aus der Lektüre:

1. Die satirische Behandlung der Himmelfahrt bei Lukian will die Leserinnen und Leser hinter die Kulissen führen, damit sie die Inszenierung durchschauen können.[33]

---

[29] Zum Tod des Peregrinus vgl. Hans Dieter Betz: Lukian von Samosata und das Neue Testament. Religionsgeschichtliche und paränetische Parallelen. Ein Beitrag zum Corpus Hellenisticum Novi Testamenti, TU 76, Berlin 1961, S. 121–124. Auf die Himmelfahrt des Peregrinus geht Betz im folgenden (S. 124–130) leider nicht ein (doch vgl. S. 123, Anm. 3 zu dem Geier in § 39).

[29a] Kapitel 1 (Wielands Übersetzung, a.a.O., S. 28).

[30] Lukian: Peregrinus, § 27: ὡς χρεὼν εἴη δαίμονα νυκτοφύλακα γενέσθαι αὐτόν. Zur benutzten Ausgabe vgl. Anm. 37.

[31] Zur Himmelfahrt des Peregrinus vgl. D.M. Pippidi: Apothéoses impériales et apothéose de Pérégrinos, SMSR 21 (1947/48), S. 77–103.

[32] Lukian: Peregrinus, § 29 (Übersetzung von Jacob Bernays: Lucian und die Kyniker. Mit einer Übersetzung der Schrift Lucians Über das Lebensende des Peregrinus, Berlin 1879, S. 11).

[33] Ganz allgemein bemerkt Labriolle: „Le fond de son esprit, c'est une défiance ex-

2. Auf diese Weise wird die Himmelfahrt des Peregrinus als Ausfluß des Wunschdenkens – Lukian würde sagen: der Ruhmsucht – des Peregrinus entlarvt.

3. Insbesondere wird die Rolle des Himmelfahrtszeugen ein für alle Mal lächerlich gemacht. Das im Ritual der Kaiserapotheose vorgesehene Zeugnis ist damit grundsätzlich in Frage gestellt.

* * *

Stellt man die drei Himmelfahrten nun zum Schluß einander gegenüber, fällt es schwer, die unterschiedlichen Eindrücke in klare Thesen zu fassen. Dennoch möchte ich versuchen, in wenigen Sätzen einige Ergebnisse zu formulieren:

1. Die Leserinnen und Leser des lukanischen Doppelwerkes waren für die Lektüre der lukanischen Himmelfahrtserzählungen gut gerüstet. Sowohl die griechische wie auch die römische Tradition bot Beispiele genug, die das Verständnis der lukanischen Erzählung ermöglichten. Hierin besteht der grundsätzliche Unterschied zwischen den Bewohnern des *Imperium Romanum* vor 1.900 Jahren und den Bewohnern des heutigen Mecklenburg-Vorpommern. War für jene die Himmelfahrt ein vertrautes Phänomen, stehen diese ratlos vor dergleichen Erzählungen. (In Klammern füge ich an: Wie es sich mit den Menschen in Mittelfranken verhält, überlasse ich Ihnen zu entscheiden.)

2. Die Leserinnen und Leser des lukanischen Doppelwerkes verbanden vermutlich mit der Idee der Himmelfahrt in erster Linie Heroen aus dem politischen Bereich, angefangen bei Romulus bis hin zu Caesar und Augustus und ihren Nachfolgern. Doch gab es schon Ende des ersten Jahrhunderts auch Geistesgrößen, denen eine Himmelfahrt zuteil geworden war, so daß die Himmelfahrt auch außerhalb des rein politischen Raumes als etabliert gelten kann.

3. Trotz der Vielzahl der Parallelen sowohl aus dem politischen als auch aus dem philosophischen Bereich konnte die lukanische Darstellung ihre Wirkung auf die ersten Leserinnen und Leser schwerlich verfehlen: Nirgendwo sonst wird die Faktizität des Geschehens so nachdrücklich – man ist fast versucht zu sagen: so penetrant – betont wie in Apg 1. Zeugen der Himmelfahrt gibt es allerorten, und schon Proculus Iulius spielt diese Rolle, wenigstens in der Fassung des Plutarch. Im Fall des Augustus sind die Dienste des Zeugen mit einer Million gut bezahlt worden. Aber was diese Zeugen bezeugen, kann nicht entfernt mit dem konkurrieren, was die elf Apostel bei Lukas als Augenzeugen erleben. Auch in diesem Fall ist die grundlegend veränderte Situation zwischen damaligem und heutigem Auditorium des lukanischen

---

trêmement ombrageuse du charlatanisme sous toutes ses formes" (Pierre de Labriolle: La Réaction païenne. Étude sur la polémique antichrétienne du Ier au VIe siècle, Paris 1934, im Abschnitt „L'esprit de Lucien", S. 98).

Doppelwerkes manifest: War dem damaligen Auditorium eine reiche Fülle von vergleichbarem Material zur Hand, fehlt es dem heutigen Auditorium – nicht nur in Mecklenburg-Vorpommern – gänzlich.

4. Weder die *gravitas* des Livius noch die παρρησία des Lukas rechnen mit dem Hohn des Lukian. Läßt Livius mit der alternativen Version des heimtückischen Mordes an Romulus wenigstens ein kleines Hintertürchen offen, fehlt dem Lukas dergleichen Ausflucht vollkommen. Eine eingehendere Untersuchung müßte der Frage nachgehen, ob der Spott des Lukian sich auch oder gar in erster Linie gegen die christliche Vorstellung der Himmelfahrt richtet.

5. In jedem Fall rechnet Lukian mit Leserinnen und Lesern, denen nicht nur die Vorstellung von der Himmelfahrt als solche vertraut ist, sondern die darüber hinaus das Zeremoniell der Kaiserapotheose sehr gut kennen: Der Geier, der den im Ritual vorgesehenen Adler ersetzt, wäre den Leserinnen und Lesern sonst nicht verständlich.

6. Ohne Parallele bei den griechischen und lateinischen Autoren ist die Analogie zwischen Himmelfahrt und Parusie, die Lukas in Apg 1 anvisiert. Für die ersten Leserinnen und Leser des Lukas war die Himmelfahrtserzählung eine Möglichkeit, die Parusie denkbar zu machen: Sie ist sozusagen die Umkehrung der Himmelfahrt.[34]

7. Steht die erste Fassung der Himmelfahrt Jesu im Lukasevangelium im Zeichen der Christologie, so geht es bei der zweiten Fassung in der Apostelgeschichte um Eschatologie und Ekklesiologie: Die ausbleibende Parusie eröffnet den Raum der Kirche.

---

[34] Vgl. Gerhard Lohfink, der die Himmelfahrt als „Umkehr der Parusie" bezeichnet (a.[Anm. 25]a.O., S. 259).

Beilage I: Livius: *Ab urbe condita* I 16[35]

[1] *his immortalibus editis operibus cum ad exercitum recensendum contionem in campo ad Caprae paludem haberet, subito coorta tempestas cum magno fragore tonitribusque tam denso regem operuit nimbo ut conspectum eius contioni abstulerit; nec deinde in terris Romulus fuit.* [2] *Romana pubes sedato tandem pavore postquam ex tam turbido die serena et tranquilla lux rediit, ubi vacuam sedem regiam vidit, etsi satis credebat patribus, qui proximi steterant, sublimem raptum procella, tamen velut orbitatis metu icta maestum aliquamdiu silentium obtinuit.*

Nachdem Romulus diese unvergeßlichen Taten vollbracht hatte, brach, als er eine Versammlung zur Zählung des Heeres in der Ebene beim Ziegensumpf abhielt, plötzlich mit lautem Getöse und Donnerschlägen ein Sturm los und verbarg den König in einer Regenwolke, die so dicht war, daß sie der Versammlung die Möglichkeit, ihn zu erblicken, entzog. Und seither war Romulus nicht mehr auf Erden. Als sich schließlich die Panik gelegt hatte, nachdem aus einem so stürmischen Wetter wieder klares und ruhiges Licht erschienen war, verfiel die römische Mannschaft, sobald sie den leeren Sitz des Königs gesehen hatte, obgleich sie den Senatoren, die am nächsten gestanden hatten, durchaus glaubte, daß er durch einen heftigen Wind in die Höhe gerissen worden sei, dennoch eine beträchtliche Zeit lang in ein trauriges Schweigen, als ob sie von der Furcht befallen wäre, den Vater zu verlieren.

[3] *deinde a paucis initio facto deum deo natum, regem parentemque urbis Romanae salvere universi Romulum iubent; pacem precibus exposcunt, uti volens propitius suam semper sospitet progeniem.*

Danach, als von wenigen ein Anfang gemacht worden war, grüßten alle den Romulus als Gott, der Sohn eines Gottes ist, als König und Vater der Stadt Rom. Betend baten sie (ihn) um Frieden und daß er gern und huldvoll allezeit seine Nachkommenschaft behüten möge.

[4] *fuisse credo tum quoque aliquos, qui discerptum regem patrum manibus taciti arguerent; manavit enim haec quoque sed perobscura fama; illam alteram admiratio viri et pavor praesens nobilitavit.*

Es gab, glaube ich, damals auch einige, die im stillen behaupteten, der König sei durch die Hände der Senatoren in Stücke gerissen worden. Denn auch dieses wenngleich sehr vage Gerücht breitete sich aus; die Bewunderung des Mannes und die gegenwärtige Furcht machten jene andere Version zur herrschenden.

---

[35] Text (mit kleinen Modifikationen) nach Titi Livi ab urbe condita, hg. v. Robert Seymour Conway und Charles Flamstead Walters, OCT, Band I, Oxford 1914 (Nachdr. 1969); für die Verbesserung meiner Übersetzung danke ich meiner Mitarbeiterin Eva Ebel.

[5] *et consilio etiam unius hominis addita rei dicitur fides. namque Proculus Iulius, sollicita civitate desiderio regis et infensa patribus, gravis, ut traditur, quamvis magnae rei auctor in contionem prodit.* [6] *»Romulus« inquit, »Quirites, parens urbis huius, prima hodierna luce caelo repente delapsus se mihi obvium dedit. cum perfusus horrore venerabundusque adstitissem petens precibus ut contra intueri fas esset,* [7] *„abi, nuntia" inquit, „Romanis, caelestes ita velle ut mea Roma caput orbis terrarum sit; proinde rem militarem colant sciantque et ita posteris tradant nullas opes humanas armis Romanis resistere posse."* *haec« inquit »locutus sublimis abiit.«* [8] *mirum quantum illi viro nuntianti haec fidei fuerit, quamque desiderium Romuli apud plebem exercitumque facta fide immortalitatis lenitum sit.*

Die Aktion eines einzigen Mannes aber, sagt man, habe der Sache Glaubwürdigkeit zugefügt: Denn als die Bürgerschaft durch das Verlangen nach dem König aufgewühlt und wütend auf die Senatoren war, trat Proculus Iulius, eine gewichtige Autorität, wie überliefert wird, auch in einer so bedeutenden Angelegenheit, in der Versammlung auf und sagte:»Quiriten! Romulus, der Vater dieser Stadt, ist heute beim ersten Licht des Tages plötzlich vom Himmel herabgestiegen und mir begegnet. Als ich, mit Furcht und Verehrung erfüllt, dastand und betend darum bat, ihm ins Gesicht sehen zu dürfen, sagte er: „Geh und melde den Römern, daß die Himmlischen es so wollen, daß mein Rom Haupt der Welt sei. Dem entsprechend sollen sie das Kriegswesen pflegen, und sie sollen wissen und es ihren Nachkommen überliefern, daß keine menschliche Macht den römischen Waffen widerstehen kann." Nach diesen Worten«, sagte er (sc. Proculus Iulius), »entschwand er in die Höhe.« Es ist erstaunlich, wieviel Glauben jener Mann, der dieses vermeldete, fand und wie sehr die Sehnsucht nach Romulus beim Volk und beim Heer durch den etablierten Glauben an seine Unsterblichkeit gelindert wurde.

Beilage II: Lukas: Version I (Lk 24,50–53) und II (Apg 1,9–11.12f.)[36]

1	ἐξήγαγεν δὲ αὐτοὺς	[Vgl. v. 12: τότε ὑπέστρεψαν εἰς Ἰερουσαλὴμ
2	[ἔξω] ἕως πρὸς Βηθανίαν,	ἀπὸ ὄρους τοῦ καλουμένου Ἐλαιῶνος,
3		ὅ ἐστιν ἐγγὺς Ἰερουσαλὴμ σαββάτου ἔχον ὁδόν.]
4	καὶ ἐπάρας τὰς χεῖρας αὐτοῦ	
5	εὐλόγησεν αὐτούς.	
6	καὶ ἐγένετο ἐν τῷ εὐλογεῖν αὐτὸν αὐτοὺς	καὶ ταῦτα εἰπὼν βλεπόντων αὐτῶν
7	διέστη ἀπ' αὐτῶν	ἐπήρθη,
8		καὶ νεφέλη ὑπέλαβεν αὐτὸν
9		ἀπὸ τῶν ὀφθαλμῶν αὐτῶν.
10	καὶ ἀνεφέρετο εἰς τὸν οὐρανόν.	καὶ ὡς ἀτενίζοντες ἦσαν εἰς τὸν οὐρανὸν
11		πορευομένου αὐτοῦ,
12		καὶ ἰδοὺ ἄνδρες δύο παρειστήκεισαν αὐτοῖς

36　Text nach Nestle/Aland[27].

13		ἐν ἐσθήσεσι λευκαῖς,
14		οἳ καὶ εἶπαν·
15		ἄνδρες Γαλιλαῖοι,
16		τί ἑστήκατε [ἐμ]βλέποντες εἰς τὸν οὐρανόν;
17		οὗτος ὁ Ἰησοῦς
18		ὁ ἀναλημφθεὶς ἀφ' ὑμῶν εἰς τὸν οὐρανὸν
19		οὕτως ἐλεύσεται
20		ὃν τρόπον ἐθεάσασθε αὐτὸν πορευόμενον
		εἰς τὸν οὐρανόν.
21	καὶ αὐτοὶ προσκυνήσαντες αὐτὸν	
22	ὑπέστρεψαν εἰς Ἰερουσαλὴμ	τότε ὑπέστρεψαν εἰς Ἰερουσαλὴμ
23		ἀπὸ ὄρους τοῦ καλουμένου Ἐλαιῶνος,
24		ὅ ἐστιν ἐγγὺς Ἰερουσαλὴμ σαββάτου ἔχον
		ὁδόν.
25	μετὰ χαρᾶς μεγάλης,	
26	καὶ ἦσαν διὰ παντὸς ἐν τῷ ἱερῷ	
27	εὐλογοῦντες τὸν θεόν.	
28		καὶ ὅτε εἰσῆλθον,
29		εἰς τὸ ὑπερῷον ἀνέβησαν
30		οὗ ἦσαν καταμένοντες ...

Beilage III: Lukian: *De morte Peregrini* §§ 39f.[37]

ἔνθα δή, ὦ ἑταῖρε, μυρία πράγματα εἶχον ἅπασι διηγούμενος καὶ ἀνακρίνουσιν καὶ ἀκριβῶς ἐκπυνθανομένοις. εἰ μὲν οὖν ἴδοιμί τινα χαρίεντα, ψιλὰ ἂν ὥσπερ σοὶ τὰ πραχθέντα διηγούμην, πρὸς δὲ τοὺς βλᾶκας καὶ πρὸς τὴν ἀκρόασιν κεχηνότας ἐτραγῴδουν τι παρ' ἐμαυτοῦ, ὡς ἐπειδὴ ἀνήφθη μὲν ἡ πυρά, ἐνέβαλεν δὲ φέρων ἑαυτὸν ὁ Πρωτεύς, σεισμοῦ πρότερον μεγάλου γενομένου σὺν μυκηθμῷ τῆς γῆς, γὺψ ἀναπτάμενος ἐκ μέσης τῆς φλογὸς οἴχοιτο ἐς τὸν οὐρανὸν ἀνθρωπιστὶ μεγάλῃ τῇ φωνῇ λέγων

ἔλιπον γᾶν, βαίνω δ' ἐς Ὄλυμπον.

ἐκεῖνοι μὲν οὖν ἐτεθήπεσαν καὶ προσεκύνουν ὑποφρίττοντες καὶ ἀνέκρινόν με πότερον πρὸς ἔω ἢ πρὸς δυσμὰς ἐνεχθείη ὁ γύψ· ἐγὼ δὲ τὸ ἐπελθὸν ἀπεκρινάμην αὐτοῖς.

Da, mein Freund, hatte ich viel zu tun, allen, die sich genauer und genauer erkundigten, die Geschichte zu erzählen. Sah ich einen Vernünftigen, so erzählte ich schlicht, was geschehen war, wie ich es dir erzähle. Bei den Dummen, die nach der Geschichte gierten, tat ich selbst noch ein bißchen Tragödienhaftes hinzu, zum Beispiel daß, als der Scheiterhaufen aufflammte und Proteus sich hineinwarf, zunächst ein gewaltiges Erdbeben geschah und der Boden stöhnte, sodann ein Geier aus der Mitte der Flamme aufflog zum Himmel und mit menschlicher Stimme laut rief:

„Die Erde verließ ich, steige auf zum Olympos."

Da waren sie außer sich und zitterten vor Ehrfurcht und sie fragten mich, ob der Geier nach Osten oder nach Westen geflogen sei. Ich antwortete ihnen, was mir gerade einfiel.

---

[37] Text nach A.M. Harmon [Hg.]: Lucian with an English Translation, Bd. V, LCL 302, London/Cambridge 1936, Ndr. 1972, S. 44.46. Die deutsche Übersetzung verdanke ich dem Greifswalder Kollegen Dirk Hansen, mit dem zusammen ich eine kommentierte Ausgabe des Peregrinus für die Wissenschaftliche Buchgesellschaft vorbereite; diese geht auf eine gemeinsame Greifswalder Lektüre aus dem WS 2000/2001 zurück.

[**40**] ἀπελθὼν δὲ ἐς τὴν πανήγυριν ἐπέστην τινὶ πολιῷ ἀνδρὶ καὶ νὴ τὸν Δί' ἀξιοπίστῳ τὸ πρόσωπον ἐπὶ τῷ πώγωνι καὶ τῇ λοιπῇ σεμνότητι, τά τε ἄλλα διηγουμένῳ περὶ τοῦ Πρωτέως καὶ ὡς μετὰ τὸ καυθῆναι θεάσαιτο αὐτὸν ἐν λευκῇ ἐσθῆτι μικρὸν ἔμπροσθεν, καὶ νῦν ἀπολίποι περιπατοῦντα φαιδρὸν ἐν τῇ ἑπταφώνῳ στοᾷ κοτίνῳ τε ἐστεμμένον.

εἶτ' ἐπὶ πᾶσι προσέθηκε τὸν γῦπα, διομνύμενος ἦ μὴν αὐτὸς ἑωρακέναι ἀναπτάμενον ἐκ τῆς πυρᾶς, ὃν ἐγὼ μικρὸν ἔμπροσθεν ἀφῆκα πέτεσθαι καταγελῶντα τῶν ἀνοήτων καὶ βλακικῶν τὸν τρόπον.

Als ich mich zum Festplatz zurückbegab, begegnete ich einem alten Mann, der, beim Zeus, glaubwürdig wirkte, mit seinem Bart und dem auch sonst würdigen Auftreten, der mir das Bekannte über Proteus erzählte, und daß er ihn nach der Verbrennung in ein weißes Gewand gekleidet kurz zuvor gesehen und ihn in der siebenstimmigen Säulenhalle zurückgelassen habe, wo er strahlend und mit einem Ölzweig bekränzt umherwandelte.

Dann setzte er noch die Geschichte mit dem Geier drauf und schwor, ihn selbst vom Scheiterhaufen auffliegen gesehen zu haben, obwohl ich ihn doch gerade erst hatte fliegen lassen – lachend über die Dummheit und Sturheit der Menschen.

Moses und Bellerophontes

Zur dämonischen Hermeneutik bei Justin dem Märtyrer[*]

I

Den Moses Ihnen vorstellen zu wollen – das wäre ein recht überflüssiges Unterfangen. Aber: Wer ist Bellerophontes[1]? Zumindest in diesem Kreis dürfte er sich keiner Bekanntheit erfreuen, die sich auch nur entfernt mit der des Moses vergleichen ließe. Bellerophontes stammt aus Korinth, wo er als Sohn des Königs Glaukos und seiner Frau Eurymede geboren wurde. Durch Glaukos war Bellerophontes übrigens ein Enkel des berühmten Sisyphos, des „schlaueste[n] unter den Männern".[2] Seine Geschichte aber spielt im wesentlichen nicht in Achaia, sondern in Lykien. Bellerophontes wurde nämlich aus seiner Heimat durch die Intrige einer Dame namens Anteia vertrieben, die bestrebt war, mit Bellerophontes

> Sich in heimlicher Liebe zu einen, aber ihr folgte
> Gar nicht der redlich gesinnte, verständige Bellerophontes.[3]

Pech nur für Bellerophontes, daß diese Dame mit dem mächtigen König Proitos von Argos verheiratet war; ihm gegenüber beschuldigt sie den Bellerophontes in folgender Weise:

---

[*] Vortrag beim Tübinger Symposion »Die Dämonen: Die Dämonologie der alttestamentlich-jüdischen und frühchristlichen Literatur im Kontext ihrer Umwelt« (23.–27. Mai 2001) am 26. Mai 2001; wiederholt am 9. März 2002 im Institut für Altertumswissenschaften in Greifswald im Rahmen der Jahresfachtagung des DAV Mecklenburg-Vorpommern.

[1] Zu Bellerophontes vgl. Hugo Brandenburg: Art. Bellerophon, RAC Suppl. I (2001), Sp. 993–1027 (der Artikel stammt aus dem Jahr 1993). Die griechische Form des Namens ist Βελλεροφόντης; danach ist das lateinische *Bellerophontes* gebildet (im Lateinischen ist auch *Bellerophon* möglich, vgl. im einzelnen den Art. Bellerophontes, ThLL II 1808f.).

[2] Homer: Ilias VI 153 (Übersetzung von Roland Hampe: Homer: Ilias, Neue Übersetzung, Nachwort und Register, Stuttgart 1979, S. 114).

[3] Ilias VI 161f.:
κρυπταδίη φιλότητι μιγήμεναι· ἀλλὰ τὸν οὔ τι
πεῖθ' ἀγαθὰ φρονέοντα δαΐφρονα Βελλεροφόντην.
(Übersetzung von Hampe, a.a.O., S. 115)

„Stirb, o Proitos, oder erschlage den Bellerophontes,
Der sich in Liebe vereinen wollte mit mir, die nicht wollte."[4]

Der König befand sich in einer Zwickmühle: Trotz seines Zorns schreckte er
doch vor einem Mord zurück. Doch verfiel er auf eine elegante Lösung: Mit
einem Uriasbrief versehen, schickte er den Bellerophontes nach Lykien:

Aber er schickt' ihn nach Lykien und gab ihm verderbliche Zei-
chen,
Auf geklappter Tafel geritzt, todbringende viele,
Hieß sie dem Schwiegervater zu zeigen, auf daß er verderbe.[5]

So wird Lykien der eigentliche Schauplatz der Taten des Bellerophontes. Obwohl Homer im sechsten Buch der Ilias das eine oder andere dieser Abenteuer
erzählt, fehlt doch bei ihm der uns in diesem Zusammenhang interessierende
Stoff.[6]

Dieser findet sich jedoch bei Hesiod in der Theogonie. Im Zusammenhang
mit den unsterblichen Kindern der Echidna heißt es:

Auch die Chimaira gebar sie, das feuerschnaubende Scheusal,
Schrecklich war sie und groß, behend und übergewaltig,
Und sie besaß drei Köpfe, zuerst eines wütenden Löwen,
Dann den einer Ziege und den eines mächtigen Drachen,
Vorn ein Löwe und hinten ein Drache und Ziege inmitten;
Fürchterlich schnob sie heraus die Glut des lodernden Feuers.
Pegasos tötete sie und der tapfere Bellerophontes.[7]

---

[4] Ilias VI 164f.:
τεθναίης ὦ Προῖτ', ἢ κάκτανε Βελλεροφόντην,
ὅς μ' ἔθελεν φιλότητι μιγήμεναι οὐκ ἐθελούσῃ.
(Übersetzung bei Hampe, ebd.)

[5] Ilias VI 168–170:
πέμπε δέ μιν Λυκίηνδε, πόρεν δ' ὅ γε σήματα λυγρά,
γράψας ἐν πίνακι πτυκτῷ θυμοφθόρα πολλά,
δεῖξαι δ' ἠνώγειν ᾧ πενθερῷ ὄφρ' ἀπόλοιτο.
(Übersetzung bei Hampe, ebd.)
Zu ἐν πίνακι πτυκτῷ vgl. Ione Mylonas Shear: Bellerophon tablets from the Mycenaean
world? A tale of seven bronze hinges, JHS 118 (1998), S. 187–189.

[6] Ob Homer den Pegasos schon gekannt hat, obgleich bei ihm (Ilias VI 155–211) der
Stoff nicht begegnet, braucht uns in diesem Zusammenhang nicht zu beschäftigen; vgl.
dazu Rolf Peppermüller: Die Bellerophontessage. Ihre Herkunft und Geschichte, Inaugural-
Dissertation zur Erlangung des Doktorgrades einer Hohen Philosophischen Fakultät der
Eberhard-Karls-Universität zu Tübingen, masch. 1961, S. 42ff.

[7] Hesiod: Theogonie 319–325:
ἡ δὲ Χίμαιραν ἔτικτε πνέουσαν ἀμαιμάκετον πῦρ,
δεινήν τε μεγάλην τε ποδώκεά τε κρατερήν τε.
τῆς ἦν τρεῖς κεφαλαί· μία μὲν χαροποῖο λέοντος,
ἡ δὲ χιμαίρης, ἡ δ' ὄφιος κρατεροῖο δράκοντος.

Damit haben wir beide Akteure, auf die Justin zurückgreift, beisammen: den tapferen Bellerophontes und sein Pferd Pegasos. Was uns nun noch fehlt, ist das Abenteuer der Himmelfahrt, das die beiden gemeinsam bestehen. Dieses bietet uns weder Homer noch Hesiod; es findet sich zuerst bei Pindar, wo es heißt:

> ... Hat doch der gefiederte Pegasos abgeworfen
> seinen Herrn Bellerophontes, der in des Himmels Häuser
> kommen wollte zu der Versammlung
> des Zeus.[8]

II

Der Stoff für das Stück des Justin steht damit bereit. Man könnte ihn kurz in dem Satz zusammenfassen: Bellerophontes fährt mit seinem Pferd Pegasos in den Himmel. Interessant ist nun allerdings, was Justin aus diesem Stoff macht. Wir wenden uns daher jetzt in einem zweiten Schritt der Inszenierung des Justin zu.

Justin charakterisiert Bellerophontes – und auf diese Feststellung legt er einigen Wert – als *Menschen*. Die menschliche Natur des Bellerophontes wird unterstrichen, wenn Justin hinzufügt „aus Menschen geworden" (ἄνθρωπος ἐξ ἀνθρώπων γενόμενος)[9]. Die himmlische Herkunft des Bellerophontes, von

---

[πρόσθε λέων, ὄπιθεν δὲ δράκων, μέσση δὲ χίμαιρα,
δεινὸν ἀποπνείουσα πυρὸς μένος αἰθομένοιο.]
τὴν μὲν Πήγασος εἷλε καὶ ἐσθλὸς Βελλεροφόντης·
(M.L. West: Hesiod: Theogony, Oxford 1966, S. 124).
Die im Text zitierte Übersetzung stammt von Thassilo von Scheffer (Hesiod: Sämtliche Werke, Sammlung Dieterich 38, Wiesbaden 1947, S. 22f.).
Bellerophontes begegnet auch in den Fragmenten des Hesiod (F 43a), wo seine Tat als „ein Exemplum der ἀρετή" (Hugo Brandenburg, a.a.O., Sp. 994) gewertet wird (R. Merkelbach/M.L. West [Hg.]: Fragmenta Hesiodea, Oxford 1967, F 43a, Z. 83).

[8] Pindar: Isthmia VII 44–47 (Übersetzung von Franz Dornseiff: Pindars Dichtungen übertragen und erläutert, Leipzig ²1965, S. 195).
... ὅ τοι πτερόεις ἔρριψε Πάγασος
δεσπόταν ἐθέλοντ' ἐς οὐρανοῦ σταθμούς
ἐλθεῖν μεθ' ὁμάγυριν Βελλεροφόνταν
Ζηνός.
(Text nach B. Snell/H. Maehler [Hg.]: Pindari carmina cum fragmentis, BiTeu, Leipzig 1974, S. 184.)

[9] In der Apologie heißt es: τὸν Βελλεροφόντην καὶ αὐτὸν ἐφ' ἵππου Πηγάσου, ἄνθρωπον ἐξ ἀνθρώπων γενόμενον, εἰς οὐρανὸν ἔφασαν ἀνεληλυθέναι (A 54,7). Vgl. dazu auch die andere Stelle A 21,2: πόσους γὰρ υἱοὺς φάσκουσι τοῦ Διὸς οἱ παρ' ὑμῖν τιμώμενοι συγγραφεῖς, ἐπίστασθε· ... καὶ τὸν ἐξ ἀνθρώπων δὴ ⟨γενόμενον⟩ ἐφ' ἵππου Πηγάσου Βελλεροφόντην.
Für die Apologie des Justin benutze ich hier die folgende Ausgabe: Iustini Martyris Apologiae pro Christianis, hg. v. Miroslav Marcovich, PTS 38, Berlin/New York 1994; hier S. 109, Z. 30f. (= A 54,7) und S. 63, Z. 5ff. und S. 63f., Z. 11–13 (= A 21,2).

der einige Autoren seit Pindar[10] berichten, wird von Justin nachdrücklich
bestritten. Er könnte, wenn es ihm darauf ankäme, als Gewährsleute hierfür
Homer und auch Hesiod anrufen, die nichts davon wissen, daß Bellerophontes
ein Sohn eines Gottes ist. Wie wir gesehen haben, gilt er vielmehr als Sohn
des Glaukos von Korinth.

Damit ist dann zuglcich gcsagt, daß Justin in Bcllcrophontes einen *wirklichen* Menschen, und das heißt eine historische, nicht etwa eine mythologische
Figur sieht. An der Historizität des Bellerophontes zweifelt Justin ebensowenig wie an der Faktizität seiner Himmelfahrt.

Nun ist auch dem Justin klar, daß eine Himmelfahrt menschliches Maß
übersteigt. Mag Pegasos, das Pferd des Bellerophontes, auch mit außergewöhnlichen Eigenschaften aufwarten: Eine Himmelfahrt wird man ihm
allenfalls in einer kabarettistischen Nummer à la Aristophanes[11] oder in
einer bitterbösen Satire à la Lukian[12] zuschreiben. Dieser Einwand hätte
vermutlich auch dem Justin eingeleuchtet; aber er trifft *seine* Inszenierung
in keiner Weise. Ihm zufolge ist die Himmelfahrt des Menschen Bellerophontes auf dem Pferd Pegasos nur deshalb möglich, weil Dämonen (δαίμονες)
sie ins Werk setzen. Das Theater, auf dem Justin sein Stück inszeniert, ist
ohne Zweifel ein Marionettentheater: Auf der Bühne bewegen sich zwar die
dem Publikum bestens vertrauten Figuren Bellerophontes und Pegasos, und
sie tun auch, was man von ihnen erwartet – doch sie tun es nicht aus eigener
Kraft, sondern vermittels der Fäden, an denen sie hängen. Geleitet werden
sie von den Dämonen, die den Lauf des Geschehens lenken. Und wie bei
einem guten Marionettentheater üblich, sind die Fäden für das Publikum
nicht sichtbar. *Wer* da sitzt und die Fäden zieht, weiß das Publikum nicht.
Da muß erst ein Justin kommen, um den Zuschauerinnen und Zuschauern
die Augen zu öffnen.

III

Die Konzeption des Justin bewährt sich nicht nur bei Figuren der grauen
Vorzeit wie Bellerophontes, sondern ebenso auch bei Personen der jüngeren Vergangenheit wie Simon oder bei Zeitgenossen wie Markion. Simon,
schon aus Apostelgeschichte 8 bekannt, mit dem Beinamen Magus, wirkte
100 Jahre vor Justin ebenfalls in Rom, und dies, wie Justin einräumt, mit

---

[10] Noch nicht Homer und Hesiod, aber Pindar sieht in Bellerophontes einen Sohn des
Poseidon, „der ihm das geflügelte Götterroß Pegasos bändigen hilft (Pind. O. 13,69). Auch
Athena unterstützt ihn hierbei" (Tanja Scheer: Art. Bellerophontes, Bellerophon, DNP 2
[1997], Sp. 553f.; hier Sp. 554).

[11] Vgl. das Stück Pax, in dem Trygaios auf einem Käfer in den Himmel reitet.

[12] Vgl. die Himmelfahrt des Peregrinus Proteus im gleichnamigen Stück des Lukian (§
39–40); dazu im vorliegenden Band den Beitrag: Livius, Lukas und Lukian: Drei Himmelfahrten.

nachhaltigem Erfolg, dessen Spuren, beispielsweise anhand einer Inschrift auf der Tiberinsel, noch zur Zeit des Justin vorhanden sind[13]:

> *Semoni*
> *Sanco*
> *Deo Fidio*
> *sacrum.*
> 5 *Sex(tus) Pompeius Sp(uri) f(ilius)*
> *Col(lina tribu) Mussianus*
> *quinquennalis*
> *decur(iae)*
> *bidentalis*
> 10 *donum dedit.*

> Dem Semo
> Sancus
> Fidius, dem Gott,
> ist es geweiht.
> 5 Sextus Pompeius Mussianus, der Sohn des Spurius,
> aus (der Tribus) Collina,
> der Quinquennalis
> der Decuria (der Priester)
> des Blitzmals,
> 10 hat das Weihgeschenk gegeben.

Diese Inschrift führt Justin als Beweis für folgende These an: „Simon, ein Samaritaner, aus dem Dorf Gitta, welcher unter Kaiser Claudius durch die Kunst der (durch ihn) wirksamen Dämonen magische Praktiken vollzog und in eurer Residenzstadt Rom für einen Gott gehalten wurde. Er wurde durch eine Statue von euch wie ein Gott geehrt, welche Statue aufgestellt ist im Tiber zwischen den beiden Brücken mit der folgenden römischen Aufschrift: SIMONI DEO SANCTO."[14]

---

[13] Es handelt sich um die Inschrift CIL VI 567 = ILS 3474; die ähnlich lautende Inschrift CIL VI 4,30994 = ILS 3472 stammt nicht von der Tiberinsel und stimmt weniger gut mit Justin überein.

[14] A 26,2 (eigene Übersetzung): Σίμωνα μέν τινα Σαμαρέα, τὸν ἀπὸ κώμης λεγομένης Γιττῶν, ὃς ἐπὶ Κλαυδίου Καίσαρος διὰ τῆς τῶν ἐνεργούντων δαιμόνων τέχνης δυνάμεις ποιήσας μαγικὰς ἐν τῇ πόλει ὑμῶν βασιλίδι Ῥώμῃ θεὸς ἐνομίσθη καὶ ἀνδριάντι παρ' ὑμῶν ὡς θεὸς τετίμηται, ὃς ἀνδριὰς ἀνεγήγερται ἐν τῷ Τίβερι ποταμῷ μεταξὺ τῶν δύο γεφυρῶν, ἔχων ἐπιγραφὴν Ῥωμαϊκὴν ταύτην· SIMONI DEO SANCTO.
(Marcovich, S. 69, Z. 4–9; die Transkription der griechischen in lateinische Buchstaben, die Marcovich am Ende bietet, findet sich in der Handschrift der Apologien des Justin, dem Codex Parisinus Graecus 450, noch nicht. Zur Überlieferung des Justintextes vgl. Peter Pilhofer: Harnack und Goodspeed. Two Readers of Codex Parisinus Graecus 450, The Second Century 5 [1985/86], S. 233–242.)

Man mag sich vorstellen, wie Justin, vielleicht von seiner Wohnung in Trastevere herkommend, die Insel des öfteren überschritt und ihm „beim Lesen der Worte der berühmte Simon Magus in den Sinn" kam.[15] Daß seine Lesung des Steins nicht exakt ist, wird man dem Justin nachsehen; Latein war nicht seine Muttersprache. Daß die Weihinschrift auf den römischen Gott *Semo Sancus Fidius* zielte, konnte Justin nicht wissen. Man hat mit Recht darauf aufmerksam gemacht, daß diese Weihinschrift „gewiß nicht alle vorübergehenden Römer" verstanden; „viel weniger ist's den Fremden zu verübeln, wenn sie sich eine Deutung der auffallenden Namen ersannen."[16]

Auf diese Weise untermauert Justin seine These, „daß die Dämonen auch nach dem Aufstieg des Christus zum Himmel Menschen vorgeschoben haben, die sagten, sie seien Götter"[17]. Dies gilt für den zur Zeit des Kaisers Claudius aufgetretenen Simon Magus ebenso wie für Markion, den Zeitgenossen des Justin; auch er ist nicht mehr als eine Marionette der Dämonen: „Markion vom Pontus, der auch jetzt noch seine Schüler lehrt, einen anderen Gott für größer zu halten als den Schöpfer der Welt. Er hat in jedem menschlichen Geschlecht mit Hilfe der Dämonen viele dahin gebracht, daß sie Blasphemien von sich geben und Gott, den Schöpfer dieses Alls, leugnen."[18]

IV

Hier greift nun die zweite Gestalt aus meinem Titel in das Geschehen ein, Moses. Ich sagte eingangs, daß es nicht notwendig sei, *Ihnen* den Moses vorzustellen. Dabei bleibe ich. Dennoch wird es einige vielleicht überraschen, als was Moses hier seinen Auftritt hat – als Prophet nämlich, d.h. genauer: als erster der Propheten. Seinen römischen Adressaten erklärt Justin die Sache wie folgt: „Einige Männer bei den Juden nun wurden Gottes Propheten, durch welche der prophetische Geist das künftige Geschehen vorher verkündigt hat, bevor es geschehen ist."[19]

---

[15] Friedrich Lohr: *Trans Tiberim*, die Insel, vom *forum olitorium* bis zum *Monte Testaccio*. Ein Gang durch die Ruinen Roms (Fortsetzung), Gymnasial-Bibliothek 57, Gütersloh 1915, S. 98. Ob man allerdings aus der Erwähnung bei Tertullian (Apologeticum 13) auf den noch zu seiner Zeit vorhandenen Stein schließen darf, sei dahingestellt. Tertullian muß ihn nicht selbst *in situ* gesehen haben; für ihn genügte unser Justin-Beleg durchaus.

[16] Friedrich Lohr, ebd.

[17] A 26,1 (eigene Übersetzung). ὅτι καὶ μετὰ τὴν ἀνέλευσιν τοῦ Χριστοῦ εἰς οὐρανὸν προεβάλλοντο οἱ δαίμονες ἀνθρώπους τινὰς λέγοντας ἑαυτοὺς εἶναι θεούς (Marcovich, S. 69, Z. 1–3).

[18] A 26,5 (eigene Übersetzung). Μαρκίωνα δέ τινα Ποντικόν, ὃς καὶ νῦν ἔτι ἐστὶ διδάσκων τοὺς πειθομένους ἄλλον τινὰ νομίζειν μείζονα τοῦ δημιουργοῦ θεόν· ὃς κατὰ πᾶν γένος ἀνθρώπων διὰ τῆς τῶν δαιμόνων συλλήψεως πολλοὺς πεποίηκε βλάσφημα λέγειν καὶ ἀρνεῖσθαι τὸν ποιητὴν τοῦδε τοῦ παντὸς θεόν (Marcovich, S. 70, Z. 20–24).

[19] A 31,1 (eigene Übersetzung). ἄνθρωποι οὖν τινες ἐν Ἰουδαίοις γεγένηνται θεοῦ προφῆται, δι' ὧν τὸ προφητικὸν πνεῦμα προεκήρυξε τὰ γενήσεσθαι μέλλοντα πρὶν ἢ γενέσθαι (Marcovich, S. 76, Z. 1–3).

Um die römischen Kaiser und den Senat auch chronologisch halbwegs ins Bild zu setzen, nennt Justin die fraglichen Zeiträume: „Das ist aber vorher gesagt ... teils 5.000 Jahre zuvor, teils 3.000, teils 2.000, teils auch 1.000 und 800 Jahre vorher [der Fixpunkt für diese Zahlenangaben ist die von Justin so genannte erste Parusie]; denn in der Folge der Generationen traten diese und jene Propheten auf."[20] Der erste dieser διαδοχή der Propheten aber ist Moses (πρῶτος τῶν προφητῶν γενόμενος[21]). Nimmt man beide Aussagen des Justin zusammen, so ergibt sich: Für Justin ist Moses der erste Prophet, und dieser hat 5.000 Jahre vor der ersten Parusie gelebt.[22]

Mit diesem zeitlichen Ansatz ist Justin auf der sicheren Seite: Moses ist damit älter als alle griechischen Schriftsteller (πρεσβύτερος γὰρ Μωσῆς καὶ πάντων τῶν ἐν Ἕλλησι συγγραφέων)[23]. Für unseren Zusammenhang entscheidend ist die nächste These des Justin: Die Dämonen sind von Moses und der von ihm eröffneten Reihe der Propheten abhängig, d.h. das Marionettentheater der Dämonen – wir haben das eine oder andere Stück ihres Spielplans angesehen – beruht auf Weissagungen der Propheten. Die Propheten haben gleichsam das Libretto geliefert, an dem sich die Stücke des Marionettentheaters der Dämonen orientieren.

Justin stellt sich die Abhängigkeit der Dämonen von den Weissagungen der Propheten sehr konkret vor, wie A 54 zeigt: „... als diese [bösen Dämonen] von der durch die Propheten verkündeten Ankunft Christi und von der Bestrafung der Gottlosen durch Feuer hörten, brachten sie die Sage auf von vielen dem Zeus geborenen Söhnen in der Meinung, sie könnten es fertig bringen, daß die Menschen die Geschichte von Christus für eine Wundermär und für ähnlich den Erzählungen der Dichter hielten. Und diese Sagen wurden verbreitet bei den Griechen und bei allen Heidenvölkern, da die Dämonen die Weissagung der Propheten kannten, daß Christus bei diesen mehr Glauben finden werde. Daß sie aber die Vorhersagungen der Propheten zwar hörten, aber nicht genau verstanden und wie im Dunkeln tastend die Geschichte unseres Christus nachäfften, werden wir klarmachen."[24]

---

[20]   A 31,8 (eigene Übersetzung). προεφητεύθη δέ, πρὶν ἢ φανῆναι αὐτόν, ἔτεσι ποτὲ μὲν πεντακισχιλίοις, ποτὲ δὲ τρισχιλίοις, ποτὲ δὲ δισχιλίοις, καὶ πάλιν χιλίοις καὶ ἄλλοτε ὀκτακοσίοις· κατὰ γὰρ τὰς διαδοχὰς τῶν γενῶν ἕτεροι καὶ ἕτεροι ἐγένοντο προφῆται (Marcovich, S. 77, Z. 31–34). Vgl. auch Dial. 7,1.

[21]   A 32,1.

[22]   Vgl. dazu näherhin mein PRESBYTERON KREITTON, S. 238.

[23]   A 44,8 (ähnlich auch A 59,1). Vgl. dazu genauer PRESBYTERON KREITTON, S. 238–244.

[24]   A 54,2–4 (Übersetzung nach Rauschen [Des heiligen Justins, des Philosophen und Märtyrers zwei Apologien, übersetzt v. Gerhard Rauschen, in: Frühchristliche Apologeten und Märtyrerakten I, BKV 12, Kempten/München 1913, S. 55–155; hier S. 121f.]). ἀκούσαντες γὰρ διὰ τῶν προφητῶν κηρυσσόμενον παραγενησόμενον τὸν Χριστὸν καὶ κολασθησομένους διὰ πυρὸς τοὺς ἀσεβεῖς τῶς ἀνθρώπων, προεβάλλοντο πολλοὺς λεχθῆναι γενομένους υἱοὺς τῷ Διΐ, νομίζοντες δυνήσεσθαι ἐνεργῆσαι τερατολογίαν ἡγήσασθαι τοὺς ἀνθρώπους τὰ περὶ τὸν Χριστὸν καὶ ὅμοια τοῖς ὑπὸ τῶν ποιητῶν λεχθεῖσι. καὶ ταῦτα δ' ἐλέχθη καὶ ἐν "

An dieser Stelle möchte ich Sie bitten, den Text der Zusammenfassung meines Vortrags im Abstract-Band auf S. 218 zu korrigieren.[24a] Ziemlich genau in der Mitte der Seite heißt es: „Diese [nämlich die Figuren der Mythologie] sind ihrerseits von den Propheten des Alten Testaments abhängig; sie haben die prophetischen Weissagungen gehört und tun ihr möglichstes, die Menschen von Christus abzubringen." Soweit ist alles in Ordnung. Doch achten Sie auf den folgenden Satz: „Weil sie die Propheten nicht exakt verstanden haben, müssen sich die Dämonen darauf beschränken, »wie im Dunkeln tastend die Geschichte unseres Christus nachzuäffen« (1Apol 54,4). »Nachzuäffen« ist dabei *cum grano salis* zu verstehen, denn eigentlich handelt es sich ja um eine Voräffung (man hat ganz ernsthaft von einer »Vorah*n*ung der christlichen Offenbarung« gesprochen)." Und genau an dieser Stelle hat der Druckfehlerteufel zugeschlagen – Sie können die falsche Lesart selbstverständlich auch den Machinationen der δαίμονες zuschreiben: Statt Vorah*n*ung ist vielmehr Vorah*m*ung zu lesen.

Hätten wir Zeit, könnten wir aus diesem Versehen manche textkritische Nutzanwendung ziehen. Doch das würde uns nur von dem zentralen Punkt – und um den geht es hier – ablenken. Die falsche Lesart „Vorah*n*ung" gibt zwar einen Sinn (und schien dem Korrektor des Abstract-Bandes daher wohl auch plausibel ...). Doch dieser Sinn liegt haarscharf neben dem von Justin intendierten: Der entscheidende Punkt ist nämlich der, daß Justin den δαίμονες ganz und gar keine Vorah*n*ung zubilligt; seine dämonische Hermeneutik postuliert vielmehr eine Vorah*m*ung. Es geht um eine „Vorahmung der christlichen Offenbarung". Ich greife damit eine Formulierung von Heinrich Wey auf, der „die Idee der »Vorahmung« der christlichen Offenbarung durch dämonisch beeinflußte Heiden" als „neu" bezeichnet.[25]

Justin rechnet also mit *einer* Weissagung, aber mit *zwei* Erfüllungen. Der eigentlichen Erfüllung geht die Vorahmung voraus, die die Dämonen ins Werk setzen, um die Menschen zu verwirren und vom christlichen Weg abzubringen.

Die Vorgehensweise der Dämonen ähnelt dabei – wie ich in anderem Zusammenhang formuliert habe[26] – „offenbar der eines Exegeten. Wo es mehrere Interpretationsmöglichkeiten gibt, weil der Sinn der Prophetie nicht ein-

---

Ελλησι καὶ ἐν ἔθνεσι πᾶσιν, ὅπου μᾶλλον ἐπήκουον τῶν προφητῶν πιστευθήσεσθαι τὸν Χριστὸν προκηρυσσόντων. ὅτι δὲ καὶ ἀκούοντες τὰ διὰ τῶν προφητῶν λεγόμενα οὐκ ἐνόουν ἀκριβῶς, ἀλλ' ὡς πλανώμενοι ἐμιμήσαντο τὰ περὶ τὸν ἡμέτερον Χριστόν, διασαφήσομεν (Marcovich, S. 108, Z. 4–14).

[24a] Dank der hervorragenden Organisation des Tübinger Symposions über die Dämonen (vgl. o. Anm. *) war allen TeilnehmerInnen ein stattlicher Band mit Zusammenfassungen der einzelnen Beiträge rechtzeitig vor Beginn der Tagung zugegangen. Auf diesen beziehen sich die folgenden Bemerkungen.

[25] Heinrich Wey: Die Funktionen der bösen Geister bei den griechischen Apologeten des zweiten Jahrhunderts nach Christus, Diss. Zürich, Winterthur 1957, S. 180. Vgl. dazu PRESBYTERON KREITTON, S. 248–250.

[26] Vgl. PRESBYTERON KREITTON, S. 246.

deutig (οὐ ῥητῶς) ist, sehen sich die bösen Dämonen veranlaßt, alle Möglichkeiten durchzuspielen und entsprechende Vorkehrungen zu treffen." Man las-
se die folgende Passage auf sich wirken: „Der Prophet Moses war, wie wir
früher sagten, älter als alle Schriftsteller, und durch ihn war, wie wir auch
schon erwähnten, folgendermaßen prophezeit worden:»Nicht wird fehlen ein
Herrscher aus Juda und ein Führer aus seiner Nachkommenschaft, bis der
kommt, dem es vorbehalten ist. Und dieser wird sein die Erwartung der
Völker; er bindet an einen Weinstock sein Füllen und wäscht sein Gewand
im Blut der Traube« (Gen 49,10f.). Als nun die Dämonen von diesen prophetischen Worten Kunde erhalten hatten, machten sie den Dionysos zum
Zeussohn und zum Erfinder des Weinstocks, verwendeten auch den Esel
bei seinen Mysterien und sagten, er sei zerrissen worden und dann in den
Himmel eingegangen. Und da durch die Weissagung des Moses nicht klar
angekündigt wurde, ob der Kommende der Sohn Gottes sein sollte und ob
er auf einem Füllen reitend auf Erden bleiben oder in den Himmel aufstei-
gen sollte, und da das Wort Füllen ebensogut ein Eselsfüllen wie das eines
Pferdes bezeichnen konnte, sie also nicht wußten, ob der Vorherverkündete
ein Eselsfüllen als Zeichen seines Erscheinens oder das eines Pferdes mit sich
führen werde und ob er, wie oben bemerkt wurde, Sohn eines Gottes oder
eines Menschen sei, so sagten sie, auch Bellerophontes, der als Mensch von
Menschen stammte, sei zum Himmel aufgestiegen, und zwar auf dem Pferd
Pegasos."[27]

Hier haben wir nun den Zusammenhang zwischen Moses und Bellerophontes, den der Titel meines Vortrags meint: Das Abenteuer des Bellerophontes,
so sahen wir, entspringt einer exegetischen Verlegenheit der Dämonen: Weil
sie die Weissagung des Moses nicht eindeutig verstanden, schicken sie den
Bellerophontes ins Feld, um alle Interpretationsmöglichkeiten optimal abzu-

---

[27] A 54,5–7 (Übersetzung im Anschluß an Rauschen, a.a.O., S. 122f.). Μωσῆς ⟨μὲν⟩
οὖν ὁ προφήτης, ὡς προέφημεν, πρεσβύτερος ἦν πάντων ⟨τῶν⟩ συγγραφέων, καὶ δι᾽ αὐτοῦ,
ὡς προεμηνύσαμεν, προεφητεύθη οὕτως· οὐκ ἐκλείψει ἄρχων ἐξ Ἰούδα καὶ ἡγούμενος ἐκ τῶν
μηρῶν αὐτοῦ, ἕως ἂν ἔλθῃ ᾧ ἀπόκειται· καὶ αὐτὸς ἔσται προσδοκία ἐθνῶν, δεσμεύων πρὸς
ἄμπελον τὸν πῶλον αὐτοῦ, πλύνων τὴν στολὴν αὐτοῦ ἐν αἵματι σταφυλῆς. τούτων οὖν τῶν
προφητικῶν λόγων ἀκούσαντες οἱ δαίμονες Διόνυσον μὲν ἔφασαν γεγονέναι υἱὸν τοῦ Διός,
εὑρετὴν δὲ γενέσθαι ἀμπέλου παρέδωκαν (καὶ οἶνον ἐν τοῖς μυστηρίοις αὐτοῦ ἀναγράφουσι),
καὶ διασπαραχθέντα αὐτὸν (ἀναστῆναι καὶ) ἀνεληλυθέναι εἰς οὐρανὸν ἐδίδαξαν. καὶ ἐπειδὴ διὰ
τῆς Μωϋσέως προφητείας οὐ ῥητῶς ἐσημαίνετο, εἴτε υἱὸς τοῦ θεοῦ ὁ παραγενησόμενός ἐστι
⟨ἢ ἀνθρώπου), καὶ εἰ ὀχούμενος ἐπὶ πώλου ἐπὶ γῆς μενεῖ ἢ εἰς οὐρανὸν ἀνελεύσεται, καὶ ἐπεὶ
) τὸ τοῦ πώλου ὄνομα καὶ ὄνου πῶλον καὶ ἵππου σημαίνειν ἐδύνατο, μὴ ἐπιστάμενοι εἴτε ὄνου
πῶλον ἄγων ἔσται, σύμβολον τῆς παρουσίας αὐτοῦ, εἴτε ἵππου ὁ προκηρυσσόμενος, καὶ ⟨εἰ⟩
υἱὸς θεοῦ ἐστιν, ὡς προέφημεν, ἢ ἀνθρώπου, τὸν Βελλεροφόντην καὶ αὐτὸν ἐφ᾽ ἵππου Πηγάσου,
ἄνθρωπον ἐξ ἀνθρώπων γενόμενον, εἰς οὐρανὸν ἔφασαν ἀνεληλυθέναι (Marcovich, S. 108, Z.
14 bis S. 109, Z. 31).
Daß der sonst um Konjekturen nie verlegene Marcovich hier in § 6 (= Z. 21) mit dem
Codex Parisinus Graecus 450 οἶνον liest, statt (wie u.a. die oben im Text benutzte Rau-
schensche Übersetzung) in ὄνον zu verbessern, entbehrt nicht der Absurdität; vgl. zum
textkritischen Problem mein PRESBYTERON KREITTON, S. 245, Anm. 41.

decken. Moses zeigt sich also für das Libretto verantwortlich; die Dämonen für die Umsetzung in ein Marionettentheater. Bellerophontes ist die Marionette, die am Faden der Dämonen hängt.

V

Wir haben gesehen: Die Dämonen spielen eine zentrale Rolle in der Theologie Justins des Märtyrers.[28] Er weist ihnen einen „rôle capital" für die „histoire de l'humanité" zu, „rôle qui commence presque au lendemain de la création de l'homme et durera jusqu'au drame final, jusqu'à la seconde venue du Sauveur."[29] Umfassender als bei Justin läßt sich die Wirksamkeit der Dämonen in der Tat kaum denken: Das von ihnen aufgeführte Theaterstück reicht nicht nur von der Erschaffung der Welt bis zu ihrem Ende, der zweiten Parusie[30]; die Figuren, die an ihren Fäden hängen, greifen allüberall in den Lauf der Weltgeschichte ein. Von Zeus, dem Vater der Götter und Menschen, bis zu Antinoos, dem unlängst unter die Götter aufgenommenen Geliebten des Hadrian, durchweg haben wir es mit Figuren der Dämonen zu tun, Marionetten, die sie auf die Bühne bringen, um die Menschen zu verwirren und vom christlichen Glauben abzubringen.

Überraschenderweise hat sich die erste Parusie dabei nicht als entscheidender Einschnitt erwiesen. Auch seither spielen die Dämonen ihr Stück ungerührt weiter[31]: Niemand anders als die Dämonen sind für die Verfolgung der Christen verantwortlich[32]. Auch die Vorwürfe, die allenthalben gegen die Christen erhoben werden, gehen selbstverständlich auf die Dämonen zurück.

Es trifft daher nicht zu, wenn man die Auffassung des Justin dahingehend zusammenfaßt, daß die gesamte Mythologie „Erfindung" der Dämonen sei.[33]

---

[28] Kaum eine Darstellung des Justin kommt daher ohne ein Kapitel zu seiner Dämonologie aus (doch vgl. Moritz von Engelhardt: Das Christenthum Justins des Märtyrers. Eine Untersuchung über die Anfänge der katholischen Glaubenslehre, Erlangen 1878, der die Dämonologie offenbar zu den „Elemente[n]" zählt, die für das „Christenthum Justins" ohne Belang sind [S. III]. Ob man ohne Dämonologie „ein vollständiges und richtiges Bild von der gesammten Denkweise des Märtyrers ... entwerfen" kann [S. IV], wage ich allerdings zu bezweifeln; eine Skizze immerhin findet sich S. 269f.).

[29] Aimé Puech: Les apologistes grecs du IIe siècle de notre ère, Paris 1912, S. 118.

[30] Bei der zweiten Parusie wird die allgemeine Auferstehung erfolgen; die Ungerechten werden „zusammen mit den üblen Dämonen in das ewige Feuer" geworfen (A 52,3: τὰ σώματα ... τῶν δ' ἀδίκων ἐν αἰσθήσει αἰωνίᾳ μετὰ τῶν φαύλων δαιμόνων εἰς τὸ αἰώνιον πῦρ πέμψει).

[31] Vgl. Puech, S. 122: „Le Christ venu, ils n'ont pas encore désespéré de la victoire."

[32] „Bei uns, die wir versprechen, nichts Unrechtes zu tun und nicht diese gottlosen Dinge für wahr zu halten, fällt ihr keine Urteile, sondern angetrieben durch unvernünftige Leidenschaft und die Geißel übler Dämonen bestraft ihr willkürlich ohne Untersuchung." ἐφ' ἡμῶν ὑπισχνουμένων μηδὲν ἀδικεῖν μηδὲ τὰ ἄθεα ταῦτα δοξάζειν οὐ κρίσεις ἐξετάζετε, ἀλλὰ ἀλόγῳ πάθει καὶ μάστιγι δαιμόνων φαύλων ἐξελαυνόμενοι ἀκρίτως κολάζετε μὴ φροντίζοντες (A 5,1).

[33] „Toute la mythologie est de leur invention" sagt Puech, a.a.O., S. 120.

„So stehen also Heiden, Juden und häretische Christen unter dem Einflusse und im Dienste der Dämonen. Aber in verschiedenem Grade: die Heiden scheinbar am meisten, denn sie verehren die Dämonen als Götter; aber in Wirklichkeit steht es mit ihnen am besten. Die Juden schon sind fast unrettbar ihrer Herrschaft verfallen; weil sie scheinbar den wahren Gott kennen und anbeten und doch mit dem Herzen von ihm gewichen sind. Am schlimmsten steht es mit den falschen Christen. Ihre Gottlosigkeit und Christusfeindschaft überragt die der Heiden und Juden ... "[34]

Die von mir so genannte dämonische Hermeneutik Justins des Märtyrers läßt sich nur begrenzt systematisieren. Niemanden, der Justin kennt, wird dies wundern. Denn Justin ist nun einmal kein systematischer Kopf, sagt er doch selbst: „Schriftstellen will ich euch zitieren. Um eine vollständig kunstgerechte Darstellung bemühe ich mich nicht; denn dazu habe ich kein Talent. Nur zum Verständnis seiner Schrift hat mir Gott Gnade gegeben. Unentgeltlich und neidlos fordere ich auch alle zum Mitgenuß dieser Gnade auf."[35] Unter diesen Vorbehalt würde Justin – könnten wir ihn dazu befragen – gewiß auch seine dämonische Hermeneutik stellen.

---

[34] Moritz von Engelhardt, a.a.O., S. 217.

[35] Dial. 58,1: γραφὰς ὑμῖν ἀνιστορεῖν μέλλω, οὐ κατασκευὴν δόγων ἐν μόνῃ τέχνῃ ἐπιδείκνυσθαι σπεύδω· οὐδὲ γὰρ δύναμις ἐμοὶ τοιαύτη τίς ἐστιν, ἀλλὰ χάρις παρὰ θεοῦ μόνη εἰς τὸ συνιέναι τὰς γραφὰς αὐτοῦ ἐδόθη μοι, ἧς χάριτος καὶ πάντας κοινωνοὺς ἀμισθωτὶ καὶ ἀφθόνως παρακαλῶ γίνεσθαι (Iustini Martyris Dialogus cum Tryphone, hg. v. Miroslav Marcovich, PTS 47, Berlin/New York 1997, S. 168f., Z. 1–5; die oben zitierte Übersetzung in Anlehnung an Philipp Haeuser: Des heiligen Philosophen und Martyrers Justinus Dialog mit dem Juden Tryphon, BKV 33, Kempten und München 1917, S. 92).

Für die Würdigung der Dämonologie des Justin wäre ein Vergleich mit zeitgenössischen Mittelplatonikern unerläßlich, etwa mit Apuleius. Vgl. Wolfgang Bernard: Zur Dämonologie des Apuleius von Madaura, RhM 137 (1994), S. 358–373. Eine größere Gruppe von einschlägigen Autoren diskutiert Nicole Fick: La démonologie impériale ou les délires de l'imaginaire au IIème siècle de notre ère, in: L'imaginaire religieux gréco-romain, hg. v. Joël Thomas, Perpignan 1994, S. 235–272.

Die ökonomische Attraktivität christlicher
Gemeinden der Frühzeit[1]

Hans Georg Thümmel zum 70. Geburtstag

Ich komme zu Ihnen aus Umbrien, dem „grünen Herzen Italiens", wie der
Texter der Promotion-Agentur des dortigen Touristikverbandes so anschaulich sagt.[2] Dieses grüne Herz Italiens hat seinerseits ein grünes Herz, die
Valle Umbra, jenes entzückende Tal, auf das man von Assisi, dem antiken *Asisium*, hinunterblickt. Ganz am anderen Ende des Tals befindet sich

Abb. 15: Quellen des *Clitumnus*

[1] Vortrag bei der Tagung der Lutherakademie (Sondershausen) am 1. September 2001
in Sondershausen. Den Teilnehmern an der Diskussion danke ich für konstruktive Kritik.
Wiederholt im Rahmen der Weiterbildung der Theologischen Fakultät in Greifswald am
3. Dezember 2001; auch hier erhielt ich manchen weiterführenden Hinweis, für den ich
dankbar bin.

[2] Azienda di Promozione Turistica dell'Umbria, Via Mazzini 21, 06100 Perugia; www.
umbriaturismo.it.

ein touristisches Zentrum ohnegleichen: die Fonti del Clitunno, die Quellen des dort entspringenden Flusses Clitunno, der auch in der Antike schon dort entsprang und damals *Clitumnus* hieß. Man muß dem oben genannten umbrischen Tourismusverband ein Kompliment machen: Die attraktive Ortslage ist optimal erschlossen und so gewiß auch ökonomisch ein Aktivposten für die Region: Ein geräumiger Parkplatz ermöglicht dem Reisenden den Zugang. Ein Gasthaus bietet alles feil, was man sich wünschen kann, die Dame, die die preiswerten biglietti verkauft, ist nicht nur freundlich, sondern handelt zugleich mit Wein und Olivenöl; auch einige Devotionalien fehlen nicht. Gleich im Eingangsbereich findet sich eine Inschrift mit Texten der Very Important Persons[3], die vor uns schon hier gewesen sind: Goethe zwar scheint die Fonti del Clitunno verschmäht zu haben – der Tempel in Assisi hatte all seine Aufmerksamkeit beansprucht[4] –, aber ein aus italienischer Sicht viel wichtigerer Mann war hier: Plinius der Jüngere.

I

Und damit sind wir bei unserm Thema angelangt. Plinius hat die Quellen des *Clitumnus* nämlich nicht nur besucht und bestaunt, er hat darüber hinaus

---

[3] Vgl. die im ThLL Supplementum: Nomina Propria Latina, volumen II, fasc. III, Sp. 496, Z. 49–76 zitierten Belege sowie Annie Dubourdieu: Les sources du Clitumne. De l'utilisation et du classement des sources littéraires, Cahiers du Centre Gustave-Glotz 8 (1997), S. 131–149.

Trotz des einschlägigen Titels hat es Wilamowitz nicht bis zu den Clitumnus-Quellen geschafft (Ulrich von Wilamowitz-Moellendorff: An den Quellen des Clitumnus, in: ders.: Reden und Vorträge, Berlin 1901, S. 256–276); er zieht Assisi vor: „Den Clitumnus habe ich nicht gesehen und verlange nicht danach. Zu Franz und Clara [d.h. nach Assisi] würde ich gern noch einmal in meinem Leben wallfahrten" (Wilamowitz, a.a.O., S. 260, Anm. 1).

[4] Johann Wolfgang Goethe: Italienische Reise – Annalen, Gedenkausgabe der Werke, Briefe und Gespräche, hg. v. Ernst Beutler, 11. Band, Zürich ²1962, S. 126–130 (über Assisi). Goethe reiste weiter nach Foligno, wohin er seinen Wagen schon vorausgeschickt hatte. Nach Foligno folgt in seinem Bericht sogleich Spoleto (S. 132).

Goethe folgt anscheinend dem Beispiel seines Vaters, der zwar Foligno eingehend würdigt, dann aber unvermittelt auf Spoleto zu sprechen kommt (Johann Caspar Goethe: Reise durch Italien im Jahre 1740 (Viaggio per l'Italia), hg. v. der Deutsch-Italienischen Vereinigung, Frankfurt am Main, übersetzt und kommentiert von Albert Meier, München 1986 [2. Aufl. 1987], S. 136f.).

Möglicherweise hat Goethe auch nur seine Papiere durcheinandergebracht und unsern Tempel irrtümlich nach Spoleto versetzt. Die Überlegung Hoppenstedts nämlich hat viel für sich: „Am Clitunnotempel kam er auf der Via Flaminia vorüber, er konnte ihm nicht entgehen" (Werner Hoppenstedt: Die Basilika S. Salvatore bei Spoleto und der Clitunnotempel, Diss.phil. Halle 1912, S. 122f., Anm. 1). Hoppenstedt zufolge wäre das Monument, das Goethe als „San Crocefisso" beschreibt, unser Tempel: „Sicherlich liegt eine Verwechslung vor. ... Daß der Clitunnotempel gemeint ist, kann nicht zweifelhaft sein, nach der Beschreibung, aber schon nach dem bloßen Umstand, daß er ihn gesehen hat" (a.a.O., S. 122).

auch einen Bericht darüber hinterlassen. Wer diesen Bericht *Epistulae* VIII 8
liest, erkennt, daß die ökonomische Nutzbarmachung der idyllischen Quellen
in der Antike sehr viel weiter gediehen war als in unserer Zeit. Manager
moderner Tourismusverbände könnten daraus noch manches lernen. Freilich
könnten sie das Modell nicht ohne weiteres in unsere Zeit übertragen.

Zu Beginn des Schreibens wendet sich Plinius direkt an den Adressaten Romanus: „Hast Du schon einmal die Clitumnus-Quelle gesehen? Wenn
noch nicht – und wahrscheinlich noch nicht, sonst hättest Du mir davon erzählt –, sieh sie Dir an; ich habe sie mir kürzlich angesehen, und es reut mich,
daß es erst jetzt geschehen ist."[5] Auf diese überschwengliche Einleitung folgt
zunächst eine Beschreibung des idyllischen Ortes (§ 2), die in die Schilderung
des Flusses übergeht, „der sogar Schiffe trägt, die er, auch wenn sie einander
begegnen und nach entgegengesetzten Richtungen fahren, durchläßt und ans
Ziel bringt, mit so starker Strömung, daß man flußabwärts, obwohl es durch

Abb. 16: Tempietto sul Clitunno

ebenes Gelände geht, der Hilfe der Ruder nicht bedarf, andrerseits aber
gegen den Strom nur mühsam mit Ruder und Stangen vorankommt"[6] (§ 3).

Damit kommt Plinius nun in § 5 zu dem Umstand, der die Attraktivität
der *Clitumnus*-Quellen entscheidend erhöht und gerade für den ökonomi-

---

[5]   Plinius: Epistulae VIII 8,1 (der gesamte Text des Schreibens ist zusammen mit der
Kastenschen Übersetzung unten als Beilage I abgedruckt).

[6]   Die Wassermenge muß zur Zeit des Plinius um ein beträchtliches größer gewesen sein
als heutzutage, vgl. die lakonische Bemerkung im Guida d'Italia: „Anticamente le acque
erano più copiose" (Guida d'Italia del Touring Club Italiano: Umbria, Mailand ⁵1978, S.
216).

schen Aspekt des Betriebs von ausschlaggebender Bedeutung ist: „Ganz in
der Nähe ist ein altehrwürdiger Tempel. Da steht Clitumnus in höchsteigener Person, bekleidet und geschmückt mit der Prätexta; Lose weisen darauf
hin, daß die Gottheit zugegen ist und Orakel erteilt. Ringsherum stehen
mehrere Kapellen verstreut, jede mit einer besonderen Gottheit. Jede hat
ihren eigenen Kult, ihren eigenen Namen, manche auch ihren eigenen Wasserlauf" (§ 5). Eine Art religiöser Park ist es, was Plinius hier schildert, und
zwar – um das gleich hinzuzufügen – ein vom sich ausbreitenden Christentum noch unberührter und d.h. ungestörter und damit zugleich: ökonomisch
prosperierender Park. Im idyllischen Umbrien sind die Dinge an der Wende
vom ersten zum zweiten Jahrhundert noch im Lot. Alles ist noch so, wie es
sich gehört. Wer daran verdient, verdient gut, und das soll, wenn es nach
Plinius geht, auch so bleiben.

Nur in Parenthese will ich eine umbrische Überlieferung erwähnen, derzufolge beide Apostelfürsten, Petrus wie auch Paulus, in der Valle Umbra
gepredigt hätten.[7] Diese fromme Legende kann auf der historischen Ebene
dem soeben Gesagten natürlich nicht als Argument entgegengestellt werden.

Plinius beschreibt uns in Ep. VIII 8 mithin so etwas wie einen prosperierenden religiösen Park mit hoher touristischer Attraktivität. Topographisch
zwar sind beide Bereiche sauber voneinander abgegrenzt, unter ökonomischen Aspekten aber ist ihre Abgrenzung gegeneinander unmöglich: Plinius
berichtet von weiteren kleinen Quellen mit eigenen Wasserläufen, die sich
aber alle „in den Fluß" „ergießen", „den man auf einer Brücke überschreitet.
Sie bildet die Grenze zwischen dem geweihten und dem profanen Bereich" (*is
[sc. pons] terminus sacri profanique*, § 6). Die Scheidung zwischen *sacrum*
und *profanum* hat auch ganz praktische Regelungen zur Folge: „oberhalb
darf man nur mit dem Boot fahren, unterhalb auch schwimmen. Die Hispellaten, denen der verewigte Augustus diese Stelle zum Geschenk gemacht hat,
stellen dort Bad und auch Herberge unentgeltlich zur Verfügung" (§ 6).

Was auf den ersten Blick wie eine großzügige, menschenfreundliche Geste
der Bürger von Hispellum (heute Spello) aussieht, ist die Kehrseite hand-
fester ökonomischer Interessen, die in dem Bericht des Plinius allerdings
nur zufällig und eher am Rande zur Sprache kommen.[8] Schwer quantifi-
zierbar ist der erste Sachverhalt, den Plinius ganz zu Anfang nennt: Er

---

[7] Vgl. dazu die mir nicht zugänglichen Werke von Faloci Pulignani: Della chiesa dei
Santi Apostoli Pietro e Paolo nel villagio di Cancelli, Foligno 1882 und Memorie dei Santi
Apostoli Pietro e Paolo nel villagio di Cancelli, Foligno 1894 sowie Carlo Zenobi: Trevi
antica dal neolitico al 1214, Foligno 1995, S. 136.

[8] Bemerkenswert ist die Tatsache, daß Augustus das ertragreiche Gelände nicht an
die viel näher gelegene Stadt Trebiae (oder auch an Fulginiae), sondern an Hispellum
verschenkt, vgl. dazu Dorica Manconi, Paolo Camerieri, Vladimiro Cruciani: *Hispellum*:
Pianificazione urbana e territoriale, in: Assisi e gli Umbri nell'antichità. Atti del Convegno
Internazionale Assisi 18–21 dicembre 1991, hg. v. Giorgio Bonamente u. Filippo Coarelli,
Assisi 1996, S. 375–429, besonders S. 417ff.

beschreibt das Wasser als „rein und kristallklar, so daß man die hineingeworfenen Geldstücke und glitzernden Kieselsteine zählen kann" (§ 2). In welcher Weise diese Münzen dem *fiscus* von Hispellum zugute kamen, können
wir nicht wissen. Daß die hier „eingelegten" Münzen sehr zahlreich waren,
können wir aufgrund der Lage unseres Heiligtums an der *Via Flaminia*, der
wichtigsten Verkehrsverbindung zwischen Rom und dem nördlichen Italien
(und darüber hinaus), mit Sicherheit schließen.[9]

Wichtiger ist der zweite Hinweis des Plinius in § 7 – ganz am Schluß
des Briefes. Da heißt es: „Kurz und gut, Du wirst nichts finden, was Dir
nicht Vergnügen bereiten würde. Denn Du wirst dort auch Studien machen
können; an allen Pfeilern, allen Wänden wirst Du viele Weihinschriften lesen von mancherlei Volk, in denen die Quelle und der Gott gepriesen wird.
Vieles wirst Du hübsch finden, manches belächeln – aber nein, Du bist ein
gebildeter Mann und wirst nichts belächeln." Die Orakelstätte des Gottes

Abb. 17: Architekturglied

Clitumnus erweist sich als ein nicht zu unterschätzender Wirtschaftsfaktor:
Die von Plinius als Objekt von Studien erwähnten Weihgaben werden einen
nicht unbeträchtlichen Zweig von Devotionalienhändlern in Lohn und Brot
gesetzt haben.

Leider ist von diesen Weihgaben nichts auf uns gekommen, so daß wir
uns kein genaueres Bild der ökonomischen Potenz machen können. Erhalten

---

[9] Zu den Verkehrsadern durch Umbrien vgl. Guy Bradley: Ancient Umbria. State,
culture, and identity in central Italy from the Iron Age to the Augustan era, Oxford 2000,
S. 2: Map 1. Ancient Umbria; zu unserm Heiligtum vgl. ferner S. 228f.

sind lediglich Reste des von Plinius in § 5 genannten *Clitumnus*-Tempels. Diese sind pikanterweise in einer Art von christlicher Kirche aus dem siebten Jahrhundert verbaut, der „Chiesa di *S. Salvatore*", besser bekannt unter dem Namen „Tempietto del Clitunno".[10] Die erhaltenen Architekturglieder können nach meinem laienhaften Urteil keinen Anspruch auf künstlerische Erstrangigkeit erheben – für den von Plinius genannten *Clitumnus*-Tempel sind sie allemal hinreichend. Noch die Ruinen zeugen von dem einstmaligen Glanz ...

---

[10] Vgl. den genannten Führer Guida d'Italia: Umbria, a.a.O., S. 216: „elegante edificio paleocristiano del IV o degli inizi del V secolo secondo la maggior parte degli studiosi, dei sec. VIII–IX secondo altri, costruito in parte con elementi architettonici dei sacelli pagani, ricordati da Plinio il Giovane ... ".

Schon Jacob Burckhardt hat die Alternative präzise formuliert: „Trotz später und unreiner Formen (z. B. gewundene und geschuppte Säulen u. dgl.) ist es [– „das niedliche Tempelchen über der *Quelle des Clitumnus*" –] doch wohl noch aus heidnischer Zeit und mit den christlichen Emblemen erst in der Folge versehen worden", sagt Burckhardt im Text. Sogleich fügt er jedoch in der Anmerkung zur Stelle hinzu: „Oder in christlicher Zeit aus den Fragmenten der umliegenden Heiligtümer zusammengebaut?" (Jacob Burckhardt: Der Cicerone. Eine Anleitung zum Genuß der Kunstwerke Italiens, Neudruck der Urausgabe, KT 134, Stuttgart 1964, S. 51.)

Nicht haltbar ist die These, wonach das erhaltene Bauwerk mit dem von Plinius erwähnten *Clitumnus*-Tempel identisch ist (so etwa Heinrich Holtzinger: Der Clitumnustempel bei Trevi, Zeitschrift für Bildende Kunst 16 [1881], S. 313–318; hier S. 313).

„So sicher man den Bau seiner ganzen Haltung nach ohne weiteres in den Umkreis antiker Kunsttradition verweisen wird, ist es doch zugleich ebenso klar, daß er keinen uns bekannten antiken Bautypus repräsentiert" (Werner Hoppenstedt, a.[Anm. 4]a.O., S. 77). Hoppenstedt argumentiert im folgenden ausführlich und gründlich mit dem Ergebnis, daß unser Bau „in die frühchristliche Zeit [zu] datieren" ist (S. 95).

Plausibel erscheint die Annahme, „daß es sich hier um einen Grabbau handelt" (Elżbieta Jastrzębowska: Clitunnotempel bei Spoleto, Eos 70 (1982), S. 331–337; Zitat S. 333); dafür spricht die „Anwesenheit der Loculigräber im Untergeschoß und der Inschriftsinhalt" (ebd.), der sich auf die Auferstehung bezieht (*qui fecit resurectionem*, CIL XI 2,1, 4964).

Aus welcher Zeit der christliche Bau stammt, mag für unsere Zwecke dahingestellt bleiben (eine späte Datierung in die zweite Hälfte des achten Jahrhunderts vertritt Friedrich Wilhelm Deichmann: Die Entstehungszeit von Salvatorkirche und Clitumnustempel bei Spoleto, MDAI.R 58 [1943], S. 106–148; hier S. 147f.); entscheidend ist, daß er mit antiken Architekturgliedern errichtet ist. Verbaut ist im übrigen auch eine römische Inschrift (= CIL XI 2,1, 4817), von der die folgenden drei Zeilen erhalten sind (vgl. Abb. 18):

T · V

$\overline{\Pi}$

ET

Auf die verbauten Inschriften geht Werner Hoppenstedt ein (a.[Anm. 4]a.O., S. 130). Unser Fragment wird a.a.O., Anm. 30 ungenau zitiert (Z. 1: T V statt T · V). Die übrigen von Hoppenstedt genannten Texte (CIL XI 2,1 die Nummern 4846.4904.4920 und 4945) vermochte ich bei meinem Besuch am 11. August 2001 nicht zu entdecken.

Zur Datierung des Bauwerks vgl. zuletzt: Carola Jäggi: San Salvatore in Spoleto. Studien zur spätantiken und frühmittelalterlichen Architektur Italiens, Wiesbaden 1998, S. 149–194 sowie dies.: Der »Tempietto sul Clitunno« – ein langobardisches Pilgerziel, in: Akten des XII. internationalen Kongresses für Christliche Archäologie, JAC.E 20, Münster 1995, S. 868–872.

Zusammenfassend halten wir fest: Das von christlicher Mission noch nicht beeinträchtigte religiös-touristische Zentrum an den Quellen des *Clitumnus* in Umbrien ist nach dem Zeugnis des Plinius ein ökonomischer Faktor von erheblichem Gewicht. Die Symbiose von landschaftlichem Reiz und religiöser Instrumentalisierung zu wirtschaftlichen Zwecken dient dem Nutzen aller. Selbst gebildete Skeptiker vom Schlage des Plinius und seines Adressaten Romanus hüten sich geflissentlich, diese einträgliche Symbiose in irgendeiner Weise in Frage zu stellen.

Abb. 18: Römische Inschrift

II

Die ökonomischen Implikationen der christlichen Verkündigung sind von Anfang an erkannt und benannt worden und zwar bezeichnenderweise von den

Gegnern dieser Botschaft. Ich will Ihnen dafür zwei Beispiele vor Augen führen, die Apostelgeschichte des Lukas – sagen wir: um 90 n. Chr. – und den berühmten „Christenbrief" des Plinius – um 110 n. Chr.

Was zunächst die Apostelgeschichte angeht, so denke ich an das 19. Kapitel, wo die Menschen sich im Theater in Ephesos versammeln, um, wie Luther so schön übersetzt, „bey zwo stunden" zu schreien: „Groß ist die Diana der Epheser."

Ausgangspunkt des Aufruhrs in Ephesos sind die Silberschmiede, die ihre Lebensgrundlage durch die Mission des Paulus bedroht sehen. Ein rein wirtschaftlicher Grund ist es also, der sie in Bewegung bringt. Bei diesen Silberschmieden handelt es sich um Devotionalienhersteller, die von dem international renommierten Artemis-Heiligtum in Ephesos profitieren.[11] Die von ihnen hergestellten silbernen Tempel finden offenbar guten Absatz. Wir haben es mit einem prosperierenden Wirtschaftszweig zu tun. Die ökonomische Potenz der Silberschmiede von Ephesos steht außer Frage. Sie wird auch durch das epigraphische Material aus Ephesos eindrücklich unterstrichen. Eine Reihe von erhaltenen Inschriften erwähnen den Berufsstand der ἀργυροκόποι.[12] Von besonderem Interesse ist in unserem Zusammenhang, daß diese Silberschmiede in einer Art Zunft organisiert sind; zwei bzw. drei Inschriften erwähnen τὸ συνέδριον τῶν ἀργυροκόπων, den Zusammenschluß der Silberschmiede, der offenbar über eine eigene Kasse und über eigenes Vermögen verfügt, da die in einer der Inschriften angedrohte Strafe in Höhe von 1.000 Denaren an diese Silberschmiede zu bezahlen ist.[13] Eine Summe von 500 Denaren wird in derselben Inschrift genannt; dieser Betrag wurde der Zunft der Silberschmiede im Zusammenhang mit der Errichtung des Grabes zuteil.[14]

Diese Inschrift könnte schon aus der Zeit des Claudius stammen und wäre demnach mit den von Lukas in Apg 19 geschilderten Vorgängen aus Ephesos

---

[11] Zum Heiligtum der Artemis in Ephesos und den einschlägigen epigraphischen Quellen vgl. die Skizze von G.H.R. Horsley: The Inscriptions of Ephesos and the New Testament, NT 34 (1992), S. 105–168; hier S. 141–158. Was speziell das internationale Renommee der Artemis angeht, ist die Inschrift IEph 24 (Hermann Wankel: Die Inschriften von Ephesos. Teil Ia: Nr. 1–47 (Texte), IGSK 11.1, Bonn 1979, S. 144–152) von Interesse (vgl. Horsleys Diskussion des Textes, S. 153–155).

[12] IEph 425; 547 (*bis*); 586; 636; 2212 und 2441 (in 425 ist in Z. 10 ἀργυροκόποι zu lesen, vgl. Reinhold Merkelbach und Johannes Nollé: Die Inschriften von Ephesos. Teil VI: Nr. 2001–2958 (Repertorium), IGSK 16, Bonn 1980, S. 107 im Kommentar zu 2212).

[13] Es handelt sich um die Inschrift 2212, „Grab des Silberschmiedes M. Antonius Hermeias", im in der vorigen Anm. zitierten Band S. 107. In Z. 9 wird das συνέδριον τῶν ἀργυροκόπων genannt (ähnlich wohl auch in Nr. 2441, Z. 3; in Nr. 636 ist in Z. 9f. von τὸ ἱερὸν συνέδριον τῶν ἀργυροκόπων die Rede). Die Strafbestimmung findet sich in Kolumne II, Z. 3–8: εἰ δέ τις τολμήσει πτῶμα βάλαι ἢ γράμμα ἐκκόψαι, δώσει τοῖς ἐν Ἐφέσῳ ἀργυροκόποις ✗ ͵αʹ.

[14] IEph 2212, Z. 9: καθιέρωσεν Ἐρώτιν ✗ πεντακόσ⟨ι⟩α (a.a.O., S. 107).

gleichzeitig.[15] Sie bezeugt uns die Gesellschaft der Silberschmiede als eine Art eingetragenen Verein mit Versicherungscharakter: die Summe von 500 Denaren, die an die Vereinskasse geht, dient der Pflege des Grabes – ein längerfristiges Unterfangen, das bei dem Silberschmiedeverein offenbar in guten Händen ist.

Von einer ganz anderen Seite lernen wir die Zunft dieser Silberschmiede bei Lukas in Apg 19,23–40 kennen: demonstrierend, streikend, die ganze Stadt in Aufruhr (τάραχος οὐκ ὀλίγος heißt es v. 23; in v. 40 ist gar von

Abb. 19: Das Theater in Ephesos

στάσις die Rede) versetzend. Das ist fast so etwas wie ein Arbeitskampf, was die Silberschmiede dem Lukas zufolge in Ephesos inszenieren.[16] Sie legen die Arbeit nieder und veranstalten eine nicht angemeldete Demonstration, von

---

[15] Zur Interpretation der Inschrift IEph 2212 vgl. G.H.R. Horsley: The silversmiths at Ephesos, New Documents Illustrating Early Christianity 4 (1979) [1987], S. 7–10, der unseren Text wie folgt datiert: „time of Claudius, or later" (S. 7). In seiner Übersetzung der Inschrift gibt Horsley das πεντακόσια irrtümlich mit 50.000 wieder. Eine sehr viel spätere Datierung vertritt Peter Lampe: Acta 19 im Spiegel der ephesischen Inschriften, BZ 36 (1992), S. 59–76; hier S. 66: „3. Jh. n. Chr.?".

[16] Vgl. W.H. Buckler: Labour Disputes in the Province of Asia, in: Anatolian Studies Presented to Sir William Mitchell Ramsay, hg. von W.H. Buckler und W.M. Calder, Manchester 1923, S. 27–50; zum Streik der Bäcker in Ephesos insbesondere S. 30–33 mit Plate II (die von Buckler diskutierte Inschrift findet sich heute als IEph 215 im zweiten Band der Inschriften von Ephesos: Christoph Börker und Reinhold Merkelbach: Die Inschriften von Ephesos. Teil II: Nr. 101–599 (Repertorium), IGSK 12, Bonn 1979, S. 27–28).

Beide Begriffe aus der lukanischen Szene begegnen auch in der genannten Inschrift IEph 215: ταραχή in Z. 2 und στάσις in Z. 10f.

einem Mann namens Demetrios angestiftet (v. 25–27). Diese außerordentliche Zunftversammlung erweist sich als wahres Pulverfaß: Der Funke springt auch auf die restliche Bevölkerung über und gipfelt in einer Versammlung im Theater – ebenfalls weder angemeldet noch gar genehmigt (v. 28–34).

Der Streik der Silberschmiede von Ephesos hat eine ökonomische Ursache, die Demetrios in seiner Ansprache an seine Zunftgenossen namhaft macht: Der Wohlstand der Zunft beruht auf den florierenden Umsätzen, die die Silberschmiede erzielen. Diese Umsätze sind seit Menschengedenken stabil und von konjunkturellen Schwankungen weitgehend unabhängig. Nun aber ist plötzlich und unerwartet ein erheblicher Umsatzeinbruch zu verzeichnen, der die Lebensgrundlage der gesamten Zunft gefährdet.[17] Demetrios führt dazu folgendes aus: „Ihr wißt, daß auf diesem Erwerb unser Wohlstand beruht. Und ihr seht und hört, daß dieser Paulus nicht bloß in Ephesos, sondern praktisch in der gesamten Asia eine hinlängliche Menge von Menschen dahingehend beredet, daß nicht göttlich ist, was mit Händen gemacht wird. Nicht nur unsere gesamte Branche gerät dadurch in Verruf, sondern auch der Tempel der großen Göttin Artemis wird geringgeschätzt" (Apg 19,25b–27a). Der Zusammenbruch des zuvor prosperierenden Devotionalienmarktes wird von Demetrios auf das Wirken eines einzigen Mannes zurückgeführt: Die Verkündigung des Paulus stellt nicht nur die religiösen Grundlagen der Stadt Ephesos und der Provinz Asia in Frage, sondern auch den Wohlstand eines angesehenen und traditionellen Berufszweiges, der Silberhändler.

Uns geht es heute im Zusammenhang mit dieser Tagung nicht um den religiösen, sondern um den wirtschaftlichen Aspekt dieser Angelegenheit. Und da können wir feststellen: Die junge christliche Gemeinde von Ephesos ist auch als Wirtschaftsfaktor keineswegs zu unterschätzen. Damit ist sie im Rahmen der frühen christlichen Gemeinden keine Ausnahme. Ich habe in anderem Zusammenhang auf die finanziellen Aktivitäten der Gemeinde in Philippi hingewiesen.[18] Paulus beschreibt in Phil 4,15f. sein Verhältnis zu der Gemeinde in Philippi als „eine Partnerschaft geschäftlicher Art".[19] Das finanzielle Engagement der Christinnen und Christen in Philippi ist beträchtlich. „Die grundlegende Umorientierung eines jeden einzelnen Christen in Philippi hat ... notwendigerweise auch eine Umorientierung des finanziellen Engagements zur Folge. Als Christ investiert man nicht in den Brunnen am Forum und nicht in den Tempel der Silvanusfreunde. Die dafür sonst

Die Interpretation unseres Textes durch Strelan läßt zu wünschen übrig (Rick Strelan: Paul, Artemis, and the Jews in Ephesus, BZNW 80, Berlin/New York 1996, S. 134–140). Wegen des Fehlens jeglicher Register ist die Benutzung des Buches überaus schwierig.

[17] Ein direktes epigraphisches Zeugnis, das die Darstellung des Lukas in Apg 19 stützt, gibt es freilich nicht. Die einschlägigen Thesen beruhen auf einer falschen Interpretation der Inschrift IEph 24 (vgl. o. Anm. 11). Vgl. dazu Richard Oster: Acts 19:23–41 and an Ephesian Inscription, HThR 77 (1984), S. 233–237.

[18] Philippi I 147–152.

[19] Philippi I 148.

verwendeten Mittel sind frei und können ἀξίως τοῦ εὐαγγελίου verwendet werden, so insbesondere zur Unterstützung des Paulus."[20]

Das für Philippi Gesagte gilt für Ephesos entsprechend. Allein die von Lukas in Apg 19 berichteten Sachverhalte lassen auf erhebliche finanzielle Möglichkeiten der Gemeinde in Ephesos schließen: Der in v. 9 genannte Tyrannos wird seine Räumlichkeiten dem Paulus kaum kostenlos zur Verfügung gestellt haben; vermutlich hat er sie vermietet bzw. verpachtet. Der Wert der in v. 19 erwähnten Bücher – die man verbrennt – wird mit fünfzigtausend Silberdenaren beziffert, eine astronomische Summe.[21] Paulus und seine Mitarbeiter – in v. 22 werden Timotheos und Erastos namentlich genannt – müssen untergebracht und unterhalten werden, und das über einen Zeitraum von mehr als zwei Jahren (vgl. v. 10). Hinzu kommen die Aufwendungen für die Reisen der Missionare (vgl. v. 21–22; die korinthische Korrespondenz des Paulus könnte man hier ergänzend heranziehen).

Somit erweisen sich die frühen christlichen Gemeinden in Philippi wie in Ephesos und anderwärts[22] als ein nicht zu unterschätzender Wirtschaftsfaktor.

III

Was sich im Ephesos der 50er Jahre anbahnt, ist dem uns schon bekannten Plinius zufolge ein halbes Jahrhundert später eine vollendete Tatsache. Er berichtet dem Kaiser Trajan von den wirtschaftlichen Implikationen der christlichen Mission in den Provinzen Bithynien und Pontos: Die Tempel sind beinahe schon verödet (*prope iam desolata templa*), die Opferfeiern sind lange schon zum Erliegen gekommen (*sacra sollemnia diu intermissa*), für das Opferfleisch findet sich weit und breit kaum mehr ein Käufer (... *carnem, cuius adhuc rarissimus emptor inveniebatur*).[23]

Aus der Sicht des Plinius sind die ökonomischen Wirkungen des erstarkenden Christentums geradezu verheerend. Wenn Hans Conzelmann in seinem Kommentar zur Apostelgeschichte diese Passage des Pliniusbriefes mit

---

[20] Philippi I 152. Das ἀξίως τοῦ εὐαγγελίου ist Zitat aus Phil 1,27 (vgl. dazu Philippi I 135–139).

[21] „Diese Christen – sie sind ja nur ein Bruchteil jener »vielen«, welche sich mit Zauberei abgegeben haben – müßten über erstaunliche Geldmittel verfügt haben – wenn man die Nachricht historisch auswerten dürfte. Allein das darf man gerade nicht" (Ernst Haenchen: Die Apostelgeschichte, KEK III, Göttingen [7]1977, S. 544).

[22] Es macht keine Schwierigkeiten, weitere Beispiele zu benennen: Was die paulinischen Gemeinden angeht, sei hier lediglich auf die Kollekte für Jerusalem verwiesen, die dem Paulus so wichtig war. Aus späterer Zeit bietet sich Laodikeia an, eine Gemeinde, deren Reichtum in Apk 3,17 ausdrücklich thematisiert wird.

[23] Plinius: Epistulae X 96,10 (der Text ist unten als Beilage II angefügt). Plinius fügt hinzu: „Daraus gewinnt man leicht einen Begriff, welch eine Masse von Menschen gebessert werden kann, wenn man der Reue Raum gibt" (*ex quo facile est opinari, quae turba hominum emendari possit, si sit paenitentiae locus*, ebd.).

der Bemerkung einleitet: „Die Schädigung gewisser »Geschäftszweige« ...
durch das Christentum wird durch den berühmten Brief des jüngeren Plinius an Trajan ... illustriert"[24], so wird der von Plinius ins Auge gefaßte
Sachverhalt verharmlost: Im Brief des Plinius an Trajan geht es nicht um
die „Schädigung gewisser »Geschäftszweige«", wie Conzelmann formuliert,
sondern um eine wirtschaftliche Katastrophe für eine ganze Region. Gewiß
müssen wir eine rhetorische Übertreibung seitens des Plinius in Rechnung
stellen.[25] Ganz so niederschmetternd werden die ökonomischen Auswirkun-
gen der Ausbreitung des Christentums in Bithynien und Pontos nun auch
wieder nicht gewesen sein. Doch auch wenn man die Situation des Brief-
schreibers berücksichtigt, bleibt ein ökonomisch substantieller Tatbestand:
Plinius könnte den § 10 nicht so an Trajan schicken, wenn die Lage in seiner
Provinz dafür nicht hinlänglich Anhalt geboten hätte. Zumindest aus der
Sicht des Adressaten Trajan muß die Schilderung des Plinius doch eine gewisse Plausibilität besessen haben – andernfalls wäre sie kontraproduktiv,
und Plinius hätte keine Chance gehabt, sein Ziel beim Kaiser zu erreichen.[26]

Blicken wir von den alarmierenden Nachrichten des sogenannten „Chri-
stenbriefs" X 96 auf die Idylle der *Clitumnus*-Quellen in VIII 8 zurück, so
gewinnen wir einen deutlichen Eindruck von der wirtschaftlichen Implikati-
on der Ausbreitung des Christentums, wie sie sich dem Plinius zu Beginn
des zweiten Jahrhunderts darstellt. In der Valle Umbra ist alles im Lot:
Religiöse wie geschäftliche Interessen sind ungestört – alles ist, wie es dem
Plinius zufolge sein soll. In Bithynien und Pontos hingegen ist nicht nur der
religiöse Friede gestört; die Welt ist aus den Fugen geraten – die ökonomischen Implikationen sind unübersehbar.

IV

Damit kommen wir zur Frage nach der ökonomischen Attraktivität der
frühen christlichen Gemeinden. Eine Masse von Menschen (*turba hominum*)
hat dem Plinius zufolge eine falsche Entscheidung getroffen[27] und sich zum
Christentum bekehrt. Die Gründe dafür sind gewiß vielschichtig – sie sind
aber unter anderem auch ökonomisch: Worin besteht die ökonomische Attraktivität christlicher Gemeinden?

---

[24] Hans Conzelmann: Die Apostelgeschichte, HNT 7, Tübingen ²1972, S. 122.

[25] Vgl. dazu die grundlegende Studie von Angelika Reichert: Durchdachte Konfusion.
Plinius, Trajan und das Christentum (erscheint demnächst in ZNW).

[26] Zum Ziel des Plinius vgl. den in der vorigen Anmerkung genannten Aufsatz von
Angelika Reichert.

[27] Vgl. o. Anm. 23.

1. Die christliche Gemeinde feiert öfter

Ich beginne bei einem einfachen organisatorischen Sachverhalt, den wöchentlichen Zusammenkünften der Christinnen und Christen. Auch hier können wir auf Plinius zurückgreifen, der in § 7 sagt: Die abtrünnig gewordenen Christen „versicherten ..., ihre ganze Schuld oder ihr ganzer Irrtum habe darin bestanden, daß sie sich an einem bestimmten Tage vor Sonnenaufgang zu versammeln pflegten und Christus gleichsam als Gott einen Wechselgesang zu singen ... . Hernach seien sie auseinandergegangen und dann wieder zusammengekommen, um Speise zu sich zu nehmen, jedoch gewöhnliche, harmlose Speise ... "[28] Plinius beschreibt zwei verschiedene Zusammenkünfte an dem festgesetzten Tag – damit ist natürlich der Herrentag, die χυριαχὴ ἡμέρα (Apk 1,10) gemeint. Was es mit den verschiedenen Versammlungen auf sich hat, können wir in unserm Zusammenhang unerörtert lassen. Uns geht es hier um die Tatsache, daß die christliche Gemeinde sich mehr als fünfzig Mal pro Jahr versammelt und diese Versammlung stets mit einem Essen verbunden ist. Aus der Sicht der ärmeren Bevölkerungsschichten ist dies ein Wirtschaftsfaktor allererster Ranges. Keine andere Gemeinschaft im Römischen Reich bot ihnen diese Möglichkeit, sich wenigstens einmal in jeder Woche satt essen zu können. In dieser Hinsicht schlägt die christliche Gemeinde alle konkurrierenden Vereinigungen bei weitem.

Das wird deutlich, wenn man die Vereine der frühen Kaiserzeit einmal genauer untersucht. Mit diesem Thema beschäftigt sich meine Assistentin, Eva Ebel, im Rahmen ihres Greifswalder Dissertationsprojekts, das vor der Vollendung steht. Ein von ihr eingehend untersuchter Verein, die *cultores Dianae et Antinoi* in Lanuvium, mag als Beispiel genügen.[29] Die Satzung dieses Vereins unterscheidet strikt zwischen Geschäftssitzungen und Mahlversammlungen. Geschäftssitzungen finden monatlich statt, Mahlversammlungen sechs Mal im Jahr.[30] Wer Mitglied in diesem Verein wird, hat mithin die Aussicht, sechs kostenlose Essen pro Jahr zu erhalten. Opulent sind die

---

[28] *adfirmabant autem hanc fuisse summam vel culpae vel erroris, quod essent soliti stato die ante lucem convenire carmenque Christo quasi deo dicere ... . quibus peractis morem sibi discedendi fuisse rursusque coeundi ad capiendum cibum promiscuum tamen et innoxium ...* (Plinius: Ep. X 96,7; die Übersetzung von Kasten, S. 643, habe ich modifiziert, vgl. dazu Maurice Testard: ... carmenque Christo quasi deo dicere ..., REL 72 [1994], S. 138–158).

[29] CIL XIV 2112 = ILS 7212. Eva Ebel bietet im ersten Kapitel ihrer Arbeit den Text mit Übersetzung und einen gründlichen Kommentar zu dieser Inschrift. Ihre Arbeit trägt den Titel: *Collegium* und *ecclesia*. Die Struktur griechisch-römischer Vereine und der frühen christlichen Gemeinden. Bis zum Erscheinen der Ebelschen Monographie, in der auch die Literatur zusammengestellt wird, findet man die Inschrift bequem zugänglich bei Thomas Schmeller: Hierarchie und Egalität. Eine sozialgeschichtliche Untersuchung paulinischer Gemeinden und griechisch-römischer Vereine, SBS 162, Stuttgart 1995, S. 99–105 (Text nach Dessaus Fassung in ILS 7212).

[30] Einzelheiten dazu in der Ebelschen Arbeit, Kapitel I, Teil 4: „Die Zusammenkünfte der Vereinsgenossen".

Mähler nicht (auch der Speiseplan ist in der Vereinssatzung genau geregelt!): Jedes Mitglied bekommt ein Brot zum Preis von zwei Assen, vier Sardinen, warmes Wasser, Wein und das Gedeck mit Bedienung (Z. II 14–16).[31]

Bevor das Christentum auf den Plan trat, war dieses Angebot in Lanuvium ohne Konkurrenz; bessere Vereine gab der Markt einfach nicht her – das war an anderen Orten nicht anders, die Satzung von Lanuvium ist in dieser Hinsicht gewiß typisch. Dieses Angebot verliert jegliche Attraktivität, wenn man es mit dem der christlichen Gemeinde vergleicht: Statt der hier vorgesehenen sechs Mähler pro Jahr bietet die Gemeinde mehr als 50. Aus Sicht der Armen ist das vergleichsweise ein Paradies. Allein unter wirtschaftlichen Gesichtspunkten lohnt sich mithin ein Übertritt zum Christentum für Arme ohne Frage. Die Tage der *cultores Dianae et Antinoi* sind also gezählt: Dem christlichen Angebot können sie schon aus wirtschaftlichen Gründen nichts entgegensetzen.

2. Die christliche Gemeinde ersetzt die Sterbeversicherung

Für die Mehrzahl der Menschen im Römischen Reich war die Vorsorge für eine ordentliche Bestattung von überragender Bedeutung. Schon in einem Alter, in dem an Sterben nach menschlichem Ermessen gar nicht zu denken war, kaufte man sich ein geeignetes Grundstück und ließ zumindest schon einmal eine Inschrift mit den Maßen desselben anbringen.[32] Später konnte man dann einen Sarkophag dazu erstehen oder ein Gebäude errichten lassen. Auch eine Inschrift wird häufig schon bei Lebzeiten angebracht.[33] So konnte man den Feiertagsspaziergang mit einem Besuch am eigenen Grab krönen, um sich bei dieser Gelegenheit gleich nach dem Fortgang der Bauarbeiten umzusehen.[34]

Der überwiegenden Mehrzahl der Bewohner des Römischen Reiches war solche Vorsorge schon aus finanziellen Gründen verwehrt. Als Ausweg bot

---

[31] Eine detaillierte Diskussion bietet Eva Ebel, a.a.O., 1.2, „Die Organisation der gemeinsamen Mähler".

[32] Vgl. die zahllosen Inschriften mit *in fronte pedes x, in agro pedes y*, in Philippi II etwa die Nummern 049/L629; 074/L295; 090/L367; 097/L627; 117/L608; 295/L407; 331/L778 u.ö.

[33] Lehrreich ist Inschrift 386/L454, wo in Z. 3 zehn Buchstaben freigelassen sind, weil der zweite Insasse des Sarkophags noch am Leben ist ... (Philippi II 385f.). Die prätentiöse Inschrift, die Trimalchio für sein Grabmonument entwirft, kommentiert Theodor Mommsen: Trimalchios Heimath und Grabschrift, Hermes 13 (1878), S. 106–121; Nachdr. in: ders.: Gesammelte Schriften VII: Philologische Schriften, Berlin 1909, S. 191–205; hier S. 201–205. Vgl. dazu auch Reinhard Wolters: C. Stertinius Xenophon von Kos und die Grabinschrift des Trimalchio, Hermes 127 (1999), S. 47–60.

[34] Man vergleiche die köstlichen Überlegungen, die Trimalchio hinsichtlich seines Grabmals anstellt; auch die Maße werden genau angegeben: *ut sint in fronte pedes centum, in agrum pedes ducenti* (Petronius: Satyrica. Lateinisch-deutsch von Konrad Müller und Wilhelm Ehlers, Tusc, Darmstadt 1983; hier 71,5ff., Zitat § 6 *fin.*).

sich der Beitritt in einen Sterbeverein an. Auch hier können wir wieder die Satzung der *cultores Dianae et Antinoi* als Modell heranziehen: Dieser Verein fungiert nämlich auch als Sterbeversicherung; beim Tode eines jeden Mitglieds werden 300 Sesterzen für seine Bestattung ausgezahlt (das sogenannte *funeraticium*).[35] Das läßt die Mitgliedschaft in einem solchen Verein als außerordentlich attraktiv erscheinen. Voraussetzung für die Zahlung ist wiederum eine gewisse finanzielle Potenz des Mitglieds: „Die Vollversammlung hat beschlossen, daß, wer auch immer in diesen Verein eintreten will, als Aufnahmegebühr 100 Sesterzen und eine Amphore guten Weins zahlen wird, ebenso monatlich jeweils 5 Asse."[36] Wessen finanzielle Möglichkeit auch eine solche Mitgliedschaft übersteigt, der kann sich an die christliche Gemeinde wenden: Sie verlangt keine Aufnahmegebühr (*kapitularium*), keine Amphore Wein und auch keinen Monatsbeitrag. Auch diese ökonomischen Faktoren sind von Gewicht!

Aber auch wer schon in einem vergleichbaren Sterbeverein Mitglied ist, wird durch den neuen Konkurrenten auf dem Markt der Möglichkeiten zum Nachdenken gebracht: Selbst unter rein wirtschaftlichen Gesichtspunkten erscheint ein Wechsel zur christlichen Gemeinde auch für Mitglieder eines Sterbevereins durchaus attraktiv.

3. Die christliche Gemeinde ersetzt die Tempelbank

Nun gibt es freilich auch (wenngleich sehr viel seltener) den andern Fall: Jemand hat Geld und weiß nicht, wohin damit. Ein literarisch bekanntes Beispiel ist der Athener Xenophon, der von dem Feldzug aus Kleinasien mit vielen Reichtümern beladen zurückkehrte. Wohin mit all den Schätzen? Natürlich in einen Tempel, denn sicherer kann man seine Reichtümer nicht anlegen. Ich habe das Beispiel des Xenophon gewählt, weil er sein Geld bei dem Artemistempel in Ephesos deponierte.[37] Und auf den νεωκόρος, genannt Μεγάβυζος, vom Artemistempel in Ephesos war Verlaß: Als Xenophon sich später in Skillous bei Olympia zur Ruhe gesetzt hatte und Megabyzos aus Ephesos nach Olympia reiste, besuchte er den Xenophon und brachte ihm das Geld zurück (von dergleichem Bankservice – doch das nur am Rande – dürfen heutige Bankkunden noch nicht einmal träumen!).[38]

---

[35] Zu den Einzelheiten vgl. die Ebelsche Arbeit 1.3 „Die Funktion des Vereins als Sterbeversicherung".

[36] So die lanuvische Inschrift in Z. I 20–22 nach der Übersetzung von Eva Ebel.

[37] Xenophon: Anabasis V 3,6.

[38] ἐπειδὴ δ᾽ ἔφευγεν ὁ Ξενοφῶν, κατοικοῦντος ἤδη αὐτοῦ ἐν Σκιλλοῦντι ὑπὸ τῶν Λακεδαιμονίων οἰκισθέντος ἀφικνεῖται Μεγάβυζος εἰς Ὀλυμπίαν θεωρήσων καὶ ἀποδίδωσι τὴν παρακαταθήκην αὐτῷ (Anabasis V 3,7).
Zum Μεγάβυζος vgl. zuletzt Lynn R. LiDonnici: The Ephesian Megabyzos Priesthood and Religious Diplomacy at the End of the Classical Period, Religion 29 (1999), S. 201–204.

Wer sich an die christliche Gemeinde wendet, muß sich mit Tempelbanken nicht plagen; er kann sein Geld bei der Gemeinde deponieren, die dafür gewiß Verwendung hat. Ein spektakulärer Fall mit einer hohen Summe ist uns aus dem 2. Jahrhundert bekannt: Markion aus Sinope am Schwarzen Meer schenkte der Gemeinde in Rom 200.000 Sesterzen.[39] Was dem νεωκόρος der Artemis von Ephesos recht ist, ist der römischen Gemeinde billig: Als sie Markion ausschloß, erhielt er seine 200.000 Sesterzen zurück. „Noch nach zwei Menschenaltern wußte nicht nur Hippolyt in Rom, sondern auch Tertullian in Karthago von diesem eindrucksvollen Vorgang."[40] Der Fall des Markion ist eine Ausnahme, sowohl was den Verlauf der Angelegenheit als auch was die Höhe der Summe angeht. Das ändert nichts an der Tatsache, daß wohlhabende Menschen bei der Gemeinde ein reiches Betätigungsfeld fanden. Diejenigen Summen, die sie früher der Stadt oder einem Verein als *patronus* zur Verfügung gestellt hatten, konnten nun der christlichen Gemeinde zugewendet werden.

4. Christliche Gemeinden sind weltweit tätig

Ein ganz besonderes Merkmal der christlichen Gemeinden ist ihre überregionale Vernetzung.[41] Das ist vielleicht der wichtigste Unterschied, der zwischen herkömmlichen griechisch-römischen Vereinen auf der einen Seite und den christlichen Gemeinden auf der anderen Seite besteht. Und hier liegt wiederum ein Faktor, dessen ökonomische Bedeutung kaum zu überschätzen ist. Wohin ein Christ auch reist (wenn es nicht gerade Britannien oder Skandinavien ist) – er wird auf eine christliche Gemeinde stoßen, an die er sich jederzeit wenden kann, angefangen bei einem Essen oder einem Nachtquartier bis hin zur Vermittlung geschäftlicher Kontakte in der jeweiligen Region.

Nehmen wir als Beispiel Hierapolis in Phrygien. Hier ist uns die Inschrift eines Kaufmanns bzw. Fabrikanten mit Namen Ζεῦξις erhalten, „der 72mal über das seiner Gefährlichkeit wegen sprichwörtlich gewordene Cap Malea nach Italien" gereist war.[42]

---

[39] Vgl. Adolf Harnack: Marcion. Das Evangelium vom fremden Gott: Eine Monographie zur Geschichte der Grundlegung der katholischen Kirche, Leipzig 1924 (Nachdr. Darmstadt 1985), S. 25. Die Nachricht geht auf Tertullian (De praescr. 30 und Adv. Marcionem IV 4) zurück.

[40] Adolf Harnack, a.a.O., S. 26.

[41] Das eindrucksvollste Exempel aus paulinischer Zeit ist auch in diesem Fall die Kollekte für Jerusalem.

[42] Ludwig Friedländer: Darstellungen aus der Sittengeschichte Roms in der Zeit von Augustus bis zum Ausgang der Antonine, 10. Aufl. besorgt von Georg Wissowa, Band I, Leipzig 1922, S. 339.
Die Inschrift findet sich in dem Sammelwerk Altertümer von Hierapolis, hg. v. Carl Humann, Conrad Cichorius, Walther Judeich und Franz Winter, JdI.E 4, Berlin 1898, S. 92 als Nr. 51. Sie lautet:

Abb. 20: Inschrift des Zeuxis

Für Menschen, die aus beruflichen oder anderen Gründen viel unterwegs sind wie unser Ζεῦξις, ist das internationale Netz der christlichen Gemeinden bares Geld wert: An vielen Orten kann man bei Mitchristen Quartier finden und braucht sich nicht mit den notorisch unkomfortablen Gasthäusern herumzuschlagen. Zudem hat man an den Orten, wo schon christliche Gemeinden existieren, Ansprechpartner, die einem Kontakte vermitteln können, darunter gelegentlich auch solche, die sich geschäftlich nutzen lassen. Für solche Menschen ist die Mitgliedschaft in der christlichen Gemeinde mithin ein wichtiger wirtschaftlicher Faktor.

* * *

    T[ίτ]ος
    [Φλα]ούι{ι}ος Ζεῦξις ἐργαστὴς
    [π]λεύσας ὑπὲρ Μαλέον εἰς Ἰ-
    [τ]αλίαν πλόας ἑβδομήκοντα
5 δύο κατεσκεύασεν *folium* τὸ μνημεῖ-
    ον ἑαυτῷ *folium* καὶ τοῖς τέκνοις Φλα-
    ουίῳ Θεοδώρῳ καὶ Φλαουίῳ
    Θευδᾷ καὶ ᾧ ἂν ἐκεῖνοι *folium*
    συνχωρήσωσιν.

Die Z. 1 mit dem Τίτος fehlt irrtümlich in der genannten Publikation.

   „Man wird ... bei Zeuxis an einen Fabrikanten zu denken haben, der zugleich Kaufmann war und dann seine eigenen Waren selbst exportierte, indem er sie mit Umgehung des Zwischenhandels direkt auf den lohnenden italischen Markt brachte. ... Aus der Zahl von zweiundsiebzig Fahrten läßt sich erkennen, wie großartig der Betrieb und die Produktion gewesen sein müssen" (Conrad Cichorius, a.a.O., S. 54).

Zusammenfassend kann man also sagen, daß der Eintritt in eine christliche Gemeinde sowohl für arme und sehr arme als auch für bessergestellte Menschen des ersten und zweiten Jahrhunderts auch unter wirtschaftlichen Aspekten durchaus reizvoll war. Die katastrophale Lage, wie sie Plinius für Bithynien und Pontos zeichnet, wird dort zu Beginn des zweiten Jahrhunderts faktisch nicht ganz so dramatisch gewesen sein; Anlaß zur Sorge bot sie für einen römischen Statthalter in jedem Fall. Dabei waren es auch ökonomische Faktoren, die zur Attraktivität früher christlicher Gemeinden beitrugen. Die ökonomisch-religiöse Idylle besteht in Umbrien noch Ende des ersten Jahrhunderts fort – doch das ist lediglich eine Frage der Zeit. Das expandierende Christentum stellt nicht nur die religiösen Grundlagen des Römischen Reiches radikal in Frage.

Beilage I: An den Quellen des Clitumnus[43]

C. Plinius Romano suo s.

1 *Vidistine aliquando Clitumnum fontem? si nondum (et puto nondum; alioqui narrasses mihi), vide, quem ego (paenitet tarditatis) proxime vidi.*

2 *modicus collis adsurgit antiqua cupresso nemorosus et opacus. hunc subter exit fons et exprimitur pluribus venis, sed imparibus, eluctatusque, quem facit gurgitem, lato gremio patescit purus et vitreus, ut numerare iactas stipes et relucentis calculos possis.*

3 *inde non loci devexitate, sed ipsa sui copia et quasi pondere impellitur, fons adhuc et iam amplissimum flumen atque etiam navium patiens, quas obvias quoque et contrario nisu in diversa tendentis transmittit et perfert, adeo validus, ut illa, qua properat ipse, quamquam per solum planum, remis non adiuvetur, idem aegerrime remis contisque superetur adversus.*

4 *iucundum utrumque per iocum ludumque fluitantibus, ut flexerint cursum, laborem otio, otium labore variare. ripae fraxino multa, multa populo vestiuntur, quas perspicuus amnis velut mersas viridi imagine adnumerat. rigor aquae certaverit nivibus, nec color cedit.*

C. Plinius grüßt seinen Romanus

Hast Du schon einmal die Clitumnus-Quelle gesehen? Wenn noch nicht – und wahrscheinlich noch nicht, sonst hättest Du mir davon erzählt –, sieh sie Dir an; ich habe sie mir kürzlich angesehen, und es reut mich, daß es erst jetzt geschehen ist.

Da erhebt sich ein Hügel von mäßiger Höhe, von einem Hain alter Zypressen beschattet. An seinem Fuße entspringt eine Quelle und sprudelt in mehreren ungleich starken Adern aus dem Boden, und nachdem sie den Strudel, den sie bildet, überwunden hat, verbreitert sie sich zu einem weiten Becken, rein und kristallklar, so daß man die hineingeworfenen Geldstücke und glitzernden Kieselsteine zählen kann.

Von dort fließt sie weiter, nicht durch das Gefälle des Bodens, sondern durch ihren Wasserreichtum, sozusagen ihr Eigengewicht getrieben, eben noch ein Bach und schon bald ein bedeutender Fluß, der sogar Schiffe trägt, die er, auch wenn sie einander begegnen und nach entgegengesetzten Richtungen fahren, durchläßt und ans Ziel bringt, mit so starker Strömung, daß man flußabwärts, obwohl es durch ebenes Gelände geht, der Hilfe der Ruder nicht bedarf, andrerseits aber gegen den Strom nur mühsam mit Ruder und Stangen vorankommt.

Beides macht Spaß, wenn man zu Scherz und Spiel hin- und hergondelt, je nachdem man die Fahrtrichtung nimmt, Anstrengung mit Ausruhen und Ausruhen mit Anstrengung wechseln zu lassen. Die Ufer sind mit zahllosen Eschen, zahllosen Pappeln bestanden, die der klare Wasserspiegel gleichsam in der Versenkung an ihrem grünen Spiegelbild abzuzählen gestattet. Die Kühle des Wassers dürfte mit der des Schnees wetteifern, und auch in der Farbe gibt es ihm nichts nach.

---

[43] Plinius: Epistulae VIII 8 (Kasten, Helmut [Hg.]: C. Plini Caecili Secundi epistularum libri decem/Gaius Plinius Caecilius Secundus: Briefe (lat.-dt., Tusc), Darmstadt 5. Aufl. 1984, S. 450–453).

5 *adiacet templum priscum et religiosum; stat Clitumnus ipse amictus ornatusque praetexta; praesens numen atque etiam fatidicum indicant sortes. sparsa sunt circa sacella complura totidemque di. sua cuique veneratio, suum nomen, quibusdam vero etiam fontes. nam praeter illum quasi parentem ceterorum sunt minores capite discreti; sed flumini miscentur, quod ponte transmittitur.*

Ganz in der Nähe ist ein altehrwürdiger Tempel. Da steht Clitumnus in höchsteigener Person, bekleidet und geschmückt mit der Prätexta; Lose weisen darauf hin, daß die Gottheit zugegen ist und Orakel erteilt. Ringsherum stehen mehrere Kapellen verstreut, jede mit einer besonderen Gottheit. Jede hat ihren eigenen Kult, ihren eigenen Namen, manche auch ihren eigenen Wasserlauf. Denn außer dem einen, gleichsam dem Vater aller übrigen, sind noch kleinere mit eigener Quelle vorhanden, aber sie ergießen sich in den Fluß, den man auf einer Brücke überschreitet.

6 *is terminus sacri profanique. in superiore parte navigare tantum, infra etiam natare concessum. balineum Hispellates, quibus illum locum divus Augustus dono dedit, publice praebent, praebent et hospitium. nec desunt villae, quae secutae fluminis amoenitatem margini insistunt.*

Sie bildet die Grenze zwischen dem geweihten und dem profanen Gelände; oberhalb darf man nur mit dem Boot fahren, unterhalb auch schwimmen. Die Hispellaten, denen der verewigte Augustus diese Stätte zum Geschenk gemacht hat, stellen dort Bad und auch Herberge unentgeltlich zur Verfügung. Auch fehlt es nicht an Landhäusern, die, angezogen durch die Lieblichkeit des Flusses, an seinem Ufer stehen.

7 *in summa nihil erit, ex quo non capias voluptatem. nam studebis quoque et leges multa multorum omnibus columnis, omnibus parietibus inscripta, quibus fons ille deusque celebratur. plura laudabis, non nulla ridebis; quamquam tu vero, quae tua humanitas, nulla ridebis.*
Vale.

Kurz und gut, Du wirst nichts finden, was Dir nicht Vergnügen bereiten würde. Denn Du wirst dort auch Studien machen können; an allen Pfeilern, allen Wänden wirst Du viele Weihinschriften lesen von mancherlei Volk, in denen die Quelle und der Gott gepriesen wird. Vieles wirst Du hübsch finden, manches belächeln – aber nein, Du bist ein gebildeter Mann und wirst nichts belächeln. Leb' wohl!

Beilage II: Der sogenannte Christenbrief des Plinius[44]

C. Plinius Traiano imperatori

X 96,1 *Sollemne est mihi, domine, omnia, de quibus dubito, ad te referre. quis enim potest melius vel cunctationem meam regere vel ignorantiam instruere?*

cognitionibus de Christianis interfui numquam; ideo nescio, quid et quatenus aut puniri soleat aut quaeri. **2** *nec mediocriter haesitavi, sitne aliquod discrimen aetatum, an quamlibet teneri nihil a robustioribus differant, detur paenitentiae venia, an ei, qui omnino Christianus fuit, desisse non prosit, nomen ipsum, si flagitiis careat, an flagitia cohaerentia nomini puniantur.*

interim, in iis, qui ad me tamquam Christiani deferebantur, hunc sum secutus modum. **3** *interrogavi ipsos, an essent Christiani. confitentes iterum ac tertio interrogavi supplicium minatus; perseverantes duci iussi. neque enim dubitabam, qualecumque esset, quod faterentur, pertinaciam certe et inflexibilem obstinationem debere puniri.*

4 *fuerunt alii similis amentiae, quos, quia cives Romani erant, adnotavi in urbem remittendos. mox ipso tractatu, ut fieri solet, diffundente se crimine plures species inciderunt.*

C. Plinius an Kaiser Trajan

Ich habe es mir zur Regel gemacht, Herr, alles, worüber ich im Zweifel bin, Dir vorzutragen. Wer könnte denn besser mein Zaudern lenken oder meine Unwissenheit belehren?

Gerichtsverhandlungen gegen Christen habe ich noch nie beigewohnt; deshalb weiß ich nicht, was und wieweit man zu strafen oder zu untersuchen pflegt. Ich war auch ziemlich unsicher, ob das Lebensalter einen Unterschied bedingt, oder ob ganz junge Menschen genau so behandelt werden wie Erwachsene, ob der Reuige Verzeihung erfährt oder ob es dem, der überhaupt einmal Christ gewesen ist, nichts hilft, wenn er es nicht mehr ist, ob schon der Name „Christ", auch wenn keine Verbrechen vorliegen, oder nur mit dem Namen verbundene Verbrechen bestraft werden.

Vorerst habe ich bei denen, die bei mir als Christen angezeigt wurden, folgendes Verfahren angewandt. Ich habe sie gefragt, ob sie Christen seien. Wer gestand, den habe ich unter Androhung der Todesstrafe ein zweites und drittes Mal gefragt; blieb er dabei, ließ ich ihn abführen. Denn mochten sie vorbringen, was sie wollten – Eigensinn und unbeugsame Halsstarrigkeit glaubte ich auf jeden Fall bestrafen zu müssen.

Andre in dem gleichen Wahn Befangene habe ich, weil sie römische Bürger waren, zur Überführung nach Rom vorgemerkt. Als dann im Laufe der Verhandlungen, wie es zu gehen pflegt, die Anschuldigung weitere Kreise zog, ergaben sich verschieden gelagerte Fälle.

---

[44] Plinius: Epistulae X 96 (Kasten, Helmut [Hg.]: C. Plini Caecili Secundi epistularum libri decem/Gaius Plinius Caecilius Secundus: Briefe (lat.-dt., Tusc), Darmstadt 5. Aufl. 1984, S. 640–645).

5 *propositus est libellus sine auctore mul-*
torum nomina continens. qui negabant es-
se se Christianos aut fuisse, cum praeeunte
me deos appellarent et imagini tuae, quam
propter hoc iusseram cum simulacris numi-
num adferri, ture ac vino supplicarent, prae-
terea maledicerent Christo, quorum nihil co-
gi posse dicuntur, qui sunt re vera Christia-
ni, dimittendos esse putavi.

6 *alii ab indice nominati esse se Christianos*
dixerunt et mox negaverunt; fuisse quidem,
sed desisse, quidam ante triennium, quidam
ante plures annos, non nemo etiam ante vi-
ginti. hi quoque omnes et imaginem tuam
deorumque simulacra venerati sunt et Chri-
sto maledixerunt.

7 *adfirmabant autem hanc fuisse summam*
vel culpae suae vel erroris, quod essent soli-
ti stato die ante lucem convenire carmen-
que Christo quasi deo dicere secum invi-
cem seque sacramento non in scelus aliquod
obstringere, sed ne furta, ne latrocinia, ne
adulteria committerent, ne fidem fallerent,
ne depositum appellati abnegarent. quibus
peractis morem sibi discedendi fuisse rur-
susque coeundi ad capiendum cibum, pro-
miscuum tamen et innoxium, quod ipsum
facere desisse post edictum meum, quo se-
cundum mandata tua hetaerias esse vetuer-
am.

8 *quo magis necessarium credidi ex duabus*
ancillis, quae ministrae dicebantur, quid es-
set veri, et per tormenta quaerere. nihil ali-
ud inveni quam superstitionem pravam, im-
modicam.

Mir wurde eine anonyme Klageschrift mit zahlreichen Namen eingereicht. Diejenigen, die leugneten, Christen zu sein oder gewesen zu sein, glaubte ich freilassen zu müssen, da sie nach einer von mir vorgesprochenen Formel unsre Götter anriefen und vor Deinem Bilde, das ich zu diesem Zweck zusammen mit den Statuen der Götter hatte bringen lassen, mit Weihrauch und Wein opferten, außerdem Christus fluchten, lauter Dinge, zu denen wirkliche Christen sich angeblich nicht zwingen lassen.

Andre, die der Denunziant genannt hatte, gaben zunächst zu, Christen zu sein, widerriefen es dann aber; sie seien es zwar gewesen, hätten es dann aber aufgegeben, manche vor drei Jahren, manche vor noch längerer Zeit, hin und wieder sogar vor zwanzig Jahren. Auch diese alle bezeugten Deinem Bilde und den Götterstatuen ihre Verehrung und fluchten Christus.

Sie versicherten jedoch, ihre ganze Schuld oder ihr ganzer Irrtum habe darin bestanden, daß sie sich an einem bestimmten Tage vor Sonnenaufgang zu versammeln pflegten, Christus als ihrem Gott einen Wechselgesang zu singen und sich durch Eid nicht etwa zu irgendwelchen Verbrechen zu verpflichten, sondern keinen Diebstahl, Raubüberfall oder Ehebruch zu begehen, ein gegebenes Wort nicht zu brechen, eine angemahnte Schuld nicht abzuleugnen. Hernach seien sie auseinandergegangen und dann wieder zusammengekommen, um Speise zu sich zu nehmen, jedoch gewöhnliche, harmlose Speise, aber das hätten sie nach meinem Edikt, durch das ich gemäß Deinen Instruktionen Hetärien verboten hatte, unterlassen.

Für um so notwendiger hielt ich es, von zwei Mägden, sogenannten Diakonissen, unter der Folter ein Geständnis der Wahrheit zu erzwingen. Ich fand nichts andres als einen wüsten, maßlosen Aberglauben.

9 *ideo dilata cognitione ad consulendum te decurri. visa est enim mihi res digna consultatione, maxime propter periclitantium numerum; multi enim omnis aetatis, omnis ordinis, utriusque sexus etiam, vocantur in periculum et vocabuntur. neque civitates tantum, sed vicos ctiam atque agros superstitionis istius contagio pervagata est; quae videtur sisti et corrigi posse.*

10 *certe satis constat prope iam desolata templa coepisse celebrari et sacra sollemnia diu intermissa repeti passimque venire victimarum carnem, cuius adhuc rarissimus emptor inveniebatur. ex quo facile est opinari, quae turba hominum emendari possit, si sit paenitentiae locus.*

Traianus Plinio
X 97,1 *Actum, quem debuisti, mi Secunde, in excutiendis causis eorum, qui Christiani ad te delati fuerant, secutus es. neque enim in universum aliquid, quod quasi certam formam habeat, constitui potest. conquirendi non sunt; si deferantur et arguantur, puniendi sunt, ita tamen, ut, qui negaverit se Christianum esse idque re ipsa manifestum fecerit, id est supplicando dis nostris, quamvis suspectus in praeteritum, veniam ex paenitentia impetret.*

2 *sine auctore vero propositi libelli in nullo crimine locum habere debent. nam et pessimi exempli nec nostri saeculi est.*

Somit habe ich die weitere Untersuchung vertagt, um mir bei Dir Rat zu holen. Die Sache scheint mir nämlich der Beratung zu bedürfen, vor allem wegen der großen Zahl der Angeklagten. Denn viele jeden Alters, jeden Standes, auch beiderlei Geschlechts sind jetzt und in Zukunft gefährdet. Nicht nur über die Städte, auch über Dörfer und Felder hat sich die Seuche dieses Aberglaubens verbreitet, aber ich glaube, man kann ihr Einhalt gebieten und Abhilfe schaffen.

Jedenfalls ist es ziemlich sicher, daß die beinahe schon verödeten Tempel allmählich wieder besucht, die lange ausgesetzten feierlichen Opfer wieder aufgenommen werden und das Opferfleisch, für das sich bisher nur ganz selten ein Käufer fand, überall wieder Absatz findet. Daraus gewinnt man leicht einen Begriff, welch eine Masse von Menschen gebessert werden kann, wenn man der Reue Raum gibt.

Trajan an Plinius
Mein Secundus! Bei der Untersuchung der Fälle derer, die bei Dir als Christen angezeigt worden sind, hast Du den rechten Weg eingeschlagen. Denn insgesamt läßt sich überhaupt nichts festlegen, was gleichsam als feste Norm dienen könnte. Nachspionieren soll man ihnen nicht; werden sie angezeigt und überführt, sind sie zu bestrafen, so jedoch, daß, wer leugnet, Christ zu sein und das durch die Tat, das heißt: durch Anrufung unserer Götter beweist, wenn er auch für die Vergangenheit verdächtig bleibt, auf Grund seiner Reue Verzeihung erhält.

Anonym eingereichte Klageschriften dürfen bei keiner Straftat Berücksichtigung finden, denn das wäre ein schlimmes Beispiel und paßt nicht in unsre Zeit.

Die Orte der Erstveröffentlichung

1. Zur lokalgeschichtlichen Methode: Eine frühere Fassung erschien unter dem Titel Archäologie und Neues Testament: Von der Palästinawissenschaft zur lokalgeschichtlichen Methode[1], in: Exegese und Methodendiskussion, TANZ 23, Tübingen 1998, S. 237–255.

2. ΚΡΕΙΤΤΟΝΟΣ ΔΙΑΘΗΚΗΣ ΕΓΓΥΟΣ. Die Bedeutung der Präexistenzchristologie für die Theologie des Hebräerbriefs: ThLZ 121 (1996), Sp. 319–338.

3. Dionysos und Christus. Zwei Erlöser im Vergleich: Münsteraner Antrittsvorlesung; bisher unpubliziert.

4. Die Auferstehung Jesu. Bemerkungen zu einer überflüssigen Debatte: Greifswalder Antrittsvorlesung; bisher unpubliziert.

5. Lukas als ἀνὴρ Μακεδών. Zur Herkunft des Evangelisten aus Makedonien: Publiziert unter dem Titel Ο Λουκάς ως »ἀνὴρ Μακεδών«. Η καταγωγή του ευαγγελιστή από τη Μακεδονία in: Αρχαία Μακεδονία VI – Ancient Macedonia VI, Band 2, Thessaloniki 1999, S. 903–909.

6. Was wußte Lukas über das pisidische Antiochien? Zur Veröffentlichung geplant als: Luke's Knowledge of Pisidian Antioch, in: First International Congress on Antioch in Pisidia, hg. v. Thomas Drew-Bear, Mehmet Taşhalan u. Christine M. Thomas, İzmit 2000, S. 70–76.

7. Ein andres Volk ohne Tempel. Die θίασοι der Dionysos-Verehrer: Vortrag beim Greifswalder Symposium »Gemeinde ohne Tempel«; bisher unpubliziert.

8. Περὶ δὲ τῆς φιλαδελφίας ... (1Thess 4,9). Ekklesiologische Überlegungen zu einem Proprium früher christlicher Gemeinden; bisher unpubliziert.

---

[1] Gemeinsam mit Thomas Witulski.

9. Antiochien und Philippi. Zwei römische Kolonien auf dem Weg des Paulus nach Spanien, vorgetragen als: Antioch and Philippi: Two Roman Colonies on Paul's Road to Spain beim 2nd International Symposium on Pisidian Antioch am 3. Juli 2000 (erscheint in den Kongreßakten).

10. Livius, Lukas und Lukian. Drei Himmelfahrten: Erlanger Probevorlesung am 3. Mai 2001; bisher unpubliziert.

11. Moses und Bellerophontes. Zur dämonischen Hermeneutik bei Justin dem Märtyrer: Vortrag beim Tübinger Symposion »Die Dämonen« am 26. Mai 2001; bisher unpubliziert.

12. Die ökonomische Attraktivität christlicher Gemeinden der Frühzeit: Vortrag bei der Tagung der Lutherakademie (Sondershausen) am 1. September 2001 in Sondershausen; erscheint in den Kongreßakten.

Indices

Stellenregister

213/L347	163
295/L407	207
296/G412	111
331/L778	207
378a/G813	119–120
386/L454	207
439/L078	81, 90, 127
476/L092	159
697/M580	110

Philon
Leg.

87	141

Philostrat
vita Apollonii

VI 3	40
VIII 30f.	167

Pindar
Isth.

VII 44–47	185

Olymp.

XIII 69	186

Platon
Menex.

237b5–c4	147
239a	147
293a	142

Plinius d.J.
Epistulae

II 3,9	168
VIII 8	196–197, 205, 212–213
VIII 8,1	196
VIII 8,2	196, 198
VIII 8,3	196
VIII 8,5	196–197, 199
VIII 8,6	197
VIII 8,7	198
X 96	205, 214–216
X 96,7	206
X 96,10	204
X 97	216

PLond
V

1708.r	141

Plutarch
Moralia

478A–492D	141
478B	141
478D	141
479D	141
480D	142
480F	142

Numa

2,4	170

Romulus

27,9	170

PMil
II

81.r	141

Ps.-Tertullian
Adv. omn. haer.

8	67

Qumran

11QMelch	67

SEG
37 (1987) [1990]

497	79, 88

47 (1997) [2000]

676	32

SIG[3]
III

985	41
1109	11–22, 46–57

Tacitus
Annales

IV 34	168

TAM
II 1

174	27–28

Personenregister

Sachregister

Wissenschaftliche Untersuchungen zum Neuen Testament
Alphabetische Übersicht der ersten und zweiten Reihe

Caragounis, Chrys C.: The Son of Man. 1986.
Band 38.
– siehe *Fridrichsen, Anton.*
Carleton Paget, James: The Epistle of
Barnabas. 1994. *Band II/64.*
Carson, D.A., O'Brien, Peter T. und *Mark
Seifrid* (Hrsg.): Justification and Variegated
Nomism: A Fresh Appraisal of Paul and
Second Temple Judaism. Band 1: The
Complexities of Second Temple Judaism.
Band II/140.
Ciampa, Roy E.: The Presence and Function of
Scripture in Galatians 1 and 2. 1998.
Band II/102.
Classen, Carl Joachim: Rhetorical Criticsm of
the New Testament. 2000. *Band 128.*
Crump, David: Jesus the Intercessor. 1992.
Band II/49.
Dahl, Nils Alstrup: Studies in Ephesians. 2000.
Band 131.
Deines, Roland: Jüdische Steingefäße und
pharisäische Frömmigkeit. 1993. *Band II/52.*
– Die Pharisäer. 1997. *Band 101.*
Dettwiler, Andreas und *Jean Zumstein (Hrsg.):*
Kreuzestheologie im Neuen Testament.
2002. *Band 151.*
Dietzfelbinger, Christian: Der Abschied des
Kommenden. 1997. *Band 95.*
Dobbeler, Axel von: Glaube als Teilhabe. 1987.
Band II/22.
Du Toit, David S.: Theios Anthropos. 1997.
Band II/91
Dunn , James D.G. (Hrsg.): Jews and Christians.
1992. *Band 66.*
– Paul and the Mosaic Law. 1996. *Band 89.*
Dunn, James D.G., Hans Klein, Ulrich Luz und
Vasile Mihoc (Hrsg.)*:* Auslegung der Bibel
in orthodoxer und westlicher Perspektive.
2000. *Band 130.*
Ebertz, Michael N.: Das Charisma des
Gekreuzigten. 1987. *Band 45.*
Eckstein, Hans-Joachim: Der Begriff Syneidesis
bei Paulus. 1983. *Band II/10.*
– Verheißung und Gesetz. 1996. *Band 86.*
Ego, Beate: Im Himmel wie auf Erden. 1989.
Band II/34
Ego, Beate und *Lange, Armin* sowie *Pilhofer,
Peter (Hrsg.):* Gemeinde ohne Tempel –
Community without Temple. 1999. *Band 118.*
Eisen, Ute E.: siehe *Paulsen, Henning.*
Ellis, E. Earle: Prophecy and Hermeneutic in
Early Christianity. 1978. *Band 18.*
– The Old Testament in Early Christianity.
1991. *Band 54.*
Endo, Masanobu: Creation and Christology.
2002. *Band 149.*

Ennulat, Andreas: Die 'Minor Agreements'.
1994. *Band II/62.*
Ensor, Peter W.: Jesus and His 'Works'. 1996.
Band II/85.
Eskola, Timo: Messiah and the Throne. 2001.
Band II/142.
– Theodicy and Predestination in Pauline
Soteriology. 1998. *Band II/100.*
Fatehi, Mehrdad: The Spirit's Relation to the
Risen Lord in Paul. 2000. *Band II/128.*
Feldmeier, Reinhard: Die Krisis des Gottessoh-
nes. 1987. *Band II/21.*
– Die Christen als Fremde. 1992. *Band 64.*
Feldmeier, Reinhard und *Ulrich Heckel* (Hrsg.):
Die Heiden. 1994. *Band 70.*
Fletcher-Louis, Crispin H.T.: Luke-Acts:
Angels, Christology and Soteriology. 1997.
Band II/94.
Förster, Niclas: Marcus Magus. 1999.
Band 114.
Forbes, Christopher Brian: Prophecy and
Inspired Speech in Early Christianity and its
Hellenistic Environment. 1995. *Band II/75.*
Fornberg, Tord: siehe *Fridrichsen, Anton.*
Fossum, Jarl E.: The Name of God and the
Angel of the Lord. 1985. *Band 36.*
Frenschkowski, Marco: Offenbarung und
Epiphanie. Band 1 1995. *Band II/79* –
Band 2 1997. *Band II/80.*
Frey, Jörg: Eugen Drewermann und die
biblische Exegese. 1995. *Band II/71.*
– Die johanneische Eschatologie. Band I.
1997. *Band 96.* – Band II. 1998. *Band 110.*
– Band III. 2000. *Band 117.*
Freyne, Sean: Galilee and Gospel. 2000.
Band 125.
Fridrichsen, Anton: Exegetical Writings. Hrsg.
von C.C. Caragounis und T. Fornberg. 1994.
Band 76.
Garlington, Don B.: 'The Obedience of Faith'.
1991. *Band II/38.*
– Faith, Obedience, and Perseverance. 1994.
Band 79.
Garnet, Paul: Salvation and Atonement in the
Qumran Scrolls. 1977. *Band II/3.*
Gese, Michael: Das Vermächtnis des Apostels.
1997. *Band II/99.*
Gräbe, Petrus J.: The Power of God in Paul's
Letters. 2000. *Band II/123.*
Gräßer, Erich: Der Alte Bund im Neuen. 1985.
Band 35.
– Forschungen zur Apostelgeschichte. 2001.
Band 137.
Green, Joel B.: The Death of Jesus. 1988.
Band II/33.
Gundry Volf, Judith M.: Paul and Perseverance.
1990. *Band II/37.*

Hafemann, Scott J.: Suffering and the Spirit.
1986. *Band II/19.*
– Paul, Moses, and the History of Israel. 1995.
Band 81.
Hannah, Darrel D.: Michael and Christ. 1999.
Band II/109.
Hamid-Khani, Saeed: Relevation and
Concealment of Christ. 2000. *Band II/120.*
Hartman, Lars: Text-Centered New Testament
Studies. Hrsg. von D. Hellholm. 1997.
Band 102.
Hartog, Paul: Polycarp and the New Testament.
2001. *Band II/134.*
Heckel, Theo K.: Der Innere Mensch. 1993.
Band II/53.
– Vom Evangelium des Markus zum viergestal-
tigen Evangelium. 1999. *Band 120.*
Heckel, Ulrich: Kraft in Schwachheit. 1993.
Band II/56.
– Der Segen im Neuen Testament. 2002.
Band 150.
– siehe *Feldmeier, Reinhard.*
– siehe *Hengel, Martin.*
Heiligenthal, Roman: Werke als Zeichen. 1983.
Band II/9.
Hellholm, D.: siehe *Hartman, Lars.*
Hemer, Colin J.: The Book of Acts in the Setting
of Hellenistic History. 1989. *Band 49.*
Hengel, Martin: Judentum und Hellenismus.
1969, ³1988. *Band 10.*
– Die johanneische Frage. 1993. *Band 67.*
– Judaica et Hellenistica . Kleine Schriften I.
1996. *Band 90.*
– Judaica, Hellenistica et Christiana. Kleine
Schriften II. 1999. *Band 109.*
– Paulus und Jakobus. Kleine Schriften III.
2002. *Band 141.*
Hengel, Martin und *Ulrich Heckel* (Hrsg.):
Paulus und das antike Judentum. 1991.
Band 58.
Hengel, Martin und *Hermut Löhr* (Hrsg.):
Schriftauslegung im antiken Judentum und
im Urchristentum. 1994. *Band 73.*
Hengel, Martin und *Anna Maria Schwemer:*
Paulus zwischen Damaskus und Antiochien.
1998. *Band 108.*
– Der messianische Anspruch Jesu und die
Anfänge der Christologie. 2001. *Band 138.*
Hengel, Martin und *Anna Maria Schwemer*
(Hrsg.): Königsherrschaft Gottes und himm-
lischer Kult. 1991. *Band 55.*
– Die Septuaginta. 1994. *Band 72.*
Hengel, Martin; Siegfried Mittmann und *Anna
Maria Schwemer* (Ed.): La Cité de Dieu /
Die Stadt Gottes. 2000. *Band 129.*
Herrenbrück, Fritz: Jesus und die Zöllner. 1990.
Band II/41.

Herzer, Jens: Paulus oder Petrus? 1998.
Band 103.
Hoegen-Rohls, Christina: Der nachösterliche
Johannes. 1996. *Band II/84.*
Hofius, Otfried: Katapausis. 1970. *Band 11.*
– Der Vorhang vor dem Thron Gottes. 1972.
Band 14.
– Der Christushymnus Philipper 2,6-11. 1976,
²1991. *Band 17.*
– Paulusstudien. 1989, ²1994. *Band 51.*
– Neutestamentliche Studien. 2000. *Band 132.*
– Paulusstudien II. 2002. *Band 143.*
Hofius, Otfried und *Hans-Christian Kammler:*
Johannesstudien. 1996. *Band 88.*
Holtz, Traugott: Geschichte und Theologie des
Urchristentums. 1991. *Band 57.*
Hommel, Hildebrecht: Sebasmata. Band 1
1983. *Band 31* – Band 2 1984. *Band 32.*
Hvalvik, Reidar: The Struggle for Scripture and
Covenant. 1996. *Band II/82.*
Joubert, Stephan: Paul as Benefactor. 2000.
Band II/124.
Jungbauer, Harry: „Ehre Vater und Mutter“.
2002. *Band II/146.*
Kähler, Christoph: Jesu Gleichnisse als Poesie
und Therapie. 1995. *Band 78.*
Kamlah, Ehrhard: Die Form der katalogischen
Paränese im Neuen Testament. 1964.
Band 7.
Kammler, Hans-Christian: Christologie und
Eschatologie. 2000. *Band 126.*
– siehe *Hofius, Otfried.*
Kelhoffer, James A.: Miracle and Mission. 1999.
Band II/112.
Kieffer, René und *Jan Bergman (Hrsg.):* La
Main de Dieu / Die Hand Gottes. 1997.
Band 94.
Kim, Seyoon: The Origin of Paul's Gospel.
1981, ²1984. *Band II/4.*
– "The 'Son of Man'" as the Son of God.
1983. *Band 30.*
Klein, Hans: siehe *Dunn, James D.G..*
Kleinknecht, Karl Th.: Der leidende Gerechtfer-
tigte. 1984, ²1988. *Band II/13.*
Klinghardt, Matthias: Gesetz und Volk Gottes.
1988. *Band II/32.*
Köhler, Wolf-Dietrich: Rezeption des Matthäus-
evangeliums in der Zeit vor Irenäus. 1987.
Band II/24.
Korn, Manfred: Die Geschichte Jesu in
veränderter Zeit. 1993. *Band II/51.*
Koskenniemi, Erkki: Apollonios von Tyana in
der neutestamentlichen Exegese. 1994.
Band II/61.
Kraus, Thomas J.: Sprache, Stil und historischer
Ort des zweiten Petrusbriefes. 2001.
Band II/136.

Kraus, Wolfgang: Das Volk Gottes. 1996.
  Band 85.
- siehe *Walter, Nikolaus.*
Kreplin, Matthias: Das Selbstverständnis Jesu.
  2001. *Band II/141.*
Kuhn, Karl G.: Achtzehngebet und Vaterunser
  und der Reim. 1950. *Band 1.*
Kvalbein, Hans: siehe *Ådna, Jostein.*
Laansma, Jon: I Will Give You Rest. 1997.
  Band II/98.
Labahn, Michael: Offenbarung in Zeichen und
  Wort. 2000. *Band II/117.*
Lange, Armin: siehe *Ego, Beate.*
Lampe, Peter: Die stadtrömischen Christen in
  den ersten beiden Jahrhunderten. 1987,
  ²1989. *Band II/18.*
Landmesser, Christof: Wahrheit als Grundbe-
  griff neutestamentlicher Wissenschaft. 1999.
  Band 113.
- Jüngerberufung und Zuwendung zu Gott.
  2000. *Band 133.*
Lau, Andrew: Manifest in Flesh. 1996.
  Band II/86.
Lee, Pilchan: The New Jerusalem in the Book of
  Relevation. 2000. *Band II/129.*
Lichtenberger, Hermann: siehe *Avemarie,
  Friedrich.*
Lieu, Samuel N.C.: Manichaeism in the Later
  Roman Empire and Medieval China. ²1992.
  Band 63.
Loader, William R.G.: Jesus' Attitude Towards
  the Law. 1997. *Band II/97.*
Löhr, Gebhard: Verherrlichung Gottes durch
  Philosophie. 1997. *Band 97.*
Löhr, Hermut: siehe *Hengel, Martin.*
Löhr, Winrich Alfred: Basilides und seine
  Schule. 1995. *Band 83.*
Luomanen, Petri: Entering the Kingdom of
  Heaven. 1998. *Band II/101.*
Luz, Ulrich: siehe *Dunn, James D.G..*
Maier, Gerhard: Mensch und freier Wille.
  1971. *Band 12.*
- Die Johannesoffenbarung und die Kirche.
  1981. *Band 25.*
Markschies, Christoph: Valentinus Gnosticus?
  1992. *Band 65.*
Marshall, Peter: Enmity in Corinth: Social
  Conventions in Paul's Relations with the
  Corinthians. 1987. *Band II/23.*
McDonough, Sean M.: YHWH at Patmos:
  Rev. 1:4 in its Hellenistic and Early Jewish
  Setting. 1999. *Band II/107.*
McGlynn, Moyna: Divine Judgement and
  Divine Benevolence in the Book of Wisdom.
  2001. *Band II/139.*
Meade, David G.: Pseudonymity and Canon.
  1986. *Band 39.*

Meadors, Edward P.: Jesus the Messianic
  Herald of Salvation. 1995. *Band II/72.*
Meißner, Stefan: Die Heimholung des Ketzers.
  1996. *Band II/87.*
Mell, Ulrich: Die „anderen" Winzer. 1994.
  Band 77.
Mengel, Berthold: Studien zum Philipperbrief.
  1982. *Band II/8.*
Merkel, Helmut: Die Widersprüche zwischen
  den Evangelien. 1971. *Band 13.*
Merklein, Helmut: Studien zu Jesus und Paulus.
  Band 1 1987. *Band 43.* – Band 2 1998.
  Band 105.
Metzler, Karin: Der griechische Begriff des
  Verzeihens. 1991. *Band II/44.*
Metzner, Rainer: Die Rezeption des Matthäus-
  evangeliums im 1. Petrusbrief. 1995.
  Band II/74.
- Das Verständnis der Sünde im Johannesevan-
  gelium. 2000. *Band 122.*
Mihoc, Vasile: siehe *Dunn, James D.G..*
Mittmann, Siegfried: siehe *Hengel, Martin.*
Mittmann-Richert, Ulrike: Magnifikat und
  Benediktus. *1996. Band II/90.*
Mußner, Franz: Jesus von Nazareth im Umfeld
  Israels und der Urkirche. Hrsg. von M.
  Theobald. 1998. *Band 111.*
Niebuhr, Karl-Wilhelm: Gesetz und Paränese.
  1987. *Band II/28.*
- Heidenapostel aus Israel. 1992. *Band 62.*
Nielsen, Anders E.: "Until it is Fullfilled". 2000.
  Band II/126.
Nissen, Andreas: Gott und der Nächste im
  antiken Judentum. 1974. *Band 15.*
Noack, Christian: Gottesbewußtsein. 2000.
  Band II/116.
Noormann, Rolf: Irenäus als Paulusinterpret.
  1994. *Band II/66.*
Obermann, Andreas: Die christologische
  Erfüllung der Schrift im Johannesevangeli-
  um. 1996. *Band II/83.*
Okure, Teresa: The Johannine Approach to
  Mission. 1988. *Band II/31.*
Oropeza, B. J.: Paul and Apostasy. 2000.
  Band II/115.
Ostmeyer, Karl-Heinrich: Taufe und Typos.
  2000. *Band II/118.*
Paulsen, Henning: Studien zur Literatur und
  Geschichte des frühen Christentums. Hrsg.
  von Ute E. Eisen. 1997. *Band 99.*
Pao, David W.: Acts and the Isaianic New
  Exodus. 2000. *Band II/130.*
Park, Eung Chun: The Mission Discourse in
  Matthew's Interpretation. 1995. *Band II/81.*
Park, Joseph S.: Conceptions of Afterlife in
  Jewish Insriptions. 2000. *Band II/121.*

Pate, C. Marvin: The Reverse of the Curse. 2000. *Band II/114.*

Philonenko, Marc (Hrsg.): Le Trône de Dieu. 1993. *Band 69.*

Pilhofer, Peter: Presbyteron Kreitton. 1990. *Band II/39.*

– Philippi. Band 1 1995. *Band 87.* – Band 2 2000. *Band 119.*

– Die frühen Christen und ihre Welt. 2002. *Band 145.*

– siehe *Ego, Beate.*

Pöhlmann, Wolfgang: Der Verlorene Sohn und das Haus. 1993. *Band 68.*

Pokorný, Petr und *Josef B. Souček:* Bibelauslegung als Theologie. 1997. *Band 100.*

Porter, Stanley E.: The Paul of Acts. 1999. *Band 115.*

Prieur, Alexander: Die Verkündigung der Gottesherrschaft. 1996. *Band II/89.*

Probst, Hermann: Paulus und der Brief. 1991. *Band II/45.*

Räisänen, Heikki: Paul and the Law. 1983, ²1987. *Band 29.*

Rehkopf, Friedrich: Die lukanische Sonderquelle. 1959. *Band 5.*

Rein, Matthias: Die Heilung des Blindgeborenen (Joh 9). 1995. *Band II/73.*

Reinmuth, Eckart: Pseudo-Philo und Lukas. 1994. *Band 74.*

Reiser, Marius: Syntax und Stil des Markusevangeliums. 1984. *Band II/11.*

Richards, E. Randolph: The Secretary in the Letters of Paul. 1991. *Band II/42.*

Riesner, Rainer: Jesus als Lehrer. 1981, ³1988. *Band II/7.*

– Die Frühzeit des Apostels Paulus. 1994. *Band 71.*

Rissi, Mathias: Die Theologie des Hebräerbriefs. 1987. *Band 41.*

Röhser, Günter: Metaphorik und Personifikation der Sünde. 1987. *Band II/25.*

Rose, Christian: Die Wolke der Zeugen. 1994. *Band II/60.*

Rüger, Hans Peter: Die Weisheitsschrift aus der Kairoer Geniza. 1991. *Band 53.*

Sänger, Dieter: Antikes Judentum und die Mysterien. 1980. *Band II/5.*

– Die Verkündigung des Gekreuzigten und Israel. 1994. *Band 75.*

– siehe *Burchard, Christoph*

Salzmann, Jorg Christian: Lehren und Ermahnen. 1994. *Band II/59.*

Sandnes, Karl Olav: Paul – One of the Prophets? 1991. *Band II/43.*

Sato, Migaku: Q und Prophetie. 1988. *Band II/29.*

Schaper, Joachim: Eschatology in the Greek Psalter. 1995. *Band II/76.*

Schimanowski, Gottfried: Weisheit und Messias. 1985. *Band II/17.*

Schlichting, Günter: Ein jüdisches Leben Jesu. 1982. *Band 24.*

Schnabel, Eckhard J.: Law and Wisdom from Ben Sira to Paul. 1985. *Band II/16.*

Schutter, William L.: Hermeneutic and Composition in I Peter. 1989. *Band II/30.*

Schwartz, Daniel R.: Studies in the Jewish Background of Christianity. 1992. *Band 60.*

Schwemer, Anna Maria: siehe *Hengel, Martin*

Scott, James M.: Adoption as Sons of God. 1992. *Band II/48.*

– Paul and the Nations. 1995. *Band 84.*

Schwindt, Rainer: Das Weltbild des Epheserbriefes. 2002. *Band 148.*

Siegert, Folker: Drei hellenistisch-jüdische Predigten. Teil I 1980. *Band 20* – Teil II 1992. *Band 61.*

– Nag-Hammadi-Register. 1982. *Band 26.*

– Argumentation bei Paulus. 1985. *Band 34.*

– Philon von Alexandrien. 1988. *Band 46.*

Simon, Marcel: Le christianisme antique et son contexte religieux I/II. 1981. *Band 23.*

Snodgrass, Klyne: The Parable of the Wicked Tenants. 1983. *Band 27.*

Söding, Thomas: Das Wort vom Kreuz. 1997. *Band 93.*

– siehe *Thüsing, Wilhelm.*

Sommer, Urs: Die Passionsgeschichte des Markusevangeliums. 1993. *Band II/58.*

Souček, Josef B.: siehe *Pokorný, Petr.*

Spangenberg, Volker: Herrlichkeit des Neuen Bundes. 1993. *Band II/55.*

Spanje, T.E. van: Inconsistency in Paul? 1999. *Band II/110.*

Speyer, Wolfgang: Frühes Christentum im antiken Strahlungsfeld. Band I: 1989. *Band 50.*

– Band II: 1999. *Band 116.*

Stadelmann, Helge: Ben Sira als Schriftgelehrter. 1980. *Band II/6.*

Stenschke, Christoph W.: Luke's Portrait of Gentiles Prior to Their Coming to Faith. *Band II/108.*

Stettler, Christian: Der Kolosserhymnus. 2000. *Band II/131.*

Stettler, Hanna: Die Christologie der Pastoralbriefe. 1998. *Band II/105.*

Strobel, August: Die Stunde der Wahrheit. 1980. *Band 21.*

Stroumsa, Guy G.: Barbarian Philosophy. 1999. *Band 112.*

Stuckenbruck, Loren T.: Angel Veneration and Christology. 1995. *Band II/70.*

Stuhlmacher, Peter (Hrsg.): Das Evangelium und die Evangelien. 1983. *Band 28.*

– Biblische Theologie und Evangelium. 2002.
  Band 146.
Sung, Chong-Hyon: Vergebung der Sünden.
  1993. *Band II/57.*
Tajra, Harry W.: The Trial of St. Paul. 1989.
  Band II/35.
– The Martyrdom of St.Paul. 1994. *Band II/67.*
Theißen, Gerd: Studien zur Soziologie des
  Urchristentums. 1979, ³1989. *Band 19.*
Theobald, Michael: Studien zum Römerbrief.
  2001. *Band 136.*
Theobald, Michael: siehe *Mußner, Franz.*
Thornton, Claus-Jürgen: Der Zeuge des
  Zeugen. 1991. *Band 56.*
Thüsing, Wilhelm: Studien zur neutestamentli-
  chen Theologie. Hrsg. von Thomas Söding.
  1995. *Band 82.*
Thurén, Lauri: Derhethorizing Paul. 2000.
  Band 124.
Treloar, Geoffrey R.: Lightfoot the Historian.
  1998. *Band II/103.*
Tsuji, Manabu: Glaube zwischen Vollkommen-
  heit und Verweltlichung. 1997. *Band II/93*
Twelftree, Graham H.: Jesus the Exorcist. 1993.
  Band II/54.
Urban, Christina: Das Menschenbild nach dem
  Johannesevangelium. 2001. *Band II/137.*
Visotzky, Burton L.: Fathers of the World. 1995.
  Band 80.
Vollenweider, Samuel: Horizonte neutestamentli-
  cher Christologie. 2002. *Band 144.*
Wagener, Ulrike: Die Ordnung des „Hauses
  Gottes". 1994. *Band II/65.*
Vos, Johan S.: Die Kunst der Argumentation bei
  Paulus. 2002. *Band 149.*

Walter, Nikolaus: Praeparatio Evangelica. Hrsg.
  von Wolfgang Kraus und Florian Wilk.
  1997. *Band 98.*
Wander, Bernd: Gottesfürchtige und Sympathi-
  santen. 1998. *Band 104.*
Watts, Rikki: Isaiah's New Exodus and Mark.
  1997. *Band II/88.*
Wedderburn, A.J.M.: Baptism and Resurrection.
  1987. *Band 44.*
Wegner, Uwe: Der Hauptmann von Kafarnaum.
  1985. *Band II/14.*
Welck, Christian: Erzählte ‚Zeichen'. 1994.
  Band II/69.
Wiarda, Timothy: Peter in the Gospels . 2000.
  Band II/127.
Wilk, Florian: siehe *Walter, Nikolaus.*
Williams, Catrin H.: I am He. 2000.
  Band II/113.
Wilson, Walter T.: Love without Pretense. 1991.
  Band II/46.
Wisdom, Jeffrey: Blessing for the Nations and
  the Curse of the Law. 2001. *Band II/133.*
Wucherpfennig, Ansgar: Heracleon Philologus.
  2002. *Band 142.*
Yeung, Maureen: Faith in Jesus and Paul. 2002.
  Band II/147.
Zimmermann, Alfred E.: Die urchristlichen
  Lehrer. 1984, ²1988. *Band II/12.*
Zimmermann, Johannes: Messianische Texte
  aus Qumran. 1998. *Band II/104.*
Zimmermann, Ruben: Geschlechtermetaphorik
  und Geschlechterverhältnis. 2000.
  Band II/122.
Zumstein, Jean: siehe *Dettwiler, Andreas*

Einen Gesamtkatalog erhalten Sie gerne vom Verlag
Mohr Siebeck – Postfach 2040 – D–72010 Tübingen
Neueste Informationen im Internet unter www.mohr.de